삿포로 TV 타워 & 오도리 공원 ▶ 2권 P.028, 029

홋카이도청 옛 본청사(아카렌가 청사)
▶ 2권 P.034

스스키노 닛카 위스키 전광판
▶ 2권 P.045

홋카이도 대학교 ▶ 2권 P.038

나카지마 공원 ▶ 2권 P.049

수프카레 ▶ 2권 P.064

원조 라멘 요코초 ▶ 2권 P.074

시메파르페 ▶ 2권 P.104

小樽 오타루

오타루 운하 ▶ 2권 P.140

노보리베츠 지옥계곡 ▶ 2권 P.186

登別 노보리베츠

美瑛 비에이

크리스마스트리 나무 ▶ 2권 P.216

흰수염폭포 ▶ 2권 P.220

청의 호수 ▶ 2권 P.219

富良野 후라노

팜 토미타 ▶ 2권 P.225

函館 하코다테

고료카쿠 ▶2권 P.203

하치만자카 ▶2권 P.256

하코다테 아침 시장 ▶2권 P.255

2026 – 2027
최신판

팔로우 홋카이도

팔로우 홋카이도

1판 1쇄 인쇄 2025년 11월 10일
1판 1쇄 발행 2025년 11월 17일

지은이 | 두경아
발행인 | 홍영태
발행처 | 트래블라이크
등 록 | 제2020-000176호(2020년 6월 24일)
주 소 | 03991 서울시 마포구 월드컵북로6길 3 이노베이스빌딩 7층
전 화 | (02)338-9449
팩 스 | (02)338-6543
대표메일 | bb@businessbooks.co.kr
홈페이지 | http://www.businessbooks.co.kr
블로그 | http://blog.naver.com/travelike1
인스타그램 | travelike_book
ISBN 979-11-992099-6-1   14980
       979-11-982694-0-3   14980 (세트)

* 잘못된 책은 구입하신 서점에서 바꾸어 드립니다.
* 책값은 뒤표지에 있습니다.
* 트래블라이크는 ㈜비즈니스북스의 임프린트입니다.
* 비즈니스북스에 대한 더 많은 정보가 필요하신 분은 홈페이지를 방문해 주시기 바랍니다.

비즈니스북스는 독자 여러분의 소중한 아이디어와 원고 투고를 기다리고 있습니다.
원고가 있으신 분은 ms3@businessbooks.co.kr로 간단한 개요와 취지, 연락처 등을 보내 주세요.

팔로우
홋카이도

두경아 지음

Travelike

FOLLOW AUTHOR'S NOTE

글·사진
두경아 Du Kyung A

'일상을 여행처럼' 살아가는 프로 여행자. 〈여성조선〉 취재팀장, 〈레이디경향〉, 〈The Strad〉 취재 기자를 거쳤으며 현재는 프리랜서 기자 겸 1인 출판사 라이프치히 M&B 대표다. 저서로는 《무작정 따라하기 후쿠오카》, 《지금은, 일본 소도시 여행》이 있으며, 북도호쿠3현·홋카이도 서울사무소와 함께 〈북도호쿠3현·홋카이도 여행 코스북〉·〈지역 관광지도〉·〈현 관광지도〉를, 국내 관공서와 함께 〈서초에서 놀자〉, 〈일상 속 서초 여행〉, 〈김해·대구·청주국제공항 거점 관광 정보〉 등을 제작했다.

인스타그램 @du_kyung_a 이메일 rostro@hanmail.net

후쿠오카로 시작해 일본 소도시 전역을 누비던 제게 홋카이도는 마지막 남은 퍼즐을 완성하는 작업과도 같았습니다. 그 과정에서 고마운 분도 많았어요. 여행 작가의 길로 들어서게 해준 영원한 동료 전상현 작가, 언제나 아낌없는 도움을 주시는 오원호 작가, 모델로 함께해준 조카 박예진과 심윤순 여사, 취재에 동행해 즐거운 추억을 만들어준 노정연 기자, 소중한 경험과 자료를 공유해준 니키·티거 부부, 촉박한 일정 속에서도 인내심을 가지고 끝까지 격려해주신 손모아 편집장과 정경미 대리께 진심으로 감사의 마음을 전합니다.

소세이강 사케 축제에서

투어 버스 가이드가 찍어준 인증샷

삿포로에서 '1일 1맥주'는 기본

여행 작가로 살다 보면 여행지를 추천해달라는 요청을 종종 받곤 합니다.

한번은 이런 질문을 받은 적이 있어요. "도쿄나 오사카 말고, 좀 색다른 일본 도시는 없을까요?"

떠오르는 곳이 너무 많았지만 단 0.1초의 망설임도 없이 답했어요. "당연히 홋카이도죠!"

그 이유를 말하려면, 본디 홋카이도가 일본이 아니었던 시절로 거슬러 올라가야 합니다.

원래 아이누의 땅이었던 곳에 19세기 후반부터 일본 도시가 건설됐고,

그 과정에서 미국 전문가들의 도움을 받으며 독특한 도시 구조가 형성되었어요.

끝없이 펼쳐진 농장을 보면 미국 중서부 평원이 떠오르고, 바둑판처럼 정연한 거리에서는

현대적인 신도시 느낌이 납니다. 그리고 그 구조 안에는 일본 특유의 콘텐츠가 담겨 있습니다.

일본 같으면서도 일본이 아닌 듯한 그 모호한 경계, 그게 바로 홋카이도의 매력이지요.

그래서 홋카이도에는 일본 어디에서도 볼 수 없는 풍경과 음식이 있습니다.

저는 20년 전부터 홋카이도를 여행하기 시작했어요. 여름이면 삿포로행 티켓을 끊었죠.

'북도호쿠3현 · 홋카이도 서울사무소'와 함께 일하게 되면서 홋카이도와 더 가까워졌고,

그만큼 잘 안다고 생각했습니다. 하지만 막상 책을 쓰기 시작하니 그렇지 않더군요.

갈 곳도, 경험할 것도, 먹을 것도 너무 많은 거예요. 봄, 여름, 가을, 겨울 모든 계절을 거치며

투어 버스를 몇 번이나 타보고, 렌터카를 몰고 구석구석 누비기도 했어요.

맛집 취재를 위해 하루에 여섯 끼씩 먹는 날도 있었는데, 다음 맛집 취재를 위해 신나게 움직이던

젓가락을 내려놓는 일이 가장 고역이었습니다.

하지만 진짜 어려운 건, 그 수많은 스폿 중 무엇을 책에 담을지 고르는 일이었죠.

이 책에는 그중에서도 특별히 마음에 남은 순간들을 담았습니다.

독자들과 그 순간을 공유할 생각을 하니 벌써부터 마음이 설레네요.

페이지를 넘기며 여러분도 '취향에 꼭 맞는 나만의 홋카이도'를 발견하게 될 거예요!

저자 드림

길을 걷다 자료 조사하는
전형적인 MBTI 'P형'

FOLLOW CONTENTS

1권 최강의 플랜북

- 010 • 《팔로우 홋카이도》 사용법
- 012 • 홋카이도 여행 미리 보기
- 014 • 홋카이도 날씨와 공휴일

2권으로 분권한 목차를 모두 정리했습니다. 찾고 싶은 여행지와 정보를 권별로 간단하게 찾아보세요.

BUCKET LIST
홋카이도 버킷 리스트

- 018 • 인증샷 필수! **삿포로 대표 명소 BEST 7**
- 022 • 밤하늘에 펼쳐지는 감동 **홋카이도 3대 야경**
- 024 • 꽃 피는 언덕과 푸른 연못 **홋카이도 여름 명소**
- 026 • 설경이 만든 최고의 뷰포인트 **비에이 · 후라노 겨울 명소**
- 030 • 영화 〈러브레터〉 촬영지 따라 **오타루 낭만 산책 코스**
- 032 • 기념품 & 간식 쇼핑 **오타루 쇼핑 거리**
- 034 • 핸들 잡고 삿포로 밖으로! **렌터카 드라이브 코스**
- 036 • 노보리베츠 vs 조잔케이 **삿포로 근교 온천 여행**
- 040 • 벚꽃 필 때까지 스키 여행 **홋카이도 스키장 베스트**
- 044 • 눈 덮인 겨울부터 짜릿한 여름까지! **삿포로 축제 총정리**
- 050 • 애주가의 필수 코스 **홋카이도 양조장 탐방**
- 056 • 여행자를 사로잡는 로컬의 맛 **홋카이도 대표 음식 5**
  ① 수프카레 ② 홋카이도 3대 라멘 ③ 징기스칸
  ④ 게 요리 ⑤ 가이센동
- 068 • 처음 가도 현지인처럼 **삿포로 이자카야 사용법**
- 074 • 청정 홋카이도의 맛 **디저트와 커피 완전 정복**
  ① 소프트아이스크림 ② 시메파르페 ③ 삿포로 레트로 카페 가이드
  ④ 일본 카페 체인점
- 084 • 오미야게 천국 **홋카이도 쇼핑의 모든 것**
  ① 선물용 과자 ② 세이코마트 사용법 ③ 편의점의 홋카이도 한정템
  ④ 돈키호테 & 드럭스토어 ⑤ 슈퍼마켓 & 대형 마트
  ⑥ 일본 패션 브랜드 ⑦ 리빙 숍 ⑧ 홋카이도 쇼핑 꿀팁 총정리

PLANNING 1
홋카이도 추천 여행 일정

- 110 · **BEST PLAN ❶** 첫 홋카이도 여행을 위한 **3박 4일 필수 코스**
- 114 · **BEST PLAN ❷** 삿포로 시티 여행자를 위한 **외곽 당일치기 코스**
- 115 · **BEST PLAN ❸** 삿포로 시내에서 보내는 **미식과 쇼핑 올인 데이**
- 116 · **BEST PLAN ❹** 부모님 완벽 맞춤형 **렌터카 효도 관광 코스**
- 118 · **BEST PLAN ❺** JR 홋카이도 레일 패스를 이용한 **남·중부 5박 6일 로망 코스**

PLANNING 2
홋카이도 여행 준비 완전 정복

- 122 · **GET READY ❶** 항공권 예약 & 입국 서류 준비
  - 한국-삿포로 노선 운항 정보
  - 비짓재팬 웹 등록
  - 신치토세 공항 입국 절차
- 124 · **GET READY ❷** 출발 전 필수 예약 리스트
  - 렌터카 여행 전 체크! 필수 준비물 & 도로표지판
  - 일본에서 운전하기 전 꼭 알아두어야 할 주의 사항
  - 일일 버스 투어 상품 선택 가이드
- 130 · **GET READY ❸** 숙소 예약하기
- 132 · **GET READY ❹** 계절별 여행 준비물
- 134 · **GET READY ❺** 환전하기
- 135 · **GET READY ❻** 데이터 선택하기
- 136 · **GET READY ❼** 현지에서 유용한 앱

- 137 · 홋카이도 역사 간단히 살펴보기

FOLLOW CONTENTS

FAQ

알아두면 쓸모 있는 홋카이도 여행 팁

140 • **FAQ ❶** 긴급 상황 발생 시 어떻게 대처해야 하나요?
142 • **FAQ ❷** 홋카이도 여행 준비 정보
142 • **FAQ ❸** 알고 가면 좋은 일본 문화 상식
144 • **FAQ ❹** 일본 식품 · 의약품 국내 반입 시 주의 사항
144 • **FAQ ❺** 현금이 얼마나 필요할까요?
145 • **FAQ ❻** 일본어를 못해도 여행 가능할까요?
145 • **FAQ ❼** 봄 · 가을 홋카이도 여행, 괜찮을까요?
145 • **FAQ ❽** 겨울 홋카이도, 눈이 많이 오나요?
145 • **FAQ ❾** 비행기표나 호텔 바우처를 인쇄해서 가져가야 할까요?
146 • **FAQ ❿** 홋카이도 이동 수단, 열차와 고속버스 중 더 편한 방법은?
146 • **FAQ ⓫** 대중교통으로 비에이 · 후라노 여행 가능할까요?
146 • **FAQ ⓬** 부모님을 동반한 여행, 걷는 구간이 많나요?
146 • **FAQ ⓭** 홋카이도 택시 요금 비싼가요?
147 • **FAQ ⓮** 홋카이도에도 숙박세가 있나요?
147 • **FAQ ⓯** 캡슐 호텔 예약 시 체크해야 할 사항이 있나요?
147 • **FAQ ⓰** 이자카야에 혼자 가도 될까요?
148 • **FAQ ⓱** 삿포로에서 가까운 온천 있나요?
148 • **FAQ ⓲** 여름에도 온천 즐길 수 있나요?
148 • **FAQ ⓳** 예약한 호텔에서 일본 택배를 받을 수 있나요?
149 • **FAQ ⓴** 아이들과 함께 가기 좋은 명소 추천해주세요.
149 • **FAQ ㉑** 샤코탄반도, 겨울에도 갈 만한가요?
150 • 알아두면 유용한 간단 회화
150 • 현지에서 요긴한 준비물
151 • 꼭 챙겨야 하는 필수 준비물

2권 홋카이도 실전 가이드북

- 008 · ACCESS ❶ 홋카이도 입국하기
- 010 · ACCESS ❷ 신치토세 공항에서 주요 도시로 이동하기
- 011 · ACCESS ❸ 신치토세 공항에서 삿포로 시내로 가기

삿포로 012

- 014 · 삿포로 미리 보기 | 삿포로 시내 교통
- 024 · ZONE 1 삿포로역 & 오도리역
- 044 · ZONE 2 스스키노 & 나카지마 공원
- 052 · ZONE 3 마루야마
- 058 · 반나절 나들이 **삿포로 외곽 명소**
- 062 · 삿포로 미식 가이드
- 107 · 삿포로 쇼핑 가이드
- 120 · 조잔케이

오타루 132

- 136 · 오타루 교통 정보 | 시내 교통
- 138 · ZONE 1 오타루역 & 오타루 운하
- 152 · ZONE 2 사카이마치
- 160 · ZONE 3 오타루 북운하 & 데미야 공원
- 166 · 청어잡이로 번성했던 지역 **오타루 슈쿠츠**
- 168 · 오타루 인기 맛집 | 카페 & 간식 | 쇼핑

노보리베츠 180

도야호 200

비에이 & 후라노 204

- 207 · 비에이 & 후라노 실전 여행
- 210 · ZONE 1 비에이 패치워크의 길
- 218 · ZONE 2 비에이 파노라마 로드 & 시로가네 온천
- 224 · ZONE 3 후라노
- 230 · 비에이 & 후라노 맛집
- 234 · 아사히야마 동물원

오비히로 236

시레토코 240

하코다테 244

- 247 · 하코다테 교통 정보 | 시내 교통
- 252 · 하코다테 관광 정보
- 260 · 하코다테 모토마치 3대 교회 & 수녀원
- 266 · 하코다테 맛집

- 272 · 인덱스

《팔로우 홋카이도》 사용법
HOW TO FOLLOW HOKKAIDO

01 일러두기

- 이 책에 실린 정보는 2025년 10월까지 수집한 자료를 바탕으로 하며 이후 변동될 가능성이 있습니다. 현지 교통편과 관광 명소, 상업 시설의 운영 시간과 입장료, 비용은 현지 상황에 따라 수시로 변동되니, 여행을 떠나기 전에 공식 홈페이지와 구글맵 최신 정보 확인을 권장합니다.
- 일본에서는 물건을 구매할 때 물건 가격의 8~10%에 해당하는 소비세를 부과합니다. 음식점에서는 세금이 포함되지 않은 가격을 메뉴에 표기하는 경우가 많으며, 일부 레스토랑에서는 서비스 요금(봉사료)을 별도로 청구합니다.

표기 방식 안내
- 본문에 사용한 지명과 시설명은 기본적으로 국립국어원에서 정한 외래어 표기법을 최대한 따랐습니다.
- 다만 독자들에게 익숙하게 통용되는 표현이나 상호는 검색 편의성을 고려해 널리 쓰이는 표기로 대체했습니다. 필요한 경우, 일본어 표기와 발음을 병기해 이해를 도왔습니다.
- 지하철역명, 버스 정류장명, 동네 이름, 거리명 등은 고유명사로 취급해 번역하지 않고 일본어 발음 그대로 표기했습니다.

02 여행 정보 확인하는 법

① **구글맵** 주소 대신 '구글맵 키워드'를 표기했습니다.
  ※한글 설정 기준의 검색어가 있으면 한글로, 영문으로 되어 있으면 영문으로 표기했으므로 올바른 맞춤법과 다소 차이가 있습니다.
② **문의** 지역 번호+전화 번호로 표기했습니다.
③ **운영 및 휴무** 운영 시간은 마지막 입장 가능 시간을 함께 안내합니다. 정기 휴무가 있는 경우는 표시했으며, 공휴일 및 연말연시, 골든 위크, 축제 등 변동이 잦은 시기의 운영 시간은 따로 표기하지 않았습니다. 방문 시기의 공휴일과 축제 일정을 반드시 확인하기 바랍니다.
④ **요금** 기본적으로 성인, 청소년, 어린이 1인 기준 요금을 안내했습니다. 무료인 경우는 대체로 생략했습니다.
⑤ **가는 방법** 소개하는 장소와 가까운 기차역, 지하철역, 버스 정류장 등 교통편을 고려해 소개했습니다.
⑥ **맛집 정보** 😊 이 집을 방문해야 하는 이유 요약
  🟣 방문 전 체크 포인트 – 현금 결제, 예약 필요 여부, 현장 대기 여부 등

---

① 구글맵 홋카이도립 근대미술관
② 문의 011 644 6881
③ 운영 09:30~17:00(마지막 입장 16:30)
  휴무 월요일(월요일이 공휴일이면 다음 날), 12월 29일~1월 3일
④ 요금 기획 전시 성인 510엔, 고등·대학생 250엔, 중학생 이하·65세 이상 무료
  홈페이지 artmuseum.pref.hokkaido.lg.jp/knb
⑤ 가는 방법 지하철 도자이선 니시주핫초메역 4번 출구에서 도보 6분
⑥ 😊 → 불 향 나는 닭꼬치 토핑
  🟣 → 예약 불가, 신용카드 사용 불가

지도에 사용한 기호 종류

관광 명소	맛집	카페	이자카야, 술집	쇼핑	숙소	온천
포토 스폿	신사	절	전망대	도깨비상	분수	산
JR 열차	지하철	노면 전차	버스 정류장	로프웨이	페리 터미널	공항

03 책의 구성

이 책은 가볍게 들고 다닐 수 있는 분권 형태로 제작해, 여행 동선을 계획할 때 실용적인 가이드가 되어줍니다.

1권 홋카이도 여행에서 반드시 경험해야 할 버킷 리스트와 여행의 큰 흐름을 잡는 데 도움이 될 다양한 테마별 코스를 소개합니다. 또한 홋카이도 여행 준비, 숙소 선택 팁, 계절별 유의 사항, 공휴일 등 여행 전 꼭 알아두어야 할 기초 정보를 담았습니다. 2권을 보기 전에 먼저 읽어보면 효율적인 여행 계획을 세울 수 있습니다.

2권 삿포로를 포함한 조잔케이, 노보리베츠, 오타루, 도야호, 오비히로, 하코다테 등 중남부 지역과 비에이, 후라노 등 중동부 지역, 시레토코 국립공원이 자리한 북동부 지역까지 자세히 소개합니다. 각 도시로 이동하는 교통편도 친절하게 설명해, 지역 간 이동이 많은 자유여행자에게 실질적인 도움이 되는 안내서입니다.

04 본문 보는 법

● **존zone 단위 구성 방식**
주요 도시는 반나절에서 하루 일정으로 둘러볼 수 있는 범위를 기준으로, 하나의 ZONE(구역)으로 나누어 구성했습니다. 주요 관광 명소, 맛집, 쇼핑 스폿 등이 표시된 상세 지도와 함께 추천 일정을 제시해 여행 동선을 한눈에 파악할 수 있도록 했습니다.

● **도시 간 이동 및 대중교통 정보**
주요 도시 간 이동 교통편과 소요 시간을 한눈에 파악할 수 있도록 정리해, 이동 방법을 직관적으로 비교·선택할 수 있습니다. 각 교통편의 운행 시간, 요금, 공식 홈페이지 정보까지 담아 효율적인 여행 계획이 가능하도록 구성했습니다.

● **Follow Up, Special Theme**
핵심 관광지는 매력적인 테마 여행 방식으로 세분화해 놓치지 말아야 할 스폿과 관광 포인트를 강조했습니다. 풍성한 읽을 거리, 사진, 지도와 함께 제시해 보다 입체적인 여행을 즐길 수 있도록 구성했습니다.

● **메뉴별·테마별 홋카이도 미식 정보**
신선한 해산물부터 유제품, 라멘, 징기스칸까지 홋카이도의 대표 식재료로 만든 현지 인기 메뉴와 맛집 정보를 메뉴별·테마별로 정리했습니다. 여행 계획 수립과 이동 동선 설정에 활용할 수 있도록 지역별 맛집 정보를 체계적으로 구성했습니다.

011

HOKKAIDO PREVIEW
홋카이도 여행 미리 보기

홋카이도 관광지는 중부와 남부, 북부 일부 지역에 집중되어 있다. 나머지 지역은 주로 습원 지대와 광활한 농지가 이어진다.

◎ 삿포로 ▶ 2권 P.012

#일본 계획도시 #삿포로 맥주 #눈축제

홋카이도 중심 도시로 행정·경제·문화의 거점. 삿포로 맥주와 미소라멘 등 고유의 미식 문화가 발달했으며, 겨울철 눈 축제로 세계 각지에서 여행객이 모인다.

◎ 조잔케이 ▶ 2권 P.120

#온천 여행 #사계절 감성 #삿포로 근교

삿포로에서 자동차로 1시간 거리. 산과 계곡 풍경 속에서 온천을 즐기기 좋다. 버스 승차권과 온천 이용권을 합친 티켓으로 당일치기 여행에 적합하다.

◎ 오타루 ▶ 2권 P.132

#운하 도시 #오르골 #스위츠 #〈러브레터〉 촬영지

옛 운하와 석조 창고가 남아 있는 항구도시. 고풍스러운 분위기와 유리공예, 오르골, 홋카이도의 유명 과자 브랜드, 초밥 거리 등으로 사랑받는다.

◎ 노보리베츠 ▶ 2권 P.180

#온천 여행 #유황 온천 #지옥계곡

홋카이도를 대표하는 온천지. 지옥계곡의 유황 증기와 다양한 효능의 온천탕으로 '온천 백화점'이라 불리는 인기 휴양지다.

◎ 도야호 ▶ 2권 P.200

#칼데라 호수 #유람선 #시코츠토야 국립공원

거대한 칼데라 호수인 도야호와 활화산 우스산을 품은 자연 관광지. 호숫가 리조트, 유람선, 화산 지형 트레킹 등을 즐길 수 있다.

◎ 비에이·후라노 ▶ 2권 P.204

#라벤더밭 #청의 호수 #풍경 맛집 #설경

구릉지대의 파노라마 풍경이 아름다운 사계절 여행지. 여름에는 라벤더 꽃밭, 패치워크 로드, 청의 호수가 유명하며, 겨울에는 눈밭 풍경과 스키장으로 인기 있다.

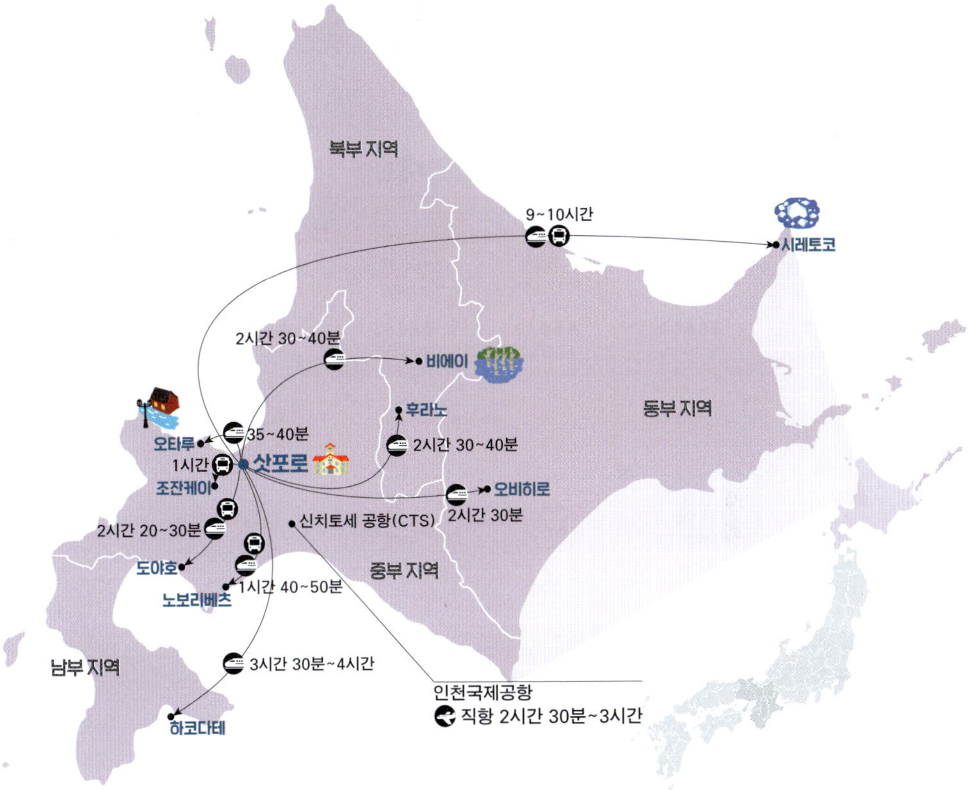

북부 지역

9~10시간 → 시레토코

2시간 30~40분 → 비에이

우라노

35~40분
오타루
1시간
조잔케이
삿포로
2시간 30~40분
오비히로
2시간 30분

2시간 20~30분
도야호

신치토세 공항(CTS)
중부 지역
동부 지역

1시간 40~50분
노보리베츠

남부 지역

3시간 30분~4시간

인천국제공항
✈ 직항 2시간 30분~3시간

하코다테

◉ 오비히로 ▶ 2권 P.236

#도카치 평야 #부타동
#디저트의 도시 #정원

비옥한 도카치 평야에 자리한 농·낙농업 도시. 부타동(돼지고기덮밥)의 본고장이자 롯카테이와 류게츠 본점이 있어 '디저트의 도시'로 불린다.

◉ 시레토코 ▶ 2권 P.240

#세계자연유산 #트레킹
#절경

국립공원이자 유네스코 세계자연유산 지역으로 천연기념물 서식지. 크루즈와 트레킹을 통해 웅장한 폭포와 해안 절경을 즐길 수 있다.

◉ 하코다테 ▶ 2권 P.244

#일본 3대 야경 #항구도시
#레트로풍 분위기

홋카이도 역사의 시작점. 근대 문화유산이 남아 있는 도시로, 하코다테산 야경과 아침 시장의 신선한 해산물이 유명하다.

홋카이도 날씨와 공휴일

※삿포로 기준(2024년 통계)

	1월	2월	3월	4월	5월	6월
계절	겨울	겨울	겨울	봄	봄	여름
일출/일몰	☀ 07:06 / ☾ 16:10	☀ 06:50 / ☾ 17:00	☀ 05:24 / ☾ 17:55	☀ 05:17 / ☾ 18:10	☀ 04:28 / ☾ 18:45	☀ 03:55 / ☾ 19:15
강수량	153.5mm	117.0mm	67.5mm	34.5mm	40.0mm	38.0mm
최고 기온	1.1℃	1.5℃	4.2℃	15.7℃	19.1℃	23.9℃
최저 기온	-4.9℃	-5.1℃	-2.7℃	6.5℃	9.8℃	15.1℃

1월 1일 설날
1월 둘째 월요일 성인의 날
2월 11일 건국기념일
2월 23일 일왕 탄생일
3월 20일(또는 21일) 춘분의 날

4월 29일 쇼와의 날
5월 3일 헌법 기념일
5월 4일 녹색의 날
5월 5일 어린이날

겨울 11월 중순~3월

11월 중순 첫눈과 함께 초겨울이 시작되고, 밤이면 도시마다 화려한 조명이 켜진다. 11월 말에는 겨울 스키장이 개장하며, 1월에 눈이 가장 많이 쌓인다. 2월 초 삿포로, 오타루, 하코다테 등지에서 겨울 축제가 열리며, 강추위가 이어진다.

축제 삿포로 눈 축제, 오타루 눈빛 거리 축제, 하코다테 크리스마스 판타지

봄 4~5월

벚꽃은 하코다테 4월 중순, 삿포로 4월 하순~5월 초순, 아사히카와와 오비히로는 5월 초·중순에 핀다. 4월에는 눈이 녹기 시작해 도로가 미끄럽고, 강한 바람으로 체감온도는 더 낮다. 5월에야 본격적인 봄이 시작된다.

축제 마츠마에 벚꽃 축제, 고료카쿠 벚꽃 축제

알아두세요! **대체 휴일 제도** 공휴일이 일요일과 겹치면 다음 평일을 휴일로 정함
황금연휴 4월 말~5월 초, 쇼와의 날부터 어린이날까지 이어지는 휴일

▶ 계절별 여행 옷차림과 준비물 P.132

7월	8월	9월	10월	11월	12월
여름	여름	여름	가을	가을	겨울
☀ 04:02 ☾ 19:14	☀ 04:34 ☾ 18:42	☀ 05:11 ☾ 17:50	☀ 05:45 ☾ 16:56	☀ 06:24 ☾ 16:13	☀ 07:02 ☾ 16:02
144.0mm	102.5mm	74.5mm	160.0mm	134.0mm	54.5mm
28.0℃	28.4℃	24.5℃	18.3℃	9.6℃	0.7℃
20.1℃	21.7℃	15.7℃	9℃	2℃	-4.6℃

7월 셋째 월요일 바다의 날
7월 17일 홋카이도 도민의 날
※공식적인 휴일은 아니지만 도립 시설 무료 개방 등 시행
8월 11일 산의 날

9월 셋째 월요일 경로의 날
9월 23일(또는 24일) 추분의 날
10월 둘째 월요일 체육의 날
11월 3일 문화의 날
11월 23일 근로감사의 날

여름 6월~9월 초

홋카이도의 여름은 장마와 무더위 없이 쾌적하며 하늘은 청명하다. 비에이와 후라노는 6월부터 다양한 꽃이 피고 7월에는 라벤더꽃이 만개한다. 최근에는 7~8월에 30℃ 이상 기온이 오르기도 하며, 8월 말부터 서서히 선선해진다.

축제 홋카이도 신궁 축제, 요사코이 소란 축제, 삿포로 맥주 축제, 오타루 조명 축제, 하코다테 포트 페스티벌

가을 9월 중순~11월 초

다이세츠산은 9월 중순, 삿포로는 10월 중순에 단풍이 절정을 이룬다. 10월부터 쌀쌀하고 일교차가 커지며 11월 중순에 첫눈이 내리며 초겨울로 접어든다. 연어, 가리비, 감자, 호박, 옥수수 등 제철 음식이 풍성한 계절이다.

축제 삿포로 오텀 페스트, 하코다테 식도락 축제, 도카치 와인 페스티벌

삿포로 홋카이도 대학교의 은행나무 가로수 길은 가을 대표 명소로 꼽혀요.

ATTRACTION

EXPERIENCE

EAT & DRINK

SHOPPING

ATTRACTION

☑ BUCKET LIST 01

인증샷 필수!
삿포로 대표 명소
BEST 7

자유로운 여행을 지향하더라도 삿포로에 왔다면 꼭 들러야 할 곳이 있다. 하루나 이틀, 짧은 일정에도 빠지지 않는 삿포로의 대표 명소를 소개한다.

01 SPOT
연중 즐길 거리 가득한 삿포로 중심
오도리 공원 & 삿포로 TV 타워
大通公園 & さっぽろテレビ塔 ▶ 2권 P.028, 029

계획도시에서 볼 수 있는 반듯한 형태의 대규모 도심 공원인 오도리 공원. 넓이 약 7만 9000m²이며, 니시 1초메부터 니시 12초메까지 무려 12블록에 길이 1.5km로 동서로 길게 뻗어 있다. 공원 끝에서 끝까지 도보로 30분 정도 걸린다. 1년 내내 홋카이도 대표 축제가 열리는 곳으로도 유명하다. 오도리 공원 동쪽 끝, 니시 1초메에는 삿포로시 시계탑과 삿포로의 랜드마크로 사랑받는 삿포로 TV 타워가 있다.

📷 인증샷 포인트
삿포로 TV 타워와 오도리 공원이 모두 카메라에 잡히는 오도리 공원 니시 1~2초메 존.

02 SPOT
일본에서 가장 오래된 시계탑
삿포로시 시계탑
札幌市時計台 ▶ 2권 P.027

홋카이도 대학교 전신인 삿포로 농업학교 중앙 강당으로 사용하던 건물. 종루에 일본에서 가장 오래된 시계가 있으며, 정시마다 종소리로 시간을 알린다. 1층은 삿포로시 시계탑과 삿포로 농업학교에 관한 자료 전시실이고, 2층에는 1878년 건축 당시, 지금의 시계 자리에 있던 종이 전시되어 있다.

📷 인증샷 포인트
시계탑 우측의 포토존과 1층 입구. 밤에는 조명이 켜져 낮과는 또 다른 분위기다.

03 SPOT
스스키노의 밤을 밝히는 랜드마크
스스키노 닛카 위스키 전광판
すすきのビルニッカ大看板
▶ 2권 P.045

삿포로 최고 인증샷 명소는 스스키노 교차로에 있는 네온사인, 닛카 위스키 전광판 앞이다. 킹 오브 블렌더즈, 일명 '수염 아저씨'라는 애칭으로 더 친숙한 아사히 그룹의 닛카 위스키 홍보물로, 1969년부터 무려 반세기 이상 스스키노 밤거리를 지키고 있다.

📷 **인증샷 포인트**
스스키노 사거리 대각선에 위치한 신호등 앞과 건너편 코코노 스스키노 2층.

04 SPOT
붉은색 벽돌에 담긴 개척의 역사
홋카이도청 옛 본청사
北海道庁旧本庁舎 ▶ 2권 P.034

붉은 벽돌이라는 뜻의 '아카렌가' 청사로 알려진 근대건축물. 신 도청사가 생길 때까지 약 80년간 홋카이도 행정을 맡은 건물이다. 현재는 홋카이도 역사를 조명하는 자료 전시관으로 사용하며, 실제 홋카이도지사와 장관이 사용하던 집무실이 그대로 남아 있다.

📷 **인증샷 포인트**
붉은 벽돌 건물은 어디나 포토존. 건물 앞과 정원도 인기 있다.

05 SPOT
시음까지 즐기는 삿포로 명소
삿포로 맥주 박물관
サッポロビール博物館 ▶ 2권 P.042

1890년 삿포로에 처음 들어선 맥주 양조장으로, 지금은 박물관으로 사용하고 있다. 붉은 벽돌의 역사적 건축물 안에 맥주를 제조했던 엄청난 크기의 담금솥 등을 그대로 보존해 전시하고 있다. 내부 관람보다는 견학을 마친 뒤에 마시는 신선한 맥주가 더 인기 있다.

📷 **인증샷 포인트**
건물 내부보다 야외에 포토존이 많다. 특히 굴뚝이 솟은 건물 앞과 담금솥 앞은 필수 인증샷 포인트.

06 SPOT 삿포로 최고의 산책 공간
홋카이도 대학교 北海道大学 ▶ 2권 P.038

대학교 캠퍼스지만 고풍스러운 건물과 아름다운 자연경관 덕분에 많은 관광객과 시민이 즐겨 찾는 관광 명소다. 1.2km에 이르는 가로수 길을 따라 작은 하천과 연못이 이어지고 곳곳에 박물관과 학생 식당, 카페, 농장 등이 자리해 있다.

> 📷 **인증샷 포인트**
> 가을에는 단연 은행나무 가로수 길, 여름에는 포플러 가로수 길 추천! 단, 도로로 나가면 위험하니 촬영 시 주의해야 한다.

07 SPOT 달콤한 추억을 만드는 디저트 테마파크
시로이코이비토 파크
白い恋人パーク ▶ 2권 P.060

삿포로 대표 과자 브랜드 시로이코이비토에서 운영하는 테마파크. 실내에는 과자와 초콜릿 제조 과정을 견학할 수 있는 팩토리 워크와 과자 만들기 체험 공방이 있고, 실외에는 영국풍 정원과 시로이코이비토 철도, 어린이 테마파크인 걸리버 하우스, 시계탑에서 인형들이 펼치는 퍼레이드 등 다양한 볼거리가 있다.

> 📷 **인증샷 포인트**
> 실내 곳곳의 포토월과 실외의 영국풍 정원, 시로이코이비토 철도 앞.

ATTRACTION

☑ BUCKET LIST 02

밤하늘에 펼쳐지는 감동
홋카이도 3대 야경

홋카이도는 낮보다 밤이 더 아름답다.
해가 지고 나면 낮과는 또 다른 도시의 매력이 드러난다.
세계적으로 유명한 홋카이도 야경 포인트를 소개한다.

`하코다테`

하코다테산 전망대
函館山展望台 ▶ 2권 P.262

야경 명소로 유명한 하코다테. 특히 하코다테산에서 내려다보는 야경은 이탈리아 나폴리, 홍콩과 함께 세계 3대 야경으로 꼽히며, 〈미슐랭 그린 가이드 재팬〉에서 최고 등급인 별 3개를 받았다. 하코다테산 전망대에서 내려다보면 왼쪽은 하코다테만, 오른쪽은 츠가루해협 사이에 자리한 모래시계 모양의 지형이 반짝이는 보석처럼 펼쳐진다. 겨울이면 눈 덮인 풍경에 조명을 밝혀 더욱 환상적이다.

> 오타루

텐구산 전망대
天狗山屋上展望台

▶ 2권 P.150

오타루 야경을 감상하기 가장 좋은 포인트다. 오타루 시내와 항구, 이시카리만까지 한눈에 보이며, 흩뿌려진 보석처럼 반짝이는 야경이 아름답다. 〈미슐랭 그린 가이드 재팬〉에서 별 1개를 받은 관광 명소다.

> 삿포로

모이와산 전망대
藻岩山山頂展望台

▶ 2권 P.059

삿포로 중심에 위치한 해발 531m의 모이와산은 나가사키, 기타큐슈와 함께 '일본의 신 3대 야경' 명소로 꼽힌다. 정상에 위치한 전망대에서는 빽빽한 도시 불빛과 그 너머까지 이어지는 대지의 윤곽이 어우러져 삿포로의 규모와 아름다움을 실감할 수 있다.

삿포로 시내 야경 명소 유료

JR 타워 전망실 T38
▶ 2권 P.033

홋카이도에서 가장 높은 건물 JR 타워 최상층인 38층에 위치한 전망대. 밤이 되면 계획도시 특유의 질서정연한 바둑판 모양이 또렷이 드러난다.
위치 JR 삿포로역 **높이** 173m

삿포로 TV 타워
▶ 2권 P.028

계절마다 달라지는 오도리 공원 풍경과 다양한 축제를 감상하기 좋은 곳. 일루미네이션 축제와 눈 축제가 열리는 겨울에 가장 인기 있다.
위치 오도리 공원 **높이** 90.38m

대관람차 노리아
▶ 2권 P.046

홋카이도 유일의 옥상 관람차. 스스키노는 물론 삿포로 시내 전경이 높이에 따라 다른 각도로 펼쳐진다.
위치 스스키노 **높이** 78m

ATTRACTION

☑ BUCKET LIST 03

꽃 피는 언덕과 푸른 연못
홋카이도 여름 명소

여름이 오면 눈으로 뒤덮였던 비에이와 후라노의 언덕이 꽃밭으로 변한다. 라벤더 향기가 코끝을 스치고, 끝없이 펼쳐진 형형색색의 꽃밭이 모자이크처럼 언덕을 수놓으며, 호수와 강은 짙푸른 빛을 더해 더욱 매혹적으로 변모한다. 홋카이도의 또 다른 성수기, 여름이다.

BUCKET LIST

| BIEI

청의 호수 青い池 ▶ 2권 P.219

'비에이 블루'라 불리는 신비로운 푸른빛을 띠는 작은 연못. 호수 주변의 울창한 나무와 선 채로 말라 죽은 낙엽송이 어우러져 환상적인 풍경을 이룬다. 특히 여름에는 물빛이 가장 맑고 밝은 하늘색을 띤다.

추천 방문 시기 6~8월

흰수염폭포 白ひげの滝 ▶ 2권 P.220

시로가네 온천 마을의 비에이강 옆에 자리한 폭포로, 흰 수염처럼 흘러내리는 물줄기에서 이름이 유래했다. 약 30m 낙차로 힘차게 쏟아지는 폭포와 푸른빛의 강물이 어우러져 독특한 풍경을 이룬다.

추천 방문 시기 1년 내내, ※11~4월 야간에는 조명 쇼가 열려 환상적인 모습을 볼 수 있다.

| FURANO

팜 토미타 ファーム富田 ▶ 2권 P.225

라벤더로 유명한 후라노에는 여러 꽃밭이 있지만 그 중 팜 토미타는 평지여서 이동이 편리하고, 꽃밭을 비롯해 볼거리가 풍성하다. 여러 가지 색상의 꽃이 줄지어 피어 색다른 아름다움을 선사한다.

추천 방문 시기 6월 말~8월 초

사계채의 언덕 四季彩の丘 ▶ 2권 P.222

15만 m² 규모의 대형 꽃밭이 캔버스처럼 예술적인 풍경을 펼쳐 보인다. 5월부터 10월까지 샐비어, 튤립, 양귀비, 작약 등 다양한 꽃이 시기를 달리해 피며, 특히 7~9월에 가장 선명한 색감을 연출한다.

추천 방문 시기 7~9월

ATTRACTION

☑ BUCKET LIST 04

설경이 만든 최고의 뷰포인트
비에이 · 후라노
겨울 명소

눈이 온 세상을 덮으면 평범한
길과 들판, 나무 한 그루까지
세상의 끝처럼 고요하고 아름다워진다. 그 설원
위에서 잊을 수 없는 순간을 사진으로 남겨보자.

| 비에이 |

크리스마스트리 나무
クリスマスツリーの木 ➡ 2권 P.216

눈 덮인 벌판 한가운데 8m 높이로 우뚝 솟은
가문비나무. 위쪽 가지가 별 모양을 닮아
'크리스마스트리 나무'라는 이름이 붙었다.
가까이 다가갈 수는 없지만 그 덕분에 오히려
많은 관광객이 몰려도 방해받지 않고
사진 찍기 좋다. 어느 위치에서든 멋진 사진이
나온다는 점도 매력적이다.

| 비에이 |

마일드 세븐 언덕
マイルドセブンの丘 ➡ 2권 P.213

가까이 모여 있는 낙엽송이 멀리서 보면
둥근 형태를 이루는 언덕. 초록빛으로
물드는 여름도 아름답지만, 눈 덮인 겨울
풍경 속에서 더욱 빛난다.
언제 찾아도 좋지만 오후에는 역광이
드리워져 한층 더 분위기 있는
풍경이 연출된다.

> **비에이**
>
> ## 탁신관 · 자작나무 숲길
> **拓真館·白樺回廊** ▶ 2권 P.221

탁신관은 세계적인 풍경 사진가 마에다 신조가 1987년에 문을 연 사진 갤러리로, 이곳을 둘러싸고 있는 자작나무 숲길이 특히 유명하다. 겨울이면 눈 덮인 자작나무 숲길이 환상적인 풍경을 이룬다. 탁신관 건물 또한 사진 촬영 명소로 사랑받는다.

> **비에이**
>
> ## 흰수염폭포 白ひげの滝 ▶ 2권 P.220

겨울에 더 아름다운 폭포로, 얼지 않는 푸른 강물과 눈 덮인 흰 암벽, 흰 수염처럼 떨어지는 물줄기가 선명한 대비를 이루며 신비한 풍경이 펼쳐진다. 겨울밤에는 조명을 밝혀 더욱 몽환적인 분위기를 자아낸다.

> **비에이**
>
> ## 세븐스타 나무
> **セブンスターの木** ▶ 2권 P.215

1976년 일본 담배 브랜드 세븐스타의 담뱃갑을 장식했던 나무로, 가까이에서 볼 수 있다는 점이 특별하다. 겨울이면 앙상한 가지를 드러낸 나무와 새하얀 눈이 어우러져 독특한 풍경을 이룬다. 눈 덮인 풍경 속에서 더욱 돋보이는 겨울 명소다.

후라노

켄과 메리의 나무 ケンとメリーの木 ▶ 2권 P.214

1970년대 일본 TV 광고에 등장하며 유명해진 포플러 나무로 후라노의 대표 상징 중 하나다. 겨울에는 앙상한 가지가 새하얀 눈밭과 대비되며 고요한 아름다움을 자아낸다. 나무 옆 길가에서 사진을 찍으면 잘 나온다.

후라노

닝구르 테라스 ニングルテラス ▶ 2권 P.228

홋카이도 원주민인 아이누의 요정 '닝구르'에서 영감을 받아 이름 지은 숲속 예술가 마을로 신 후라노 프린스 호텔 안에 자리한 상점가다. 후라노 자연을 모티브로 한 수공예품을 판매한다. 겨울밤에는 눈 속에 반쯤 묻힌 상점들이 따뜻한 불빛을 밝혀 동화 같은 모습을 연출한다.

홋카이도 겨울 여행 필수 방한 아이템

방수 부츠는 필수
겨울철 홋카이도 여행은 눈과의 전쟁이다. 운동화나 어그 부츠를 신고 걷다 보면 금세 발이 젖고 동상에 걸릴 위험에 노출된다. 특히 눈이 발목 이상 쌓이는 곳이 많아 방수 소재의 부츠 착용은 필수. 밑창에 미끄럼 방지 기능이 있는 제품을 추천한다. 어그 부츠를 신을 경우에는 방수 스프레이를 충분히 뿌린다. 단, 인화성 스프레이는 기내 반입 금지이니 현지에서 구매하는 것이 좋다.

장갑은 생존템
눈길에서는 누구나 한두 번쯤 미끄러진다. 이때 주머니에 손을 넣고 걷다가 넘어지면 더 큰 부상을 입기 쉬우니 장갑을 꼭 챙기자. 장갑은 방한용은 물론, 넘어질 때 손을 보호하는 역할도 톡톡히 한다.

생활 방수 & 보온 기능성 모자
추운 겨울에 머리와 귀를 그대로 노출하면 금세 체온이 떨어진다. 겉감은 방풍·방수 기능이 있고 안감은 보온성이 좋으며, 귀까지 덮이는 모자를 준비한다. 패딩에 후드가 달려 있다면 좋은 대안이 된다. 물에 약하거나 고정력이 약한 모자는 피한다.

아이젠은 생각보다 불편
아이젠은 준비해 가도 막상 사용하는 일이 드물다. 대부분 버스 투어로 이동해 걷는 구간이 적기 때문이다. 아이젠을 신발에 부착하면 버스에 타고 내리거나 눈길이 아닌 곳을 걸을 때 오히려 불편하다. 단, 눈밭을 오래 걷는 경우에는 반드시 준비한다.

ATTRACTION

☑ BUCKET LIST 05

영화 〈러브레터〉 촬영지 따라
오타루 낭만 산책 코스

30년 가까운 세월 동안 아홉 차례나 재개봉한 이와이 슌지 감독의 〈러브레터〉는 지금도 변함없이 공감을 불러일으키는 아름다움으로 가득하다. 영화 속 겨울 풍경을 따라 오타루의 골목을 걸어보자.

오타루항이 보이는 언덕
후나미자카 船見坂 ▶ 2권 P.142

여자 주인공 이츠키는 어느 날 낯선 이에게 편지를 받는다. 그 편지는 바로 이 길을 거쳐 배달됐다. 우체국 직원이 오토바이를 타고 지나가는 장면이 촬영된 장소.

빨간 우체통이 있는 거리
이로나이 교차로 色内交差点

여자 주인공 히로코와 이츠키가 스쳐 지나가는 장면을 촬영한 곳이다. 고베로 돌아가는 히로코와 히로코에게 편지를 부치러 가는 이츠키가 교차하는 장소.

빠질 수 없는 오타루 명소
오타루 운하 小樽運河 ▶ 2권 P.140

성인이 된 히로코가 남자 친구 아키바와 함께 오타루에 찾아올 때부터 영화의 여러 장면에 등장한다.

04
유리 공방이 르타오로 변신
르타오 운하 플라자점
ルタオ運河プラザ店 ▶ 2권 P.156

히로코의 남자 친구 아키바가 일하는 유리 공방으로 등장했다. 이곳에서 두 사람은 오타루로 가기로 결심한다. 외관은 영화 속 장면 그대로지만 내부에는 르타오 운하 플라자점이 들어서 있다.

05
중세 유럽풍 석조 건물
옛 일본우선 오타루점
旧日本郵船 小樽支店 ▶ 2권 P.161

이츠키가 일하는 도서관으로 나오는 곳이다. 중세 유럽풍 석조 건물로, 계단과 1층 홀이 영화의 배경으로 사용됐다.

06
스키장이 된 하얀 눈밭
텐구산 天狗山
▶ 2권 P.150

히로코가 "오겡끼데스까!"라고 외치며 설원을 걷는 장면을 촬영한 곳으로 현재는 스키장이 되었다. 산 정상에서 내려다보는 야경은 홋카이도 3대 야경 중 하나로, 오타루 시내가 한눈에 보인다.

07
병원으로 등장한 곳
오타루 시청 小樽市役所 ▶ 2권 P.149

이츠키 아버지가 실려 오는 병원 장면을 촬영한 곳이다. 이츠키 역시 아버지처럼 이곳으로 실려 온다.

08
오래된 일본식 주택
옛 스하라 저택 旧寿原邸

히로코가 앨범에서 이츠키의 주소를 베껴 적는 장면, 이츠키 어머니와 대화를 나누는 장면 등에 등장한다. 시내가 내려다보이는 언덕에 있다.

ATTRACTION

☑ BUCKET LIST 06

기념품 & 간식 쇼핑
오타루 쇼핑 거리

❶ 메르헨 교차로
무려 7개의 작은 길이 교차하는 사카이마치 중심가.

❷ 오타루 오르골당 본관
약 2만 5000점의 오르골을 전시·판매하는 일본 최대 규모의 오르골 숍.

❸ 오타루 오르골당 2호관 앤티크 뮤지엄
역사적 가치가 있는 앤티크 오르골을 전시하는 박물관 겸 오르골 숍.

❹ 오타루 오르골당 유공방
오르골 만들기를 중심으로 다양한 공예 체험 프로그램을 운영한다.

❺ 르타오 본점
치즈 케이크 '더블 프로마주'로 인기를 끄는 오타루 대표 제과 브랜드 중 하나다. 무료 전망대도 볼거리다.

❻ 기타이치 글라스 아울렛
반품 등의 이유로 쌓인 기타이치 글라스 제품을 저렴한 가격에 판매한다.

❼ 기타카로 오타루 본관
바움쿠헨과 쌀과자인 오카키 등 기타카로의 유명 제품을 만날 수 있다.

❽ 롯카테이 오타루 운하점
베스트셀러인 마루세이 버터샌드를 비롯해 다양한 구움 과자를 판매한다. 2층은 카페다.

오타루에서 가장 번화한 사카이마치 거리. 900m 남짓한 이 거리에는 옛 창고를 개조한 상점과 맛집이 늘어서 있어 독특한 분위기를 풍긴다. 유리공예점, 오르골당, 르타오와 롯카테이 같은 유명 과자 브랜드 매장도 있어 기념품 쇼핑에 제격이다.

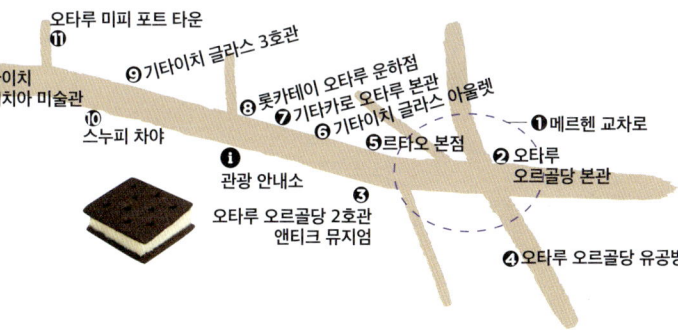

❾ 기타이치 글라스 3호관
유리공예품 숍. 전기를 사용하지 않고 167개의 석유램프만으로 불을 밝히는 희귀한 카페도 있다.

❿ 스누피 차야
스누피를 주제로 하는 캐릭터 숍. 생활 잡화부터 인형, 간식 등 제품이 다양하다.

⓫ 오타루 미피 포트 타운
미피 캐릭터를 활용한 공예 제품과 간식, 일본 전통 잡화 등 다양한 상품을 판매한다. 오타루점 한정 상품도 있다.

⓬ 기타이치 베네치아 미술관
유리공예로 유명했던 중세 이탈리아 베네치아를 재현한 미술관. 1층에는 수로와 곤돌라를 전시했다.

⓭ 가히사칸 커피 오타루점
오타루점은 로스터리를 겸해 신선한 원두로 내린 커피를 맛볼 수 있다.

⓮ 류게츠 오타루토점
앙버터 샌드, 바움쿠헨 등으로 유명한 명과 브랜드.

⓯ 가마에이 공장 직영점
갓 튀겨낸 따끈따끈한 어묵을 맛볼 수 있는 곳.

⓰ 오타루 로만칸
목조 골조가 그대로 드러나는 구조의 유리 공방으로 유리공예품과 액세서리가 가득하다.

⓱ 오타루 다이쇼 유리관
1906년에 지은 옛 창고를 개조한 건물에 들어선 유리공예점.

ATTRACTION

☑ BUCKET LIST 07

핸들 잡고 삿포로 밖으로!
렌터카 드라이브 코스

홋카이도는 일본 내 다른 지역에 비해 렌터카 여행이 보편화되었다. 삿포로에만 머무를 계획이 아니라면 렌터카를 이용해 나만의 호흡으로 홋카이도의 자연을 만나보자.

▶ 렌터가 여행 준비 정보 P.124~127

Course ① 삿포로 근교 일주

추천 시기 1년 내내
소요 시간 3~4시간(스폿 3개 기준)
난이도 중하

모에레누마 공원, 히츠지가오카 전망대, 모이와산 전망대, 아사히야마 기념 공원, 장외 시장, 삿포로 올림픽 스튜디오, 시로이코이비토 테마파크, 홋카이도 개척촌 등은 삿포로 도심과 떨어져 있어 대중교통으로는 이동이 불편하다. 이런 곳을 여유 있게 둘러보고 싶다면 렌터카 여행이 좋은 선택이다.

주의 삿포로 시내는 일방통행로가 많아 운전하기 쉽지 않다.

Course ② 오타루-요이치-샤코탄 해안

추천 시기 봄, 여름
소요 시간 7~8시간(삿포로에서 왕복 기준)
난이도 중

오타루는 대중교통으로도 쉽게 갈 수 있지만, 외곽의 아름다운 해안 도로와 명소를 즐기려면 렌터카를 이용하는 게 훨씬 낫다. 위스키 양조장으로 유명한 요이치余市와 푸른 바다가 펼쳐지는 샤코탄積丹까지 이어지는 해안 드라이브 코스는 홋카이도 최고 절경 중 하나다.

주의 오타루, 요이치까지는 고속도로로 이어져 운전하기 수월하지만, 샤코탄은 구불구불한 산간 도로를 거쳐 가야 한다.

Course ③ 조잔케이-고쿠사이 스키장-오타루

추천 시기 겨울
소요 시간 8~9시간(스키 타는 시간 포함)
난이도 상

삿포로에서 가까운 온천 마을 조잔케이에서 하룻밤 묵고 고쿠사이 스키장이나 니세코 유나이티드 등 주변 스키장을 방문하는 코스다. 스키 시즌에는 스키장행 버스가 붐비고 운행 시간도 제한적이라 렌터카 이용이 더 효율적이다. 조잔케이에서 오타루로 이어지는 코스도 추천하지만 산간 도로라서 겨울철 이용은 어렵다.

주의 조잔케이와 오타루 간 도로는 구불구불한 산길이 이어지는데 겨울에는 더욱 위험하다.

BUCKET LIST

렌터카 여행, 이런 사람에게 추천!

- 4인 이상 가족, 특히 부모님이나 아이를 동반하는 경우
- 짧은 시간을 알차게 쓰고 싶은 경우
- 대도시보다는 소도시 여행을 선호하는 경우
- 좌우 차선이 바뀌어도 빠르게 대응 가능한 운전 숙련자

Course ④ 시코츠호-루스츠·니세코 스키장

추천 시기 겨울
소요 시간 5~6시간(삿포로에서 편도 기준)
난이도 중상

시코츠호는 시코츠토야 국립공원에 속하는 칼데라 호수다. 일본에서 가장 깨끗한 호수 중 하나로 꼽히며, 신치토세 공항에서 자동차로 50분, 삿포로에서 1시간 거리에 있어 접근성이 좋다. 시코츠호 온천, 마루코마 온천, 이토 온천 등의 온천 및 루스츠 스키장, 니세코 스키장과 자동차로 40분~1시간 30분 정도 거리로 가까워 함께 돌아보기 좋다.

주의 시코츠호까지는 에니와를 거쳐 가는 국도 453호선 도로를 이용하면 편하게 운전할 수 있다. 단, 겨울철 시코츠호에서 루스츠·니세코 스키장까지는 운전하기 매우 어려운 코스다.

Course ⑤ 비에이-후라노

추천 시기 여름
소요 시간 8~9시간(삿포로에서 왕복 기준)
난이도 중하

비에이·후라노는 원데이 버스 투어가 인기지만, 여유로운 여행을 원한다면 렌터카 여행을 추천한다. 라벤더밭, 청의 호수, 패치워크 언덕 등 명소를 자유롭게 둘러보고 미술관이나 전망대, 카페, 와이너리 등도 취향껏 들를 수 있다. 특히 여름철에 활짝 핀 꽃과 초록빛으로 가득한 언덕이 펼쳐지는 풍경 속 드라이브는 빼놓을 수 없다.

주의 비에이와 후라노 구간은 언덕과 좁은 길이 이어지지만 대체로 운전하기 편하다. 겨울에는 도로 사정상 렌터카보다 버스 투어를 추천한다.

Course ⑥ 노보리베츠-도야호-하코다테

추천 시기 1년 내내
소요 시간 9시간(삿포로에서 편도 기준, 관광 시간 포함)
난이도 중

삿포로에서 하코다테까지는 고속도로로 225km, 자동차로 약 4~5시간 걸린다. 꽤 긴 거리지만 중간에 노보리베츠 온천과 도야호를 경유하면 이동 자체가 여행이 된다. 하코다테 시내를 오갈 때는 대중교통이 편리하지만 고료카쿠, 다치마치곶, 하코다테 열대식물원 등 외곽 지역까지 둘러보려면 렌터카가 효율적이다.

주의 대체로 운전하기 편한 도로지만 운전 시간이 길다.

홋카이도 버킷 리스트 035

EXPERIENCE

☑ BUCKET LIST 08

노보리베츠 vs 조잔케이
삿포로 근교 온천 여행

흰 눈이 내리는 겨울밤, 김이 모락모락 피어오르는 노천탕에 몸을 담그면 마치 다른 세계에 발을 들인 듯한 특별한 기분이 든다. 홋카이도에 수많은 온천 명소가 있지만 노보리베츠와 조잔케이는 삿포로에서 접근성이 좋아 당일치기 온천 여행지로 최적이다.

	노보리베츠 온천	조잔케이 온천
삿포로에서의 거리	107km	28km
교통수단과 소요 시간	기차 + 시내버스 1시간 30분~2시간	버스 1시간~1시간 10분
최적의 계절 포인트	겨울 설경	가을 단풍
온천 종류	유황천, 식염천, 라듐천 등 아홉 가지	나트륨 염화물 온천
특징	온천이 아니더라도 방문할 가치가 있는 최고 관광지	시코츠토야 국립공원 내에 위치한 조용한 산속 온천 마을
추천 대상	가족 단위 관광객	젊은 여성 관광객
료칸 스타일	전통 스타일, 대형 숙소	모던 스타일, 다양한 규모의 숙소
캐릭터	도깨비	갓퐁
대표 음식	돼지고기 야키토리, 해산물	온천 만주

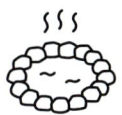

노천 온천으로 유명한
당일치기 온천 명소

노보리베츠와 조잔케이에서 특히 인기 있는 당일치기 온천 명소만 골랐다. 모두 고급 료칸 내에 있어 편리한 시설에서 여유로운 온천욕을 즐길 수 있다.

다이이치 타키모토칸 ▶ 2권 P.195

노보리베츠에서 가장 유명한 당일치기 온천이다. 4960㎡ 규모의 건물 안에 다섯 가지 온천수를 이용하는 35개의 욕장이 있어 '온천 천국'이라 불리는 만큼 가격 또한 높다. 건식·습식 등 사우나도 취향에 따라 선택할 수 있다.
📍 노보리베츠

노보리베츠 만세이카쿠 ▶ 2권 P.194

정자가 딸린 널찍한 노천탕이 있는 온천. 대형 실내탕만큼 넓어 다른 사람과 부딪힐 염려가 없다. 온천수는 유백색으로 유황 향이 나는 것이 특징이다. 어메니티는 원하는 만큼 덜어 쓰는 방식이며 무료로 음료도 제공한다.
📍 노보리베츠

호헤이쿄 온천 ▶ 2권 P.129

홋카이도에서 보기 드문 원천 100% 방류식 온천. 일본 정원 예술가가 히다카산과 도카치산에서 가져온 돌로 조성한 넓은 온천탕에서 계절마다 달라지는 자연경관을 만끽할 수 있다. 온천 내 식당에서 파는 인도식 카레도 인기 있다.
📍 조잔케이

누쿠모리노 야도 후루카와 ▶ 2권 P.129

1866년에 처음 조성한 온천 모습 그대로 재현한 노천탕이다. 100년 넘은 고목과 자연석을 이용해 전통적 분위기를 살렸다. 당일치기 온천 이용자는 겟치노유, 카텐노유 등의 온천과 라운지를 이용할 수 있다.
📍 조잔케이

 당일치기 온천 계획 시
체크 포인트

	대상	1회 이용료	특징
공공 목욕탕	• 동네 주민들이 이용 • 온천에만 집중하려는 이들이 선호	• 200~500엔 정도로 저렴	• 부대시설이 적다. • 노천탕이 없는 경우도 있다.
료칸 ※당일 플랜	• 숙박객이 이용하지 않는 시간에 이용 • 온천을 하나의 경험으로 생각하는 이들이 선호	• 700엔부터 2500엔까지 시설에 따라 다양	• 시간 제약이 있다. • 탕 종류와 부대시설이 다양하다.

① 입욕용품 챙기기

대부분의 온천 시설에서 수건은 이용료에 포함되지 않는다. 작은 수건은 판매하고 큰 타월은 대여하는 경우가 많다. 수건을 가져가면 200~500엔을 아낄 수 있다. 기본 세면도구는 챙겨 가는 것이 좋다.

② 부대시설 확인

규모가 큰 온천은 식당, 카페, 휴게실 등 부대시설이 잘 갖춰져 있어 쾌적하고 알찬 하루를 보낼 수 있다. 식사 포함이나 개인 휴게실 이용 등 다양한 옵션이 포함된 곳도 있다.

③ 온천 이용 매너

• 온천에 들어가기 전 샤워는 필수다.
• 온천수에 작은 수건이라도 담그는 것 금지. 수건은 보통 머리에 올려둔다.
• 긴 머리는 반드시 묶어서 머리카락이 온천수에 닿지 않게 한다.
• 문신이 있는 경우 대부분의 온천에서 입장을 제한한다.

④ 온천수 수질 확인하기

온천이라고 다 같은 물이 아니다. 미지근한 물을 데워 사용하거나 인공적으로 성분을 첨가하는 경우도 있다. 특히 노보리베츠는 료칸마다 온천수가 다르므로 사전 확인 필수.

⑤ 붐비지 않는 요일과 시간대 공략

보통 료칸 숙박객이 체크아웃한 뒤인 오전 10시부터 오후 2시 사이가 가장 한가하고 주말보다는 평일이 덜 붐빈다. 단, 당일치기 온천 운영 시간은 료칸마다 다르니 사전 확인 필수.

일본 문화 체험의 꽃, 료칸
꼭 알아둬야 할 여섯 가지

⑴ 유카타

료칸 숙박은 유카타를 입으면서 본격적으로 시작된다. 대개 객실 내에 비치되어 있지만, 규모가 큰 료칸에서는 로비에 다양한 유카타를 구비해두고 투숙객이 직접 골라 입도록 하는 경우도 있다. 온천욕과 식사, 산책 시 입고 다니는데, 특히 온천욕을 할 때 입고 벗기 편하다.

TIP 유카타는 왼쪽 깃이 오른쪽 깃 위로 오도록 겹쳐 입은 뒤 허리띠를 맨다.

⑷ 온천탕

온천은 공동 탕(노천탕, 실내탕)과 예약이 필요한 전세 탕으로 나뉜다. 공동 탕은 남녀 탕이 요일별로 바뀔 수 있으니 입장하기 전에 반드시 확인해야 한다. 온천 이용 시 객실에 비치된 페이스 타월과 목욕 타월을 꼭 챙긴다.

TIP 남녀 탕을 바꾸는 이유는 음양의 조화를 맞추기 위한 것도 있지만, 다른 탕을 두루 경험하도록 배려한 것이다. 특히 노천탕은 탕마다 주변 경관이 달라 다양한 분위기를 즐길 수 있다.

⑵ 가이세키 요리

저녁과 아침 식사, 혹은 아침 식사만 제공하는 옵션을 선택할 수 있다. 가능하다면 두 끼 모두 선택하는 것이 좋다. 저녁 식사는 제철 식재료로 구성된 가이세키 요리로, 코스마다 재료와 맛, 조리법이 달라 특별한 미식 경험을 선사한다. 식사 시간은 보통 체크인 시 원하는 시간으로 예약한다.

⑸ 객실

다다미방을 기본으로 하며 방 한가운데 좌식 의자와 테이블이 놓여 있다. 저녁이 되면 의자와 테이블을 치우고 이불을 깔아준다. 요즘은 다다미방에 침대를 두는 절충식과 일본풍 인테리어를 적용한 서양식 객실도 있다.

⑶ 송영 버스 서비스

비교적 규모가 큰 료칸에서 대중교통으로 접근이 어려운 경우 역과 료칸 사이를 오가는 송영 버스를 운행하기도 한다. 보통 체크인·체크아웃 시간에 맞춰 운행하니 시간 확인은 필수다. 숙박 예약 시 송영 버스 운행 여부를 전화나 이메일로 반드시 확인한다.

⑹ 입욕세

입욕세는 온천 시설이 있는 숙소에 1인당 1일 기준으로 부과하는 세금이다. 보통 150~300엔이며 지역별로 조금씩 다르다. 숙박비를 온라인으로 미리 결제했더라도 입욕세는 체크인 시 별도로 내야 한다.

	숙박 시	당일 온천 이용 시
노보리베츠	300엔	50엔
조잔케이	150엔	100엔

EXPERIENCE

☑ BUCKET LIST 09

벚꽃 필 때까지 스키 여행
홋카이도 스키장 베스트

겨울이면 전 세계 스키어들이 몰려드는 홋카이도. 세계적으로 유명한 파우더 설질과 함께 11월부터 5월 초까지 이어지는 긴 시즌 덕분에 '벚꽃 보며 스키 타는' 특별한 경험이 가능하다. 뛰어난 설질과 접근성을 모두 갖춘 홋카이도 대표 스키장 다섯 곳을 소개한다.

🚌 **스키장 편하게 가는 방법**

홋카이도 리조트 라이너 北海道リゾートライナー
삿포로 주요 호텔에서 홋카이도 내 스키장으로 가는 버스다. 루스츠 리조트, 니세코 유나이티드, 후라노 스키장, 삿포로 고쿠사이 스키장 등을 각각 왕복 운행해 편하게 다녀올 수 있다.
홈페이지 www.access-n.jp/winter2024/skibus

 01 BEST
삿포로 고쿠사이 스키장
札幌国際スキー場

삿포로와 오타루에서 접근성이 뛰어나 짧은 일정으로 홋카이도를 여행하는 관광객들에게 가장 인기 있는 스키장이다. 삿포로 시내에 있는 스키장 중 가장 규모가 크며, 5월 초까지 운영해 홋카이도 내에서도 시즌이 가장 길다. 초급부터 상급까지 다양한 난이도의 슬로프는 물론, 썰매와 튜브를 즐길 수 있는 스노파크도 있어 가족 단위 여행객에게도 적합하다. 풍부한 적설량과 고운 파우더 눈, 안정적인 날씨, 여기에 2기의 곤돌라를 운영해 쾌적한 스키 환경이 갖춰져 있다.

구글맵 삿포로 국제 스키 리조트 **운영** 보통 11월 하순~5월 초
홈페이지 www.sapporo-kokusai.jp/ko (한국어 지원)
가는 방법 JR 삿포로역에서 직행 셔틀버스 탑승

 02 BEST
삿포로 테이네 스키장
サッポロテイネスキー場

1972년 삿포로 동계올림픽 경기장으로 사용한 유서 깊은 스키장으로, 대중교통을 이용한 접근성이 좋다. 해발 1000m가 넘는 정상에서는 삿포로 시내와 이시카리만을 내려다보며 파우더 눈 위를 활강하는 짜릿한 경험을 할 수 있다. 스키장은 하이랜드 존과 올림피아 존으로 나뉘며, 초·중급자 코스가 많지만 여자 대회전 코스, 남녀 대회전 코스, 기타카베 코스 등 다이내믹한 활강이 가능한 상급자용 슬로프도 있다. 특히 하이랜드 존 정상에서 올림피아 존까지 이어지는 '레인보 코스'는 총길이 6000m로 홋카이도 최장 코스로 꼽힌다.

구글맵 Sapporo Teine Ski Area **운영** 12월 초~4월 초
홈페이지 sapporo-teine.com/snow/lang/ko (한국어 지원)
가는 방법 JR 테이네역 남쪽 출구로 나와 버스 정류장 3번 승차장에서 JR 버스 탑승, 테이네 하이랜드에서 하차

 BEST 03 니세코 유나이티드
ニセコユナイテッド

홋카이도 최대 규모의 스키 리조트. 히라후 & 하나조노, 니세코 빌리지, 안누푸리 등 3개의 독립된 스키장이 정상부에서 이어져 하나의 거대한 스키 에어리어를 형성한다. 홋카이도 최고 수준의 파우더 눈 덕분에 압설을 하지 않아, 신선한 눈 위를 그대로 활강하는 묘미를 즐길 수 있다. 해발 920m 지점에서 시작되는 5600m 길이의 다운힐 코스에서는 시원하게 내달리는 활강의 즐거움을 만끽할 수 있다.

구글맵 니세코 그랜드 히라후(이 외에도 원하는 리조트 이름으로 검색) **운영** 11월 하순~5월 초
홈페이지 www.niseko.ne.jp/en
가는 방법 JR 삿포로역 북쪽 출구 정류장에서 니세코 스키버스 탑승

 BEST 04 루스츠 리조트
ルスツリゾート

홋카이도 최대 규모의 스키 리조트 중 하나로 3개의 산에 걸쳐 총 37개의 코스를 갖추었다. 니세코 유나이티드에 뒤지지 않는 부드러운 파우더 눈과 풍부한 적설량 덕분에 매 시즌 많은 스키어들이 찾는다. 리조트 내에 놀이공원, 호텔, 레스토랑 등 각종 부대시설이 있어 가족 단위 관광객에게도 인기가 높다. 후라노 스키장에 비해 상대적으로 한산하다는 점도 큰 매력이다.

구글맵 Rusutsu Resort **운영** 11월 말~3월 말
홈페이지 rusutsu.co.jp/winter
가는 방법 JR 삿포로역 인근 카모리 빌딩 앞(Rusutsu Resort Sapporo Office) 정류장에서 셔틀버스 탑승 (홈페이지에서 사전 예약 필수, 탑승 위치 확인)

 BEST 05 후라노 스키장
富良野スキー場

홋카이도의 지붕이라 불리는 도카치 연봉을 조망하며, 시즌 내내 고운 천연 파우더 눈을 즐길 수 있는 스키장. 총 24개의 코스로 이루어져 있으며, 최장 활주 거리는 4000m에 달한다. 날씨가 맑은 날이 많아 시야 확보가 좋기 때문에 월드컵 경기나 보더크로스 등 국제 대회가 열리기도 한다. 또한 일본 최고속의 100인승 로프웨이를 운영해 쾌적하게 스키를 즐길 수 있다. ▶ 2권 P.228

구글맵 후라노 스키장 또는 Furano Ski Resort
운영 11월 말~5월 초
홈페이지 www.princehotels.co.jp/ski/furano
가는 방법 JR 후라노역에서 택시로 10분

첫 방문도 OK!
삿포로 고쿠사이 스키장 가이드 ▶ P.041

STEP 01 스키장 예약하기

스키장 리프트·곤돌라 이용권과 장비 대여, 셔틀버스 탑승은 사전 예약이 필수다. 홈페이지에서 리프트·곤돌라 이용권을 구입하면 1인당 약 300엔 할인 혜택이 있다.

STEP 04 리프트권 구매와 수령

리프트권을 예매하지 않았더라도 현장 구매가 가능하다. 미리 구입한 리프트권은 QR코드 형식으로 다운받은 뒤, 당일에 전용 자동 교환기에서 발권한다.

STEP 02 셔틀버스 예약 후 탑승

홈페이지에서 셔틀버스 이용을 예약한다. 출발 당일 JR 삿포로역 앞 버스 정류장 17번 승차장에서 셔틀버스를 탑승한다. **버스 요금** 편도 1800엔

STEP 05 난이도에 맞게 슬로프 선택

자신의 실력에 맞는 슬로프를 선택해 리프트를 타고 올라가서 스키와 보드를 즐긴다. 초급부터 상급까지 다양한 코스가 있어 초심자도 부담 없이 즐길 수 있다.

STEP 03 스키 장비와 스키복 대여

스키 장비와 스키복, 부츠까지 스키장에서 모두 대여 가능하다. 홈페이지에서 사전 예약하면 더욱 편리하게 이용할 수 있다. 양말이나 모자 등을 준비하지 않았다면 건물 내 숍에서 구입한다.

STEP 06 식사와 음료 즐기기

스키장 내에 패스트푸드, 피자, 라멘, 징기스칸 등의 식사 메뉴가 준비된 레스토랑과 커피, 아이스크림 등 간식류를 파는 카페가 있다. 간단한 음료는 자판기를 이용하면 편리하다.

STEP 07 온천 이용하기

삿포로 고쿠사이 스키장에서 조잔케이 온천까지는 자동차로 약 30분 거리다. 셔틀버스가 조잔케이를 경유하기 때문에 스키를 타고 나서 온천 료칸에서 묵으며 피로를 풀기에도 좋다. 당일치기 온천 입욕권과 리프트권을 세트로 묶은 상품도 있다.

EXPERIENCE

☑ BUCKET LIST 10

눈 덮인 겨울부터 짜릿한 여름까지!
삿포로 축제 총정리

삿포로에서는 눈의 예술이 빛나는 겨울 축제부터, 낭만과 열기가 넘치는 여름 맥주 축제까지 특별한 경험이 기다리고 있다.

FEST 01
세계 3대 겨울 축제
삿포로 눈 축제

개최 시기 2월 4~11일
운영 오도리 공원 24시간, 스스키노 야간 조명 22:00까지, 츠도무 10:00~16:00
위치 오도리 공원, 스스키노, 츠도무

1년 중 삿포로가 가장 붐비는 시기는 삿포로 눈 축제 기간이다. 세계 3대 눈 축제로 꼽힐 만큼 국내외 관광객이 몰려든다. 축제의 시작은 1950년, 지역 고등학생들이 오도리 공원에서 눈 조각 6개를 전시한 것이다. 당시 오도리 공원은 시민들이 제설한 눈을 버리는 장소여서 눈 조각을 만들기에는 최적의 장소였다. 현재는 오도리 공원, 스스키노, 츠도무 세 곳에서 축제가 열리며, 오도리 공원이 가장 규모가 크다. 오도리 공원 약 1.5km 구간에 일본 성, 세계문화유산, 스포츠, 만화, 게임 등 다양한 테마의 눈 조각 160여 점이 전시된다. 이 중 하이라이트는 높이 7m에 달하는 대설상大雪像 다섯 작품. 과거에는 15m가 넘는 조각도 있었지만 현재는 안전을 위해 크기를 제한하고 있다.

눈 조각은 중장비로 거대한 눈덩이를 쌓은 다음 정교하게 조각하는 방식으로 이루어집니다. 특히 11초메의 국제 눈 조각 콩쿠르 존에서는 세계 각국 팀의 제작 과정을 직접 볼 수 있어요.

FEST 02 유럽식 크리스마스 축제
뮌헨 크리스마스 시티 인 삿포로

개최 시기 11월 중순~12월 말 **운영** 11:00~21:00
위치 오도리 공원 일대

삿포로시 자매도시인 독일 뮌헨의 크리스마스 마켓 분위기를 그대로 옮겨 온 행사가 매년 11월 삿포로에서 열린다. 행사장에서는 독일 전통음악 공연 등 크리스마스 분위기가 물씬 나는 다채로운 이벤트가 펼쳐지며 수공예, 크리스마스 장식 만들기 같은 프로그램도 열려 직접 참여하는 재미가 쏠쏠하다. 푸드 부스에서는 정통 독일식 소시지 같은 육류 요리와 글뤼바인(따뜻한 와인) 등 현지 맛을 떠오르게 하는 요리를 선보인다.

FEST 03 은은한 불빛의 환상적인 야경
오타루 눈빛 거리 축제

개최 시기 2월 초·중순 **운영** 일몰 직후~21:00
위치 오타루 운하 등 시내 곳곳

눈 속에서 캔들이 은은하게 빛나는 야경 축제다. 오타루 운하를 중심으로 옛 테마야션 공원, 오타루 예술촌, 텐구산 등 시내 여러 곳에서 열린다. 해가 지면 시작되는 스노 캔들 행사는 운하 일대를 아름답게 물들인다. 어구를 이용해 물 위에 띄운 캔들이 반짝반짝 일렁이며 환상적인 야경을 연출한다. 특히 아사쿠사 다리와 주오 다리 근처는 최고의 포토 스폿으로 꼽힌다. 시민들이 직접 만든 아기자기한 눈 조명과 아이스 캔들도 색다른 볼거리다.

FEST 04 하코다테를 특별하게 만드는 겨울 축제
하코다테 크리스마스 판타지

개최 시기 12월 1~25일 **운영** 18:00 이후 점등
위치 가네모리 아카렌가 창고 인근

가네모리 아카렌가 창고 앞에 높이 20m의 거대한 트리가 세워진다. 이 트리를 중심으로 펼쳐지는 하코다테의 대표 겨울 축제로, 매일 저녁 6시에 약 5만 개의 전구가 일제히 켜지고, 화려한 불꽃놀이가 밤하늘을 수놓는다. 2월 말까지는 모토마치 지구 일대에서 저녁이면 조명을 밝혀 교회와 역사적 건축물이 빛으로 물든다. 또 다른 명소인 고료카쿠에서는 약 2000개의 전구가 켜지는데, 고료카쿠 타워에서 내려다보면 새하얀 눈 속에서 별이 반짝이는 듯하다.

삿포로 눈 축제
현지인처럼 알차게 즐기는 법

01 박람회 수준의 기업 홍보 부스
축제 기간 동안 다양한 기업들이 스폰서 부스를 설치해 자사 제품을 홍보한다. 제품을 저렴하게 판매하거나 신제품 샘플을 무료로 제공하면서 축제 분위기를 돋운다.

03 겨울 스포츠 체험 존
오도리 공원 곳곳에는 눈으로 만든 슬라이드와 컬링 체험 존 등 직접 참여할 수 있는 겨울 스포츠 공간이 마련된다. 남녀노소 모두 즐길 수 있어 가족 단위 여행자들에게 특히 인기 있다.

02 축제의 또 다른 즐거움, 길거리 음식
오도리 공원 6초메 구역의 '홋카이도 음식 광장'은 먹거리 천국이다. 따뜻한 음료와 국물 요리, 꼬치구이, 홋카이도 명물인 옥수수구이, 감자구이 등 지역 대표 길거리 음식이 가득하다.

04 밤에 펼쳐지는 빛의 세계
해가 지면 눈 조각은 또 다른 모습으로 변한다. 밤 10시까지 이어지는 프로젝션 매핑 쇼에서는 눈 조각 위에 3D 영상을 투사해 마치 눈 조각들이 살아 움직이는 듯한 환상적인 장면이 펼쳐진다.

05 주의! 동선 숙지
방문객이 매우 많은 만큼 행사장 내 대부분의 구간이 일방통행이다. 구역별로 출구가 정해져 있어 잘못된 방향으로 이동하면 원치 않는 코스를 계속 걸어야 할 수도 있다. 미리 행사장 지도를 살펴보고 관람 루트를 계획하는 것이 중요하다.

· FEST ·
05

일본 최대 맥주 축제
삿포로 오도리 비어 가든

개최 시기 7월 하순~8월 중순 **운영** 12:00~21:00(마지막 주문 20:30)
위치 오도리 공원 5~11초메

독일의 옥토버페스트를 떠올리게 하는 일본 최대 규모 맥주 축제다. 매년 여름이면 오도리 공원 약 1km 구간에 1만 3000석이 넘는 야외 테이블이 설치되고, 삿포로는 거대한 맥주 도시로 변신한다. 아사히, 기린, 삿포로, 에비스 등 일본 대표 맥주 브랜드는 물론 세계 각국의 맥주까지 맛볼 수 있는 대형 텐트가 줄지어 들어선다. 구역을 옮겨 다니며 맥주를 즐기고, 홋카이도산 지역 먹거리로 입맛을 돋우는 재미도 쏠쏠하다. 1959년 삿포로 여름 축제의 부대 행사로 오도리 6초메에서 처음 열었던 비어 가든이 지금과 같은 대형 축제로 성장한 것이다. 해가 늦게 지는 홋카이도의 여름, 한 달 동안 이어지는 이 축제는 여름밤을 더욱 잊지 못할 추억으로 만들어준다.

TIP!
알아두면 도움 되는 축제 참여 팁

❶ **인파가 적은 평일 낮 시간 공략** 축제 기간에는 매일 삿포로 시민들이 북적이지만 그중에서도 주말과 공휴일, 그리고 평일 오후 5시부터 사람들이 몰린다.

❷ **가벼운 옷차림과 겉옷 준비** 짐은 최소한으로, 양손은 최대한 가볍게 한다. 짐이 있다면 오도리역 코인 로커를 이용한다. 밤에는 날씨가 쌀쌀할 수도 있으니 겉옷을 준비한다.

❸ **화장실 위치 파악** 화장실 위치를 미리 파악해두면 이용하기 편리하다.

❹ **아이 동반 가능** 어린이용 음료수와 음식도 팔고 놀이터도 있어 가족 단위 관광객이 즐기기에도 적당하다.

❺ **흡연은 정해진 부스 이용** 행사장 내에서는 절대 금연이다. 흡연 부스가 따로 마련되어 있다.

내 스타일의 맥주 텐트는?
브랜드별 분위기 총정리

삿포로 오도리 비어 가든에는 총 6개의 텐트가 있어요. 브랜드별로 분위기랑 메뉴가 전부 달라요.

① 산토리 프리미엄 몰츠 가든
지하철 오도리역과 바로 연결되어 접근성이 뛰어난 텐트로 생맥주와 프리미엄 몰츠를 비롯해 가리비, 징기스칸, 피자 등 안주가 준비되어 있다. 예약자 전용 한정 안주와 알코올이 들어간 짐빔 소프트아이스크림도 인기 있다.
📍 오도리 니시 5초메

③ 아사이 슈퍼 드라이 비어 파크
나무 그늘 아래에 텐트를 설치해 시원하다. 일본 내 인기 1위 맥주 브랜드답게 가장 많은 사람이 몰린다. 삿포로 공장에서 생산한 신선한 슈퍼드라이 엑스트라 콜드, 무알코올 생맥주 등을 판매한다.
📍 오도리 니시 6초메

② 기린 이치방 시보리 비어 가든
다채로운 음식을 선보이는 라이브 키친 부스에서는 징기스칸, 치킨 & 치즈 닭갈비, 무로란 야키토리, 피자 등의 안주가 인기이며, 기린 이치방 시보리 등 6종류의 생맥주를 판매한다. 특히 맥주 6리터가 들어가는 긴 관 모양의 피처가 눈길을 끈다.
📍 오도리 니시 7초메

④ 더 삿포로 맥주 가든
일본 맥주 브랜드 텐트 중에서도 특히 인기가 높은 이곳은 옥토버페스트 분위기가 물씬 풍긴다. 클래식, 블랙라벨, 에비스 등 삿포로의 다양한 맥주를 맛볼 수 있으며, 라이브 키친 부스에서는 오타루 명물인 닭 반 마리 튀김과 해물 야키소바 등 따끈한 안주를 즐길 수 있다.
📍 오도리 니시 8초메

⑤ 세계 맥주 광장

세계 각국의 맥주와 홋카이도 수제 맥주 등 100종류 이상의 맥주를 갖춘 이 텐트에서는 다양한 세계 음식과 고기 요리를 맛볼 수 있다. 일본 맥주 브랜드 텐트에 비해 좌석이 넉넉해 편안하게 이용할 수 있다.

📍 오도리 니시 10초메

⑥ 삿포로 독일 마을

삿포로의 자매도시 뮌헨에서 열리는 옥토버페스트 분위기를 재현한 텐트로, 옥토버페스트 공식 양조장인 호프 브로이의 밀 맥주를 즐길 수 있다. 독일 대표 소시지와 감자튀김이 인기 안주 메뉴다.

📍 오도리 니시 11초메

HOW TO 맥주 축제 이용법

❶ 예약하기
당일 방문도 가능하지만 좋은 자리를 원한다면 온라인 예약 필수. 삿포로 호텔 투숙객은 오후 5~6시에 특별 좌석을 이용할 수 있다(예약 가능 여부는 호텔 홈페이지 참고).

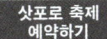

삿포로 축제 예약하기

❸ 자리 잡기
축제장에 테이블석과 서서 마시는 공간이 있는데 그중 원하는 곳에 자리를 잡는다. 서서 마시는 공간은 7·8·11초메에 있다.

❷ 텐트 고르기
6개의 텐트를 모두 돌아보며 분위기를 살펴본다. 한곳에서 편안히 즐기는 것도 좋지만 텐트를 옮겨 다니며 즐기는 것도 방법.

❹ 맥주와 음식 티켓 구입
각 텐트 티켓 창구에서 원하는 티켓을 구입해 음식과 맥주로 교환한다. 메뉴판을 들고 다니는 직원에게 추가 주문도 할 수 있다.

EXPERIENCE

☑ BUCKET LIST 11

애주가의 필수 코스
홋카이도 양조장 탐방

홋카이도는 미식의 천국일 뿐
아니라 술을 사랑하는 이들의
성지이기도 하다.
깨끗한 물, 선선한 기후,
풍부한 농산물은 고품질의
맥주와 위스키를 만들어내기에
최적의 조건이다. 홋카이도를
여행하면서 꼭 들러봐야 할
대표적인 술 박물관과
양조장을 소개한다.

삿포로 맥주 박물관
サッポロビール博物館 ▶ 2권 P.042

삿포로 맥주의 역사를 한눈에 볼 수 있는 일본 유일의 맥주 박물관이다. 홋카이도 개척 시기부터 현재까지의 삿포로 맥주 역사가 전시되어 있으며, 자유 관람과 유료 투어 중 선택할 수 있다. 투어 종료 후 스타홀에서는 삿포로 맥주 3종 세트(1000엔) 시음도 가능하다.

삿포로 개척사 맥주 양조장
札幌開拓使麦酒醸造所 ▶ 2권 P.119

1876년에 지은 양조장 터에 현재는 쇼핑몰 '삿포로 팩토리'가 들어서 있다. 부속 시설 렌가관 1층에는 당시 사용하던 양조 설비와 관련 자료가 전시되어 있으며, 인근 브루어리 1876에서는 무myeon과 개척사 맥주 등을 판매한다.

삿포로 맥주 홋카이도 공장
サッポロビール 北海道工場

1989년부터 삿포로 맥주를 생산해온 공장이다. 신치토세 공항과 가까워 입출국 전후에 돌아보기 좋다. 공장 견학은 사전 예약이 필수다. 견학 후에는 공장 옆 정원에 마련된 공간에서 홋카이도에서만 파는 삿포로 클래식을 마실 수 있다.

구글맵 홋카이도 삿포로 맥주 공장 **문의** 0123 32 5802
운영 10:40~15:10 **휴무** 월 · 화요일(공휴일이면 다음 날), 연말연시, 임시 휴무일
요금 20세 이상 1000엔(삿포로 클래식 2잔 시음 포함), 13~19세 500엔, 12세 이하 무료
홈페이지 www.sapporobeer.jp/brewery/hokkaido
가는 방법 JR 삿포로비루테이엔역에서 도보 13분

오타루 맥주 양조장
오타루 창고 No.1
小樽ビール醸造所 小樽倉庫 No.1
▶ 2권 P.172

1995년에 설립한 오타루 대표 맥주 양조장으로, 독일 맥주 순수령을 따른다. 역사적인 오타루 운하 창고군에 위치한 맥주 펍은 독일 비어 펍 분위기로 인기 있는 명소다. 실내 중앙에는 실제로 가동 중인 담금솥이 자리하고 2층에는 맥주 제조 관련 자료를 전시해 견학도 가능하다.

닛카 위스키 요이치 증류소
ニッカウヰスキー 余市蒸溜所

위스키 마니아들의 필수 코스. 1934년 스코틀랜드와 기후 조건이 유사한 요이치에 설립한 증류소로, 지금도 전통적인 제조 방식으로 위스키를 생산한다. 증류동과 저장고, 창업자의 옛 저택 등을 둘러보고, 가이드 투어를 통해 제조 공정에 대한 상세한 설명도 들을 수 있다. 관람 후에는 시음 코너에서 다양한 제품을 맛보는 체험도 가능하다. 예약 없이 방문해 자유롭게 둘러볼 수 있으며 시음은 유료다.

구글맵 닛카 위스키 증류소
문의 0135 23 3131 **운영** 09:15~16:15
홈페이지 www.nikka.com/distilleries/yoichi
가는 방법 JR 삿포로역에서 쾌속 에어포트 탑승, 1시간 20분 후 JR 요이치역에서 하차해 도보 7분

다나카 주조 본점
田中酒造 本店 ▶ 2권 P.163

1899년에 창업해 4대째 이어오는 오타루의 대표 양조장. 홋카이도산 재료만으로 소량 생산해 오타루에서만 판매한다. 대표 사케인 다카라가와를 비롯해 매실주, 아마자케 등 다양한 술을 선보이며 10~15종류의 시음이 가능하다. 건물은 오타루시 역사적 건축물로, 그 자체로 볼거리다.

치토세츠루 술 박물관
千歳鶴酒ミュージアム ▶ 2권 P.048

삿포로 유일의 사케 양조장인 치토세츠루의 직영 매장이자 박물관. 치토세츠루는 1872년에 창업한 전통 있는 양조장으로, 이곳에서 직접 생산한 한정 사케와 현장에서 병입해주는 생사케 등 다양한 제품을 판매한다. 다이긴조 사케로 만든 사케 소프트크림도 인기 있다. 시음도 가능하다.

후라노 와이너리
ふらのワイナリー ▶ 2권 P.229

1972년 후라노시 포도과수연구소로 시작한 와이너리로, 후라노에서 수확한 포도만으로 와인을 빚는다. 숙성 탱크와 생산 라인, 다양한 와인을 전시한 공간으로 이루어져 있으며 와인 제조 과정과 포도 품종, 지역 역사도 살펴볼 수 있다. 가장 인기 있는 코너는 단연 시음 공간으로 기본 와인 3종을 무료로 제공한다. 좀 더 깊이 있는 맛을 즐기려면 유료로 프리미엄 와인을 시음할 수 있다.

무료 시음 코너

오직 홋카이도에서만! 한정 맥주

삿포로 클래식
サッポロクラシック

캔맥주와 병맥주는 일본 전역에서 판매하지만 생맥주는 오직 홋카이도에서만 맛볼 수 있다. 120년 전 레시피를 그대로 유지한 상쾌한 맛이 특징이며, 현지에서 삿포로 생맥주를 주문하면 대부분 삿포로 클래식으로 제공한다.

삿포로 클래식 봄의 향기
サッポロクラシック 春の薫り

홋카이도산 홉 후라노 매지컬과 숙성 홉을 더해 만든 봄 시즌 한정 맥주로, 홋카이도 봄을 떠올리게 하는 상쾌한 향과 깊고 쌉쌀한 맛이 특징이다. 삿포로 클래식보다 쓴맛이 덜하고, 부드럽고 가벼운 느낌이 있다.

삿포로 클래식 여름의 상쾌
サッポロクラシック 夏の爽快

홋카이도산 리틀스타 홉과 키타노호시 보리맥아로 만든 여름 한정 맥주. 홋카이도의 여름을 연상시키는 상쾌한 향과 풍부한 맛이 특징이며, 삿포로 클래식보다 탄산감이 강하고 알코올 도수도 약간 높은 5.5%다.

붉은 별에서 시작된 삿포로 맥주

삿포로 맥주는 1876년 홋카이도 개척사의 차관 구로다 기요타카의 주도로 세운 맥주 양조장 '개척사 맥주 양조소'에서 시작되었다. 삿포로 맥주 로고에 붉은 별이 들어간 이유는 홋카이도 개척사의 문양이 별 모양이었기 때문이다. 이후 1884년 '삿포로 맥주 양조장'으로 이름을 바꾸었고, 여러 차례 합병을 거쳐 1956년 삿포로 맥주 상표가 부활했으며 1964년 현재의 사명으로 바뀌었다. 홋카이도의 청정 자연에서 영감을 받은 삿포로 맥주는 시원하면서도 깔끔한 맛이 특징이다. 원료인 보리와 홉의 품종 개발에 직접 참여하며, 전 세계 계약 생산자와 함께 원료 재배까지 관여하는 일본 유일의 맥주 회사다. 원료의 맛을 극대화하기 위해 1000종 이상의 효모를 보관하는 '효모 뱅크'도 운영한다.

삿포로 맥주 인기 라인업

삿포로 생맥주 블랙라벨
サッポロ生ビール ブラックラベル

국내에서는 '삿포로 프리미엄'으로 판매하는 맥주로, 저온 살균하지 않는 비열 처리 방식으로 제조해 '생맥주'라는 이름이 붙었다. 보리의 깊은 풍미와 상쾌한 뒷맛, 크리미한 거품이 특징이며, 부드러운 탄산과 가벼운 청량감으로 부담 없이 즐길 수 있는 대중적인 맥주다.

삿포로 생맥주 나나마루(70%)
サッポロ生ビール ナナマル

에비스 맥주
ヱビスビール

삿포로 라거 맥주
サッポロラガービール

일본 최초로 당질과 퓨린체를 70%로 줄인 건강 지향형 생맥주다. 홉 향을 풍부하게 살리고 제조 공정을 개선해 생맥주 특유의 깊은 맛과 부드러운 목 넘김을 극대화했다.

삿포로 맥주의 프리미엄 라인으로 1890년 '일본맥주'에서 시작한 브랜드다. 독일 정통 스타일을 지향하며 고급 맥아, 에비스 전용 효모, 독일 바이에른산 아로마 홉만 사용해 맛이 진하고 묵직하다.

'아카보시(붉은 별)'라는 애칭으로 불리는 일본에서 가장 오래된 맥주(1877년 탄생)다. 열처리 방식으로 만들어 묵직한 맛과 전통적인 감성의 패키지가 특징이며, 음식점에서 주로 병맥주로 판다.

소라치 1984
SORACHI 1984

삿포로 골드 스타
サッポロ GOLD STAR

삿포로 보리와 호프
麦とホップ

삿포로 맥주가 1984년 홋카이도 소라치군 가미후라노초에서 개발한 홉 소라치 에이스를 100% 사용한 에일 맥주다. 편백나무와 레몬그라스를 연상시키는 상쾌한 향이 특징이다.

블랙라벨에 쓰는 맥아와 에비스에 쓰는 홉을 섞어 만든 고급 발포주(제2종 발포주). 기존 발포주에 비해 보리의 진한 풍미와 산뜻한 맛이 조화를 이룬다. 가성비가 좋아 데일리 맥주로 인기 있다.

보리와 홉으로만 맛을 낸 제3종 발포주로, 일반 맥주보다 가볍지만 발포주보다는 진하고 고급스러운 맛이다. 엑스트라 리치, 흑맥주, 계절 한정 등 다양한 시리즈로도 출시한다.

EAT & DRINK

☑ BUCKET LIST 12

여행자를 사로잡는 로컬의 맛

홋카이도 대표 음식 5

홋카이도는 일본에 편입된 역사가 짧은 만큼 식문화가 다른 지역과 뚜렷이 구분된다. 풍부한 농산물을 활용한 요리부터 개척의 역사가 담긴 음식을 꼽았다.

PICK 01

홋카이도 채소가 가득 **수프카레** スープカレー

가성비 ★★★★
1300~1800엔. 토핑에 따라 가격이 달라진다.

선호도 ★★★★
국물 요리를 즐기는 우리나라 사람들에게 잘 맞는 스타일!

비주얼 ★★★★★
다양한 색감의 토핑을 올린 모습이 마치 연출된 듯 아름답다.

지역색 ★★★★★
평범한 카레를 홋카이도식으로 새롭게 해석했다.

PICK 02

일본 3대 라멘
삿포로 미소라멘 札幌 味噌ラーメン

가성비 ★★★
800~1500엔. 토핑 선택에 따라 가격이 달라진다.

선호도 ★★★
진한 미소 국물 덕분에 돼지 뼈 특유의 잡내가 덜하다.

비주얼 ★★★
국물 위에 토핑을 올리는데, 종류에 따라 차이가 있다.

지역색 ★★★★
기름이 둥둥 떠 있어 추운 날씨에도 쉽게 식지 않는다.

PICK 03

홋카이도 개척의 역사가 담긴 **징기스칸** ジンギスカン

가성비 ★★
1인분 700~2000엔. 수입산보다 홋카이도산 양고기가 더 비싸다.

선호도 ★★★
홋카이도산 양고기는 냄새가 적어 거부감이 덜하다.

비주얼 ★★★★
볼록한 주물 팬 가장자리에 채소를 두르고 중앙에 양고기를 올려 굽는 모습이 독특하다.

지역색 ★★★★★
식재료부터 조리법까지 100% 홋카이도 한정!

PICK 04

바다의 신선함을 담은 **게 요리** カニ

가성비 ★
1인분 5000엔 이상. 게 요리는 어디나 비싸다.

선호도 ★★★★
해산물을 꺼리거나 알레르기가 없다면 대부분 좋아한다.

비주얼 ★★★
커다란 게 다리와 선홍빛 살 그리고 정갈한 상차림은 눈을 즐겁게 한다.

지역색 ★★★★
세 종류의 게가 계절별로 연중 잡힌다.

PICK 05

밥 위에 싱싱한 해산물이 듬뿍 **가이센동** 海鮮丼

가성비 ★★★
1500~3000엔. 성게나 게살 등 값비싼 재료가 올라갈수록 가격이 높아진다.

선호도 ★★★★
회를 즐기지 않는 사람을 제외하면 대부분 선호한다.

비주얼 ★★★★
다채로운 색감의 회가 담긴 모습은 위에서 사진을 찍어야 가장 예쁘게 나온다.

지역색 ★★★
일본 어디서나 흔하지만 우니와 연어만큼은 홋카이도산이 으뜸!

삿포로 스타일의 국물 카레
수프카레

일본에는 수많은 스타일의 카레가 존재하지만, 그중에서도 수프카레는 단연 독보적인 개성을 지닌다. 따뜻한 국물 스타일의 수프카레는 홋카이도 추운 날씨에 꽁꽁 언 몸을 녹여줄 뿐 아니라 우리나라 사람들의 입맛에도 잘 맞다.

수프카레란?

수프카레는 여러 가지 향신료와 육수를 사용한 묽은 국물에 육류, 해산물, 채소 등 다양한 재료가 들어가는 음식이다. 1971년 삿포로의 카페 아잔타에서 '약선 카리薬膳カリ–'라는 이름으로 처음 선보인 것을 시작으로 수프카레를 파는 가게가 점차 늘어났고, 2005년 무렵에는 삿포로의 대표 음식으로 자리 잡았다. 현재 삿포로에는 200여 곳의 수프카레 전문점이 있으며 가게마다 향신료의 배합, 육수의 베이스, 토핑 구성 등이 모두 다르다.

일반 카레와 무엇이 다를까?

- **걸쭉한 카레 No, 묽은 수프 형태**
  일반 카레와 달리 걸쭉하지 않고 묽고 깔끔한 수프 형태가 특징이다. 담백한 육수에 향신료 향이 어우러져 독특한 풍미를 자랑하며, 국물 요리라 한국인 입맛에 대체로 잘 맞는다.

- **함께 끓이는 재료 No, 따로 조리해 올리는 토핑**
  일반 카레가 재료를 함께 끓이는 반면, 수프카레는 큼지막하게 손질한 채소와 고기를 튀기거나 구워 토핑으로 올린다. 특히 홋카이도산 채소를 넉넉히 사용해 식재료 본연의 맛을 살린다.

- **정해진 형식 No, 내 입맛대로 커스텀**
  수프카레의 가장 큰 매력은 정해진 메뉴가 없다는 점이다. 가게마다 국물 재료부터 토핑, 맵기 정도, 밥양까지 원하는 대로 선택할 수 있다.

> **PICK**
> 삿포로 수프카레의 대표 주자 **수프카레 가라쿠** ▶ 2권 P.064
> 모두를 만족시키는 완벽한 맛 **수프카레 트레저** ▶ 2권 P.065
> 진한 국물 속 고소한 채소튀김 **로지우라 커리 사무라이** ▶ 2권 P.065
> 한국인이라면 반할 국물 요리 스타일 **카레 식당 코코로** ▶ 2권 P.067

일본에서는 절대 밥 위에 카레를 올려 비벼먹지 않는다고 해요. 수프카레를 먹을 때도 밥을 한 숟갈 떠서 카레에 살짝 찍어 먹는다고 합니다.

수프카레 주문 방법

수프카레를 주문할 때는 선택 사항이 많은 편이다. 미리 알고 가면 더욱 만족스러운 식사를 할 수 있다.

- 튀긴 브로콜리는 꼭 추가하세요
- 맵기
- 메인 토핑
- 레몬으로 국물 맛을 한층 풍부하게!
- 국물
- 밥
- 양 조절 가능
- 채소 토핑

국물
대부분 닭 뼈, 돼지 뼈, 해산물, 가다랑어, 채소 등으로 우려낸 육수에 수십 가지 향신료를 더해 국물을 만든다. 가게에 따라서 특색 있는 국물을 선택할 수 있는 곳도 있다.

옵션 예시 ☐ 기본 수프 ☐ 오징어 수프 ☐ 새우 수프

메인 토핑
메뉴명은 곧 메인 토핑의 종류! 메뉴로 원하는 토핑 재료를 고른다.

옵션 예시 ☐ 닭 다리 카레(튀긴 것, 삶은 것 중 선택)
☐ 돼지고기 카레 ☐ 양고기 샤부샤부 카레
☐ 소고기 등심 카레 ☐ 채소 듬뿍 카레
추천 튀긴 닭 다리가 가장 인기 있는 토핑이다.

맵기
보통 맵기는 1~10단계 중 선택할 수 있고, 일부는 40단계까지 세분되어 있는 곳도 있다. 대부분 5단계부터는 추가 요금이 붙는다.

추천 5단계는 신라면과 비슷하거나 약간 덜 매운 편으로 한국인에게 무난한 수준이다.

추가 토핑
감자, 당근, 가지, 브로콜리 등 홋카이도산 채소가 기본으로 들어간다. 채소를 좋아하거나 더 풍성한 맛을 원한다면 토핑을 추가하는 것이 좋다.

옵션 예시 ☐ 치즈 ☐ 낫토 ☐ 오크라 ☐ 튀긴 브로콜리 ☐ 단호박 ☐ 버섯 믹스 ☐ 온천 달걀
추천 튀긴 브로콜리는 고소한 맛이 일품이라 호불호가 없는 인기 토핑이다.

밥양과 종류
밥양은 선택 가능하며, L 사이즈 이상은 추가 요금이 붙는다. 기본은 쌀밥이나 잡곡밥이지만, 가게에 따라 사프란을 넣은 노란색 밥이나 버터밥 등 다양한 옵션이 있다.

옵션 예시 ☐ S 100g ☐ M 150g ☐ L 250g
추천 채소 토핑을 넉넉히 추가했다면 밥은 적은 양으로 선택하는 게 좋다.

취향 따라 고르는 인생 라멘
홋카이도 3대 라멘

홋카이도에서는 지역에 따라 각기 다른 라멘을 맛볼 수 있다. 삿포로 미소라멘, 아사히카와 쇼유라멘, 하코다테 시오라멘이 가장 유명하며 홋카이도 3대 라멘으로 꼽는다.

고소한 된장 육수에 쫄깃한 면발
삿포로 미소라멘 札幌 味噌ラーメン

진한 미소(된장) 국물에 구불구불한 면을 사용하는 삿포로 미소라멘은 일본 라멘계에서도 독보적인 위상을 차지한다. 돼지 뼈, 닭 뼈 등을 우린 진한 육수에 홋카이도산 미소를 풀어 고소하면서도 묵직한 맛을 내는 것이 특징이다. 된장 베이스라 한국인 입맛에도 잘 맞아 라멘을 즐기지 않는 이들조차 '인생 라멘'으로 꼽을 정도다. 혹독한 홋카이도 추위를 견디는 데 도움이 되는 고칼로리·고영양 국물과 풍성한 토핑이 특징이다.

> **라멘의 도시, 삿포로**
>
> 일본 음식에서 라멘은 빼놓을 수 없는 메뉴지만, 사실 중국에서 전래되어 현지화된 중화요리다. 라멘의 다른 명칭인 중화소바에서도 그 기원을 알 수 있다. 현재는 일본 전역에 지역별 기후와 식재료에 따라 다양한 라멘이 존재할 정도로 사랑받고 있다. 삿포로 미소라멘은 1955년 니조 시장의 노점인 아지노산페이 창업자가 처음 선보였다. 이후 스스키노 유흥가를 중심으로 삿포로 전역에 퍼졌고, 지금은 삿포로 대표 명물로 자리 잡았다.

진하고 짭조름한 간장 육수의 감칠맛
아사히카와 쇼유라멘
旭川醤油ラーメン

홋카이도 3대 라멘 중 가장 진하고 짭조름한 국물 맛을 자랑한다. 돼지 뼈, 닭 뼈, 해산물 육수에 간장을 더해 감칠맛과 풍미가 깊다. 특히 돼지 뼈와 닭 뼈의 진한 향이 특징이며, 국물에 돼지기름(라드)이나 닭기름(치유)을 띄워 국물 맛이 더욱 고소하고, 뜨거운 국물이 쉽게 식지 않는다.

TRAVEL TALK

홋카이도 라멘에 기름이 많은 이유
라멘 국물에 둥둥 떠 있는 기름은 보통 돼지기름이나 닭기름으로 '향미유(香味油, 고미아부라)'라고 불러요. 이것은 추운 홋카이도 기후에서 비롯된 것이에요. 기름이 얇은 막을 형성해 국물의 온기를 오래 유지시키고, 짠맛도 부드럽게 중화해줍니다.

소금으로 양념한 깔끔한 라멘
하코다테 시오라멘
函館塩ラーメン

맑고 가벼운 국물을 선호하는 이들에게 추천하는 라멘이다. 곧고 가는 면을 사용하고 돼지 뼈와 닭 뼈를 우려낸 투명한 육수에 소금으로 간한다. 차슈, 죽순(멘마), 파, 달걀, 김 등 기본적인 토핑으로 심플하게 완성해 국물과 면 본연의 맛을 즐기기 좋다. 기름기가 적고 담백해 일본에서도 가장 순한 스타일의 라멘으로 꼽힌다.

PICK
- 호불호 없는 삿포로 최고의 라멘 맛집 **라멘 신겐** ➡ 2권 P.070
- 한층 진한 육수와 은은한 불 향 **스미레** ➡ 2권 P.070
- 새우의 감칠맛이 폭발하는 육수 **에비 소바 이치겐** ➡ 2권 P.069
- 해장 라멘으로 유명한 심야 라멘 가게 **라멘 신게츠** ➡ 2권 P.072

HOW TO
삿포로 라멘 더 맛있게 먹는 방법
다양한 토핑 푸짐하게 올리기

· **볶은 채소**
삿포로 라멘의 또 다른 특징은 푸짐한 토핑이다. 기본적으로 차슈(양념해 구운 돼지고기를 얇게 썬 것)와 죽순, 파, 숙주나물, 양배추 등 채소를 별도로 볶아 듬뿍 올리는 방식이 일반적이다. 국물과 어우러질 때 맛의 밸런스가 뛰어나다.

현지인에게는 버터와 옥수수가 인기 토핑이 아니에요. 이것은 관광객을 위한 것에 가깝고, 진짜 맛집일수록 심플한 구성과 국물 맛 자체로 승부하는 경우가 많아요.

· **버터와 옥수수**
홋카이도 특산물인 버터와 옥수수는 삿포로 미소라멘의 상징적인 토핑이다. 버터는 국물의 감칠맛을 더하고 짠맛을 부드럽게 중화하며, 옥수수는 단맛과 식감을 높여준다. 이 조합을 이용한 라멘을 '콘버터 라멘'이라 부른다.

· **차슈 또는 민치**
일반적으로 라멘에는 차슈를 사용하지만, 원조 라멘 가게인 아지노산페이에서는 다진 고기인 민치를 토핑으로 올린다. 일부 가게에서도 민치를 사용하지만 여전히 차슈가 대세다.
➡ 아지노산페이 정보 2권 P.072

홋카이도식 양고기구이
징기스칸

징기스칸은 가운데가 볼록한 전용 주물 팬에 양고기와 채소를 함께 구워 먹는 홋카이도 지역 음식이다. 주로 술 안주로 인기가 많으며, 현지인들도 줄을 서서 먹을 만큼 사랑받는다.

징기스칸 고기 종류

- **램(새끼 양고기)** ラム
생후 1년 미만의 어린 양고기로, 냄새가 거의 없고 부드러워 양고기를 처음 접하는 사람도 부담 없이 먹을 수 있다. 삿포로의 징기스칸 전문점에서 기본으로 제공한다.

- **머튼(성체 양고기)** マトン
생후 2년 이상 된 양고기로 특유의 향이 강해 호불호가 갈리지만, 깊은 풍미를 선호하는 마니아층에게 인기가 높다. 가격은 램보다 저렴하다.

HOW TO 징기스칸 먹는 방법

징기스칸은 두 가지 스타일로 즐길 수 있다. 양념한 고기(사키즈케先漬け)는 구워서 그냥 먹고, 양념하지 않은 생고기(아토즈케後漬け)는 구워서 소스에 찍어 먹는다. 고기는 주로 뉴질랜드나 호주산이며, 홋카이도산은 가격이 비싸지만 냄새가 적어 인기가 많다.
양고기와 함께 양파, 버섯, 숙주 등 다양한 채소와 함께 구워 먹는다. 따로 주문하지 않아도 양파가 오토시(앉자마자 나오는 유료 안주로 자릿세 개념)로 나오기도 한다.

❶ 징기스칸 전용 주물 팬을 가열한다.

❷ 냄비 가장자리에 채소를 배열하고 중앙은 비워둔다. 생고기를 굽기 전에 주물 팬 중앙에 돼지기름을 바른다.

❸ 중앙에 고기를 올려 굽는다. 이때 양념하지 않은 고기부터 굽는다.

❹ 고기에서 나온 육즙이 가장자리에 두른 채소에 배어들어 고소한 채소구이가 완성된다.

❺ 고기와 채소를 소스에 찍어 먹는다. 마지막에 팬에 남은 소스에 우동이나 라면을 끓여 먹기도 한다.

> 고기를 구울 때 한 면은 50%, 다른 면은 20% 정도 익힌다. 과하게 익히면 질길 수 있다.

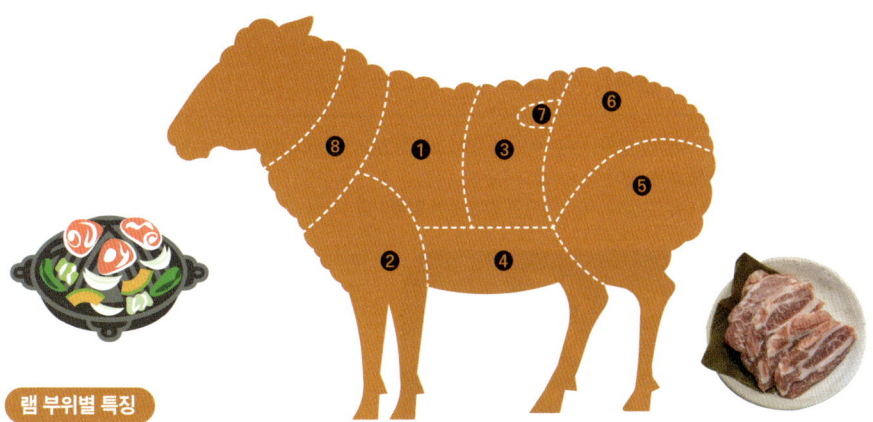

램 부위별 특징

❶ 카타로스 肩ロース 목등심
징기스칸에 쓰는 대표 부위. 지방과 살코기의 균형이 뛰어나 씹는 맛이 좋고 육즙이 풍부하다.

❷ 숄더 ショルダー 어깨살
징기스칸에 쓰는 대표 부위. 붉은 살과 지방의 비율이 절묘하고 적당한 감칠맛과 풍미가 있다.

❸ 로스 ロース 등심
육질이 부드러워 고급 부위로 꼽히며, 양고기 중에서 가장 비싼 부위다.

❹ 바라 バラ 뱃살
지방이 많고 부드럽다. 채소와 함께 구우면 풍미가 좋아 인기 높은 부위다.

❺ 모모 モモ 뒷다리살
살코기 위주라 식감이 담백하며, 램 본래의 맛이 가장 잘 느껴지는 부위다.

❻ 럼프 ランプ 허리에서 엉덩이 사이
부드러운 살코기와 적당한 지방이 어우러져 있으며 육즙이 풍부하다. 냄새가 거의 없다.

❼ 히레 ヒレ 안심
매우 부드럽고 지방이 거의 없어 담백하다. 고급 징기스칸 전문점에서만 제공하는 부위다.

❽ 네쿠 ネック 목살
근육과 지방이 적절히 섞여 있어 고소하고 식감이 쫄깃하다. 술안주로 인기 있다.

❾ 탄 タン 혀
쫄깃한 식감과 씹을수록 고소한 맛이 나는 것이 특징이다. 보통 구워서 레몬즙을 곁들여 먹는다.

❿ 하츠 ハツ 심장
쫄깃한 식감과 담백한 맛이 특징이며, 비타민과 철분 등이 풍부하다.

⓫ 레바 レバー 간
식감은 돼지나 소 간과 비슷하며, 고소한 맛이 나고 영양가가 가장 높다.

PICK

삿포로 징기스칸 맛집의 대명사 **다루마** ▶ 2권 P.076
고급스러운 분위기 **홋카이도산 양·야채 후쿠스케** ▶ 2권 P.076
다양한 맛의 징기스칸을 골라 먹는 재미 **고레가 징기스칸** ▶ 2권 P.077
석쇠에 구워 먹는 불 향 가득한 징기스칸 **시마다야** ▶ 2권 P.077

홋카이도에서 양고기 요리가 발달한 이유

일본에는 전통적으로 양이라는 동물이 없었지만, 19세기경 홋카이도와 나가노, 이와테 등에서 양모 생산을 위해 양을 수입해 사육하기 시작했다. 그리고 일본 정부는 양고기 소비를 장려하기 위해 1930년 징기스칸이라는 양고기 요리를 개발했다. 징기스칸은 '몽골인'이라는 뜻이지만 요리법과는 관련이 없다.

탱글한 식감과 감칠맛의 정점
겨울 별미, 게 요리

게 어획량이 일본 최고 수준인 홋카이도는 신선도, 맛, 가격이 모두 뛰어나 게를 먹기 위해 이곳에 여행 오는 사람도 많다. 특히 겨울철 게는 살이 꽉 차 있고 은은한 단맛과 깊은 풍미를 자랑한다. 갓 삶은 게의 담백한 맛을 그대로 즐기거나, 샤부샤부로 살짝 익혀 먹으면 감칠맛이 일품이다.

뛰어난 감칠맛
게가니(털게) 毛ガニ
제철 연중 **크기** 8~15cm로 작은 편

홋카이도에서 나는 대표적인 게로 동해, 베링해, 알래스카 연안의 차가운 모래바닥에 서식하며, 이름처럼 털이 난 오렌지색 껍질이 특징이다. 깊은 단맛이 나는 살과 고소하고 진한 맛의 '게딱지 내장(가니미소)'이 맛있기로 유명하다. 소금을 살짝 넣고 삶거나 구워서 먹는다.

부드러운 식감
즈와이가니(대게) ズワイガニ
제철 11~3월
크기 다리가 긴 편으로, 수컷은 다리를 펼치면 최대 70cm

즈와이가니는 일본에서 일반적으로 '대게'로 불리며, 긴 다리가 특징인 바다참게다. 부드러운 식감과 입안 가득 퍼지는 단맛으로 인기가 높다. 삶거나 쪄서 먹어도 좋고 샤부샤부나 전골로 만들어 먹기도 좋다.
※암컷은 크기가 수컷의 1/10~1/15 정도로 작아서 '세코가니セコガニ' 등 다른 이름으로 불리기도 한다.

두툼한 살, 씹는 재미
다라바가니(킹크랩) タラバガニ
제철 11~2월
크기 큰 개체는 등딱지 너비가 25cm, 다리를 펼치면 1m 이상

삿포로 대표 게 요리 전문점 '가니쇼군'과 '가니야' 입구에 걸려 있는 대형 게 모형이 바로 다라바가니다. 소라게에 속하며 '겨울 미각의 왕'으로 불릴 만큼 인기가 높고 무엇보다 압도적인 크기를 자랑한다. 담백하면서도 단맛이 나고, 두툼한 살 덕분에 씹는 맛이 뛰어나다. 보통 삶거나 쪄서 먹지만 구워 먹어도 맛있다.

PICK
홋카이도 3대 게를 다양한 코스 요리로! **가니쇼군** ▶ 2권 P.078
고급 료칸 같은 분위기의 **가니혼케** ▶ 2권 P.078

게 가이세키 요리
풀코스로 즐기는 방법

제철 게는 쪄서 먹으면 아무 양념 없이도 더할 나위 없이 달콤하다. 삿포로에서 게 요리는 단품보다 코스를 선택하면 더욱 다양한 맛을 즐길 수 있어 추천할 만하다. 특히 게 샤부샤부가 포함된 코스는 국물 요리와 함께 다 먹은 다음 면을 첨가해 마무리 식사를 할 수 있다.

게 코스 요리에 전골과 우동 사리 대신, 게살이 들어간 김초밥이 포함되기도 한다.

- **오토시** お通し
  일본 식당에서 자릿세 개념으로 제공하는 적은 양의 기본 반찬.

- **게살 두부** かに豆腐
  게살을 넣어 만든 부드러운 푸딩 같은 식감의 두부 요리로, 차갑게 식혀 전채 요리로 제공한다.

- **즈와이가니 회** ズワイガに造り
  신선한 대게 회. 쫄깃한 식감과 입안에서 퍼지는 자연스러운 단맛이 일품이다.

- **혼다라바가니 초회** 本タラバかに酢
  살이 두툼한 킹크랩을 쪄서, 감칠맛 나는 일본식 식초 간장에 찍어 먹는 요리.

- **즈와이가니 전골** ズワイガに小鍋
  육수에 대게와 채소를 듬뿍 넣고 끓이는 전골 요리. 건더기를 다 먹은 후 우동 사리를 넣어 마무리한다.

- **게튀김 슈마이** かに揚げシューマイ
  게살을 넣은 슈마이(만두)를 바삭하게 튀긴 요리로, 게 코스 요리에 빠질 수 없는 인기 메뉴.

TIP!
수산시장에서 게 먹는 방법
니조 시장과 삿포로 중앙도매시장 장외 시장에서는 구매한 게를 즉석에서 삶아준다. 대부분 미리 한 번 익힌 게를 주문 후 다시 쪄서 주므로 대기 시간이 길지 않다. 다만 좌석이 없어 가게 한쪽에서 서서 먹어야 한다. 또 가격도 생각보다 저렴하지 않다.

눈과 입이 즐거운 해산물 한 그릇
가이센동

홋카이도는 동해, 태평양, 오호츠크해로 둘러싸인 해산물 천국이다. 차가운 바다에서 자란 어패류는 살이 단단하고 감칠맛이 깊어 일본에서도 최상급으로 꼽힌다. 신선한 홋카이도 해산물을 밥 위에 가득 올린 가이센동은 홋카이도 여행에서 반드시 맛봐야 할 미식 하이라이트다.

가이센동을 더 맛있게 즐기는 꿀팁

우리나라 회덮밥이 양념을 넣어 비벼 먹는 방식이라면 가이센동은 밥과 회를 섞지 않고 그대로 떠먹는다. 다만 우리의 '부먹', '찍먹' 논란처럼 와사비와 간장을 곁들이는 데에서 방식이 갈린다. 양쪽 방식을 참고해 자신이 선호하는 스타일로 즐겨보자.

STEP 01
눈으로 먼저 먹기

싱싱한 해산물이 펼쳐내는 화려한 색감과 정갈한 플레이팅을 눈으로 충분히 감상하고 사진으로 남기며 여행의 즐거움을 더한다.

STEP 02
간장을 뿌려 먹을까 vs 찍어 먹을까

식당에서는 보통 간장 종지와 와사비를 함께 내온다. 요리에 간장을 살짝 뿌려 먹어도 되지만, 고수는 간장을 종지에 덜어 회를 찍어 먹는다.

STEP 03
와사비는 간장에 섞을까 vs 회에 얹을까

보통 와사비는 간장에 섞지만, 회에 와사비를 올려 간장을 찍어 먹기도 하는데 이는 와사비의 양을 조절할 수 있는 방법이기도 하다.

STEP 04
밥과 회 따로 vs 함께

회를 반찬처럼 밥과 따로 먹기도 하고, 밥과 회, 와사비를 함께 집어 간장에 살짝 찍어 먹으면 한 입 스시처럼 즐길 수 있다.

> **TIP!**
>
> **회 먹는 순서**
>
> 맛이 연한 흰 살 생선 → 붉은 살 생선 → 기름진 생선 → 달걀 순으로 먹는 것이 이상적이다.

신선할 때 먹어야 더 맛있다! 홋카이도 제철 해산물

게 カニ 제철 주로 11~3월(게 종류별로 다름)
홋카이도는 일본에서 손꼽히는 '게의 고장'이다. 다라바가니(킹크랩), 게가니(털게), 하나사키가니(꽃게), 즈와이가니(대게) 등 다양한 종류의 게가 잡힌다. 계절에 따라 풍미도 각기 다르다.

연어·연어알 サケ·いくら 제철 9~11월

홋카이도는 일본 연어 어획량의 약 90%를 차지하는 주산지로, 특히 9~11월에 제철을 맞은 연어알 맛이 뛰어나다. 연어알을 듬뿍 얹은 이쿠라동(연어알덮밥)은 꼭 맛봐야 할 대표 메뉴다.

성게(우니) ウニ 제철 6~9월
성게의 최대 산지인 홋카이도에서 제철 성게는 신선도가 뛰어나 놓치지 말아야 할 명물이다. 주로 북쪽말똥성게와 둥근성게가 잡히는데, 북쪽말똥성게는 깊고 진한 단맛이, 둥근성게는 크리미한 식감이 특징이다. 우니동이나 삼색동(우니, 연어알, 게살)으로 즐길 수 있다.

가리비·북방조개 ホタテ·ホッキ貝 제철 가리비 연중, 북방조개 11~3월

홋카이도산 가리비는 어른 손바닥만큼 크고 살이 두툼하며 단맛이 강하다. 두툼한 조갯살에 달콤한 맛이 특징인 북방조개는 회나 초밥에 사용한다. 씹을수록 단맛이 우러나오는 특징이다.

오징어 いか 제철 살오징어 6~12월, 화살꼴뚜기 1~5월
하코다테 앞바다의 츠가루해협은 오징어 산지로 유명하다. 이 지역에서 잡히는 살오징어는 살이 두툼해 회나 튀김, 젓갈로 사용한다. 작지만 단맛이 뛰어난 화살꼴뚜기는 특유의 부드럽고 달콤한 맛이 난다. 하코다테에서는 오징어 내장을 간장에 풀어서 곁들여 먹기도 한다.

보탄새우·단새우 ボタンエビ·甘エビ 제철 연중

보탄새우는 살이 두툼하고 단맛이 강해 회나 초밥 재료로 인기가 높다. 단새우(북쪽분홍새우)는 크기가 작지만 단맛이 뛰어나 회로 먹기 좋다. 홋카이도 연안, 특히 삿포로 수산시장에서 신선한 보탄새우를 쉽게 볼 수 있다.

PICK
- 니조 시장 내 해산물 전문 식당가 ▶ 2권 P.083
- 삿포로 중앙도매시장 장외 시장 ▶ 2권 P.082
- 오타루 삼각시장 ▶ 2권 P.149
- 하코다테 아침 시장 ▶ 2권 P.255

> 하코다테 아침 시장에서는 오징어잡이 체험이나 좋아하는 해산물을 골라 얹어 먹는 '놋케동' 체험도 가능해요.

☐ BUCKET LIST 13

EAT & DRINK

처음 가도 현지인처럼
삿포로 이자카야 사용법

일본 여행에서 이자카야를 빼놓을 수 없다.
단순한 선술집이 아니라 현지인의 하루가 녹아든 공간인
이자카야를 제대로 만끽하는 방법을 소개한다.

이자카야에서 만나는 소울 푸드
삿포로 B급 구루메

'B급 구루메'는 고급 요리는 아니지만, 저렴한 가격에 푸짐하고 개성 있는 맛으로 오랫동안 현지인에게 사랑받아온 대중 음식을 말한다. 가장 쉽게 접할 수 있는 곳은 이자카야와 포장마차, 축제나 행사장의 푸드 트럭이다. 화려하진 않지만 뚜렷한 지역색으로 사람들의 마음을 사로잡는 메뉴를 소개한다.

잔기 | ザンギ

홋카이도식 닭튀김으로 간장, 생강, 마늘 등으로 밑간한 뒤 튀겨내 감칠맛이 뛰어나다. 우리나라의 간장 치킨과 비슷하다.

자가바타(버터 감자) じゃがバター

포슬포슬한 홋카이도산 통감자에 버터를 얹어 튀긴 것. 홋카이도에서는 오징어 젓갈을 곁들이는 게 일반적인데, 이를 '이카시오카라 자가바타'라고 한다.

돼지고기 야키토리 豚肉の焼き鳥

일반적으로 야키토리는 닭 꼬치를 뜻하지만 홋카이도에서는 돼지고기 꼬치도 야키토리라고 한다. 돼지 정강이살·간·껍질 등을 사용한다. 홋카이도 남부 무로란 지역에서 시작되어 전역으로 퍼졌다.

이모모치 いももち

감자와 전분을 섞어 만든 홋카이도식 감자떡. 겉은 바삭하고 속은 쫀득하다. 달짝지근한 간장 베이스 소스를 발라 구운 뒤 버터를 얹어 낸다. 회전 초밥집의 사이드 메뉴로도 흔하다.

홋케야키 ホッケ焼き

홋카이도가 주산지인 임연수어를 이용한 생선구이. 살이 많고 지방이 풍부해 바삭하게 구우면 고소한 풍미가 배가된다. 임연수어는 연중 잡히지만 봄가을이 제철이다.

가니 그라탕 カニグラタン

게 껍데기에 게살과 크림소스를 채워 오븐에 구운 요리. 홋카이도산 털게, 눈게, 킹크랩 등 다양한 게살을 사용한다. 크림소스의 고소함이 게살과 잘 어우러진다.

부위별로 맛있게!
야키토리 부위별 메뉴

- **모모** もも
  닭 다리 살
  부드럽고 기름기가 적당해 가장 인기 있는 기본 꼬치.

- **세세리** せせり
  닭 목살
  부드러우면서도 쫄깃한 식감이 특징이다.

- **네기마** ねぎま
  닭 다리 살 + 파
  닭고기 사이에 파를 끼운 조합으로, 불 향과 단맛의 조화가 좋다.

- **테바사키** 手羽先
  닭 날개
  바삭한 식감과 달콤짭짤한 양념이 어우러져 독특한 맛이 난다.

- **츠쿠네** つくね
  닭 다짐육 완자
  달콤한 소스를 바른 완자로, 달걀 노른자를 곁들여 먹기도 한다.

- **하츠** ハツ
  염통
  쫄깃하고 고소하며 잡내가 없어 먹기에 무난하다.

- **카와** かわ **닭 껍질**
  겉은 바삭하고 속은 쫀득한 식감으로 소금구이에 적합하다.

- **본지리** ぼんじり **닭 꼬리살**
  지방이 많아 진한 맛이 나는 부위로 겉은 바삭하고 속은 촉촉하다.

- **부타 세이니쿠** 豚精肉
  돼지고기 정육
  담백하고 탄력 있는 식감으로 소금구이에 적합하다.

- **리버** レバー **간**
  부드럽고 진한 맛이 매력이며 간장 소스와 궁합이 좋다.

- **무네** むね **닭 가슴살**
  담백하고 깔끔한 맛으로, 마요네즈를 곁들여 먹는 경우도 많다.

- **톤토로** とんトロ **돼지 항정살**
  고소한 맛이 나며 육즙이 풍부하다.

- **스나기모** 砂肝 **모래주머니**
  탄력 있는 식감이 특징이며 소금구이에 적합하다.

고르는 재미가 있는
오뎅 메뉴판 읽기

- **다이콘** 大根 **무**
국물이 배어 속까지 촉촉하고 부드러운 식감의 인기 메뉴.

- **타마고** たまご **삶은 달걀**
담백하고 고소해 국물과 잘 어울린다.

- **곤약** 蒟蒻 **곤약**
국물이 배어 간이 적당하고 식감이 쫄깃하다. 칼로리는 낮지만 포만감이 높아 여성들에게 인기 있다. 곤약을 면으로 만든 시라타키도 있다.

- **치쿠와** ちくわ **어묵 막대**
생선 살 반죽을 막대 모양으로 만들어 구운 어묵으로 맛이 담백하고 쫄깃하다.

- **사츠마아게** 薩摩揚げ **튀긴 어묵**
우리나라에서 흔히 볼 수 있는 형태의 어묵.

- **하루사메** 春雨 **당면**
국물을 머금은 당면은 언제나 맛있다.

- **가마보코** かまぼこ
어묵 슬라이스
어묵을 통칭하는 말로, 특별한 수식어가 없으면 흰색 찐 어묵을 뜻한다. 탱글한 식감에 예쁜 색감이 시각적 포인트가 된다.

- **한펜** はんぺん **흰 어묵**
생선 살에 마 등을 섞고 거품을 내어 반죽한 흰색 어묵. 폭신하고 사르르 녹는 맛이 매력이다.

- **아츠아게** 厚揚げ **튀긴 두부**
기름에 튀긴 후 육수에 끓여낸 두부로, 겉은 바삭하고 속은 부드럽다.

- **롤 캐비지** ロールキャベツ
양배추 롤
다진 고기를 양배추로 감싼 것으로, 오뎅 국물과 잘 어울린다.

- **모치킨차쿠** 餅巾着
유부 주머니 떡
유부 속에 떡을 넣어 주머니처럼 묶은 것. 치즈처럼 늘어나는 떡의 쫀득함도 매력이다.

- **고보마키** ごぼう巻き
우엉말이 어묵
우엉을 어묵 반죽으로 감싸서 튀긴 후 끓인 것으로 아삭한 식감이 특징이다. 국물이 잘 배어들어 깊은 맛이 난다.

- **규스지** 牛すじ **소 힘줄**
우리나라에는 드물지만 일본에서는 인기 메뉴. 오래 끓여 쫀득하고 풍미가 깊으며 씹는 맛도 좋다.

PICK 삿포로 이자카야 베스트 4

고급진 분위기에서 한잔 **키스무 혼테이** ▶ 2권 P.084
1979년에 창업한 노포 **후루사토** ▶ 2권 P.085
해산물 전문 이자카야 **하치쿄** ▶ 2권 P.086
꼬치구이 맛집 야키토리 **타케토리** ▶ 2권 P.087

WHAT ELSE?
**계절별로 꼭 맛봐야 할
홋카이도 농산물**

홋카이도산 농산물은 일본 내에서 최상급으로 꼽힌다. 눈이 많이 내리는 덕분에 대부분의 작물이 계절에 맞춰 천천히 자라 맛이 특별하다.

감자
제철 9~11월

홋카이도는 일본 감자 생산량 1위를 차지한다. 도카치, 아사히카와, 오비히로가 주산지이며 단샤쿠, 메이퀸, 기타아카리 등 40품종 이상의 감자가 자란다.

옥수수
제철 6~9월

홋카이도산 옥수수는 생으로 먹어도 매우 달콤하다. 특히 겉모습이 하얀 '퓨어 화이트'는 당도가 높아 마치 과일처럼 아삭하고 풋풋한 식감이 일품이다.

아스파라거스
제철 4~6월

홋카이도는 일본 아스파라거스 생산량 1위로 후라노, 비에이 등이 주산지다. 혹독하고 긴 겨울 동안 영양을 가득 머금고 자라 단맛과 풍미가 뛰어나다.

유바리 멜론
제철 5월 말~8월 초

'세계에서 가장 비싼 멜론'으로 알려져 있으며 후라노 인근 도시 유바리에서만 재배한다. 단단한 껍질 안에 선명한 오렌지색 과육이 특징이다. 과육이 매우 부드럽고 육즙이 풍부하다.

알아두면 도움 되는 이자카야 이용 방법

❶ 예약은 필수

삿포로 이자카야는 예약이 일반적이며, 사람이 몰리는 시간대엔 예약 없이는 이용이 어려운 경우가 많다. 구글맵 링크, 홈페이지, 전화, 대행 업체 등을 통해 예약한다.

타베로그 tabelog.com
핫페퍼고메 www.hotpepper.jp

❷ 흡연 여부 체크

일본도 2020년부터 실내 금연 정책을 시행하고 있지만 여전히 금연 표지가 없으면 대부분 흡연이 가능하다. 흡연 좌석이 분리되어 있지만 담배 연기는 피하기 어렵다.

❸ 기본으로 나오는 오토시

오토시란 자동으로 제공되는 유료 기본 안주를 말한다. 샐러드, 채소조림, 해조무침 등 가게마다 종류가 다르다. 보통 자릿세를 뜻하긴 하지만, 오토시와 별도로 자릿세를 받는 가게도 있다. 보통 1인당 1개씩 250~600엔의 금액이 추가된다.

❹ 무한정 먹고 마시고 싶다면?

일본에서는 일정 시간 내에 무제한으로 주류나 음식을 즐기는 방식이 보편화되어 있다.

노미호다이 정해진 시간 동안 술과 음료 무제한 제공
타베호다이 정해진 시간 동안 음식 무제한 제공

단, 매장마다 메뉴 제한이 있으니 미리 체크해야 하며, 일행이 전부 동일한 메뉴를 신청해야 주문 가능하다.

❺ 잘못된 젓가락 사용이 불운을?

일본에서는 음식에 젓가락을 수직으로 꽂는 행위를 금기시한다. 장례 의식에서 고인에게 바치는 제물에 젓가락을 수직으로 꽂기 때문이다. 또 자신의 젓가락으로 집은 음식을 그대로 상대방의 젓가락으로 전달하는 행위도 금지. 이는 화장 후 유골을 옮기는 장례 의식을 연상시켜 꺼리는 것이다. 일본에서는 이런 행동을 하면 무례한 것을 넘어 불운을 가져온다고 여긴다.

❻ 예상보다 금액이 많이 나왔다면?

이자카야에서는 기본적으로 개인당 오토시 가격이 추가되고, 이 외에 자릿세를 따로 청구하는 곳도 있다. 또 메뉴 가격에 부가세가 포함되지 않은 경우가 많아 총금액이 예상보다 20% 이상 더 청구될 수 있다.

EAT & DRINK

☑ BUCKET LIST 14

청정 홋카이도의 맛

디저트와 커피 완전 정복

낙농업이 발달한 홋카이도에서는 우유와 버터로 만든 디저트라면 무엇이든 맛있다. 디저트와 단짝인 커피도 마찬가지다. 레트로풍 카페부터 가성비 좋은 체인점까지 선택지가 넓다.

01 소프트아이스크림
02 시메파르페
03 삿포로 레트로 카페 가이드
04 일본 카페 체인점

지역별로 도장 깨기
소프트아이스크림

홋카이도는 신선하고 진한 맛의 아이스크림 천국이다. 라벤더와 멜론, 옥수수, 사케 등 지역 특산물을 활용한 아이스크림은 여행의 즐거움을 더한다.

삿포로 농업학교 소프트크림 [삿포로]

홋카이도 대학교 전신인 삿포로 농업학교의 이름을 딴 제과 브랜드. 대표 제품인 삿포로 농업학교 쿠키와 함께 제공해 부드러운 아이스크림과 바삭한 쿠키의 조화를 즐길 수 있다.

📍 JR 삿포로역(홋카이도 시키 마르셰 스텔라 플레이스점), 신치토세 공항 국내선 터미널, 다이마루 삿포로점 등

키노토야 소프트크림 [삿포로]

신치토세 공항 국내선 터미널에서 유독 줄이 길게 늘어선 삿포로 명과 브랜드 키노토야. 가장 인기 있는 제품은 신선한 우유의 깊고 진한 맛과 쫀득한 식감이 어우러진 소프트크림이다.

📍 오도리 빗세, 신치토세 공항 국내선 터미널, 다이마루 삿포로점

사케카스 소프트크림 `삿포로`
술지게미를 이용한 소프트아이스크림. 알코올 성분이 없어 누구나 먹을 수 있다. ♦ 치토세츠루 술 박물관

옥수수 아이스크림 `비에이`
비에이산 옥수수와 홋카이도산 우유를 사용해 고소하고 담백하며 단맛이 난다. ♦ 카페 비에이힐스 외

청의 호수 소프트크림 `비에이`
청의 호수의 신비로운 색감을 담아 인증샷에 제격이다. 라무네 맛과 우유 맛이 믹스돼 청량하고 부드러운 맛이 일품. ♦ 청의 호수 주차장 앞 기념품점

라벤더 소프트크림 `후라노`
아름다운 보랏빛이 시각을, 라벤더 향이 후각을 자극한다. 라벤더 맛은 호불호가 갈린다. ♦ 팜 토미타 외

멜론 소프트크림 `후라노`
당도가 높은 후라노산 멜론을 듬뿍 넣어 상큼한 아이스크림. ♦ 팜 토미타, 토미타 멜론 하우스

치즈 아이스크림 `후라노`
후라노산 우유와 치즈로 만든 아이스크림. 치즈 본연의 맛을 느낄 수 있다. ♦ 후라노 치즈 공방

삿포로의 해장 문화
시메파르페

바에서 즐기는 파르페와 위스키 한잔. 지금은 일본 어디서나 흔한 풍경이지만, '밤에 먹는 파르페'는 삿포로에서 시작된 문화다. 삿포로만의 특별한 해장 문화, 시메파르페를 소개한다.

시메파르페란?

일본에서는 술자리를 마친 후 라멘으로 마무리하는 '시메(마감을 의미)라멘' 문화가 있다. 그런데 낙농업이 발달한 삿포로에서는 파르페가 라멘을 대신하기도 한다. 2014년에 시작된 시메파르페는 역사가 그리 길지 않지만 삿포로의 독특한 밤 문화로 자리매김했다. 알코올이 들어간 파르페도 있으며, 위스키와 함께 세트 메뉴로 즐기는 경우가 많다. 대체로 고정 메뉴 없이 계절에 따라 메뉴가 바뀐다.

파르페 더 맛있게 먹는 법

❶ 오감으로 즐기는 파르페
먼저 색감과 재료의 모양을 눈으로 감상하고 향을 맡아본다. 입에 넣을 때의 질감과 소리까지 느끼며 재료에 집중한다. 특히 위스키 등 알코올이 들어간 파르페는 향긋한 매력이 더해져 더욱 깊은 풍미를 즐길 수 있다.

❷ 재료와 순서를 이해한다
파르페에는 파티시에가 의도한 순서와 이야기가 있다. 유명 파르페 가게에서는 코스 요리처럼 구성과 순서를 안내한 설명서를 제공한다.

❸ 섞지 말고 위에서부터 천천히 먹는다
파르페는 한 층 한 층 재료 본연의 맛을 음미하며 먹는 것이 핵심. 다만 아이스크림은 금방 녹으니 빠르게 먹는 게 좋다. 파티시에는 재료가 녹는 타이밍까지 계산해 파르페를 구성한다.

❹ 계절 메뉴를 선택한다
제철 과일을 사용하는 계절 한정 메뉴가 가장 신선하고 맛있다. 예쁘지만 복잡한 디자인은 먹기 불편할 수 있으며, 층이 잘 쌓인 질서 있는 구조의 파르페가 먹기 편하다.

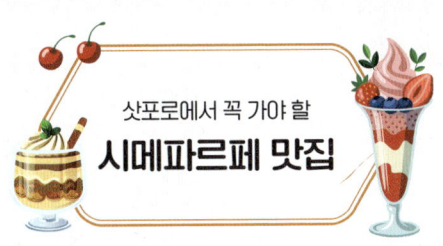

삿포로에서 꼭 가야 할 시메파르페 맛집

01 PLACE 파르페, 커피, 술, 사사키 ▶ 2권 P.104

삿포로의 시메파르페 대표 주자. 모던한 분위기에 시메파르페 바의 어둡고 아늑한 분위기가 살아 있다.

추천 메뉴 소금 캐러멜 피스타치오
구글맵 Parfait, Coffee, Liquor, Sasaki
✅ 예약 가능(전화, 오토리버스)

02 PLACE 파르페테리아 팔 ▶ 2권 P.105

상가 건물 한 층 전체를 시메파르페 바로 운영한다. 단맛, 신맛, 쓴맛의 강약을 살려 파르페에서 기승전결이 느껴지도록 구성했다.

추천 메뉴 시즌마다 달라짐 **구글맵** Parfaiteria Pal
✅ 예약 가능(테이블체크, 전화)

03 PLACE 파르페테리아 미르 ▶ 2권 P.105

파르페에 스토리텔링을 더해 마치 코스 요리를 즐기는 듯한 기분을 느끼게 한다. 예술 작품처럼 구성된 파르페 메뉴가 눈길을 끈다.

추천 메뉴 시즌마다 달라짐 **구글맵** 파르페테리아 미르
✅ 예약 가능(테이블체크, 전화)

04 PLACE 이니셜 삿포로 ▶ 2권 P.106

삿포로에 시메파르페 붐을 일으킨 곳으로, 독창적인 디자인의 파르페를 선보인다. 자유로운 플레이팅으로 정형화된 파르페와는 차별된다.

추천 메뉴 쇼콜라 바나나 **구글맵** Initial Sapporo
✅ 예약 불가

복고 감성 담은
삿포로 레트로 카페 가이드

한때 일본의 골목골목에 자리했던 킷사텐喫茶店은 현대식 카페와 프랜차이즈 커피숍의 유행으로 점차 사라졌다. 그런데 최근 몇 년 사이 레트로 문화가 주목받으면서 다시 인기를 끌고 있다.

킷사텐 이용 방법과 매너

킷사텐은 전통적인 방식과 분위기를 고수하는 일본 전통 찻집으로 동네 사랑방 같은 곳이다. 마스터(남자 주인) 또는 마마상(여자 주인)이라 부르는 바리스타가 운영한다.

자리 안내
주인장이 안내하는 자리에 앉는다. 혼자 갔을 때는 카운터석이나 1인용 테이블로 안내한다. 짐은 의자 아래 또는 짐 보관 바구니에 둔다.

손님 응대
손님이 자리에 앉으면 물과 메뉴판을 주고 주문을 받는 전통적인 방식으로 운영한다. 계산도 카운터에서 직접 하며, 나갈 때 손님이 자리를 정리하지 않는다.

현금 준비
대부분의 킷사텐에서는 신용카드 사용 불가다. 작은 가게일수록 현금으로 계산한다. 방문 전 확인 필수.

> 구글맵에서 한자로 '喫茶店(끽다점)'을 입력하면 주변 킷사텐이 검색됩니다.

대화 및 사진 촬영 주의
대화할 때는 목소리를 낮춘다. 주문한 음식은 사진 촬영이 가능하지만 내부 공간을 찍으려면 주인의 허락을 받아야 한다. 실내를 돌아다니며 촬영하거나 동영상을 찍는 것도 매너가 아니다.

전기 사용 자제
일본 카페에서는 허락 없이 콘센트를 사용하는 것을 무례로 여기고 불법으로 간주하기도 한다. 노트북 사용이나 휴대폰 충전은 자제하는 게 좋다.

흡연 가능
여전히 많은 킷사텐에서 흡연이 가능한 건 비흡연자에게는 확실히 꺼려지는 요소다. 최근 금연석과 흡연석을 분리하거나 금연을 채택하는 곳이 늘고 있다.

1인 1음료 주문
일본 카페에서도 1인 1음료 주문이 기본이며, 1시간 이내로 머무는 것이 일반적이다.

영어 소통 어려움
대부분의 킷사텐은 외국인에 대한 배려가 부족한 편이다. 영어 메뉴가 비치된 곳도 있지만, 기본적으로 일본어로만 주문과 서비스가 이루어진다.

크림소다부터 나폴리탄까지
킷사텐의 특별한 메뉴

 모닝 세트

아침 시간대에 제공하는 모닝 세트는 킷사텐의 주요 메뉴다. 커피 한 잔 가격인 500~700엔으로, 삶은 달걀과 버터 토스트, 샐러드 등으로 구성되어 실속 있다. 저렴하게 든든한 아침을 해결할 수 있는 메뉴다.

식사

킷사텐은 커피만 팔지 않는다. 카레라이스, 나폴리탄, 에그 샌드위치, 토스트 등 간단한 식사 메뉴도 있다. 커피와 식사를 함께 하려는 사람들에게 딱 좋은 곳이다.

 음료

킷사텐의 대표 음료는 진한 드립 커피와 멜론 소다 위에 아이스크림과 체리를 얹은 크림소다다. 한 잔의 음료로도 킷사텐의 분위기를 온전히 느낄 수 있으며 마니아층이 있을 정도다.

 **디저트**

푸딩, 수제 케이크, 팬케이크, 파르페 같은 디저트 메뉴도 있다. 특히 과일과 휘핑크림을 올린 푸딩 아라모드가 인기 있는 디저트로, 달콤한 디저트를 선호하는 사람에게 추천한다.

맛과 분위기 모두 굿!
삿포로 레트로풍 카페 & 킷사텐

01 PLACE — 숲속 별장 분위기의 카페
모리히코 森彦 ▶ 2권 P.088

삿포로를 대표하는 지역 카페 브랜드. 마루야마 지점은 마루야마 공원 옆 고풍스러운 옛 목조 주택에 위치해 숲속 별장에 온 듯한 아늑한 분위기가 느껴진다.

🚭 불가　**구글맵** 모리히코

02 PLACE — 깜짝 놀랄 원두 맛

카페 랑방 Cafe Ranban ▶ 2권 P.089

1977년에 개업한 삿포로의 대표 로스터리 카페로, 전 세계 유명 농장에서 수입한 원두를 현장에서 로스팅해 드립 방식으로 제공한다. 고급 원두와 자체 블렌딩 커피가 인기 있다.

🚭 불가　**구글맵** 카페 랑방

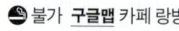

03 PLACE — 빵이 맛있는 카페
마루세이 커피 マルセイコーヒー
▶ 2권 P.091

매일 원두를 직접 로스팅하고, 카페 내 제빵소에서 촉촉한 식빵을 직접 굽는다. 특히 모닝 세트 메뉴는 두툼한 버터 토스트와 샐러드에 커피까지 포함된다.

🚭 금연석 분리　**구글맵** Marusei Coffe

04 PLACE — 삿포로 최고의 샌드위치 카페

사에라 珈琲とサンドイッチの店 さえら
▶ 2권 P.096

1975년에 문을 연 샌드위치 전문 브런치 카페로, 여러 가지 샌드위치와 음료를 판매한다. 모든 샌드위치 메뉴는 두 가지 맛으로 이루어지며 양도 넉넉하다.

🚭 불가　**구글맵** 사에라

클래식한 공간에서 즐기는 추억의 맛! 진한 핸드 드립 커피와 정성스럽게 만든 특별한 디저트까지,
삿포로의 레트로풍 카페를 소개한다.

05 PLACE · 현지인들의 안식처
코히·케이쇼쿠 히이라기
珈琲・軽食 ひいらぎ ▶ 2권 P.094

전형적인 킷사텐 분위기이지만 메뉴는 브런치 카페에 가깝다. 레트로 인테리어로 편안하게 커피를 즐길 수 있는 분위기다. 계절 한정 파르페도 있으며 주 2~3회 라이브 공연이 열린다.

🚭 불가　**구글맵** fujicoh　※후지코 건물 1층

06 PLACE · 킷사텐의 전형
옷토 킷사 オットー喫茶 ▶ 2권 P.094

1966년에 개업한, 쇼와 시대의 정취가 살아 있는 전형적인 킷사텐. 능숙한 마스터가 내려주는 융 드립 커피와 나폴리탄, 크림소다, 레몬 스쿼시 같은 킷사텐 전통 음료를 즐길 수 있다.

🚬 가능　**구글맵** Shichirin 바로 옆

07 PLACE · 다이쇼 시대의 낭만이 물씬
올림피아 純喫茶オリンピア
▶ 2권 P.095

1964년에 개업한 60년 전통의 킷사텐으로, 붉은 하이백 소파와 샹들리에, 그 시절 소품이 분위기를 더한다. 합리적 가격의 런치 메뉴가 인기 있어 현지인 단골이 많다.

🚭 불가　**구글맵** 올림피아

08 PLACE · 세련된 킷사텐
미야코시야 커피 宮越屋珈琲
▶ 2권 P.095

1991년에 원두 로스팅과 판매를 시작한 소규모 카페로, 삿포로 시내 카페에 원두를 공급한다. 킷사텐 분위기의 인테리어와 프렌치 로스트 블렌드 같은 진한 커피로 유명하다.

🚭 불가　**구글맵** Miyakoshiya Coffee

가성비 좋은 아침 식사
일본 카페 체인점

호텔 조식처럼 푸짐한 식사는 아니지만, 커피 한 잔 가격으로 아침을 해결하고 싶다면 주목하자. 부담 없는 가격에 간단히 아침 식사까지 해결할 수 있는 일본 카페 체인점을 소개한다.

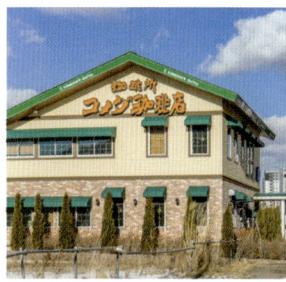

줄 서서 먹는 모닝 세트
코메다 커피 Komeda Coffee

나고야에서 출발해 킷사텐 붐을 이끈 대표 주자. 넓은 매장과 레트로 메뉴가 특징이다. 특히 가성비 좋은 아침 메뉴가 인기로, 커피와 함께 두툼한 토스트와 삶은 달걀 등으로 구성된다. 1시간 30분으로 이용 시간이 제한되어 있으며 콘센트 이용이 가능하다.
모닝 세트 460엔~(음료 선택에 따라 다름)

베이커리류가 다양한 카페
산마르크 카페 サンマルクカフェ

1991년 도쿄 긴자에서 시작한 베이커리 카페 브랜드. 샌드위치와 데니시 등 베이커리 메뉴가 다양하다. 갓 구운 초코크로(초코 크루아상)가 시그니처 메뉴. 오전 11시까지 빵을 주문하면 커피를 무료로 제공한다.
모닝 세트 갓 구운 빵 세트(초코크로+커피) 500엔

낮에는 카페, 밤에는 스낵바
프론토 Pronto

식사 메뉴가 다양한 카페 체인점. 토스트, 삶은 달걀, 샐러드에 커피가 포함된 모닝 세트 메뉴가 495엔부터로 가성비가 뛰어나다. 밤에는 스낵바로 변신해 맥주와 하이볼 등을 판매한다.
모닝 세트 토스트 세트 495엔~

구리 잔에 담아주는 흑당 커피
우에시마 커피점 上島珈琲店

흑당 커피로 유명한 체인 카페로, 구리 잔에 담아주는 브라운 슈거 밀크커피와 바리스타가 내려주는 융 드립 커피가 인기 있다. 오전 11시까지 토스트나 샌드위치를 주문하면 커피까지 제공한다.

모닝 세트 삶은 달걀+두꺼운 버터 토스트+커피 790엔~

일본 대표 도넛 브랜드
미스터 도넛 Mister Donut

단순한 도넛 가게를 넘어 카페로 자리 잡았다. 도넛과 커피뿐 아니라 스파게티, 볶음밥 등 식사 메뉴가 다양하다. 특히 오전 11시까지 제공하는 가성비 좋은 모닝 세트 메뉴가 인기 있다. 커피는 리필 가능하다.

모닝 세트 도넛+커피 380엔~

스타벅스 따라잡는 미국 브랜드
툴리스 커피 Tully's Coffee

일본에서 '타리즈'로 불리는 미국 커피 체인으로, 스타벅스와 비슷한 분위기의 아늑한 유럽식 카페 스타일이다. 계절 한정 음료와 다양한 푸드 메뉴를 내세우며, 6종의 모닝 세트 중에서는 핫도그 세트가 가장 인기가 많다.

모닝 세트 푸드+음료 625엔~

일본 대표 카페 체인
도토루 커피 Doutor Coffee

1962년 도쿄 미나토구에서 창업한 일본 대표 카페 체인으로, 원두 수입부터 로스팅까지 자체 시스템을 갖추고 있다. 커피와 샌드위치 등으로 구성된 모닝 세트의 가성비가 좋다. 흡연석이 따로 있는 지점도 있다.

모닝 세트 블렌드 커피+햄 달걀 샐러드 샌드위치 480엔~

SHOPPING

☑ BUCKET LIST 15

오미야게 천국
홋카이도 쇼핑의 모든 것

01 선물용 과자	P.085	
02 세이코마트 사용법	P.088	**PICK!** 홋카이도 3대 과자
03 편의점 홋카이도 한정템	P.092	• 기타카로 ▶ 2권 P.100
04 돈키호테 & 드럭스토어	P.094	• 롯카테이 ▶ 2권 P.102
05 슈퍼마켓 & 대형 마트	P.098	• 르타오 ▶ 2권 P.156
06 일본 패션 브랜드	P.102	
07 리빙 숍	P.104	
08 홋카이도 쇼핑 꿀팁 총정리	P.106	

홋카이도를 다시 찾게 하는 맛
선물용 과자

홋카이도 여행의 즐거움에는 오미야게가 빠질 수 없다. 일본 그 어느 도시보다 다양한 홋카이도 과자는 무엇을 선택해도 기대 이상이다.

오미야게お土産란?
일본에서 여행이나 출장 후 지인에게 줄 지역 특산 선물을 뜻해요. 주로 과자류가 인기 있으며 시내, 역, 공항 등에서 쉽게 구입할 수 있어요.

01 이시야 제과
시로이코이비토
白い恋人

02 가루비
자가포쿠루
じゃがポックル

03 롯카테이
마루세이 버터샌드
マルセイバターサンド
★홋카이도 한정

04 류게츠
산포로쿠 三方六

05 류게츠
앙버터상
あんバタサン

06 키노토야
삿포로 농업학교 밀크 쿠키
札幌農学校 ミルククッキー

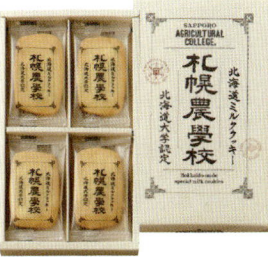

① 일본을 대표하는 스테디셀러 과자로, 국내 쿠크다스의 고급 버전이라 할 수 있다.

② 홋카이도산 감자를 껍질째 커팅해 튀긴 감자 스틱. 감자 큐브 '자가피리카'도 인기 있다.

③ 우유, 버터, 화이트 초콜릿, 건포도가 어우러진 필링이 듬뿍 들어간 부드러운 버터 쿠키.

④ 제과 브랜드 류게츠의 대표 상품. 바움쿠헨을 나무토막 모양으로 잘라 초콜릿으로 코팅했다.

⑤ 팥과 버터의 조화가 매력적인 밀크 샌드 케이크. 롯카테이 마루세이 버터샌드와 맛이 비슷하다.

⑥ 홋카이도산 우유, 버터, 밀가루로 만든 담백한 맛의 버터 쿠키.

08 르타오
더블 프로마쥬
ドゥーブルフロマージュ

07 로이스
포테이토칩 초콜릿
ポテトチップチョコレート

09 야마구치
유야 후쿠타로
호가자
ほがじゃ

10 유라쿠
시로이 블랙 선더
白い ブラックサンダー
★ 홋카이도 한정

11 가카샤
삿포로 타임스스퀘어
札幌タイムズスクエア

12 키캣
홋카이도 팥 &
딸기 KitKat
北海道小豆 & いちご

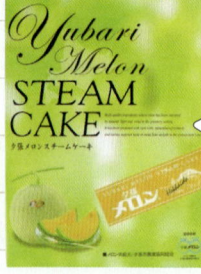

13 마루산
유바리 멜론
스팀 케이크
夕張メロンスチームケーキ

14 요시미
오! 야키토키비
OH! 焼とうきび

⑦ 삿포로에서 탄생한 로이스의 인기 상품이다. 감자칩과 생크림 초콜릿의 조화로 중독성 강한 맛!

⑧ 오타루를 대표하는 치즈케이크. 프로마주 치즈 쿠키, 프티 쇼콜라도 인기 만점이다.

⑨ 오호츠크산 감자 전분에 해산물 향을 입힌 가리비 과자로 새우 맛, 다시마 맛 등 다양하다.

⑩ 초콜릿 캔디 바. 홋카이도산 우유와 버터가 들어간 화이트 선더, 여름 한정 멜론 맛 블랙 선더 추천.

⑪ 삿포로의 제과 브랜드 가카샤의 대표 상품. 폭신한 카스텔라 안에 커스터드 크림, 팥소가 들어 있다.

⑫ 홋카이도산 팥앙금 파우더와 딸기 과즙 파우더를 섞어 만든 크림 웨하스.

⑬ 폭신한 스펀지케이크 안에 유바리 멜론 크림이 듬뿍 들어 있다.

⑭ 삿포로 레스토랑 요시미에서 만든 옥수수 맛 쌀과자. 튀긴 옥수수 알갱이도 들어 있다. 요시미에서는 치즈 파우더를 뿌린 '치즈 오카키'와 수프카레를 과자로 만든 '카리카리마다아루' 등의 명물 과자를 판매하기도 한다.

BUCKET LIST

⑮ 글리코
**유바리 멜론
카플리코 스틱**
夕張メロン
Caplico Stick

⑯ 포키
유바리 멜론
夕張メロン

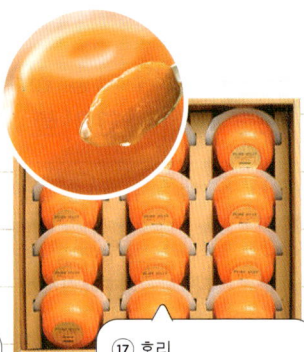

⑰ 호리
유바리 멜론 퓨어 젤리
夕張メロンピュアゼリー

⑱ 메이지
아폴로 화이트 기프트
アポロ ホワイトギフト

⑲ 메이지
**키노코노야마
화이트 기프트**
きのこの山 ホワイトギフト
★ 홋카이도 한정

⑳ 이토엔
**홋카이도
도키비차 티백**
北海道とうきび茶 ティーバッグ

㉑ 호리
도키비초코
とうきびチョコ

TIP!
**공항 면세점 vs 시내 상점,
오미야게 어디서 살까?**

일본 오미야게는 전국 어디서든 가격이 동일하다. 따라서 출국 날 공항 면세점에서 구입하는 걸 권장한다. 면세 구역인 공항에서 구매하면 액체류로 분류되는 젤리나 푸딩류도 기내 반입이 가능하고, 시내 면세 혜택 기준인 5500엔이 넘지 않아도 면세 혜택이 적용된다. 다만 공항 면세점은 항상 사람들로 붐벼 계산 시 대기 시간이 길 수 있다.

⑮ 미니 콘 모양의 스틱 과자. 상큼하고 진한 유바리 멜론 과즙과 초콜릿의 조합이 뛰어나다.

⑯ 막대 모양 프레첼에 유바리 멜론 과즙이 들어간 초콜릿을 코팅한 과자.

⑰ 잘 익은 유바리 멜론 과육이 담긴 젤리.

⑱ 메이지사에서 만든 홋카이도 한정 상품 초콜릿. 딸기 대신 후라노 멜론이 들어간 제품도 있다.

⑲ 우리나라 초코송이를 연상케 하는 일본 국민 과자 키노코노야마의 홋카이도 한정 상품.

⑳ 홋카이도산 옥수수에 단맛이 강한 스위트콘을 블렌딩해 만든 티백. 찬물과 뜨거운 물 모두 사용 가능하다.

㉑ 옥수수 본연의 고소함과 화이트 초콜릿의 부드러움이 조화를 이루는 스낵. 식품 품평회 '몽드 셀렉션'에서 2003년부터 5년 동안 금상을 수상했다. 유바리 멜론 맛도 있다.

진짜 로컬 편의점
세이코마트 사용법

홋카이도 여행 중 꼭 들러야 할 로컬 명소 중 하나가 지역 대표 편의점 세이코마트Seicomart다. 한 끼 식사로 충분한 조리 식품부터 합리적인 가격의 자체 브랜드(PB) 상품, 홋카이도산 식재료를 활용한 특색 있는 제품까지 다양하게 갖추어 현지인들에게도 큰 사랑을 받는다.

평범한 편의점을 거부한다! 세이코마트의 매력

· 즉석 조리가 아닌, 매장에서 직접 만든 요리

일반 편의점에도 오뎅과 치킨, 야키토리 등을 판매하는 즉석 요리 코너가 있지만, 세이코마트의 '핫 셰프Hot Chef' 코너에서는 단순히 튀기거나 데우는 수준이 아니다. 매장에서 밥을 지어 오니기리를 만들고, 돈카츠를 튀겨 덮밥을 만들며, 크루아상을 직접 굽는다.

· 홋카이도산 식재료로 만든 PB 상품

세이코마트는 지역 특산품을 활용한 오리지널 상품을 다양하게 선보인다. 지역색을 담은 제품은 맛과 품질, 안전성은 물론 합리적인 가격까지 충족시킨다. 신선한 홋카이도산 우유의 풍미와 단맛을 그대로 살린 소프트아이스크림과 디저트를 비롯해 넉넉한 양에 부담 없는 가격의 과자류 등 다른 편의점에서 보기 어려운 색다른 제품을 다양하게 갖추고 있다.

· 반찬 사러 세이코마트 간다

세이코마트는 반찬류도 저렴하고 맛있다. 우엉조림, 톳조림, 달걀말이, 꽁치 소금구이 등 일본식 반찬을 100~200엔대에 판매한다. 파스타, 야키소바, 볶음 우동 등 면 요리도 비슷한 가격이다.

· 주류 코너는 필수 탐방

'편의점에서 와인 쇼핑을?' 하고 의아해할 수 있지만 세이코마트 주류 코너는 특별하다. 사실 세이코마트는 지역 주류 판매점에서 출발한 만큼 주류에 대한 내공이 남다르다. '세코마노 와인'이라는 자체 브랜드로, 1987년부터 유럽과 남미 와인을 직접 수입해 판매하는데 품질 좋고 합리적인 가격 덕분에 데일리 와인으로 많은 사랑을 받고 있다. 그뿐 아니라 홋카이도산 재료를 활용한 오리지널 사와, 소주, 사케 등도 다양해 주류 코너만 둘러봐도 이곳의 진가를 알 수 있다.

> 모든 세이코마트에 핫 셰프 코너가 있는 건 아니에요. 마트 입구에 'Hot Chef' 표시가 있는 매장에서만 운영해요.

'핫 셰프' 코너 인기 품목

1. **큼지막한 오니기리** 매장에서 갓 지은 밥으로 정성껏 만든 수제 주먹밥. 연어, 연어알, 명란젓 등이 듬뿍 들어 있다. 이 중 베이컨 오카카(가다랑어 포)와 스지코(연어알 절임) 맛을 추천한다.

2. **가츠동** 바삭하게 튀긴 돈카츠에 달걀과 직접 만든 오리지널 소스를 곁들인다. 매장에서 직접 조리하기 때문에 반숙 달걀의 부드럽고 진한 맛이 잘 느껴진다.

3. **버터 크루아상** 프랑스산 반죽을 직수입해 매장 내 오븐에서 구운 크루아상. 100% 발효 버터를 사용해 진한 향과 고소한 맛이 일품이다.

4. **프라이드치킨** 매장에서 튀김옷을 입혀 튀겨내는 프라이드치킨은 겉은 바삭하고 속은 촉촉하며, 은은한 매콤함이 더해져 치킨 전문점 못지않은 맛을 자랑한다. 가라아게나 잔기(홋카이도식 닭튀김)도 판매하니 취향대로 맛보자.

5. **홋카이도산 감자튀김** 홋카이도산 감자 특유의 은은한 단맛과 포슬포슬한 식감으로 인기가 많다.

주류

1. **G7 시리즈 와인** 세이코마트가 직수입한 칠레 와인 시리즈로, 가성비 좋다. 레드, 화이트, 로제, 스파클링 등이 있다.

2. **민트 크래프트 하이볼** 홋카이도산 일본 민트로 만든 무가당 하이볼. 상쾌한 맛으로 식사에 곁들여도 잘 어울린다.

3. **팜 맥주** 벨기에 직수입 앰버 에일. 바나나, 꿀, 캐러멜의 풍미가 조화를 이루는 고급 수입 맥주다.

아이스크림·유제품·음료수

1. 홋카이도 멜론 소프트 유바리 멜론즙이 8% 함유된 소프트 아이스크림. 크리미한 질감이 특징이며 우리나라 메로나보다는 맛이 밋밋하다는 평이 있다.

2. 홋카이도 우유 소프트 클래식한 우유 맛 아이스크림. 세이코마트 크리미 소프트보다 저렴하고, 뒷맛이 깔끔하다.

3. 홋카이도 도요토미 드링크 요거트 세이코마트에서 판매하는 유제품은 홋카이도 북부 도요토미초에 있는 자사 농장에서 생산한 우유를 사용한다. 플레인, 딸기, 바나나 맛이 있으며 상큼하고 부드러운 맛이 특징이다. 딸기 맛 추천.

4. 쿄고쿠의 명수 커피 젤리 명수 100선에 뽑힌 홋카이도 쿄고쿠초의 천연 샘물로 내린 커피로 만든 젤리. 설탕이 들어 있지 않아 가볍게 입가심하기 좋은 디저트다.

5. 홋카이도 멜론 젤리 멜론즙이 가득한 젤리. 단맛과 신맛의 균형이 잘 잡혀 있어 부담 없이 먹기 좋다.

TIP! 홋카이도 유산, 쿄고쿠의 명수

홋카이도 요테이산 기슭, 쿄고쿠초에서 얻은 초 연수(부드러운 물) 음용수로, 요테이산의 눈 녹은 물이 여과되면서 만들어진 희귀한 천연수다. 용출량은 일본 최대급으로, 1985년 명수 100선에 선정되었고 2001년에는 홋카이도 유산으로 지정되었다. 세이코마트는 이 물로 만든 생수, 얼음, 커피, 빙수 등을 선보인다.

과자 · 컵라면

1.

2.

세이코마트
한정 판매

3.

4.

5.

홋카이도는 100년 전부터 일본 고유 품종의 민트를 재배해온 지역으로, 대표적인 박하 생산지입니다. 세이코마트는 생산지와 연계해 다양한 민트 제품을 선보이니 민트를 좋아한다면 눈여겨보세요!

6.

7.

1. **다이후쿠** 홋카이도산 찹쌀 기타유키모치와 홋카이도산 팥과 테보마메(흰강낭콩)를 사용해 만든 찹쌀떡.
2. **홋카이도 밀크 캔디** 도요토미초에서 생산한 우유로 만든 생크림을 사용해 우유의 진하고 달콤한 맛이 나는 사탕.
3. **홋카이도 민트 캔디** 부드럽고 순한 청량감 때문에 민트향을 즐기지 않는 사람도 좋아하는 사탕.
4. **홋카이도 버터 쿠키** 홋카이도산 버터가 듬뿍 들어가 있는 쿠기. 버터의 짭조름함과 고소한 풍미, 바삭한 식감이 특징.
5. **연어 토바 콘칩** 홋카이도 명물인 연어 토바(연어 포) 맛 옥수수칩. 연어의 깊은 맛과 옥수수의 풍미를 즐길 수 있다.
6. **징기스칸풍 야키소바** 징기스칸의 향과 맛을 재현한 인스턴트 볶음 면. 채소와 함께 볶아낸 듯한 소스가 특징이다.
7. **야마와사비 시오라멘** 홋카이도산 와사비 특유의 알싸함이 살아 있는 시오라멘. 자극적이지만 깔끔한 맛으로 인기 있다.

24 간식부터 음료까지!
편의점의 홋카이도 한정템

세이코마트뿐 아니라 홋카이도 지역에 있는 편의점이라면 어디든 홋카이도 한정 상품을 판매한다. 일상적인 제품에 지역 특색을 더한 것부터 다른 지역에서는 볼 수 없는 전혀 새로운 상품까지 진열대마다 호기심을 자극하는 제품으로 가득하다.

1 마루짱 야키소바 벤토
マルちゃん やきそば弁当

홋카이도에서는 일본에서 인기 있는 컵 야키소바인 UFO 대신 이 제품을 즐긴다. 야키소바에 곁들여 마시는 중화풍 분말 수프가 포함된 점이 특별하다. 분말 수프에 면을 익힌 물만 부으면 수프가 완성된다. 오리지널, 명란 버터 맛, 살짝 매운맛, 감칠맛 나는 소금 맛 등 네 종류가 출시된다.

2 마루짱 게키멘 완탕면
マルちゃん 激めん ワンタンメン

마루짱 야키소바 벤토와 더불어 홋카이도의 소울 푸드인 컵라면. 간장 맛의 닭과 해산물 국물에 완탕과 죽순, 미역 등의 토핑을 더했다.

3 기타노돈베이
北のどん兵衛

홋카이도 한정

닛신의 대표적인 컵 우동인 돈베이의 홋카이도 한정 상품. 가다랑어 포와 리시리산 다시마로 우려낸 진한 국물이 특징이다.

4 에도야 사케 스틱
江戸屋 鮭スティック

홋카이도산 연어를 말린 후 껍질을 제거해 만든 연어 스틱. 간식이나 술안주로 제격이다.

5 에도야 무키코마이
江戸屋 むきこまい

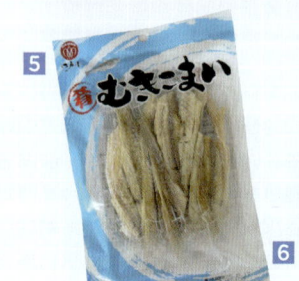

대구과 생선인 홋카이도산 고마이를 건조해 만든 제품. 독특한 풍미가 매력이다.

6 갓파에비센 가리비 버터 간장 맛
かっぱえびせん ほたてバター醤油味

일본의 새우깡이라 할 수 있는 갓파에비센의 홋카이도 한정 상품. 가리비에 버터와 간장을 더해 고소하고 감칠맛이 풍부하다.

7 해피탄 홋카이도 치즈 맛, 수프카레 맛
ハッピーターン 北海道チーズ味,
スープカレー風味

쌀과자 브랜드 해피탄의 홋카이도 한정 상품.
홋카이도산 치즈 맛과 향신료의
풍미가 살아 있는 수프카레 맛이 있다.

8 기린 과라나
キリン ガラナ

1982년에 출시한 홋카이도 한정 탄산음료.
과라나 열매 추출물이 들어 있어
은은한 약초 맛과 과일 향이 느껴진다.
코카콜라를 능가하는 홋카이도의 인기 음료.

9 리본 시트론
リボン シトロン

포카 삿포로 브랜드에서 1909년부터
출시하는 홋카이도 한정 사이다. 부드러운
탄산감과 상쾌한 레몬 향이 특징이다.

10 리본 나폴린
リボン ナポリン

1911년부터 홋카이도에서 꾸준히 사랑받는
오렌지색 탄산음료. 강한 탄산감과 달콤한
맛이 어우러진다.

11 소프트카츠겐
ソフトカツゲン

1956년 홋카이도에서 처음 출시한 유산균 음료.
다른 유산균 음료보다 요구르트 맛이 진한
편이며, 은은한 단맛과 상쾌한 산미가 조화를
이룬다. 계절 한정 상품도 자주 출시한다.

12 홋카이도 도키비차
北海道 とうきび茶

홋카이도를 대표하는 옥수수차. 옥수수와
현미, 검은콩, 팥 등을 우려내 고소하고
은은한 옥수수 향과 적당한 단맛,
깔끔한 뒷맛이 특징이다.

13 블랙 하이볼 카오루요루
BLACK ハイボール 香る夜

닛카 위스키의 홋카이도 한정 하이볼 캔
음료. 향긋한 몰트 향을 중심으로 바닐라와
꿀 맛이 느껴지는 것이 특징이다.
알코올 도수는 9%.

화장품부터 의약품까지, 알뜰 쇼핑 노하우
돈키호테 & 드럭스토어

일본 여행에서 빠질 수 없는 쇼핑 코스, 바로 돈키호테와 드럭스토어! 특히 화장품과 일반 의약품은 여행자들이 꼭 챙기는 인기 아이템이다. 면세 혜택과 추가 할인을 고려하면 한 군데 매장에서 필요한 제품을 한꺼번에 구입하는 것이 낫다.

일본 대표 잡화점
돈키호테

뷰티 아이템부터 의약품, 생필품, 잡화, 식품, 기념품까지 다양한 상품을 갖춘 일본 대표 종합 할인점. 대부분의 매장이 24시간 운영해 여행 일정을 마친 후 밤늦은 시간에 쇼핑하기 좋다. 단, 모든 제품이 저렴한 것은 아니므로 구매 전 가격 비교를 해보는 것이 좋다.

- **추천 매장** 메가 돈키호테 삿포로 다누키코지 본점 ▶ 2권 P.116
- **주의 사항** 계산 착오가 많으니 결제 후 영수증을 꼼꼼히 확인할 것
- **쇼핑 팁** 5500엔 이상 구매 시 면세, 1만 엔 이상 구매 시 5%, 3만 엔 이상 구매 시 7% 할인 쿠폰 제공
- **홈페이지** www.donki-global.com

약과 화장품에 집중!
드럭스토어

의사 처방 없이도 구입 가능한 의약품과 건강·미용 제품을 판매하는 전문 매장. 사츠도라, 다이코쿠, 선드럭, 마츠모토키요시 등 다양한 브랜드가 있으며, 돈키호테에 비해 비교적 한산하고 가격도 합리적인 편이다. 단, 상품군이 제한적이고 대부분 야간에는 영업하지 않는다.

- **추천 매장** 사츠도라 다누키코지 5초메점
- **쇼핑 팁** 5500엔 이상 구입 시 면세, 홈페이지에서 할인 쿠폰 제공
- **홈페이지** 사츠도라 satudora-taxfree.jp/ko.html
  마츠모토키요시 www.matsukiyocokara-online.com

PICK! 돈키호테 한정 상품

- 상품 패키지에 표시된 '도ㅏ'
돈키호테 자체 PB 상품으로, 저렴하면서 질이 좋다. 식재료, 우산, 식기류 등 다양한 상품을 갖추고 있다. 표고버섯 스낵, 이모켄피(고구마 스틱) 등이 인기 있다.

- 베이크 크리미 치즈케이크 Bake Creamy Cheesecake
모리나가와 돈키호테가 협업해 만든 간편 구움 과자로, 겉은 바삭하고 속은 촉촉한 치즈 크림으로 가득하다. 크림치즈·카망베르·마스카포네 3종의 치즈 블렌드로 구성되어 있다.

돈키호테 자체 PB 상품

베이크 크리미 치즈케이크

'약잘알'이 추천하는 일본 약

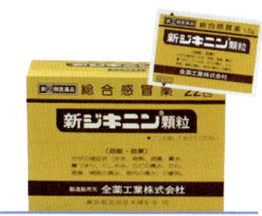

신지키닌 과립 新ジキニン顆粒
진해제, 해열진통제, 생약 감초 추출물 등을 배합한 감기약.

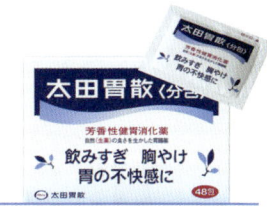

오타이산 太田胃散
생약 성분이 포함된 소화제로 속 쓰림 완화에도 효과가 있다.

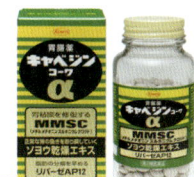

카베진 알파 キャベジンα
위 점막을 보호하고 소화작용을 촉진해 위를 편안하게 해준다.

구내염 패치 다이쇼 A 口内炎パッチ 大正A
구내염과 설염 등 입안에 염증이 생겼을 때 붙이는 통증 완화 패치.

나이시톨 G ナイシトール G
지방 분해와 연소를 촉진해 복부 비만을 완화하고 변비에도 효과적이다.

코락 퍼스트 コーラック First
변비약으로, 유효 성분이 위에서 녹지 않고 장까지 도달해 충분한 효과를 볼 수 있도록 5겹으로 감쌌다.

이노치노 하하 命の母
13가지 생약과 비타민, 칼슘 등을 배합해 여성의 생리 불순과 갱년기 증상 완화에 도움을 준다.

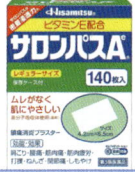

샤론 파스 A サロンパス A
동전 파스(로이히 츠보코)와 양대 산맥. 어깨와 허리가 결릴 때뿐 아니라 근육통, 타박상, 염좌 완화에도 효과적이다.

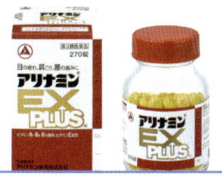

아리나민 EX 플러스 アリナミンEXプラス
B1・B6・B12 등 비타민 B군과 비타민 E를 배합한 영양제. 피로, 근육통, 관절통, 신경통, 손발 저림을 완화해준다.

신 비오페르민 S 新ビオフェルミンS
훼카리스균, 아시도필루스균, 비피더스균 총 세 가지 유산균을 배합해 장 건강에 도움을 준다.

시세이도 모아립 資生堂 モアリップ
약용 립 크림으로, 입술이 텄을 때 피부 재생을 돕고 염증 억제, 보습에 효과적이다.

> 가성비 좋은
> 필수 뷰티템

앤 허니 헤어 오일
& Honey Hair Oil

세 가지 천연 꿀을 섞어 만든 헤어 오일로 수분 공급과 윤기 부여 효과가 탁월하다. 소용량 제품도 저렴하게 판매해 부담 없이 구입하기 좋다.

더마 레이저 슈퍼 VC 100
ダーマレーザー スーパーVC 100

네 가지 비타민 C가 배합된 마스크 팩. 매우 얇은 시트지 덕분에 얼굴에 착 달라붙어 사용감이 좋은 것도 인기 비결이다.

란도린 패브릭 리프레셔
Laundrin Fabric Refresher

BTS 정국이 애용하기로 유명한 섬유 탈취제. 검은색 용기의 클래식 플로럴 향이 가장 인기 있으며, 휴대용과 리필용도 판매한다.

샤나 두유 이소플라본 아이 크림
SANA 豆乳イソフラボン アイクリーム

두유 발효액으로 만든 안티에이징 아이 크림. 주름 완화, 피부 탄력 개선과 보습 효과가 있다.

보루도 젤 볼
ボールドジェルボール

캡슐형 섬유 유연제로 향이 좋고 세척력과 탈취력, 유연 효과가 탁월하다. 장시간 향이 지속된다.

초이 마스크 팩 여드름 케어
CHOI! マスクニキビケア

여드름 완화에 효과가 좋은 마스크 팩. 반복되는 여드름을 없애고 예방까지 해준다.

페어 아크네 크림 W
ペアアクネクリームW

여드름 완화에 도움을 주는 크림. 소염, 살균 성분이 피부 트러블을 예방하고, 보습 성분이 피부를 촉촉하게 만든다.

술지게미 팩
酒粕パック

사케에 들어가는 효모와 쌀겨 등을 추출해 만든 워시 오프 마스크 팩. 피부 진정과 보습, 각질 제거 효과가 있는 만능 아이템이다.

캔메이크 섀도 팔레트
CANMAKE シャドウパレット

여덟 가지 컬러와 제형으로 이뤄진 섀도 팔레트. 용도에 따라 원하는 컬러를 사용할 수 있어 활용도가 높고 발색도 좋은 편이다.

캔메이크 마시멜로 피니시 파우더
CANMAKE マシュマロ フィニッシュパウダー

가성비 좋은 파우더 제품으로 들뜸이나 밀림 현상이 없고 톤업과 자외선 차단 효과도 있어 수정 화장용으로 좋다. 총 네 가지 컬러.

비오레 UV 아쿠아 리치 워터리 에센스
Bioré UV AQUA Rich Watery Essence

유분기가 적고 촉촉하며 백탁 현상이 없는 선크림으로 남녀노소 누구나 부담 없이 사용할 수 있다. 특히 비누 세안만으로 지워져 간편하다.

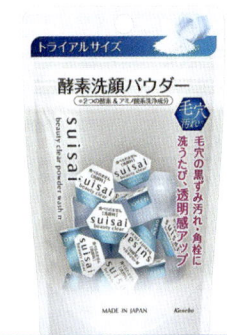

수이사이 뷰티클리어 파우더 워시
スイサイ ビューティクリア パウダー ウォッシュ

수분 공급과 각질 제거에 탁월한 과립형 클렌저. 피부 자극이 적고 세정력이 좋아 피붓결 정리에 효과가 있다. 낱개로 포장되어 휴대하기도 좋다.

일본 식재료 털기
슈퍼마켓 & 대형 마트

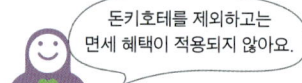

돈키호테를 제외하고는 면세 혜택이 적용되지 않아요.

일본은 MSG의 발상지이며 조미료 천국이다. 다양한 조미료와 식재료, 과자까지 한 번에 쇼핑하려면 마트가 제격이다. 간편식도 많아 구경하는 재미와 먹는 즐거움을 모두 누릴 수 있다. 삿포로 시내 중심가에서 이온몰이나 맥스밸류 같은 대형 슈퍼마켓은 찾아보기 어렵지만, 곳곳에 도심형 슈퍼마켓이 있어 장보기에 편리하다.

메가 돈키호테 삿포로 다누키코지 본점
MEGAドン・キホーテ 札幌狸小路本店

4층부터 지하 1층까지는 다양한 잡화와 생활용품을 판매하고, 지하 2층부터는 지역 주민을 대상으로 신선 식품을 취급하는 슈퍼마켓이다. 24시간 운영하며 접근성이 뛰어나고, 신선 식품을 제외한 대부분의 상품은 면세 혜택과 할인 쿠폰 적용이 가능해 여행자들에게도 인기가 많다.

📍 다누키코지 상점

다이이치 스스키노점
ダイイチ すすきの店

스스키노역과 연결된 코코노 스스키노 건물에 위치한 도심형 마트. 규모는 크지 않지만 홋카이도산 식재료와 수제 델리를 중심으로 250종 이상의 반찬과 즉석 도시락을 판매해 실속 있는 식사를 해결하기 좋다.

📍 코코노 스스키노 지하 2층

도코 스토어 삿포로 팩토리점
東光ストア サッポロファクトリー店

지역 밀착형 슈퍼마켓으로, 삿포로 주요 거리에서는 다소 떨어져 있다. 농산물과 해산물, 홋카이도 특산품 등을 취급한다. 쾌적한 매장 환경과 합리적인 가격 덕분에 쇼핑을 즐기기 좋다.

📍 삿포로 팩토리 1층

일본 조미료 & 식료품

1.

2.

3.

4.

5.

6.

7.

8.

9.

10.

1. 혼츠유 일본 국물 요리 베이스로 사용하기 좋다. **2. 마요네즈** 콘 마요, 참치 마요, 명란 마요 등을 식빵에 바르면 샌드위치 완성! **3. 후리카케** 김, 깨, 생선 가루 등을 혼합해 만든 양념으로 밥에 뿌려 먹는다. 연어, 새우 등 해산물 맛 추천! **4. 가반 후추** 레스토랑에서 사용하는 향신료로, 향이 진해 고온 요리에서도 쉽게 사라지지 않는다. **5. 달걀 간장** 달걀밥에 뿌리는 전용 간장으로 달걀의 비린 맛을 잡아준다. 달걀찜, 달걀말이에도 사용 가능하다. **6. 타마고야키 명인** 일본식 달걀말이를 만들어 먹을 수 있는 비법 소스. **7. 촛토 돈부리** 돈부리(덮밥)를 쉽게 해 먹을 수 있는 양념으로 가츠동 제품이 가장 인기다. **8. 카레** 고형 카레 제품. 골든 카레, 자와 카레, 바몬드 카레 등의 브랜드가 있다. ▶ **레토르트 카레 반입 규정 P.100** **9. 모모야 라유** 고추기름과 튀긴 마늘이 맛의 조화를 이루는 소스. 밥, 국수, 튀김 등에 사용하기 좋다. **10. 낫토** 일본식 청국장으로 국내에 비해 많이 저렴하다. 구매 시 보랭 백 필수 지참.

11.

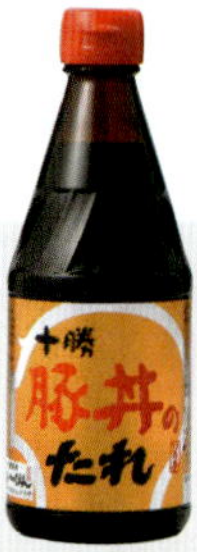

12.

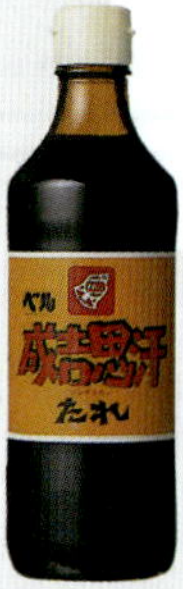

13.

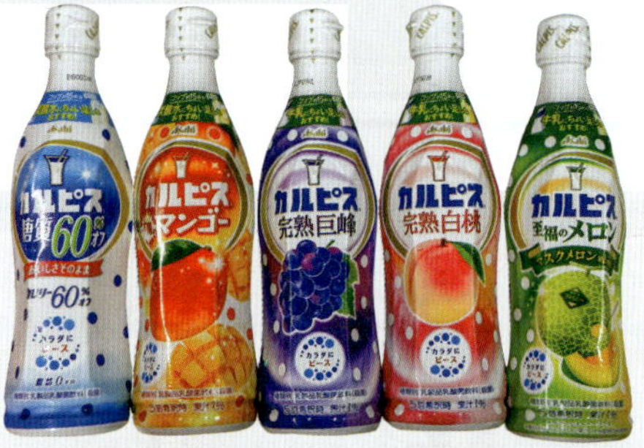

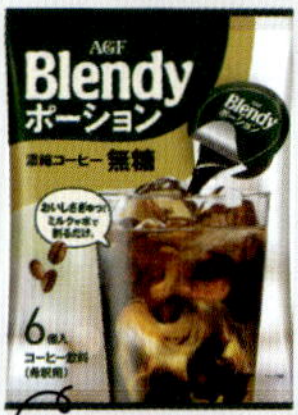

AGF 블렌디 포션 커피

14.

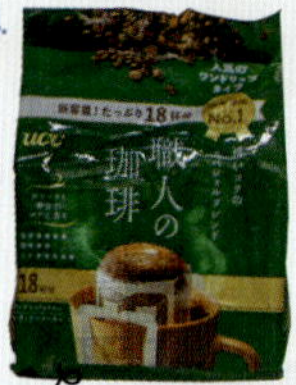

UCC 장인의 드립 커피

15.

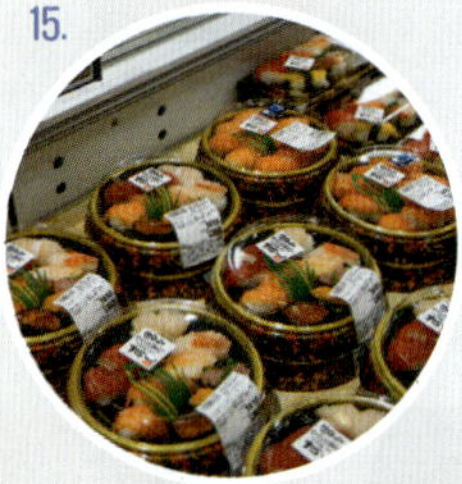

16.

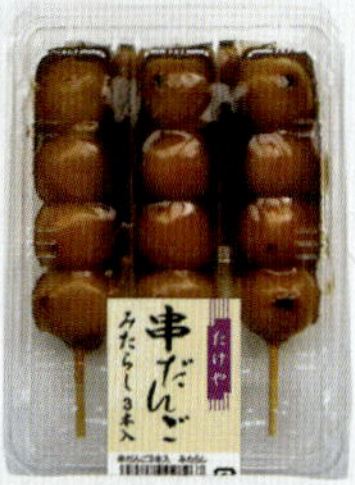

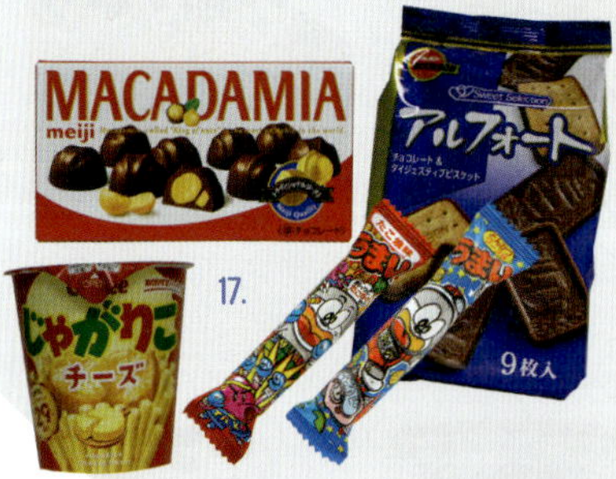

17.

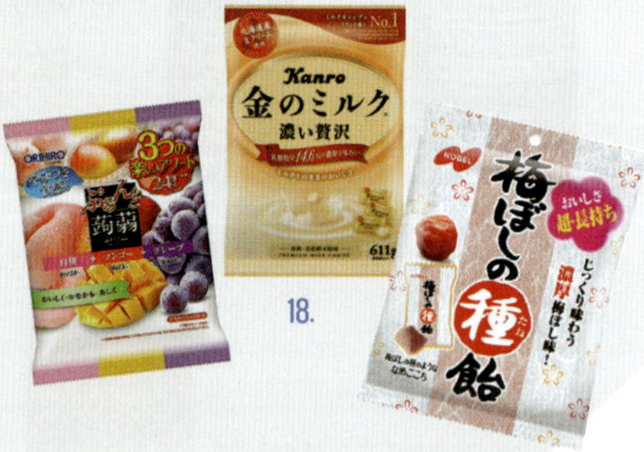

18.

11. 도카치 부타동노타레 홋카이도 명물인 부타동(돼지고기덮밥)을 만들 때 사용하는 소스. 물이나 화학조미료 첨가 없이 홋카이도산 설탕과 간장으로만 맛을 낸다. **12. 징기스칸 양념장** 간장에 채소와 과일을 더해 단맛과 신맛이 나는 징기스칸 전용 양념장. **13. 칼피스 원액** 칼피스 원액을 물과 1:4~5의 비율로 섞으면 음료수가 된다. 칼로리를 60% 줄인 버전도 있다. **14. 드립 커피 & 포션 커피** 1회용 드립 커피와 액상형 포션 커피는 간편해서 인기가 많다. 특히 포션 커피는 에스프레소 베이스의 액상이라 카페라테 등 다양한 스타일의 커피를 제조할 수 있다. **15. 도시락** 편의점보다 훨씬 다양한 메뉴의 도시락을 판매한다. 특히 지점에 따라 저녁 8시 이후에는 할인 스티커가 붙는 제품이 많다. **16. 당고** 편의점보다 다양한 종류를 훨씬 저렴한 가격에 판매한다. **17. 과자** 과자도 마트가 가장 저렴하다. 바삭한 식감의 감자 스틱 자가리코, 통밀 비스킷과 초콜릿이 만난 알포토, 일본 국민 간식 우마이봉, 메이지 마카다미아 등이 스테디셀러다. **18. 사탕 & 젤리** 홋카이도산 생크림을 사용한 긴노미루쿠, 우메보시(매실) 사탕, 흑사탕 등 종류가 다양하며 코로로 젤리, 파우치형 곤약 젤리 등이 인기 제품이다. ▶ 곤약 젤리 반입 규정 P.144

⚠ 쇼핑 리스트에서 제외하세요!

레토르트 카레와 라멘 삿포로 수프카레와 라멘, 규동 전문점에서 자체 출시한 레토르트 제품 중 육류('우육牛肉' 표기)가 포함된 제품은 국내에 반입하지 못한다. 단, 고기 건더기 없이 분말로 된 제품은 반입 가능하다. 신고하지 않고 축산물을 반입할 경우 최대 1000만 원의 과태료가 부과된다.

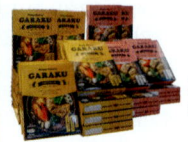

가라쿠 레토르트 국내 반입 불가.

감각적인 식료품 쇼핑
칼디 커피 팜 KALDI COFFEE FARM

커피 원두를 중심으로 수입 식재료와 엄선된 일본 제품을 판매하는 식재료점. 수입 제품은 국내에서 구입하는 것과 크게 다를 바 없으니 일본 제품과 칼디 오리지널 제품에 주목하자.

01 스프레드 제품
칼디의 명성이 시작된 제품. 식빵에 발라 굽기만 하면 맛있는 토스트가 완성된다. 멜론, 명란, 카레, 퀸 아망 등 다양한 맛이 있다.

02 샐러드 드레싱
고소한 참깨 향과 마늘의 깊은 맛이 나는 샐러드용 맛간장 드레싱.

03 포로 쇼콜라
생초콜릿과 같은 꾸덕꾸덕하고 진한 맛의 초코 브라우니.

04 워터 드립 커피
칼디의 대표 제품으로, 400ml 이상의 물에 드립백을 하나 넣고 냉장고에서 8시간 우려내면 콜드 브루로 즐길 수 있다.

05 카페오레 베이스
브라질산 커피 원두 100%를 사용한 커피 농축 베이스. 원액과 우유를 1:3 비율로 섞으면 간편하게 카페오레를 완성할 수 있다.

06 모카킬리만자로 커피 젤리
에티오피아 모카와 킬리만자로 커피를 베이스로 해 맛이 깔끔하다. 동봉된 커피 프레시와 커피 슈거를 뿌리면 달콤하게 즐길 수 있다.

07 판다 안닌두부
우유 푸딩처럼 달콤한 디저트. 팩 그대로 냉장고에 넣어 차게 굳히면 탱글한 두부 제형이 된다. 원하는 모양의 틀에 부어 굳혀도 된다.

놓치면 아쉬운
일본 패션 브랜드

오도리 공원에서 스스키노역 사이의 구역은 삿포로 쇼핑의 메카. 백화점부터 패션 피플들이 꼭 찾는 주요 브랜드 매장까지 모두 모여 있어 쇼핑을 좋아하는 여행자라면 그냥 지나치기 어렵다.

주목할 의류·잡화 매장

01 TNOC 홋카이도
홋카이도 자연과 풍경에서 영감을 받은 컬러와 디자인의 라이프스타일 브랜드. 에조사슴과 눈 결정을 마크로 사용한다.

05 스투시
Stüssy
미국 스트리트 패션 브랜드. 우리나라에서 구하기 어려운 한정 상품이 인기 있지만 금세 품절된다.

02 사우스투 웨스트에잇
South2 West8
아웃도어 의류를 전문으로 하는 일본 브랜드. 동물 가죽을 사용하지 않고 친환경 소재를 사용한다.

06 캐피탈
KAPITAL
수작업으로 제작하며 디자인과 컬러가 유니크한 일본 로컬 브랜드. 뉴진스가 입고 나와서 더욱 유명해졌다.

03 휴먼메이드
HUMAN MADE
현재 일본과 국내에서 떠오르고 있는 일본 패션 브랜드. 하트 로고 제품이 가장 인기 있다. 삿포로점은 매장이 작다.

07 요시다 포터
Yoshida Porter
튼튼한 소재와 정교한 바느질에 장인 정신을 바탕으로 한 유명한 브랜드. 실용성과 세련된 디자인을 겸비해 폭넓게 사랑받고 있다.

04 베이프
BAPE
지드래곤을 비롯한 패셔니스타들이 입어서 많이 알려졌다. 유니크한 디자인이 인기 요인.

08 이세이 미야케
Issey Miyake
주름 디자인으로 세계적인 명성을 얻은 브랜드. 주요 라인으로는 '이세이 미야케', '바오바오', '플리츠플리즈'가 있다.

빈티지 숍

09 세컨드 스트리트
2nd Street
후쿠오카 빈티지 프랜차이즈로 득템 가능성이 가장 높다. 매장이 넓고 쾌적하며 정리가 잘되어 있다.

10 브링 삿포로
Bring Sapporo
명품 브랜드 의류와 액세서리, 가방, 안경까지 품목이 다양하다. 특히 크롬하츠 제품이 종류가 많다.

유명 편집숍

⑪ 빔스
BEAMS

라이프스타일 편집숍으로 패션뿐 아니라 다양한 아이템도 선보인다. 아메리칸 캐주얼 라인이 인기 있으며 자체 브랜드 상품도 있다.
📍 스텔라 플레이스 지하 1층

⑫ 비숍
Bshop

'일상의 클래식'을 내세우는 편집숍. 단톤, 브래디백 등 수입 제품을 판매한다.
📍 스텔라 플레이스 3층

⑬ 저널 스탠다드
Journal Standard

일본의 고급 편집숍. 프랑스, 이탈리아, 영국 등 유럽의 캐주얼 의류가 많으며 자체 생산 제품도 눈에 띈다.
📍 파르코 2층, 스텔라 플레이스 3층

⑭ 프릭스 스토어
Freak's Store

미국 브랜드 중심의 편집숍. 단톤, 파타고니아, 노스페이스 등의 브랜드 제품을 판매한다.
📍 스텔라 플레이스 2층

⑮ 빌리스
BILLY'S

스니커즈 편집숍으로, 뉴발란스 등 인기 있는 다양한 브랜드의 운동화와 액세서리를 판매한다.

⑯ 유나이티드 애로우즈
UNITED ARROWS

자체 브랜드와 해외 유명 브랜드를 선보이는 고급 편집숍. 트랜디하면서도 클래식한 스타일이 특징이다.
📍 파르코 1·2층, 스텔라 플레이스 지하 1층

인테리어 아이템 천국
리빙 숍

일본에는 저렴하고 예쁜 인테리어 리빙 소품을 판매하는 브랜드가 많다. 작은 소품 하나로 공간을 변화시키는 즐거움을 누려보자.

세련된 디자인의 100엔 숍
세리아 Seria
다이소보다 제품 퀄리티와 디자인 면에서 더 높은 평가를 받는 생활 잡화점. 특히 주방용품이 인기인데, 심플한 디자인과 귀여운 캐릭터가 들어간 그릇을 눈여겨보자.

📍 삿포로 팩토리 지하 1층, 마루야마 클래스 지하 1층(마루야마역)
🖥 www.seria-group.com

주방 소품계의 다이소
내추럴 키친 앤 Natural Kitchen &
아기자기한 소품과 예쁜 그릇, 주방용품을 100엔에 판매하는 리빙 숍. 가격 대비 퀄리티가 뛰어나 그릇 덕후들의 필수 코스다. 폴 타운점은 인기 제품만 모은 셀렉트 숍으로 운영한다.

📍 아피아 지하상가, 지하철 오도리역 폴 타운
🖥 www.natural-kitchen.jp

미니멀한 디자인의 정수
무인양품 無印良品
우수한 품질과 미니멀한 디자인으로 사랑받는 일본의 대표 라이프스타일 브랜드. 일본에서는 전자 제품, 가구, 패브릭 등 국내에 없는 다양한 품목을 만날 수 있다.

📍 파르코 5~6층, 스텔라 플레이스 6층
🖥 www.muji.com/jp

우아함을 더하는 시즌 홈스타일링
애프터눈 티 리빙 Afternoon Tea Living
유럽풍 감성의 리빙 숍. 시즌 테마의 인테리어 소품을 중심으로, 주방용품, 뷰티·패션 아이템 등을 다양하게 선보인다. 매장 한쪽에는 애프터눈 티를 즐길 수 있는 티룸도 있다.

📍 삿포로 미츠코시 백화점 2층, 다이마루 삿포로점 3층
🖥 www.afternoon-tea.net

유럽풍의 화려한 리빙 숍
프랑프랑 Francfranc

고풍스러운 유럽풍 디자인의 생활용품을 선보이는 리빙 숍. 공간에 포인트로 활용할 제품을 고르기에 좋다. 모던하면서도 사랑스러운 분위기의 주방용품과 패브릭 제품이 인기.

📍 파르코 3층, 스텔라 플레이스 1층
🌐 francfranc.com

감각적인 생활 잡화 집합소
로프트 LOFT

믿을 만한 브랜드의 리빙·문구·잡화를 판매하는 대형 잡화점. 커피용품과 도시락통 등 주방 아이템이 잘 갖춰져 있으며, 특히 문구류는 마니아층이 있을 정도로 인기가 많다.

📍 모유 삿포로 1층 🌐 www.loft.co.jp

필요한 것은 뭐든 있는 100엔 숍
다이소 Daiso

식품, 주방용품부터 전자 제품, 식료품, 화장품까지 생활에 필요한 모든 것을 갖춘 대표 100엔 숍. 코코노 스스키노점에는 자매 브랜드인 300엔 숍 스리피 THREEPPY도 함께 입점해 있다.

📍 코코노 스스키노 2층, 다누키코지 2초메점, 삿포로22 스퀘어점 🌐 www.daiso-sangyo.co.jp

실용성과 디자인까지 챙긴 300엔 숍
스리코인즈 3 Coins

저렴하면서도 디자인과 퀄리티를 갖춘 300엔 숍. 다이소, 세리아 같은 100엔 숍에 비해 제품 퀄리티가 확연히 좋다. 판매하는 아이템 종류는 많지 않지만 여행 중 필요한 모자, 방한용품 등 계절별 아이템을 쇼핑하기에 적합하다. 인테리어 소품도 가성비가 좋아 현지인에게도 인기 있다. 지하철역과 지하 보행 공간에 자리해 접근성이 뛰어나다.

📍 JR 삿포로역 아피아·오로라 타운, 지하 보행 공간 폴 타운 등
🌐 www.palcloset.jp/3coins

작가 PICK!
스리코인즈의 대만족 아이템

모자, 양산 | 컴퓨터·스마트폰 액세서리 | 여행용 접이식 가방 | 젓가락

알면 절약! 면세 혜택과 쿠폰 활용법
홋카이도 쇼핑 꿀팁 총정리

원하는 물건을 좋은 가격에 득템했을 때의 기쁨은 여행이 주는 큰 즐거움 중 하나다. 소소하지만 알아두면 쏠쏠한 실속 쇼핑 정보를 모아 소개한다.

TIP ①
여권 소지한 외국인 전용 혜택

백화점에서는 외국인에게 5% 할인 혜택을 주는 게스트 카드와 쿠폰을 발급한다. 여권은 필수로 지참해야 하며, 고가의 일부 명품 브랜드나 식료품, 레스토랑에는 적용되지 않는다. ※3000엔 이상 구입 시 적용 가능

백화점명	사용 방법	형태	혜택
다이마루 삿포로점	1층 안내 데스크에서 수령	게스트 카드	5% 할인
도큐 백화점 삿포로점	1층 화장품 안내소, 10층 면세 카운터에서 수령	쇼핑 쿠폰	
마루이 이마이 삿포로 본점	MITSUKOSHI ISETAN JAPAN 앱	게스트 카드(앱)	
삿포로 미츠코시 백화점			

TIP ②
필수! 결제 수수료 없는 해외여행용 체크카드

국내 신용카드사에서 발급하는 해외여행용 체크카드의 경우 환전·결제·ATM 수수료가 무료라 필수적으로 챙겨야 한다. 여행을 계획했다면 미리 발급받은 뒤, 환율이 좋을 때마다 환전해 소지하는 것이 좋다.

※SOL트래블체크카드는 일본 편의점인 세븐일레븐, 훼미리마트, 로손에서 사용 시 5% 할인(합산 월 5000원까지) 혜택이 주어진다. 2026년 12월 31일까지.

TIP ③
해외 겸용 카드의 할인 혜택 체크

소지하고 있는 신용카드 회사에서 제공하는 할인 혜택을 반드시 체크한다.

비자카드 미츠코시 백화점, 돈키호테, 마츠모토키요시, 빅카메라 등에서 결제 시 5~7% 할인

※일부 품목 제외

TIP ④
결제는 현지 통화로

해외에서 신용카드를 사용할 경우 원화로 결제하는 것보다 현지 통화인 엔화로 결제하는 편이 유리하다. 카드사를 통해 원화 결제 차단 서비스를 미리 신청해둔다.

TIP ⑤
소비세 포함 vs 불포함

요즘은 소비세가 포함된 결제 금액이 표기되는 경우가 많아졌지만, 일본은 여전히 소비세가 별도로 청구되기도 한다.

※가격에 '税抜', '税別'이 붙으면 세금 제외, '税込'가 붙으면 세금 포함

TIP ⑥
구매 전 가격 비교는 필수

다이소, 무인양품, 유니클로 등은 국내 매장의 세일 기간을 잘 이용하면 일본 현지와 비슷한 가격에 살 수 있다. 따라서 구매 전에 온라인 쇼핑몰(네이버, 쿠팡 등)에서 가격을 비교해보는 것이 좋다. 최근에는 라쿠텐, 아마존, 쿠팡 등을 통한 일본 식품류 구매 대행도 활성화되어 있다.

TIP ⑦
면세 쇼핑 절차 파악하기

01 준비물

❶ 구매한 상품 ❷ 여권(입국 스탬프 필요) ❸ 구매한 영수증 ❹ 결제한 카드

※ ❷~❹는 명의가 모두 일치해야 한다.

02 면세 절차

• **즉시 면세 방식**

상품 구매 후 카운터에 여권을 제시하면 소비세를 뺀 가격으로 바로 결제된다.

• **따로 면세 카운터가 있는 경우**

STEP 1 상품 구입 후 면세 카운터를 찾아간다. 구매 당일에 본인이 직접 간다.

STEP 2 지참한 준비물을 면세 카운터에 제시한다. **STEP 3** 상품 구매가에 포함된 소비세를 환급받는다.

※ 카드 또는 현금으로 환급받을 수 있지만, 카드의 경우 수수료가 발생해 현금으로 받는 게 유리하다.
상점에 따라 1~2% 면세 수수료를 제하고 환급해주기도 한다.

STEP 4 면세 봉투에 넣어 밀봉한 물품은 뜯지 않도록 주의한다.

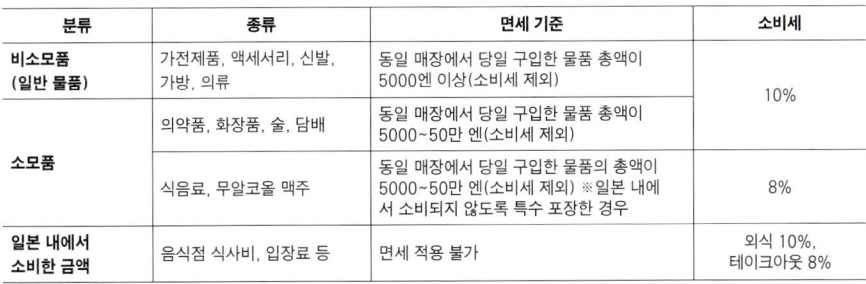

분류	종류	면세 기준	소비세
비소모품 (일반 물품)	가전제품, 액세서리, 신발, 가방, 의류	동일 매장에서 당일 구입한 물품 총액이 5000엔 이상(소비세 제외)	10%
소모품	의약품, 화장품, 술, 담배	동일 매장에서 당일 구입한 물품 총액이 5000~50만 엔(소비세 제외)	
	식음료, 무알코올 맥주	동일 매장에서 당일 구입한 물품의 총액이 5000~50만 엔(소비세 제외) ※일본 내에서 소비되지 않도록 특수 포장한 경우	8%
일본 내에서 소비한 금액	음식점 식사비, 입장료 등	면세 적용 불가	외식 10%, 테이크아웃 8%

※ 면세 수속 카운터가 별도로 있는 경우: 여러 매장에서 구입한 금액의 총합이 5000엔(소비세 제외) 이상일 때 환급 가능하다.
※ 돈키호테는 소모품, 비소모품 구분 없이 구입한 금액의 총합이 5000엔 이상(소비세 제외)이면 면세 가능하다. 이때 구매품을 면세 봉투에 넣고 밀봉해 일본 내 사용을 금하는 조건이 있다.

⚠️ 2026년 11월 이후 출국 시 공항에서 일괄 환급하는 방식으로 면세 제도를 개편할 예정이다. 면세 요건은 대폭 완화되어 일반 물품과 소모품 구분 및 소모품 구매 상한액(50만 엔)이 폐지되고, 소모품의 경우 특수 포장도 불필요해진다. 공항에는 키오스크를 통한 자동 확인 시스템을 도입할 예정이다.

BEST PLAN ❶
첫 홋카이도 여행을 위한
3박 4일 필수 코스
P.110

BEST PLAN ❹
부모님 완벽 맞춤형
렌터카 효도 관광 코스
P.116

BEST PLAN ❷
삿포로 시티 여행자를 위한
외곽 당일치기 코스
P.114

BEST PLAN ❺
JR 홋카이도 레일 패스를
이용한 남 · 중부
5박 6일 로망 코스
P.118

BEST PLAN ❸
삿포로 시내에서 보내는
미식과 쇼핑 올인 데이
P.115

PLANNING 1

BEST PLAN

홋카이도 추천 여행 일정

BEST PLAN ❶

첫 홋카이도 여행을 위한
3박 4일 필수 코스

처음 홋카이도를 방문하는 여행자를 위한 기본 코스다. 대도시와 소도시, 자유여행과 패키지여행을 고루 섞어 남녀노소 누구나 만족할 만한 일정으로 구성했다.

*1박 2일 일정이라면 DAY 1과 DAY 3 코스를 중심으로 둘러본다.

13:00	JR 삿포로역(호텔에 짐 맡기기)
	도보 5분
14:00	점심 식사
	도보 3분
15:30	삿포로시 시계탑
	도보 5분
16:00	오도리 공원 & 삿포로 TV 타워
	도보 7분
18:00	다누키코지
	도보 2분
18:30	스스키노 닛카 위스키 전광판
	도보 4분
19:00	저녁 식사

> 겨울철에는 삿포로 지하 보행 공간으로 이동하세요. JR 삿포로역 근처 호텔에 묵는 게 좋아요!

DAY 1 삿포로 주요 관광 명소와 대표 음식 즐기기

LUNCH

삿포로 수프카레 맛보기
남녀노소 누구나 좋아하는 삿포로 대표 음식 수프카레 맛보기
PICK!
수프카레 가라쿠 ▶ 2권 P.064

SIGHTSEEING

삿포로시 시계탑
삿포로 농업학교 중앙 강당으로 사용하던 건물이 지금은 삿포로 인증샷 명소로!

SIGHTSEEING

오도리 공원 & 삿포로 TV 타워
길게 뻗은 오도리 공원을 삿포로 TV 타워에서 드론 각도로 조망하기

DESSERT

오도리 공원에서 디저트 맛보기
키노토야 오므파르페와 마치무라 농장 아이스크림이 인기 메뉴
PICK!
빗세 스위츠 ▶ 2권 P.099

SHOPPING

스스키노 닛카 위스키 전광판
삿포로에서 가장 인기 있는 인증샷 명소! 건너편 코코노 스스키노 2층이 최고 촬영 포인트.

DINNER

징기스칸 제대로 맛보기
PICK!
다루마 6·4점 ▶ 2권 P.076

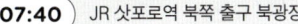

DAY 2 비에이·후라노 일일 버스 투어

SIGHTSEEING

사계채의 언덕
향기로운 꽃밭에서
인증샷 찍기

겨울에 비에이를 간다면 눈부신 설경 속 크리스마스트리 나무 앞에서 인증샷 필수!

07:40	JR 삿포로역 북쪽 출구 북광장
	투어 버스 이동 ▶ P.128 ※반드시 출석 체크 후 버스 탑승
10:00	사계채의 언덕(여름) 또는 크리스마스트리 나무(겨울)
	투어 버스 10분
11:40	점심 식사
	투어 버스 20분
14:00	흰수염폭포
	투어 버스 5분
15:00	청의 호수
	투어 버스 2시간 40분
20:00	JR 삿포로역
	지하철 10분
21:00	저녁 식사 & 시메파르페

LUNCH

**비에이 대표 맛집 준페이에서
새우튀김덮밥 먹기**
투어 버스업체에 좌석 예약
가능 여부 미리 확인 ▶ 2권 P.230

SIGHTSEEING

흰수염폭포 & 청의 호수
비에이 대표 절경 만나기

DINNER

NIGHTLIFE

**어른들을 위한
시메파르페!**
위스키와 세트로 즐기기

PICK!
파르페테리아 미르
▶ 2권 P.105

비주얼까지 예쁜 가이센동 맛보기
PICK!
시하치 ▶ 2권 P.079

DAY 3
오타루 핫플레이스 탐방

SIGHTSEEING

오타루 운하
오타루 제일의 관광 명소에서 인증샷 남기기

09:00	JR 삿포로역
	쾌속 에어포트 35분
10:00	JR 오타루역
	도보 10분
10:30	오타루 운하
	도보 10분
11:30	점심 식사
	도보 5분
13:00	사카이마치 거리
	도보 10분
14:00	오타루 오르골당 본관 & 오타루 증기 시계
	도보 1분
15:30	커피 & 디저트
	도보 1분
16:30	옛 테미야선 기찻길
	도보 7분
18:00	저녁 식사
	도보 3분+쾌속 에어포트 35분
20:00	JR 삿포로역

LUNCH

〈미스터 초밥왕〉의 오타루 스시 거리 탐방
PICK!
스시 마루야마 ▶ 2권 P.168

SIGHTSEEING

사카이마치 거리
오타루 최고의 쇼핑 거리로, 오타루 오르골당은 필수 코스

SIGHTSEEING

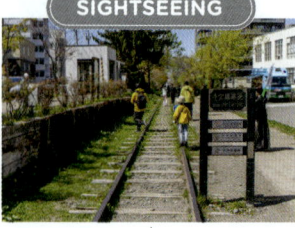

옛 테미야선 기찻길
폐선된 기찻길에 조성한 공원을 산책하며 인생샷 남기기

DESSERT

르타오 본점 방문은 필수
본점 한정 홍차와 케이크 세트 즐기기 ▶ 2권 P.156

DINNER

오타루 대표 맛집에서 저녁 식사
PICK!
나루토 본점 ▶ 2권 P.168

DAY 4
삿포로에서 마무리 쇼핑

BREAKFAST

카페에서 아침 식사
커피와 토스트 세트를 음료 한 잔 가격에!

PICK!
카페 랑방 ▶ P.2권 P.089

08:00	호텔 체크아웃(짐 맡기기)
	지하철 5분
08:30	카페에서 모닝 세트로 식사
	도보 2분
10:00	다누키코지
	도보 3분
11:00	파르코
	도보 17분
12:00	도큐 백화점(빅카메라)
	도보 8분
13:00	다이마루 백화점
	도보 1분
13:30	JR 삿포로역
	쾌속 에어포트 37분
14:30	신치토세 공항

SHOPPING

다누키코지
빈티지 숍과 명품 스트리트 숍이 모여 있는 곳

SHOPPING

파르코
일본 인기 브랜드와 일본 캐릭터 숍이 모여 있는 곳

SHOPPING

도큐 백화점
5~6층의 빅카메라는 야마자키, 히비키 등 일본 위스키 쇼핑의 메카

SHOPPING

다이마루 백화점
명품 쇼핑은 이곳에서!

SHOPPING

신치토세 공항의 국내선 터미널 상점 탐방

BEST PLAN ❷

삿포로 시티 여행자를 위한
외곽 당일치기 코스

다른 도시는 가지 않고 삿포로 시내만 여행할 때 유용한 코스! 삿포로 외곽을 중심으로 돌아보는, 매력이 가득한 스폿으로 꽉 채웠다.

08:00	카페에서 모닝 세트로 식사
	버스 20분
10:00	삿포로 맥주 박물관
	버스 20분
12:00	점심 식사
	지하철 40분
14:00	시로이코이비토 파크
	지하철 30분
16:30	카페
	버스+케이블카 40분
18:00	모이와산 전망대
	노면전차 30분
19:30	스스키노 닛카 위스키 전광판
	도보 이동
20:00	저녁 식사
	도보 이동
21:00	시메파르페 & 메가 돈키호테

2박 3일 일정이라면 나머지 날은 **BEST PLAN ❶**의 DAY 1과 DAY 4를 참고하세요.

SIGHTSEEING

삿포로 맥주 박물관
투어가 끝난 뒤 세 종류의 맥주 시음이 하이라이트!

LUNCH

회전초밥 네무로 하나마루에서 스시로 점심 식사
삿포로 최고 인기 스시집이므로 대기가 많으면 스탠딩 좌석 추천 ▶ 2권 P.081

COFFEE

마루야마 공원 근처 카페에서 여유로운 티타임
PICK!
모리히코 ▶ 2권 P.088

SIGHTSEEING

시로이코이비토 파크
다양한 포토 스폿과 체험 공간이 많아 가족 단위 관광객의 필수 코스

SIGHTSEEING

모이와산 전망대
삿포로 최고의 야경 명소! 해 질 녘 방문을 추천한다.

DINNER

하치쿄에서 푸짐한 저녁 식사
연어알을 "그만!" 할 때까지 부어주는 연어알덮밥 맛보기
▶ 2권 P.086

BEST PLAN ❸

삿포로 시내에서 보내는
미식과 쇼핑 올인 데이

삿포로 관광을 마친 뒤 오직 쇼핑과 식도락에만 집중하는 일정이다. 삿포로의 대표 지역 음식과 쇼핑 스폿을 안내한다.

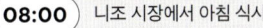

08:00	니조 시장에서 아침 식사
도보 20분	
10:00	파르코 & 미츠코시 백화점
도보 2분	
13:00	점심 식사
도보 2분	
14:30	다누키코지
지하철 10분	
16:30	다이마루 백화점 & 스텔라 플레이스
도보 1분	
18:30	이자카야
도보 10분	
22:30	메가 돈키호테

BREAKFAST
니조 시장
밥 위에 신선한 해산물을 가득 올려주는 가이센동으로 아침을!
PICK!
오이소 본점 ▶ 2권 P.083

COFFEE
마루미 커피
세 가지 원두로 내리는 '3종류 원두 비교 세트' 추천 ▶ 2권 P.090

SHOPPING
파르코 & 미츠코시 백화점
한국인이 좋아하는 일본 브랜드는 다 모였다.

SHOPPING
다누키코지 상점가
날씨 영향 없이 편하게 쇼핑, 식도락 즐기기. 빈티지 숍과 가챠 숍도 필수!

LUNCH

삿포로 명물, 수프카레 맛보기
PICK!
수프카레 트레저 ▶ 2권 P.065
수프카레 가라쿠 ▶ 2권 P.064
수프카레 킹 ▶ 2권 P.068

SHOPPING
메가 돈키호테
출국 전 다양한 기념품 구입으로 쇼핑 마무리

SHOPPING
다이마루 백화점 & 스텔라 플레이스
명품은 다이마루, 편집숍 아이템은 스텔라 플레이스에서 공략할 것

NIGHTLIFE
후루사토 삿포로 총본점
삿포로 B급 구르메를 만날 수 있는 노포 이자카야 ▶ 2권 P.085

BEST PLAN ❹

부모님 완벽 맞춤형
렌터카 효도 관광 코스

COURSE 1
오타루 · 조잔케이

삿포로와 오타루, 샤코탄반도를 돌아보는 코스다. 돌아오는 길에 조잔케이 온천의 료칸에서 하루를 마무리한다.
※겨울철에는 오타루와 조잔케이만 돌아봐도 충분하다.

09:00	렌터카로 삿포로 출발
	자동차 2시간
11:00	카무이곶 산책
	자동차 15분
12:30	점심 식사
	자동차 1시간 15분
15:00	오타루 운하
	자동차 5분 또는 도보 10분
15:40	사카이마치 거리
	도보 1분
17:00	르타오에서 디저트
	자동차 1시간
19:00	조잔케이 온천 료칸

SIGHTSEEING

바다 절벽 위 절경, 카무이곶
신비로운 푸른빛의 바다를 바라보며 산책로 걷기

> 렌터카는 신치토세 공항이나 JR 삿포로역 인근, 오도리 공원 인근에서 빌릴 수 있어요.

LUNCH

미사키
시마무이 해변 인근 식당으로 신선한 성게, 가리비 등을 올린 해산물덮밥이 인기!

SIGHTSEEING

오타루 운하 & 사카이마치 거리 & 오타루 오르골당 본관
석조 창고와 유럽풍 가로등이 운치를 더하는 오타루 운하를 산책하고, 오타루 최고의 쇼핑 거리에서 오르골 구경하기

EXPERIENCE

조잔케이 온천 료칸
계곡에 자리한 료칸에서 저녁 식사를 하고 온천욕으로 피로 풀기

DESSERT

르타오 본점
본점 한정 메뉴와 고급 디저트 여유롭게 즐기기
▶ 2권 P.156

COURSE 2
비에이 · 후라노

아름다운 비에이와 후라노를 돌아보는 코스다. 일일 버스 투어 코스와 같지만 노약자에게는 지루하고 힘들 수 있으니 원하는 곳만 몇 군데 골라 체력에 맞게 돌아보는 것이 좋다.
※ 겨울철에는 팜 토미타는 제외하고 설경 위주로 돌아본다.

08:30	렌터카로 삿포로 출발
	자동차 2시간
11:00	팜 토미타
	자동차 15분
12:30	점심 식사
	자동차 40분
14:00	패치워크의 길 드라이브
	자동차 20분
15:00	청의 호수
	자동차 5분
16:00	흰수염폭포
	자동차 10분
17:00	시로가네 온천 료칸

삿포로~후라노 드라이브
약 2시간 동안 차창 밖으로 펼쳐지는 드넓은 평야와 산맥이 어우러진 풍경 감상하기

> 하루를 든든하게 시작하기 위해 아침 식사는 기본! 이른 아침에 출발해야 후라노 꽃밭을 여유롭게 둘러볼 수 있어요.

SIGHTSEEING

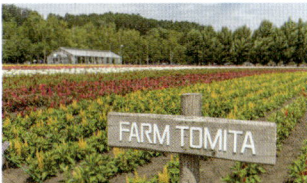

후라노의 대표 관광지!
팜 토미타
계절마다 바뀌는 꽃밭 풍경 감상 후 라벤더 소프트아이스크림 맛보기

LUNCH

후라노 치즈 공방 레스토랑
직접 만든 치즈를 활용한 피자와 후라노산 와인 함께 즐기기

SIGHTSEEING

협곡을 흐르는
흰빛 폭포수, 흰수염폭포
일몰 후 조명이 더해져 새로운 풍경 연출

SIGHTSEEING

날씨에 따라 색이 달라지는 청의 호수
푸른 호수를 배경으로 가족사진 남기기

EXPERIENCE

시로가네 온천 료칸
흰수염폭포 바로 옆에 있는 온천 마을에서 힐링

BEST PLAN ⑤

JR 홋카이도 레일 패스를 이용한
남·중부
5박 6일 로망 코스

홋카이도 남서부에서 중앙부까지 JR 홋카이도 레일 패스를 이용해 돌아보는 5박 6일 일정이다. 하코다테 야경과 고료카쿠 전망, 노보리베츠의 지옥계곡과 온천, 삿포로의 핵심 관광과 먹거리, 후라노·비에이의 대자연 풍경, 오타루 운하까지, 패스 하나로 교통비 걱정 없이 돌아보자.

▶ 홋카이도 패스 정보 2권 P.019

여행일	체류 지역	세부 일정
DAY 1	하코다테	**12:00** 신치토세 공항 도착 기차 3시간 40분 **18:00** JR 하코다테역 도착 도보 6분 **18:20** 저녁 식사 `추천` 럭키 삐에로 도보 6분 **19:30** JR 하코다테역 근처 호텔 체크인 도보 6분 **20:20** 이자카야 즐기기 `추천` 다이몬 요코초
DAY 2	하코다테	**08:00** 하코다테 아침 시장 버스 30분 **10:00** 고료카쿠 타워 & 고료카쿠 공원 버스 또는 노면전차 20분 **14:30** 가네모리 아카렌가 창고 & 점심 식사 `추천` 아지사이 라멘 도보 11분 **16:30** 모토마치 언덕 & 서양 건축물 산책 도보+케이블카 20분 **18:00** 하코다테산 전망대 도보+케이블카 20분 **19:30** 저녁 식사 `추천` 고토켄 본점 노면전차 20분 **21:20** 호텔 복귀

DAY 3	노보리베츠	08:00	호텔 조식 후 체크아웃
			기차 3시간
		12:00	노보리베츠 지옥계곡 산책
			도보 10분
		13:30	점심 식사 (추천) 온센 이치바
			도보 3분
		14:30	당일치기 온천 (추천) 유모토 사기리유
			기차 1시간 30분
		17:30	JR 삿포로역 근처 호텔 체크인
			지하철 10분
		18:30	저녁 식사 (추천) 다루마
			도보 5분
		20:00	스스키노 닛카 위스키 전광판
			도보 5분
		22:00	시메파르페 (추천) 파르페테리아 팔
DAY 4	후라노 · 비에이	07:00	삿포로 출발
			기차 2시간 30분
		09:30	JR 비에이역
			투어 버스 탑승 ※겨울철은 코스 변경
		10:00	청의 호수
		11:00	흰수염폭포
		11:40	사계채의 언덕
		12:20	신영의 언덕 전망 공원
		12:50	JR 비에이역
			도보 10분
		13:10	점심 식사 (추천) 준페이
			기차 2시간 30분
		17:00	JR 삿포로역
			도보 2분
		17:10	스텔라 플레이스 & 다이마루 백화점 쇼핑
			도보 5분
		19:00	저녁 식사 (추천) 수프카레 가라쿠
			도보 2분
		20:30	이자카야 (추천) 후루사토 삿포로 총본점
			도보 10분
		22:30	메가 돈키호테 쇼핑
DAY 5	오타루	BEST PLAN ❶의 DAY 3 참고 ▶ P.112	
DAY 6	삿포로	BEST PLAN ❶의 DAY 1 참고 ▶ P.110	

> 기차를 타고 JR 비에이역으로 가서 현지 투어 버스를 타는 일정입니다.

GET READY 1
항공권 예약 & 입국 서류 준비
P.122

GET READY 2
출발 전 필수 예약 리스트
P.124

GET READY 3
숙소 예약하기
P.130

GET READY 4
계절별 여행 준비물
P.132

GET READY 5
환전하기
P.134

GET READY 6
데이터 선택하기
P.135

GET READY 7
현지에서 유용한 앱
P.136

PLANNING
2

GET READY

홋카이도 여행 준비
완전 정복

 **GET READY ❶**

항공권 예약 & 입국 서류 준비

한국에서 훗카이도까지는 직항 비행기로 2시간 30분에서 3시간 정도 걸린다.
삿포로 인근 신치토세 공항(CTS)으로 가는 직항 항공편은 많은 편이라 시간과 가격에 따라 선택하면 된다.

● 한국-삿포로 노선 운항 정보

훗카이도 공항 정보

인천국제공항에서 삿포로 신치토세 공항으로 가는 직항 편은 메이저 항공사 대한항공, 아시아나항공이 매일 운항한다. 이 밖에 티웨이항공, 제주항공, 진에어, 이스타항공 등 국내 저비용 항공사도 자주 운항한다. 부산 김해공항에서 출발하는 직항 편은 에어부산, 제주항공, 진에어, 대항항공이 있고, 청주공항에서는 에어로케이가 운항한다. 대구공항에서는 시즌에 따라 티웨이항공이 운항하는데 변동 가능성이 크다.

● 항공권 구입 시 고려 사항

☑ 하코다테·아사히카와행 노선
5~6일 이상 여행한다면 인IN/아웃OUT 공항을 다르게 설정하는 것도 방법이다. 신치토세 공항 정기편 외에 성수기에 하코다테·아사히카와·오비히로행 항공편을 한시적으로 운항한다.

☑ 최적의 항공 스케줄 고려
훗카이도는 비행시간이 긴 편이라 도착일과 출국일에 더 여유가 없다. 따라서 항공권을 구입 때 이른 아침 출발, 늦은 밤 귀국 편을 선택하는 게 좋다. 시내-공항 간 교통편도 함께 고려한다.

☑ 삿포로행 알뜰 항공 루트
겨울철 성수기에는 삿포로 왕복 항공권이 80만 원 이상이며 매진되는 일도 잦다. 이때 도쿄, 후쿠오카 등 다른 도시로 입국해 삿포로행 일본 국내선을 이용하면 더 저렴하게 다녀올 수 있다.

☑ 항공권 구입은 항공사 공식 홈페이지가 안정적
아고다, 익스피디아 같은 OTA(온라인 여행사) 사이트에서 판매하는 항공권은 가격 경쟁력이 좋지만 환불 또는 변경이 까다롭다. 환불은 거의 불가능하거나 수수료가 높아서 실질적으로 돌려받지 못하는 경우도 있다. 또 저비용 항공은 수하물이 포함되지 않는 경우가 있는데, 안내 문구가 눈에 잘 띄지 않아 놓치기 쉽다. 반면 항공사 공식 홈페이지에서 예약할 경우, 정해진 수수료를 지불하면 일정 변경이나 취소가 가능하고 문제가 생겼을 때 직접 대응도 할 수 있다.

● 여권 유효기간 체크

항공권 구매 전, 여권 유효기간을 반드시 확인한다. 남은 기간이 6개월 미만이면 일본 입국은 허용되더라도 항공사에서 탑승을 거부할 수 있다. 여권 재발급은 보통 3~5일, 길게는 8일 정도 소요된다. 최근에는 온라인 신청도 가능해졌다.

외교부 여권 발급 안내 www.passport.go.kr

● 비짓재팬 웹Visit Japan Web 등록

입국 심사와 세관 절차 간소화 시스템. 출국 전까지 입국 수속에 필요한 정보를 웹사이트에 등록한 뒤 입국 심사대에서 QR코드를 제시하면 된다.
❶ 동반 가족이 있다면 대표자 계정에 동반 가족을 함께 등록
❷ 쇼핑할 계획이라면 '면세 수속 이용 확인' 항목에서 '있음' 선택
❸ 입국 및 귀국 항공편 정보와 일본 내 체류지(첫 숙소 주소) 입력
❹ 등록 후 발급된 QR코드는 스마트폰에 미리 캡처 권장(동반 가족 등록 시 개별적으로 발급, 본인 이름 확인 후 캡처)

비짓재팬 QR

● 신치토세 공항 입국 절차

원활한 여행을 위해 공항에서의 필수 절차와 주의 사항을 미리 숙지한다.

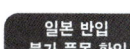

일본 반입 불가 품목 확인

STEP 01
도착 & 입국장 이동

비행기에서 내려 'Immigration(입국 심사)' 또는 'Arrivals(도착)' 표지판을 따라 이동한다.

STEP 02
입국 심사

심사관에게 여권과 비짓재팬 QR코드를 제시하고 지문 정보를 등록한다(비짓재팬을 작성하지 않았다면 수기로 작성한 입국 카드 제출).

STEP 03
수하물 수령

전광판에서 항공편명과 수하물 수취대 번호 확인 후 컨베이어 벨트로 이동한다. 자신의 수하물이 나오지 않거나 파손된 경우 항공사 직원에게 문의한다.

STEP 04
세관 신고 & 검역

비짓재팬 QR코드를 스캔하거나 세관 신고서(가족당 1장)를 제출하고, 별도로 신고할 물품이 없다면 그대로 통과한다. 간혹 짐 검사를 하는 경우도 있다.
※면세 범위를 초과하거나 규제 물품을 소지했다면, 반드시 신고 통로를 이용해 지시에 따른다.

> **TIP!**
> **자주 묻는 입국 심사 질문과 답변 예시(영어로 대답)**
> Q. 방문 목적은 무엇입니까?
>   What is the purpose of your visit?
> A. 관광입니다. For sightseeing.
> Q. 얼마나 머무릅니까?
>   How long will you stay?
> A. 5일입니다.
>   For 5 days. (실제 일정 기준으로 대답)
> Q. 어디에서 머무릅니까?
>   Where will you stay?
> A. 삿포로의 ○○○ 호텔입니다.
>   At ○○○ hotel in Sapporo.

일본 입국 시 면세 범위(여행자 1인 기준)

주류	최대 3병, 1병당 760ml 기준
담배	일반 담배 200개비, 전자 담배 소포장 10개, 시가 50개비, 기타(잎담배 250g)
향수	2온스(1온스는 약 56ml, 오드콜로뉴·오드뚜왈렛은 포함되지 않음)
면세 범위	총합계 20만 엔(초과한 물품에 한해 과세) 물품 1개당 해외 시가 합계액이 1만 엔 이하인 물건은 원칙적으로 면세

※주류와 담배 면세는 성인만 해당

GET READY ❷
출발 전 필수 예약 리스트

홋카이도는 면적이 넓고 대중교통이 불편한 지역이 많아 일일 버스 투어가 인기 있다.
또한 일본의 특성상 이자카야나 레스토랑 중에는 반드시 예약해야 이용 가능한 곳이 있다.

● 일일 버스 투어

일일 버스 투어는 패키지여행과 자유여행의 장점을 결합한 상품이다. 인기 지역만 쏙쏙 골라 효율적으로 돌아볼 수 있다. 특히 이동 거리가 길고 대중교통이 불편한 홋카이도에서는 사실상 필수 코스로 자리 잡았다. 다만 운영 업체가 다양하고 코스가 비슷하므로 자신만의 기준을 정해 선택한다. ▶ 버스 투어 선택 가이드 P.128

- 일일 버스 투어 인기 여행지 비에이, 후라노
  마이 리얼 트립 www.myrealtrip.com

● 레스토랑·이자카야

홋카이도의 인기 있는 레스토랑이나 이자카야는 예약 필수인 곳이 많다. 타베로그, 핫페퍼 같은 일본 온라인 예약 사이트나 구글맵의 온라인 예약 탭을 활용하면 편리하다. 일본어가 부담스럽다면 마이리얼트립 같은 한국어 예약 대행 서비스를 이용한다.

타베로그   핫페퍼

구루나비   구글맵

● 렌터카

❶ 업체 선택
영업점이 많은 회사를 고르면 대여와 반납이 훨씬 자유롭다. 대부분 홈페이지를 통해 예약한다.

닛산 렌터카 nissan-rentacar.com/ko
토요타 렌터카 www.toyotarent.co.kr
타임스 카 렌털 www.timescar-rental.com/ko

❷ 픽업·반납 지점과 날짜 선택
픽업과 반납 지점을 다르게 설정할 수 있다.

❸ 차량과 옵션 선택
원하는 차량 선택 후 유아용 카시트, ETC 카드, 보험 등 옵션을 선택한다. 보험은 자비 부담을 최소로 하는 것을 추천하고, 고속도로 하이패스인 ETC 카드 선택은 필수다.

❹ 정보 입력 및 결제
개인 정보 입력 후 결제한다. 반드시 예약 완료 메일이 도착했는지 확인한다.

❺ 차량 픽업
국제운전면허증과 여권, 신용카드를 지참하고 렌터카 지점을 방문한다. 차량을 점검할 때는 사진이나 동영상을 찍어 차량 상태를 꼼꼼히 확인하고 기록한다.

FOLLOW UP

렌터카 여행 전 체크!
필수 준비물 & 도로표지판

렌터카를 이용하려면 렌터카 비용과 주유비 외에도 필요한 것이 많다. 예상보다 비용이 많이 들 수 있으니 항목별로 꼼꼼히 살펴보자. 일본은 좌측 통행이라 운전에 익숙하지 않으면 당황하기 쉽고, 홋카이도는 눈길이나 날씨 변화 등으로 운전이 만만치 않으니 각별히 주의해야 한다.

국제운전면허증

출국 전 가까운 경찰서나 운전면허시험장에서 국제운전면허증을 발급받아야 한다. 온라인 신청도 가능하다. 이미 소지한 경우 유효기간(1년)을 반드시 확인할 것.
준비물 여권, 국내운전면허증, 6개월 이내에 찍은 여권 사진, 발급 수수료 8500원
온라인 신청 www.safedriving.or.kr
※직접 방문 시 즉시 발급, 온라인 신청 시 지정 장소에서 2~3일 내 수령

렌터카 비용

콤팩트 카 기준으로 1일 렌터카 비용은 6000~1만 엔 선으로 업체와 차종, 시즌에 따라 요금이 달라진다. 겨울철이라면 사륜구동 차량을 추천하며, 스노 타이어가 장착됐는지도 확인한다.

보험료

홋카이도는 특히 겨울철이면 빙판길 사고 위험이 높으므로 보장 범위가 가장 넉넉한 보험에 가입하는 것이 좋다. 사고 발생 시에는 경찰에 신고 후 보험 처리를 위해 '사고 확인증'을 받아둬야 추후 보험 처리가 가능하다.

주유비

홋카이도는 일본에서 두 번째로 기름값이 비싼 지역이다. 리터당 약 170엔 수준.

통행료

홋카이도 고속도로 통행료는 일반적으로 km당 약 25엔과 도로 유지비 150엔을 합산해 정해진다. 외국인 전용 홋카이도 고속도로 패스(HEP)를 이용하면 정액 요금으로 무제한 주행이 가능하다. 렌터카와 함께 전용 ETC(톨게이트비 전자 결제 시스템)를 대여받아 사용하면 된다.

이용 일수	승용차	경차
4일	7700엔	6200엔
5일	9600엔	7700엔
6일	1만 1600엔	9300엔
7일	1만 3500엔	1만 800엔
8일	1만 5400엔	1만 2300엔

주차료

삿포로 도심은 주차비가 비싸고 공간도 제한적이다. 주차비는 시간당 평균 200~400엔, 일 최대 1100~1200엔 정도로. 보통 현금만 받는다.

TIP!
일본은 무조건 정해진 주차장에만 주차해야 한다. 길가에 주차하면 벌칙금을 물 수 있다. 단, 비에이, 후라노는 주차 요금이 없는 경우가 많다.

숙소 주차 가능 여부

숙소를 예약할 때 주차 가능 여부와 주차 요금 유무를 반드시 확인할 것. 삿포로 시내 호텔 중 일부는 주차 타워를 이용하는데, 차량 높이 제한(160cm 전후)이 있는 경우가 많다. 호텔 주차 요금이 시내 주차장보다 비쌀 수 있으니 비교해보자.

일본에서 운전하기 전 꼭 알아두어야 할 주의 사항

❶ 좌측 통행
일본은 우리나라와 반대로 좌측 통행으로, 운전석이 오른쪽에 위치한다.

❷ 빨간 신호에서 반드시 정지

일본에서는 신호등이 빨간 불일 경우, 직진 차량은 물론 좌·우회전 차량도 반드시 정지하고 초록 불이 될 때까지 기다려야 한다. 또 회전 방향에 보행자가 있으면 보행자 우선이다. 단, 신호등에 화살표 표시(좌측·우측 방향 표시)가 있는 경우, 해당 방향으로 진행할 수 있다.

❸ 우회전 시 대기 필수
일본에서는 초록 불이라고 해도 우회전할 경우 마주 오는 차량(직진·좌회전 차량)이 우선이다.

❹ 보행자와 자전거 우선
일본은 보행자 우선 원칙이 엄격하게 적용된다. 횡단보도 앞에서 보행자나 자전거가 건너려는 경우 반드시 일시 정지해야 하며, 우회전·좌회전 시에도 보행자가 우선이다.

❺ '止まれ' 또는 'STOP' 표지에서 정지

정지선이 있는 경우, 정지선 직전에서 반드시 일시 정지해야 한다. 정지선이 없더라도 정지 표지 앞에서 일시 정지해야 한다. 이를 지키지 않아 사고가 발생할 경우 큰 책임이 주어진다.

❻ 철도 건널목 통과 시 정지

일본에서는 모든 철도 건널목에서 반드시 일시 정지해야 한다. 좌우를 확인하고 열차 접근 여부와 앞차가 정체되어 건널목에서 멈추는 일 없이 선로를 통과할 수 있는지 확인 후 진입한다.

❼ 차가 없어도 제한속도 유지
도시 간 이동 시 직선 도로가 많아 과속하기 쉬우나, 과속은 돌발 상황 대응이 어렵고 사고로 이어질 위험이 크다. 항상 제한속도를 지켜 안전 운행한다.

❽ 야생동물 출현에 대비한 방어 운전

대자연에 둘러싸인 지역에서는 운전 중 갑자기 동물이 튀어나오는 경우가 잦다. 특히 100kg이 넘는 사슴과 충돌 시 차량 파손 위험이 크므로 동물을 발견하면 멀리서부터 속도를 줄여 동물이 피할 수 있게 한다.

❾ 주유는 미리 넉넉히!
홋카이도 산간 지역은 주유소가 드물고 24시간 영업하는 곳이 거의 없다. 운전 중 고속도로에서 미리 넉넉히 주유하는 것이 안전하다.

❿ 겨울철 운전은 베테랑만!

겨울철 도로는 빙판이거나 눈이 쌓여 있어 매우 위험하다. 눈길 운전 경험이 없다면 운전하지 않는 게 안전하다.

● 일본 도로표지판

일본에서 운전 시 주의해야 할 주요 도로표지판을 정리했으니 미리 숙지한다.

 통행금지 通行止
모든 보행자, 차량, 노면전차의 통행 금지

 차량 통행금지 車両通行止
자동차, 원동기 부착 자전거 등의 차량 통행 금지

 주정차 금지 駐停車禁止
차량 주차나 정차 금지. 표시된 숫자는 금지 시간대임(예: 8시부터 20시까지 금지)

 주차 금지 駐車禁止
차량 주차 금지(정해진 시간대도 함께 표시)

 일시 정지 止まれ
정지선 직전에서 완전히 멈춰야 하며, 정지선이 없으면 교차로 또는 표지 바로 앞에서 정지

 서행 徐行
즉시 정지할 수 있는 속도로 천천히 주행

 최고 속도 最高速度
표지판에 적힌 속도 이상으로 주행 금지

 최저 속도 最低速度
표지판에 적힌 속도 미만으로 주행 금지

 차량 진입 금지 車両進入禁止
차량이 진입하면 안 된다. 주로 일방통행로 출구에 설치되어 있다.

 차량 횡단 금지 車両横断禁止
도로를 가로질러 가면 안 된다(도로 바깥 시설이나 장소로 좌회전해 진출입은 가능).

 유턴 금지 転回禁止
차량이 유턴하면 안 된다.

 추월 금지 追い越し禁止
차량이 앞지르기하면 안 된다.

 일방통행 一方通行
차량은 표시된 화살표 방향으로만 통행하고, 반대 방향에서는 통행할 수 없다.

 전용 통행 차로 専用通行帯
표지판에 표시된 차량만 통행 가능 (예: 노선버스 전용 차로)

 지정 방향 외 통행 금지 指定方向外進行禁止
화살표로 표시한 방향 이외로 주행해선 안 된다.

⚠ 홋카이도에서만 볼 수 있는 도로표지판

• 화살 모양 도로표지판
겨울에 눈이 쌓여 도로와 갓길의 경계를 나타내는 차선이 보이지 않을 때 위치를 파악할 수 있게 하는 용도다. 눈보라 등으로 시야 확보가 어려울 때도 유용하다.

• 정지선 도로표지판
눈이 쌓여 도로 위 정지선이 보이지 않을 때 위치를 알 수 있도록 정지선 위치를 가리키는 표식이다. 정지선은 신호 직전이 아닌 곳에도 있다.

 **• 동물 주의 도로표지판**
홋카이도에서는 야생동물이나 방목 소가 도로를 가로지르는 경우가 있다. 특히 동물이 자주 출몰하는 구역에는 '동물 주의'라고 적힌 표지판이 그림과 함께 설치돼 있다.

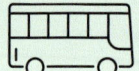

후회 없는 여행을 위한
일일 버스 투어 상품 선택 가이드

넓은 홋카이도의 인기 도시를 효율적으로 둘러보는 방법은 바로 일일 버스 투어다. 특히 포토 스폿만 쏙쏙 골라 가는 비에이·후라노 버스 투어는 홋카이도 여행에서는 필수 선택이다. 하루쯤 투어 버스에 몸을 맡겨보는 건 어떨까.

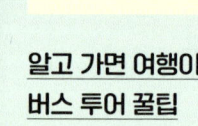

**일일 버스 투어,
이런 사람에게 추천!**

- 어린 아이나 노약자를 동반한 경우
- 다양한 여행지를 효율적으로 둘러보고 싶은 경우
- 렌터카 운전이 부담스러운 경우
- 대중교통 이용이 어려운 경우

여행사 고르는 기준,
이런 문구 주목하세요!

인생샷이 목표라면
"DSLR로 사진을 찍어줍니다."
가이드가 주요 포토 스폿에서 DSLR 카메라로 직접 사진을 찍어주고, 간단한 보정까지 해준다. 다만 이런 서비스가 포함된 투어는 일반 상품보다 1만~2만 원 정도 더 비쌀 수 있다.

여유로운 여행을 원한다면
"다른 투어보다 30분~1시간 일찍 출발합니다."
출발 시간이 일반적인 투어보다 빠른 상품은 관광지에 사람이 몰리는 시간대를 피할 수 있어 보다 여유로운 관광이 가능하다.

비에이 맛집 준페이에서 꼭 식사하고 싶다면
"준페이 예약 100%, 웨이팅 없습니다."
'준페이 예약 가능' 또는 '식사 가능'이라고 해도 실제로는 도시락을 수령해서 다른 곳에서 먹거나 줄을 서야 하는 경우가 대부분이다. 확실히 식당 예약이 보장된 상품인지, 대기 없이 바로 입장 가능한지 꼭 확인해야 한다.

알고 가면 여행이 더 즐거워지는
버스 투어 꿀팁

1. 가이드와 친해지면 여행이 달라진다
가이드가 현지 맛집 리스트, 쇼핑 정보 등을 정리한 자료를 공유해줄 수도 있다. 운이 좋으면 전화 예약만 가능한 식당 예약을 도와주거나 포토 스폿에서 직접 인증샷을 찍어주기도 한다.

2. 중간 하차도 가능하다
일부 버스 투어는 정차하는 관광지의 버스 정류장에서 중간 하차할 수 있다. 단, 예약 시 중간 하차 가능 여부를 꼭 문의해야 한다. 중간 하차를 하더라도 요금은 할인되지 않는다.

3. 가격이 다르면 이유가 있다
같은 시즌, 같은 지역 기준으로는 여행사 간 가격 차이가 크지 않다. 유독 저렴한 상품이 있다면 포함 사항을 확인해본다.
☐ 한국인 가이드 동행 여부 ☐ 입장권 포함 여부
☐ 간식 제공 ☐ 현장 결제 옵션 등

인기도로 알아보는 투어 프로그램

※ 대부분의 투어는 JR 삿포로역 북쪽 출구에 있는 주차장이나 삿포로 TV 타워에서 집결한다.
※ 예약한 투어 버스에 탑승하기 전에 반드시 가이드에게 출석을 확인 받아야 한다.

1위
비에이·후라노 일일 투어

홋카이도의 수많은 일일 버스 투어 중에서 가장 인기가 높은 투어다. 겨울과 여름에 운영하는 코스가 다르지만, 같은 시즌 내에서는 대부분의 여행사가 유사한 동선으로 투어를 진행한다.

Course
여름철(4~10월) JR 삿포로역(오도리 공원) → 패치워크의 길(세븐스타 나무 등) → JR 비에이역(중식) → 청의 호수 → 흰수염폭포 → 사계채의 언덕 → 팜 토미타 → JR 삿포로역(오도리 공원)

겨울철(11~3월) JR 삿포로역(오도리 공원) → 크리스마스트리 나무 → JR 비에이역(중식) → 패치워크의 길(오야코 나무, 세븐스타 나무, 켄과 메리의 나무) → 흰수염폭포 → 닝구루 테라스 → JR 삿포로역(오도리 공원)
요금 1인 기준 여름철 6만~10만 원, 겨울철 10만~18만 원(시즌과 여행사에 따라 다름, 어린이 할인 없음)

2위
샤코탄·오타루 일일 투어

오타루에서 주어지는 자유 시간을 중심으로, 일본 100대 절경 중 하나인 시마무이 해변과 카무이곶을 함께 둘러보는 코스다. 여름 시즌에만 운영되며, 이동 거리가 짧고 자유 시간이 많아 만족도는 높지만, 모객 부족으로 취소되는 경우도 있다.

Course
여름철(5~10월) JR 삿포로역(오도리 공원) → 오타루(자유 시간) → 시마무이 해변 → 카무이곶 → JR 삿포로역(오도리 공원)
요금 1인 5만~9만 원(시즌에 따라 다름, 어린이 할인 없음)

3위
홋카이도 주오 버스 삿포로 반나절 코스

삿포로 근교의 대표 명소를 효율적으로 둘러보는 노선이다. 한국어, 영어, 일본어, 중국어를 지원하는 다국어 안내 시스템이 탑재된 2층 관광버스로 운영한다.

Course
JR 삿포로역 → 홋카이도청 옛 본청사(창밖) → 오도리 공원(창밖) → 홋카이도립 근대미술관(창밖) → 오쿠라야마 점프 경기장 → 시로이코이비토 파크 → 중앙도매시장 장외 시장(중식) → JR 삿포로역
요금 고등학생 이상 4000엔, 중학생 3800엔, 초등학생 이하 2100엔

GET READY ❸
숙소 예약하기

홋카이도 여행의 중심지인 삿포로에는 다양한 숙소가 있다. 5성급 세계 체인 호텔부터 비즈니스 호텔, 저렴한 캡슐 호텔까지 숙소 선택의 폭이 넓다. 개인의 취향과 상황에 맞게 선택한다.

체크아웃 후 짐을 호텔에 맡길 수 없다면, JR 삿포로역의 코인 로커를 이용하세요. 2박 3일까지 보관이 가능해요!

● 삿포로 숙소, 어디로 잡을까?

❶ JR 삿포로역 주변 ▶ 다른 도시로 이동이 많다면
오타루, 노보리베츠, 비에이·후라노 등 여러 도시로 이동하는 일이 많을 때 유리하다. 신치토세 공항으로 가는 쾌속 에어포트도 JR 삿포로역에서 출발하고, 삿포로 시내로 연결되는 지하철역도 있다. 또 장거리 노선 버스 정류장과 일일 버스 투어 출발지도 이곳에 있어서 이동이 편리하다. 특히 JR 삿포로역 북쪽보다는 남쪽이 맛집 탐방과 쇼핑에 더 적합하다.

❷ 오도리 공원 주변 ▶ 어디든 도보로 가고 싶다면
JR 삿포로역과 스스키노 중간 지점에 있는 오도리 공원은 주요 관광지가 모두 도보로 10분 내외 거리에 있어 어디든 가기 편하다. 게다가 오도리 공원은 삿포로 대표 축제인 삿포로 맥주 축제와 눈 축제가 열리는 곳이라 축제를 즐기기에도 최적의 장소다.

❸ 스스키노 ▶ 밤늦도록 놀고 싶다면
스스키노는 도쿄 이북의 최대 유흥가로 꼽힌다. 이자카야와 바 등이 즐비하고, 밤늦게까지 문을 여는 라멘집과 징기스칸, 야키니쿠 음식점도 많다. 이러한 이유로 이 지역에 호텔이 많다.

● 일본 전통 분위기를 제대로 느끼고 싶을 때

노보리베츠·조잔케이 료칸
3박 이상 홋카이도 여행을 계획한다면 하루쯤은 온천 마을에서 료칸에 머무는 것을 추천한다. 두 곳 모두 삿포로에서 1시간 내외에 갈 수 있으며, 타 지역에 비해 가성비 좋은 료칸이 많아 만족도가 높다.
▶ 온천 정보 P.037

⚠️ **홋카이도 숙박세**
2025년 현재 홋카이도에는 숙박세가 없으나, 2026년 4월 1일부터 도내 숙박 시설에 숙박세를 도입할 예정이다. 숙박세는 숙박 요금에 따라 다르게 부과하며, 일부 지역에서는 홋카이도 숙박세와 더불어 시 숙박세까지 합산된 금액을 내야 한다. ▶ 지역별 시 숙박세 P.147
2만 엔 미만 100엔 **2만~5만 엔** 200엔 **5만 엔 이상** 500엔
※1인 1박 기준이며 숙박 요금에 세금과 식사비 등은 포함되지 않는다.

● 삿포로 등급별 추천 숙소

등급	이름	위치	특징
5성급 호텔	삿포로 그랜드 호텔 Sapporo Grand Hotel	지하철 오도리역 도보 5분	삿포로의 대표적인 특급 호텔
	JR 타워 호텔 닛코 삿포로 JR Tower Hotel Nikko Sapporo	JR 삿포로역 도보 1분	JR 삿포로역과 바로 연결
	삿포로 파크 호텔 Sapporo Park Hotel	지하철 스스키노역 도보 14분 (나카지마코엔역 도보 1분)	나카지마 공원 파크 뷰
	호텔 소세이 삿포로 – 엠갤러리 컬렉션 Hotel Sosei Sapporo - MGallery Collection	지하철 오도리역 도보 13분	인테리어가 아름다운 부티크 호텔
3·4 성급 호텔	라젠트 스테이 삿포로 오도리 홋카이도 La'gent Stay Sapporo Odori Hokkaido	지하철 오도리역 도보 5분	대욕장, 5인 가족 이용 가능
	JR 이스트 호텔 메츠 프리미어 삿포로 JR East Hotel Mets Premier Sapporo	JR 삿포로역 도보 3분	최고의 위치, 깔끔한 실내
	다이와 로이네트 호텔 삿포로–스스키노 Daiwa Roynet Hotel Sapporo-Susukino	지하철 스스키노역 도보 4분	넉넉한 룸, 맛있는 조식
	소테츠 프레사 인 삿포로–스스키노 Sotetsu Fresa Inn Sapporo-Susukino	지하철 스스키노역 도보 4분	위치, 시설, 음식 모두 준수한 가성비 호텔
	삿포로 스트림 호텔 Sapporo Stream Hotel	지하철 스스키노역 도보 1분	5성급에 뒤지지 않는 4성급 호텔
	솔라리아 니시테츠 호텔 삿포로 Solaria Nishitetsu Hotel Sapporo	JR 삿포로역 도보 7분	조식이 맛있기로 유명
	페어필드 바이 메리어트 삿포로 호텔 Fairfield by Marriott Sapporo Hotel	지하철 스스키노역 도보 8분	니조 시장과 가까움
	호텔 마이스테이 삿포로 스테이션 Hotel Mystays Sapporo Station	JR 삿포로역 도보 3분	JR 삿포로역과 가까우면서 깔끔한 시설
	베셀 호텔 캄파나 스스키노 Vessel Hotel Campana Susukino	지하철 스스키노역 도보 6분	조식이 맛있기로 유명
2성급 호텔 (비즈니스 호텔)	토요코인 호텔 Toyokoin Hotel	지하철 스스키노역 도보 2분 (스스키노 코사텐점)/ JR 삿포로역 도보 5분 (삿포로 에키 키타구치점), 도보 3분(미나미구치점)	일본의 대표적인 비즈니스 호텔 체인, 조식 무료, 회원 가입 시 숙박 포인트 제공
	컴포트 호텔 삿포로 스스키노 Comfort Hotel Sapporo Susukino	지하철 스스키노역 도보 4분	
호스텔, 캡슐 호텔	헬리오 호스텔 삿포로 Helio Hostel Sapporo	지하철 오도리역 도보 5분	세련된 분위기의 캡슐 호텔
	가든 캐빈 Gardens Cabin	지하철 오도리역 도보 2분	인기 있는 캡슐 호텔 체인
	플랫 호스텔 게이큐 삿포로 이치바 Plat Hostel Keikyu Sapporo Ichiba	지하철 오도리역 도보 12분	저렴한 가격, 깔끔한 분위기

※ APA 호텔은 대표적인 극우 기업 호텔이다. 일본 침략 전쟁 등을 미화하는 내용이 실린 역사 왜곡 서적을 전 객실에 비치 한 곳으로 가격이 저렴해도 피하는 것이 좋다.

GET READY ④
계절별 여행 준비물

홋카이도는 날씨와 기온 특성이 뚜렷해 계절별로 준비물을 더 꼼꼼히 챙겨야 한다. 부모님이나 아이와 함께라면 휴식용품과 건강 관련 용품도 챙기는 것이 좋다.

> 홋카이도에서는 빙판길에서 아무리 조심해도 넘어질 수 있어요. 이때 장갑을 착용하고 있으면 넘어지더라도 큰 부상을 막을 수 있어요.

12~2월 한겨울

홋카이도의 한겨울은 거리마다 눈이 쌓여 있고 제설하지 않은 곳은 무릎까지 눈이 쌓이기도 한다. 따라서 발목 위로 올라오는 방수 부츠는 필수다. 바닥에 홈이 깊거나 미끄럼 방지 기능이 있는 것으로 선택한다. 또한 낮에는 흰 눈이 강한 빛을 반사해 피부 손상을 일으키기 쉬워 선크림이 필요하다. 눈보라가 몰아칠 때는 우산이 소용없고, 눈과 비에 잘 젖지 않는 모자와 겉옷이 더 요긴하다.

3월 늦겨울

3월의 홋카이도는 눈이 녹기 시작하면서 거리가 질퍽해지고 미끄러지기 쉽다. 낮에는 비교적 온화한 날씨가 이어지지만 아침저녁으로는 여전히 날씨가 차갑기 때문에 방한과 동시에 활동성을 고려한 옷차림이 적합하다. 방한 코트 또는 가벼운 패딩에 방수 기능 부츠나 운동화를 착용하면 녹은 눈길에 대비할 수 있다. 장갑, 목도리, 모자는 여전히 유용하다.

4~5월 봄

봄이 시작되었다고 해도 홋카이도의 4월은 여전히 쌀쌀하다. 이 시기에는 가벼운 패딩이나 바람막이를 착용하거나 후드티나 카디건을 겹쳐 입는 것이 좋다. 목과 귀를 감쌀 수 있는 머플러나 후드가 있는 옷은 체온 유지에 큰 도움이 된다. 5월에 접어들면 날씨가 한결 따뜻해져 가벼운 재킷이나 카디건으로 충분하다. 단, 자외선이 점점 강해지므로 모자와 선크림을 챙겨야 한다.

> 모자가 달린 후드티나 점퍼 혹은 가벼운 스카프가 큰 도움이 돼요. 특히 맛집 대기 줄에 1~2시간 서야 할 때는 체온을 지켜줄 필수 아이템입니다.

6~8월 여름

> 홋카이도는 30℃ 이상의 무더위가 길게 이어지는 곳은 아니지만, 더위를 이겨내고 싶다면 일본에서 구하기 쉬운 쿨링 아이템을 이용해보세요.

6월 평균기온은 약 17℃로 낮에는 반소매 차림도 적당하지만, 아침저녁으로는 쌀쌀해 가볍게 걸칠 겉옷이 필요하다. 7~8월에 접어들면 본격적인 여름 복장이 필요하다. 반팔이나 민소매에 반바지 또는 가벼운 긴바지가 적합하고, 자외선 차단을 위해 모자와 선글라스를 준비하는 것이 좋다. 밤이나 에어컨이 강하게 작동하는 실내에서는 다소 추울 수 있으므로 얇은 긴팔 겉옷을 챙겨 가면 유용하다.

9~10월 가을

9월부터는 아침저녁으로 날씨가 쌀쌀해 얇은 재킷이나 바람막이를 챙겨야 한다. 또 비가 잦은 시기이므로 우산이나 우비를 준비하는 것이 안전하다. 10월부터는 본격적으로 일교차가 커져 두꺼운 재킷이나 트렌치코트가 필요하다. 머플러와 후드티, 얇은 패딩을 챙겨 가면 갑작스러운 기온 하강에 대비할 수 있다.

11월 늦가을~초겨울

11월이지만 홋카이도는 초겨울이다. 다운재킷이나 두꺼운 코트와 함께, 눈이 오기 시작하므로 방수·방한 기능이 있는 신발을 챙긴다. 특히 미끄럼 방지 신발이 유용하다. 목도리와 장갑은 체온을 유지해주고, 휴대용 핫팩을 챙기면 야외 활동 시 몸을 따뜻하게 보호할 수 있다.

TIP!
안전하고 편안하게! 부모님 동행 여행 준비물

부모님과 함께 하는 여행은 무엇보다 편안함과 안전이 우선이다. 계절별로 필요한 기본 준비물은 물론, 부모님 연세에 따라 조금 더 세심한 배려가 필요하다. 도보 거리가 길거나 대중교통을 많이 이용한다면 발에 무리가 덜 가는 신발과 휴식용 아이템이 필수다. 복용 중인 약이나 의료 정보도 정리해두어야 예기치 않은 상황에 신속히 대응할 수 있다.

- **안정적인 신발** 쿠션감 좋고 미끄럼 방지 기능 있는 러닝화나 워킹화
- **보행 보조기** 접이식 지팡이(워킹 스틱), 무릎 보호 밴드
- **휴식용품** 휴대용 의자, 레저 시트(간이 깔개), 가벼운 담요
- **의료 정보** 현재 복용 중인 약 리스트와 처방전 사본(일본어 번역 포함)

 **GET READY ❺**

환전하기

일본은 카드 결제와 간편 결제가 점점 보편화되고 있지만 여전히 현금 결제만 가능한 가게도 적지 않다. 특히 삿포로의 이자카야나 지방 소도시에서는 이런 경우가 흔하다. 최근에는 **해외여행용 체크카드를 이용해 현지에서 바로 엔화를 인출하는 방식**이 효율적인 대안으로 자리 잡고 있다.

POINT 01
우리나라에서 엔화로 환전하기

카드 사용이 불편하다면 여행 경비를 계산해 넉넉하게 환전해서 출발한다. 출발 2~3일 전 은행 앱에서 엔화로 환전하고, 정해진 영업점에서 미리 엔화를 수령하는 방식이 수수료가 가장 저렴하다. 당일에 공항에서 엔화를 수령하는 경우, 영업점 위치와 영업시간을 미리 확인한다.

POINT 02
현지에서 현금 인출하기

여행 중 현금과 카드를 병행해 사용하려고 할 때, 현금이 얼마나 필요한지 감이 잘 오지 않는다. 최근에는 해외여행용 체크카드를 이용해 환율이 유리할 때 충전해두고 일본 내 ATM에서 엔화로 인출하는 방식이 여행자들에게 압도적인 인기를 끌고 있다. 신용카드 사용이 가능한 곳에서는 체크카드처럼 사용할 수 있으며 대부분 해외 이용 수수료와 ATM 수수료, 환전 수수료가 면제된다.

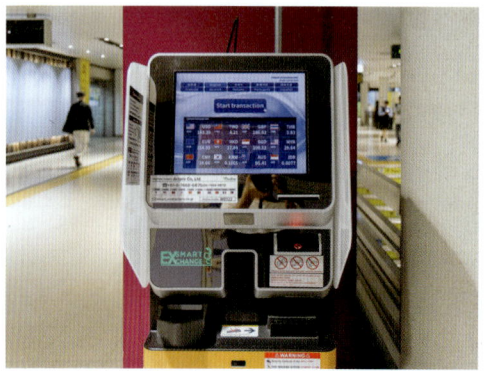

인기 체크카드 4종 장단점 비교

토스 체크카드
장점 기존의 토스 체크카드에 토스뱅크 외화통장만 연결하면 바로 사용할 수 있어서 가장 편리하다. 세븐일레븐 ATM에서 현금을 인출할 때도 수수료가 면제된다.
단점 타행 계좌 연결 불가능

트래블월렛
장점 기존 계좌와 연결이 가능하다. 이온 ATM에서 현금 인출 시 수수료가 면제된다.
단점 이온 ATM은 세븐일레븐 ATM보다 찾기가 힘들다. 또 월 500달러 초과 출금 시 초과 금액에 대해 2% 수수료가 붙는다.

하나 트래블로그 카드
장점 환율 지정 시 자동 충전 기능이 있고, 세븐일레븐 편의점 ATM에서 현금 인출 시 수수료가 면제된다.
단점 하나금융그룹 계좌가 아닌 경우 일부 기능(환율 지정 시 자동 충전 등)은 이용이 제한된다. 원화 재환전 수수료 1%.

신한 SOL 트래블 체크카드
장점 컨택리스 방식으로 해외 대중교통 이용 시 1% 결제일 할인. 전월 30만 원 이상 이용 시 공항 라운지 무료 이용 혜택이 있고, 세븐일레븐 ATM에서 현금 인출 시 수수료가 면제된다.
단점 재환전 시 환율 우대율 50%만 적용.

데이터 선택하기

여행 중간중간 구글맵 검색도 해야 하고 SNS도 해야 한다면! 인터넷 없는 여행길은 상상할 수 없다. 내게 잘 맞는 데이터를 골라 미리 예약해두자.

● **포켓 와이파이** → 여러 명 동시 사용
구입 온라인 예약 후 공항 수령 또는 현지에서 대여
사용 방법 단말기 전원을 켠 뒤 스마트폰 와이파이 설정에서 단말기 이름 선택
장점 여러 명이 동시에 사용 가능
단점 무거운 단말기를 항시 소지해야 하고 충전 필요, 단말기와 멀어지면 와이파이 연결이 끊김

● **데이터 로밍** → 가장 쉬운 방법
구입 전화나 앱을 통한 통신사 고객 센터 또는 공항 로밍 센터에서 신청
사용 방법 현지 도착 후 스마트폰 설정에서 로밍 활성화
장점 한국에서 사용하던 번호와 서비스 그대로 이용 가능
단점 가격이 가장 비쌈

● **유심 USIM** → 사용 기기의 넓은 범용성
구입 온라인으로 주문해 우편 수령 또는 현지 공항이나 시내 매장에서 구입
사용 방법 기존 유심을 빼고 현지 유심 장착
장점 저렴한 가격과 편리한 사용
단점 대부분 데이터 전용 상품이라 한국에서 사용하는 번호 이용 및 통화 불가, 기존 유심 분실 위험 있음

● **이심 eSIM** → 가장 저렴
구입 온라인에서 구입 후 이메일로 QR코드 수령
사용 방법 QR코드 스캔 후 이심 설치, 데이터 설정 후 사용
장점 유심 교체 불필요, 기존 번호 유지하면서 현지 통신사 데이터 사용 가능, 예약과 수령 과정 간편, 저렴한 가격
단점 최신 스마트폰 기종만 지원 가능, 설치 과정이 다소 복잡

이심 이용 방법

STEP 1 클룩, 마이리얼트립 등 온라인 사이트에서 원하는 상품 구입

STEP 2 구입 즉시 이메일로 전송받은 QR코드를 출국 전에 설치
※아이폰과 안드로이드의 설정 방법이 다르니 반드시 구입처에서 함께 보내준 설명서 확인

STEP 3 일본에 도착해 한국 번호는 '음성/문자', 일본 이심은 '데이터 전용'으로 설정한 뒤 일본 이심만 데이터 로밍을 켠다.
※한국 번호는 반드시 데이터 로밍을 꺼야 한다. 실행되지 않는다면 스마트폰을 재부팅해 다시 시도한다.

STEP 4 한국에 도착하면 사용이 만료된 이심은 삭제한 뒤 메인 회선(국내 유심)을 '켬'으로 변경한다.

 GET READY ❼
현지에서 유용한 앱

스마트폰만 있으면 길 찾기도, 통역도, 메뉴 읽기도 모두 가능한 세상이다. 중요한 것은 얼마나 정확한 정보를 제대로 활용하느냐에 달려 있다.

재팬 트래블 Japan Travel
길 찾기와 여행 동선, 다양한 여행 팁 제공. 관광 정보는 물론 지진이나 태풍 등 긴급 정보도 신속히 전달해 안심하고 여행할 수 있다.

재팬 트랜싯 플래너 Japan Transit Planner
다국어로 지원하는 일본 전역의 대중교통 환승 안내 앱. 출발지와 도착지를 입력하면 최적의 이동 경로, 소요 시간, 요금을 확인할 수 있다.

재팬 와이파이 오토-커넥트 Japan Wi-Fi auto-connect
일본 전역 17만 곳 이상의 무료 와이파이에 접속 가능. 최초 1회 등록하면 간편하게 연결된다. 핫스팟 검색 기능도 있고 다국어 지원 서비스도 제공한다.

고 Go
일본에서 가장 많이 사용하는 택시 예약 앱으로 영어 사용도 가능하다. 일본 외 다른 나라의 휴대폰 번호만으로도 가입이 가능해 편리하다.

구글맵 Google Maps
해외여행을 위한 기본 앱. 실시간 GPS 내비게이션과 대중교통 정보, 교통 상황 확인이 가능하다. 주변 식당과 상점, 명소 검색도 손쉽다.

구글 Google 번역
실시간 대화 번역이 가능하며 글씨가 정확하지 않아서 인식하기 어려운 경우, 손 글씨로 그려서 카메라를 비추면 실시간 번역된다.

라인 LINE
일본에서 카카오톡처럼 널리 사용하는 메신저 앱. 개인 간 메시지 교환이 가능한 것은 물론, 다양한 업체에서 쿠폰과 할인 혜택을 제공해 사실상 필수다.

마이리얼트립 Myrealtrip
일일 버스 투어와 교통 패스, 유심·이심 등 여행에 필요한 다양한 상품을 확인하고 바로 구매할 수 있다. 사전 준비 시, 그리고 현지에서 이용이 간편하다.

아큐웨더 AccuWeather
전 세계 도시의 실시간 날씨와 분 단위 강수 예보, 체감 온도, 대기 질, 자외선 지수 등 세밀한 날씨 정보를 제공하는 글로벌 기상 정보 앱.

홋카이도 역사 간단히 살펴보기

홋카이도는 본래 아이누의 땅이었다. 일본은 일찍이 그 존재를 알고 있었지만 14세기 이전까지 큰 관심을 두지 않았다. 본격적인 개척은 19세기 후반에 이르러서야 시작되었다. 삿포로를 비롯한 주요 도시는 근대 이후 계획적으로 조성했으며, 그 결과 격자형 도로와 서양식 건축물 등 일본 본토와 분위기가 다르다.

~14세기 이전　아이누의 땅
일본인들은 홋카이도를 '아이누의 땅'이라는 의미로 에조치蝦夷地라 불렀다. 당시 혼슈 북부 도호쿠조차 인구가 적었고, 척박한 홋카이도는 농업 생산력이 낮아 매력적인 땅이 아니었다.

14~16세기　오시마반도로 일본인 이주 시작
14세기 무렵부터 일본인의 소규모 이주가 시작되었다. 15세기 후반, 다케다 가문의 방계였던 다케다 노부히로가 내분을 피해 에조치로 이주해 아이누와 전투를 벌여 오시마반도(홋카이도 서남부)를 차지해 지배했다. 이어 가문의 이름을 마츠마에로 바꿨고 일본 정부의 인정을 받아 홋카이도 유일의 다이묘가 되었다. 이 사건을 계기로 일본은 에조치를 자국의 영토로 인식하기 시작했다.

17~18세기　마츠마에 번의 지배와 아이누의 저항
마츠마에 번은 아이누와의 교역에서 얻은 차익을 주요 수입원으로 삼았다. 그러나 불평등한 거래가 이어지자 아이누는 1669년 샤쿠샤인 전쟁, 1789년 쿠나시리 메나시 전투 등을 벌이며 저항을 했다. 결과적으로 이 사건들은 아이누 사회에 큰 피해를 가져왔고 마츠마에 번과 에도 막부의 지배력이 한층 강화되는 계기가 되었다. 이후 막부는 러시아 남하의 위협을 이유로 일본인의 에조치 이주를 본격적으로 추진했다.

18세기 말~19세기 초　아이누의 호적 편입과 직할령화
아이누의 저항과 러시아의 남하가 겹치자 에도 막부는 에조치에 대한 지배를 강화했다. 1799년 동에조치, 1807년 서에조치를 차례로 직할령으로 편입하며 마츠마에 번의 통치를 중단시켰다. 1804년부터는 에조치 전역의 인구조사를 실시해 일본인뿐 아니라 아이누 주민도 일본 호적에 등록되었다.

1869년　에조 공화국의 수립과 몰락
에도 막부가 무너진 뒤, 구 막부군 일부는 하코다테에 집결해 서양식 제도를 도입한 에조 공화국을 세웠다. 에노모토 다케아키가 총재로 추대되었고 고료카쿠성이 공화국의 중심지가 되었다. 그러나 메이지 신정부와의 전쟁에서 패배하면서 에조 공화국의 짧은 역사는 막을 내렸다.

1869~1882년　홋카이도로 개칭, 개척사 시대 시작
1869년 메이지 정부는 에조치를 홋카이도로 개칭하고 개척사를 설치했다. 삿포로를 중심으로 도시를 건설하고, 전국에서 둔전병과 이주민을 모집해 개간을 추진했다. 미국 농무부 출신 호레이스 카프론을 초빙해 미국식 농업 기술을 도입하고, 탄광을 개발하고 제재 · 맥주 · 통조림 공장을 세우는 등 근대 산업의 토대를 마련했다. 1876년에는 농업 전문가를 양성하기 위해 삿포로 농업학교(현 홋카이도 대학교)를 설립했다. 이러한 노력 덕분에 홋카이도는 일본인의 식량 기지로 발전하기 시작했다.

홋카이도 대학교(옛 삿포로 농업학교)

1882~1950년 홋카이도청과 근대 산업 기반 정비

1882년 개척사가 폐지된 뒤 3현 1국 체제를 거쳐 1888년 홋카이도청이 설치되었다. 이로써 도로·항만·철도 건설 등 사회 기반 정비가 본격화되었다. 같은 해 하코다테와 아오모리를 잇는 세이칸 항로를 개통했으며, '홋카이도 10년 계획'과 '척식 계획'을 통해 광산 개발과 제지·제철 산업을 육성했다.

전후인 1947년에는 새 헌법 시행으로 홋카이도청이 지방자치단체로 전환되었고, 식량난 속에서 해외 귀환자 정착지이자 일본의 식량 기지로서 중요성이 커졌다. 이어 제정된 홋카이도 개발법을 통해 국가 차원의 개발을 다시 추진했다.

1950~2000년 공항 개항과 터널·대교 개통 등 인프라 구축

1950년 일본 정부는 홋카이도의 특수한 여건에 맞춘 개발을 위해 중앙 행정기관인 홋카이도 개발청을 설치했다. 이듬해에는 현지 공공 사업을 집행하는 홋카이도 개발국을 신설했다.

1952년부터는 홋카이도 종합개발계획을 실시해 도로·항만·하천 정비와 식량 증산 사업을 체계적으로 추진했다. 이 시기에 교통 인프라도 대폭 확충했는데, 1988년에는 세계 최장 해저 터널인 세이칸 터널과 홋카이도의 관문인 신치토세 공항이 개통되었고 1998년에는 무로란의 하쿠초 대교가 완공되었다.

> **PICK!**
> 아이누에 대해 더 알아보고 싶다면!

삿포로시 아이누 문화 교류 센터 札幌市アイヌ文化交流センター

삿포로에서 조잔케이 가는 길에 위치한 아이누 문화 체험 시설이다. '삿포로 피리카코탄(삿포로의 아름다운 마을)'이라고도 불리는 이곳에는 아이누의 전통 가옥과 생활용품, 예술 작품 등이 전시되어 있다. 전시실에는 아이누가 제작한 약 300점의 다양한 전통 공예품과 전통 의상 등이 있는데 관람객이 직접 만지고 체험할 수 있다. 전통 의상을 입고 기념 촬영을 하거나 전통악기 '뭇쿠리' 만들기와 자수 체험 등 아이누 문화를 체험하는 프로그램도 운영한다. 1층 전시실만 유료이며 그 외에는 모두 무료로 돌아볼 수 있다.

구글맵 삿포로시 아이누교류센터 (삿포로 피리카코탄)
문의 011 596 5961
운영 09:00~17:00(마지막 입장 16:45)
휴무 월요일, 공휴일, 매월 마지막 화요일, 12월 29일~1월 3일
요금 전시실 일반 350엔, 고등학생·대학생 150엔, 중학생 이하 무료
홈페이지 www.city.sapporo.jp/shimin/pirka-kotan
가는 방법 JR 삿포로역 앞 27번 버스 정류장에서 조잔케이행 쾌속 8J 또는 쾌속 7J 버스 탑승, 고가네유 정류장 하차 후 도보 6분

FAQ

알아두면 쓸모 있는 홋카이도 여행 팁

FAQ ❶

긴급 상황 발생 시 어떻게 대처해야 하나요?

영사콜센터 앱
앱 전화(무료)
일반 전화 +82 2 3210 0404(유료)
운영 24시간(연중 무휴)

외교부의 지원이 필요할 때는 영사콜센터 앱을 이용한다. 영사콜센터는 해외에서 사건·사고 또는 긴급한 상황에 처했을 때 도움을 받을 수 있는 상담 서비스. 단, 개인적인 용무를 위한 통화는 불가능하며, 사건·사고와 해외에서의 위급 상황, 긴급 의료 상황 발생 시 초기 대응에 필요한 통역을 지원한다.

· **위급 상황 및 사건·사고 발생 시** 긴급 구조 지원 및 해외 안전 정보 제공
· **통역 서비스** 긴급 상황 시 현지 관계자와의 일본어 통역 지원
· **신속 해외 송금 지원** 도난·분실이나 사고 등으로 현금 필요 시 활용
· **송금 지원 절차** 국내 연고자가 외교부 영사콜센터를 통해 협력 은행 계좌에 송금하면, 재외공관에서 여행자에게 현지 화폐로 긴급 경비를 지원하는 방식으로 운영한다.
❶ 주삿포로 총영사관에 긴급 경비 지원 신청서 제출
❷ 총영사관이 신청을 승인한 뒤 송금 절차 안내
❸ 국내 연고자가 영사콜센터에 문의해 절차를 확인하고, 외교부 협력 은행(우리은행, 농협, 수협) 계좌로 송금
❹ 영사콜센터에서 입금 사실 확인 후 총영사관에 통보하고, 재외공관은 여행자에게 현지 화폐로 경비 전달

여권 분실 시 대처법

❶ 가까운 경찰서나 파출소交番를 방문해 분실 신고를 하고 분실 신고 접수증紛失届出の証明書, Lost Property Report을 발급받는다.
❷ 긴급 여권 발급 서류를 준비한다.
❸ 주삿포로 총영사관을 방문한다. 준비한 필요 서류와 함께 여권 분실 신고서, 여권 발급 신청서를 제출한다.
❹ 보통 접수 후 1~2일 후에 긴급 여권을 수령한다. 이때 상습 분실자(1년에 2회, 5년에 3회 이상)는 별도 심사를 거쳐 시간이 더 소요된다.

> **필요 서류**
> 분실 신고 접수증(경찰서에서 발급)
> 여권 사본, 귀국 항공권 사본
> 발급 수수료 6240엔(엔화 현금만 가능) ※인도적 사유 시(가족의 사망·위독 등) 2600엔(증명 서류 제출 필수)
> 여권용 사진(가로 3.5cm × 세로 4.5cm, 흰색 배경) 1매
> ※총영사관에서 가까운 사진관: 지하철 도자이선 니시주잇초메역 西11丁目駅 내

주삿포로 대한민국 총영사관

여권 사진 규정

주삿포로 대한민국 총영사관
구글맵 주 삿포로 대한민국 총영사관
전화 011 218 0288
운영 평일 09:00~16:00(주말·공휴일·한국 4대 국경일 휴무)
※주말이나 공휴일에는 긴급 연락 전화(+81 80 1971 0288)로 접수·발급 가능 여부를 확인한다.

지갑이나 가방 분실 시 대처법

❶ 여권 분실과 마찬가지로 가까운 경찰서나 파출소를 방문해 분실 신고를 하고 분실 신고 접수증을 받는다.
❷ 신용카드 앱을 통해 분실 신고를 한다.
❸ 지갑과 여권을 함께 분실한 경우는 **여권 분실 시 대처법**에 따른다.
❹ 유실물 보관소를 찾아간다. 보통 당일 분실물은 입고되지 않으니 이튿날 찾아가는 것이 좋다. 여권이나 신분증 필수 지참.

· **삿포로시 교통국 유실물 보관소**
  구글맵 삿포로시 교통국 유실물보관소 **전화** 011 241 2938 **운영** 08:00~20:00(연중무휴)

몸이 아파서 병원에 가야 한다면?

홋카이도에는 한국어로 대응 가능한 지역별 거점 의료 기관이 있다. 상황에 따라 한국어 대응이 어렵거나 병의 정도에 따라 다른 기관으로 안내할 수 있으므로 **방문 전에 반드시 전화로 확인**한다.

지역	의료 기관명	구글맵	전화	접수 시간	응급 진료	진료 과목
삿포로	삿포로 도쿠슈카이 병원	삿포로 도쿠슈카이병원	011 890 1110	08:30~11:30	-	구급과
	삿포로 히가시 도쿠슈카이 병원 ※영어 대응만 가능	Sapporo Higashi Tokushukai Hospital	011 722 1110	평일 08:30~17:00, 토요일 08:30~12:30	평일 야간, 주말, 공휴일	내과, 외과, 소아과 외
지토세	호쿠세이 병원	Hokusei Hospital	0123 24 1121	평일 09:00~11:30, 13:00~16:30, 토요일 09:00~11:30	-	내과
오타루	사이세이카이 오타루 병원	Saiseikai-Otaru Hospital	0134 25 4321	평일 08:50~11:30, 12:40~16:00	-	내과, 외과 외
	오타루 시립 병원	오타루 시립병원	0134 25 1211	평일 08:00~11:30, 13:00~15:00	-	내과, 외과, 소아과 외
도야코	도야 협회 병원	Toya Kyokai Hospital	0142 74 2555	응급실 24시간 대응	항시	내과, 외과, 소아과, 치과 외
아사히카와	아사히카와 의과대학 병원	Asahikawa Medical University Hospital	0166 65 2111	평일 08:30~17:15	-	구급과, 내과, 외과, 소아과 외
하코다테	시립 하코다테 병원	시립 하코다테병원	0138 43 2000	평일 08:30~11:30	항시	구급과
오비히로	사회 의료법인 호쿠토 병원	Hokuto Hospital	0155 48 8000	월~금요일 08:30~16:30, 토요일 08:30~~11:30	-	구급과, 내과, 외과, 소아과, 치과 외

■ **응급 안심 센터 삿포로**
· 질병이나 사고 시 대처 방법 상담
· 가까운 병원 등 안내
· 한국어 통역 가능
· 24시간 접수 가능

7119

■ **부상 · 화재 시**
· 위급한 병이나 부상, 화재 발생 시 소방차, 구급차 안내
· 24시간 접수 가능, 무료 통화
· 사건 경위와 발생 장소, 연락 가능한 번호를 미리 준비하고 연락하면 대처가 빠름

119

■ **일본 방문객 핫라인**
· 일본정부관광국이 운영, 일본 관광 정보 제공
· 사고, 질병 등 긴급 상황이나 자연 재해 발생 시 지원
· 24시간 응대, 영어 · 한국어 지원

050 3816 2787

FAQ 2

홋카이도 여행 준비 정보

 비자
관광 목적 최대 90일까지 무비자 체류 가능

 화폐와 환율
엔(円)
100엔 = 900~950원
※기호 ¥으로 표기

 전압
100V, 50Hz/60Hz
※플러그 어댑터(일명 돼지코) 필요
※다이소, 요도바시, 돈키호테 등 현지에서 구입 가능

 전화
일본 국가 번호 **81**, 한국 국가 번호 **82**
일본 → 한국 국제전화 서비스 번호(001) + 한국 국가 번호(82) + 0을 제외한 한국 전화번호
한국 → 일본 국제전화 서비스 번호(001) + 일본 국가 번호(81) + 0을 제외한 일본 전화번호

FAQ 3

알고 가면 좋은 일본 문화 상식

 면 요리는 후루룩 소리 내도 괜찮아

일본에서는 면 요리를 먹을 때 후루룩 소리 내는 것이 일상적이다. 일부러 소리를 낼 필요는 없지만, 다른 사람이 소리 내며 먹는 모습을 이상하게 보지 않도록 한다. 보통 일회용 젓가락을 제공하며, 식사가 끝난 뒤에는 젓가락을 원래 포장지에 반쯤 넣어두는 게 예의다.

 신체적 접촉은 최소화하기

일본인은 일상생활에서 신체 접촉을 달가워하지 않는다. 개인 공간을 중요하게 여기는 문화가 뿌리 깊어, 줄을 설 때도 서로 어깨가 닿지 않게 일정 간격을 유지한다. 길을 가다가 몸이 부딪혔을 때는 "스미마셍" 하고 사과하는 것이 자연스럽다.

 도보 흡연과 꽁초 투기는 절대 금지

일본은 여전히 일부 카페에서 실내 흡연이 가능할 정도로 흡연에 관대하지만, 흡연 구역 준수와 꽁초 처리에는 엄격하다. 공공장소에는 지정된 흡연 구역이 있으며, 길거리 흡연이나 꽁초 투기는 벌금 대상이다. 흡연자들은 휴대용 재떨이를 갖고 다니기도 한다.

우리나라와 반대! 좌측통행 따르기

일본은 우리나라와 반대로 차량과 보행 모두 좌측통행이 원칙이다. 국내에서의 습관대로 우측으로 움직이다 보면 현지인과 부딪히기 십상이다. 특히 에스컬레이터에서는 왼쪽에 서고 오른쪽을 비워 두는 것이 기본이다 (오사카는 예외).

 ## 타는 쓰레기와 안 타는 쓰레기 구분

일본의 분리수거 방식은 우리나라와 다르다. 가연성 쓰레기, 불연성 쓰레기, 자원 쓰레기(재활용)로 나누어 버린다. 이때 음식물도 가연성 쓰레기로 분류한다. 또 페트병은 라벨과 뚜껑을 제거해서 버려야 자원 쓰레기로 처리된다.

 ## 배려 운전과 주차 규칙

일본에서는 배려 운전이 기본이다. 차선 변경이나 우회전 시 방향지시등을 켠 차량에는 양보하는 것이 예의이며, 경적은 거의 사용하지 않는다. 불법 주차에도 매우 민감해, 잠깐 세워두는 것도 민폐로 여겨지며 벌금이나 견인 조치를 당할 수 있다.

 ## 음식점에서 사진 촬영 주의!

일본에서는 자신이 주문한 음식만 촬영하도록 제한하는 경우가 많다. 사진을 찍기 전에는 반드시 직원에게 동의를 구하고, 허용된 범위 내에서 촬영해야 한다. 허락을 받았더라도 자리를 옮기며 촬영하는 것은 무례한 행동으로 여겨진다.

 ## 카페에서 전원 사용, 절도죄가 될 수도!

일본에서는 음식점이나 카페에서 콘센트를 무단으로 사용하는 것이 단순한 매너 문제가 아니라 절도죄로 간주될 수 있다. 실제로 편의점에서 몰래 휴대전화를 충전한 사람이 절도 혐의로 입건된 사례도 있다. 따라서 전원을 사용하려면 반드시 허용된 곳인지 확인하고 이용하도록 한다. ▶ 전원 사용 가능 카페 정보 2권 P.093

FAQ ❹

일본 식품·의약품 국내 반입 시 주의 사항

일본에서 흔히 살 수 있는 제품이라도 우리나라 법과 안전 기준에 맞지 않으면 반입이 금지된다. 또한 전염병 유입을 막기 위해 일부 축산물과 농산물은 물론 이를 이용한 가공품은 반입이 아예 불가능해 공항에서 전량 폐기되는 경우도 적지 않다.

• 축산물은 대부분 반입 금지

육류 및 육가공품은 전면 반입 금지다. 소고기, 돼지고기, 닭고기뿐 아니라 소시지, 햄, 육포, 통조림, 삶은 고기, 우유·치즈·버터 같은 유가공품도 포함된다. 레토르트 카레나 라멘도 육류가 포함된 제품은 조리된 상태라도 원칙적으로 국내 반입이 불가능하다. 반려동물용 사료·간식·영양제 역시 원료에 육류가 들어가면 금지 대상이다.

• 농산물도 원칙적으로 반입 금지

옥수수, 감자, 멜론 등 홋카이도 농산물도 원칙적으로 반입 금지다. 단, 검역 절차를 거치면 일부 품목은 들여올 수 있다. 특히 유바리 멜론은 현지에서 많이 구입해 오는 품목으로, 검역 절차가 간단한 편이다.
❶ **멜론 구입** 흙이 묻어 있지 않고 병해충 흔적이 없으며, 공식 포장에 밀봉된 상태로 구입한다.
❷ **출국 전** 신치토세 공항 국제선 터미널 내 검역 사무소에서 검역 신고서를 작성한다.
❸ **입국 후** 국내 공항 도착 후 국립식물검역소에서 서류를 제출하고 검사를 받는다.

• 드럭스토어 인기 의약품 중 일부 금지

진통제 이브(EVE)와 감기약 파브론 골드 A는 마약류 성분으로 인해 국내 반입이 금지된 대표 의약품이다. 이 외에도 파브론 에스 프로, 브론 시럽, 메지콘 프로, 파이론 PL 골드, 벤자 블록 L, 신루루 A골드DX 알파, 애더럴 등 여러 약품이 반입 금지 대상이다. 또한 금지 성분이 없어도 1인당 최대 6병 또는 3개월분까지만 반입이 허용된다. 전문 의약품은 영문 처방전과 함께 검역 신고가 필요하다.

• 곤약 젤리는 튜브형만 반입 가능

컵 형태 곤약 젤리는 질식 위험성 때문에 국내 반입이 전면 금지된다. 하지만 튜브형(파우치형) 제품은 반입 가능하다. 다만 곤약 젤리는 액체류로 분류되기 때문에 반드시 위탁 수하물로 보내야 한다.

FAQ ❺

현금이 얼마나 필요할까요?

홋카이도에서도 많은 곳에서 신용카드나 해외여행용 체크카드 사용이 가능하지만 일부 식당과 이자카야에서는 현금만 받는다. 소도시의 식당이라면 더욱 그렇다. 따라서 1일 5000~1만 엔 정도 여유 있게 준비하는 것이 좋다. 현금이 필요할 때는 한 번에 인출하기보다는 필요한 만큼 ATM에서 인출하는 것이 좋다.
▶ 해외여행용 체크카드 정보 P.134

FAQ ❻ 일본어를 못해도 여행 가능할까요?

파파고

구글 번역

삿포로 등 홋카이도 주요 관광지에는 영어 안내판과 메뉴판이 비교적 잘 갖추어져 있다. 또 호텔과 대형 식당에서는 **간단한 영어로도 소통 가능하다**. 하지만 지방 소도시나 개인이 운영하는 가게에서는 영어가 통하지 않거나 일본어 메뉴판만 있는 경우가 많다. 이럴 때는 **구글 번역 앱이나 파파고 앱을 이용**하면 충분히 소통 가능하다.
다만 일본어 인사말이나 '감사합니다', '미안합니다' 같은 기본적인 일본어를 할 수 있다면 더욱 부드럽게 소통할 수 있다.

▶ 유용한 일본어 회화 P.150

FAQ ❼ 봄·가을 홋카이도 여행, 괜찮을까요?

홋카이도의 여행 성수기는 여름과 겨울이다. 이 시기에는 항공료, 숙박비 등 전반적인 요금이 크게 오른다. 반면 성수기를 지나면 항공료가 절반 이하로 떨어지고, 숙박비도 30~40% 이상 낮아진다. 홋카이도의 봄은 일본에서 가장 늦게 찾아오지만, 비옥한 토양 덕분에 작은 들꽃도 생명력이 넘친다. 가을에는 붉은 단풍과 황금빛 은행나무가 도시를 물들이며, 특히 홋카이도 대학교의 은행나무 길과 조잔케이는 손꼽히는 단풍 명소다. **쇼핑과 미식, 온천을 중심으로 즐기려면 여행객이 적고 여유로운 봄이나 가을이 오히려 더 좋다.**

FAQ ❽ 겨울 홋카이도, 눈이 많이 오나요?

홋카이도는 11월 중순부터 눈이 내리기 시작하지만, 본격적으로 눈이 쌓이는 시기는 12월부터다. 특히 1월에 많이 쌓이며, 2월이 되면 서서히 눈이 녹기 시작하고 삿포로 눈 축제가 끝난 후부터 눈이 녹는 모습을 흔히 보게 된다.

최근에는 온난화로 인해 눈이 빨리 녹는 경향도 있다. 아사히카와, 오비히로, 구시로 등 내륙 지역은 기온이 더 낮아 삿포로보다 눈이 오래도록 남는다. 눈이 많은 만큼 교통 지연이나 빙판길 사고가 발생하기 쉬우므로 이동 시 주의가 필요하다.

FAQ ❾ 비행기표나 호텔 바우처를 인쇄해서 가져가야 할까요?

대부분의 항공사와 호텔은 여권만으로 처리되기 때문에 바우처를 **꼭 인쇄할 필요는 없다.** 다만 예약자 이름이 다르거나 돌발 상황이 생길 경우를 대비해 전자 티켓이나 모바일 바우처를 준비하는 것이 좋다. 인터넷 연결이 어려울 수 있으므로 인쇄본을 함께 챙기면 더 원활하게 대응할 수 있다. 항공권은 모바일 탑승권 사용이 보편화되어 인쇄본은 필요 없다.

FAQ ⑩
홋카이도 이동 수단, 열차와 고속버스 중 더 편한 방법은?

열차는 빠른 이동이 장점이며, 고속버스는 요금과 정류장 접근성 면에서 유리하다. 단, 고속버스가 특급 열차에 비해 이동 시간이 1.5~2배 정도 더 걸리며, 특히 겨울철에는 도로 상황에 따라 지연이나 운행 중단 등 변수가 많다. 그럼에도 JR 삿포로역, 스스키노, 오도리 공원 등 삿포로 중심에 버스 정류장이 많아 이용이 편리하다.

FAQ ⑪
대중교통으로 비에이·후라노 여행 가능할까요?

가능하지만 쉽지 않다. 삿포로에서 비에이, 후라노로 가려면 열차를 타고 아사히카와역에서 환승해야 한다. 후라노만 방문한다면 삿포로-후라노 간 고속버스를 이용할 수 있지만 운행 편수가 적어 시간표를 미리 확인해야 한다. 또한 JR 비에이역이나 JR 후라노역에서 풍경 명소까지는 버스 운행 편수가 적다. 특히 비에이 '크리스마스트리 나무', '켄과 메리의 나무' 등은 대중교통 접근이 아예 불가하다. 여름철이라면 역 주변에 대여소가 있는 렌털 자전거를 이용해 여행하는 것도 방법이나 안전에 주의할 것.
온라인 여행 플랫폼에서 비에이, 후라노 1일 버스 투어 상품을 예약해 이용하면 보다 효율적이다.

FAQ ⑫
부모님을 동반한 여행, 걷는 구간이 많나요?

삿포로 시내는 평지라 걷기 어렵지 않지만, 주요 관광지인 삿포로역-오도리 공원-스스키노 구간은 지하도로 이어져 있으며 거리가 꽤 된다. 삿포로역에서 스스키노까지 약 2km인데 노약자에게는 다소 힘들 수 있다. 따라서 한 정거장이라도 지하철을 이용하는 것이 좋다. 특히 겨울엔 길이 미끄럽기 쉬우니 미끄럼 방지 신발과 지팡이형 보조 스틱을 준비하는 게 안전하다.

FAQ ⑬
홋카이도 택시 요금 비싼가요?

홋카이도 주요 도시에서는 시내나 역 주변에서 택시를 쉽게 잡아탈 수 있다. 기본 요금은 지역에 따라 조금씩 달라 600~700엔 정도이며, **10분 정도 이동하면 요금이 2000엔 전후** 나온다. 택시 앱 고Go나 재팬택시JapanTaxi를 통해 호출도 가능한데 카카오T와 연동되어 있어 간편하다. 호텔 프런트에 택시 호출을 요청해도 된다. 다만 눈이 많이 쌓이는 한겨울에는 도로 상황 때문에 호출 자체가 어려울 수 있으므로 여유 있게 이동 계획을 세우는 것이 좋다.

FAQ ⑭ 홋카이도에도 숙박세가 있나요?

▶ 2026년 4월 1일부터 '홋카이도 숙박세'와 '시 숙박세'를 추가로 도입한다. 숙박세는 숙소 요금에 따라 다르게 부과하는데, 숙소 요금이 높을수록 숙박세도 올라간다. 각 도시 숙박세와 홋카이도 숙박세를 더해 청구한다.
예) 삿포로 3만 엔 숙소의 경우 총 숙박세는 400엔
※숙소 요금에 식사료와 부대요금 등은 포함되지 않는다.

홋카이도 숙박세	2만 엔 미만 100엔
	2만~5만 엔 200엔
	5만 엔 이상 500엔

삿포로	오타루 · 오비히로 · 아사히카와	후라노	하코다테
5만 엔 미만 200엔	일괄 200엔	2만 엔 미만 200엔	2만 엔 미만 200엔
5만 엔 이상 500엔		2만~5만 엔 300엔	2만~5만 엔 400엔

FAQ ⑮ 캡슐 호텔 예약 시 체크해야 할 사항이 있나요?

▶ 캡슐 호텔은 저렴하게 이용할 수 있는 합리적인 숙소로, 최근에는 외국인 여행객을 위한 청결하고 세련된 시설도 많아졌다. 특히 삿포로처럼 극성수기에 숙박비가 비싼 지역에서 유용하다. 이용 전에는 개인 로커 유무, 남녀 구분 여부, 공용 화장실 위치, 수건 · 세면도구 제공 여부, 청결도 등을 체크하는 것이 좋다. 또한 호텔과 달리 체크인 시간이 제한된 곳이 많으므로 사전에 꼭 확인해야 한다.

FAQ ⑯ 이자카야에 혼자 가도 될까요?

▶ 혼자 이자카야를 가는 것은 일본에서 흔한 일로, 이때는 보통 바 좌석으로 안내한다. 다만 삿포로의 많은 이자카야는 예약제로 운영하며, 온라인으로는 1인 예약이 어려운 경우가 대부분이다. 워크인이 가능한 곳을 찾아가거나, 현지인의 도움을 받아 전화로 예약하는 것이 좋다.

FAQ ⓘ 삿포로에서 가까운 온천 있나요?

대표적인 것이 **조잔케이 온천**으로, 삿포로 시내에서 버스로 1시간 남짓 걸린다. 당일치기 온천 여행에 최적인 버스와 온천욕 세트권을 이용하면 효율적이다. 기차로 1시간 30분 거리의 **노보리베츠 온천**도 추천한다. 신치토세 공항에서 약 1시간 거리라 입국한 뒤 공항에서 바로 이동하는 것도 좋다.

▶ 조잔케이 온천 2권 P.128, 노보리베츠 온천 2권 P.194

FAQ ⓘ 여름에도 온천 즐길 수 있나요?

홋카이도는 한여름에도 30℃를 넘는 날이 드물고, 밤에는 기온이 더 내려가 선선하다. 온천은 한낮보다 아침이나 해 질 무렵에 짧게 여러 번 나누어 즐기고, 입욕 전후로 충분한 수분 섭취를 해야 한다. 노약자나 심혈관 질환이 있는 경우 특히 주의가 필요하다.

FAQ ⓘ 예약한 호텔에서 일본 택배를 받을 수 있나요?

일본 사이트에서 온라인 쇼핑 후 일본 호텔에서 받고 싶다면? 보통 **3성급 이상의 호텔에서는 택배 수령이 가능**하다. 다만 사전에 호텔에 '택배 수취 가능 여부'를 확인하는 것이 안전하다.

• 이용 방법

❶ 이메일로 예약자 이름과 체크인 날짜를 알려주고, 택배 수령이 가능한지 문의한다.
❷ 수령 가능하다는 답변을 받으면, 주문 시 배송지에 호텔 주소를, 수취인에는 예약자 이름과 체크인 날짜를 기입한다. 택배는 체크인 며칠 전까지 도착하도록 여유 있게 주문한다.
❸ 여행 당일 체크인 시 프런트에서 택배 물품을 수령한다.

> **TIP!**
>
> **편의점 택배 픽업 서비스 이용법**
>
> ❶ 아마존 재팬, 라쿠텐, 유니클로, 무지 등 일본 온라인 쇼핑몰에서는 주문 시 '편의점 수령コンビニ受け取り' 옵션을 선택한다.
>
> ❷ 주문이 완료되면 수령 코드(번호) 또는 QR코드가 이메일이나 SMS로 전송되는데 이는 편의점 수령 시 본인 확인에 필요하다.
>
> ❸ 편의점에 설치된 단말기(로손은 Loppi, 훼미리마트는 FamiPort, 세븐일레븐 전용 단말기가 없고 직원이 직접 확인)에 코드를 입력하거나 QR코드를 스캔한 뒤, 출력된 영수증을 직원에게 제출하면 물품을 건네받을 수 있다.
>
> ※본인 확인을 위해 신분증(여권) 제시를 요구할 수 있으니 신분증을 지참하는 것이 좋다. 물품은 보통 일주일 정도 보관하며, 기한 내에 수령하지 않으면 반송된다.

FAQ 20

아이들과 함께 가기 좋은 명소 추천해주세요.

· **시로이코이비토파크** 삿포로를 대표하는 과자 시로이코이비토를 테마로 한 곳으로, 공장 견학을 하며 과자 제조 과정을 볼 수 있고, 아이들이 직접 초콜릿을 꾸며보는 체험 클래스도 마련되어 있다. 파크 전체를 동화 같은 분위기로 꾸며 사진 찍기에도 좋다. ▶ 2권 P.060

· **아사히야마 동물원** 펭귄 퍼레이드, 바다표범의 원형 수조, 북극곰 수영장 등을 통해 동물을 가까이서 관찰할 수 있어 아이들에게 인기가 있다. ▶ 2권 P.234

· **오타루 오르골당** 세계 각국의 오르골이 전시되어 있으며, 아이들이 직접 오르골을 돌려 볼 수 있고 제작 체험도 가능하다. 겨울철에는 삿포로 인근 스키장에서 눈썰매도 탈 수 있다.
▶ 2권 P.154

FAQ 21

샤코탄반도, 겨울에도 갈 만한가요?

샤코탄 관광은 11~3월 겨울에는 추천하지 않는다. 샤코탄반도는 '샤코탄 블루'라 불리는 푸른 바다와 절벽의 절경으로 유명하다. **가장 아름다운 시기는 5~10월, 특히 6~8월 여름이다.** 이때는 기온이 안정되고 바다 색도 가장 선명하다. 특히 여름은 맑은 하늘 아래 에메랄드빛 바다와 절벽이 어우러진 풍경을 보기 위해 여행자들이 찾는다.

겨울철에는 전망대와 산책로가 폐쇄되는 경우가 많고 도로 통제도 잦다. 또 강한 바닷바람과 급변하는 날씨로 안전 위험이 크다. 대중교통편도 크게 줄어들어 사실상 접근이 어렵다.

💬 알아두면 유용한 간단 회화

안녕하세요(아침 인사)	おはようございます	오하요 고자이마스
안녕하세요(점심 인사)	こんにちは	곤니치와
안녕하세요(저녁 인사)	こんばんは	곰방와
감사합니다	ありがとうございます	아리가또 고자이마스
실례합니다	すみません	스미마셍
도와주세요(긴급 상황)	助けてください	다스케테 구다사이
부탁합니다	お願いします	오네가이 시마스
네	はい	하이
아니오	いいえ	이이에
얼마입니까?	いくらですか	이쿠라 데스까
화장실은 어디입니까?	トイレはどこですか	토이레와 도코 데스까

🧳 현지에서 요긴한 준비물

● **동전 지갑**
현금 사용 비중이 높으므로 종류별로 구분되는 동전 지갑이 있으면 계산할 때 편리하다.

● **우양산·모자**
비, 눈, 햇빛을 피할 수 있는 우양산은 필수. 바람에 대비해 끈 달린 모자도 유용하다.

● **슬리퍼**
숙소 근처 편의점 등 가벼운 외출 시 편리하고, 특히 온천욕을 즐길 때 유용하다.

● **접이식 가방**
작게 접을 수 있고 캐리어 손잡이에 걸 수 있는 가방은 휴대용 짐을 수납하기 좋다.

● **멀티 어댑터**
USB와 전원 플러그를 함께 꽂을 수 있는 것으로 준비한다.

● **온열 매트**
추운 겨울 여행 시 몸을 따뜻하게 녹여주는 온열 매트는 따뜻한 잠자리 보장!

● 꼭 챙겨야 하는 필수 준비물

항목	준비물	체크		항목	준비물	체크
필수품	여권	☑		의류 및 신발	양말	☐
	해외 결제 가능한 신용카드	☐			잠옷	☐
	해외여행용 체크카드	☐			운동화	☐
	일본 교통카드(앱 가능)	☐			슬리퍼	☐
	현금	☐			방수 부츠*	☐
	여행자 보험	☐			모자	☐
	국제운전면허증(필요 시)	☐			목도리*	☐
	비짓재팬 웹 QR코드	☐			장갑*	☐
비상용 & 바우처	전자 항공권(e-ticket)	☐			선글라스	☐
	숙소 바우처	☐		비상약	두통약	☐
	교통 패스 바우처	☐			소화제	☐
	여권용 사진	☐			해열제	☐
	신분증	☐			지사제	☐
	여권 사본	☐			종합 감기약	☐
전자 제품	휴대폰 충전기	☐			파스	☐
	보조 배터리	☐			밴드	☐
	변환 어댑터(돼지코)	☐			연고류	☐
	멀티 어댑터	☐		비상 식품	컵라면	☐
	카메라	☐			통조림류	☐
	카메라 충전기	☐			고추장	☐
	메모리 카드	☐			김	☐
	이어폰	☐			즉석 밥	☐
	유심(이심), 포켓 와이파이	☐		기타	담요*	☐
	셀카봉, 삼각대	☐			온열 매트*	☐
미용 용품	세면도구	☐			비닐 봉투, 지퍼백	☐
	화장품	☐			보조 가방	☐
	자외선 차단제	☐			물놀이용품	☐
	여성용품	☐			귀마개	☐
	머리끈	☐			수면 안대	☐
의류 및 신발	옷(상의, 하의)	☐			볼펜	☐
	겉옷(얇은 긴소매 또는 점퍼)	☐			휴대용 물티슈	☐
	속옷	☐				

*동절기 준비물

책 속 여행지를 스마트폰에 쏙!

《팔로우 홋카이도》
지도 QR코드 활용법

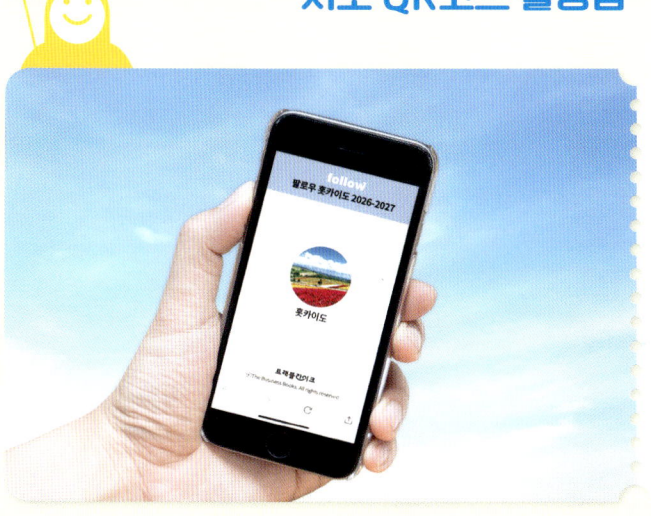

QR코드를 스캔하세요.
구글맵 앱 '메뉴-저장됨-지도'로 들어가면 언제든지 열어볼 수 있습니다.

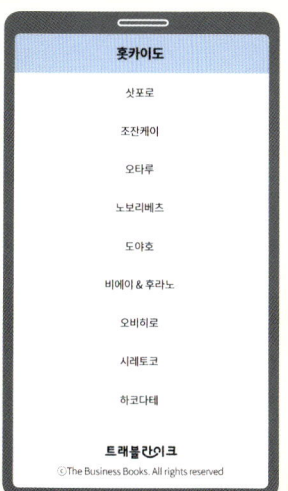

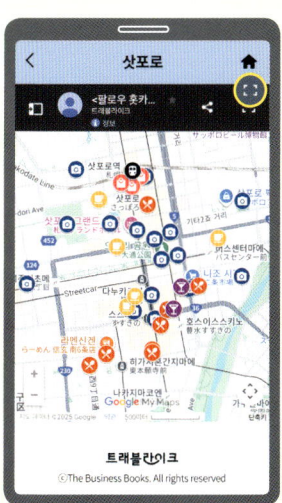

스마트폰으로 오른쪽 상단의 QR코드를 스캔합니다. 연결된 페이지에서 원하는 지역을 선택합니다.

선택한 지역의 지도로 페이지가 이동됩니다. 화면 우측 상단에 있는 ⊕ 아이콘을 클릭합니다.

지도가 구글맵 앱으로 연동되고, 내 구글 계정에 저장됩니다. 본문에 소개된 주요 장소들의 위치를 확인할 수 있습니다.

" 여행을 떠나기 전에 반드시 팔로우하라! "

BEST 여행 전문가가 엄선한
최고의 명소

LOCAL 현지인이 추천하는
로컬 맛집

PLAN 돈과 시간을 아끼는
최적의 스케줄

SOS 여행 중 발생하는
다양한 사고 대처법

✈ Hokkaido

follow

팔로우 시리즈는 여행의 새로운 시각과 즐거움을 추구하는 가이드북입니다.

CONTENTS 2 | 홋카이도 실전 가이드북

삿포로 SAPPORO

- 014 삿포로 미리 보기 | 시내 교통
- 024 ZONE 1 삿포로역 & 오도리역
- 044 ZONE 2 스스키노 & 나카지마 공원
- 052 ZONE 3 마루야마
- 062 삿포로 미식 가이드
- 107 삿포로 쇼핑 가이드
- 120 조잔케이

오타루 OTARU

- 136 오타루 교통 정보 | 시내 교통
- 138 ZONE 1 오타루역 & 오타루 운하
- 152 ZONE 2 사카이마치
- 160 ZONE 3 오타루 북운하 & 테미야 공원
- 168 오타루 인기 맛집 | 카페 & 간식 | 쇼핑
- 180 노보리베츠
- 200 도야호

비에이 & 후라노 BIEI & FURANO

- 207 비에이 & 후라노 실전 여행
- 210 ZONE 1 비에이 패치워크의 길
- 218 ZONE 2 비에이 파노라마 로드 & 시로가네 온천
- 224 ZONE 3 후라노
- 230 비에이 & 후라노 맛집
- 236 오비히로
- 240 시레토코

하코다테 HAKODATE

- 247 하코다테 교통 정보 | 시내 교통
- 252 하코다테 관광 명소 | 맛집

2026−2027
최신판

팔로우 홋카이도

팔로우 홋카이도

1판 1쇄 인쇄 2025년 11월 10일
1판 1쇄 발행 2025년 11월 17일

지은이 | 두경아
발행인 | 홍영태
발행처 | 트래블라이크
등 록 | 제2020-000176호(2020년 6월 24일)
주 소 | 03991 서울시 마포구 월드컵북로6길 3 이노베이스빌딩 7층
전 화 | (02)338-9449
팩 스 | (02)338-6543
대표메일 | bb@businessbooks.co.kr
홈페이지 | http://www.businessbooks.co.kr
블로그 | http://blog.naver.com/travelike1
인스타그램 | travelike_book
ISBN 979-11-992099-6-1 14980
     979-11-982694-0-9 14980 (세트)

* 잘못된 책은 구입하신 서점에서 바꾸어 드립니다.
* 책값은 뒤표지에 있습니다.
* 트래블라이크는 ㈜비즈니스북스의 임프린트입니다.
* 비즈니스북스에 대한 더 많은 정보가 필요하신 분은 홈페이지를 방문해 주시기 바랍니다.

비즈니스북스는 독자 여러분의 소중한 아이디어와 원고 투고를 기다리고 있습니다.
원고가 있으신 분은 ms3@businessbooks.co.kr로 간단한 개요와 취지, 연락처 등을 보내 주세요.

팔로우 홋카이도

두경아 지음

Travelike

책 속 여행지를 스마트폰에 쏙!

《팔로우 홋카이도》
지도 QR코드 활용법

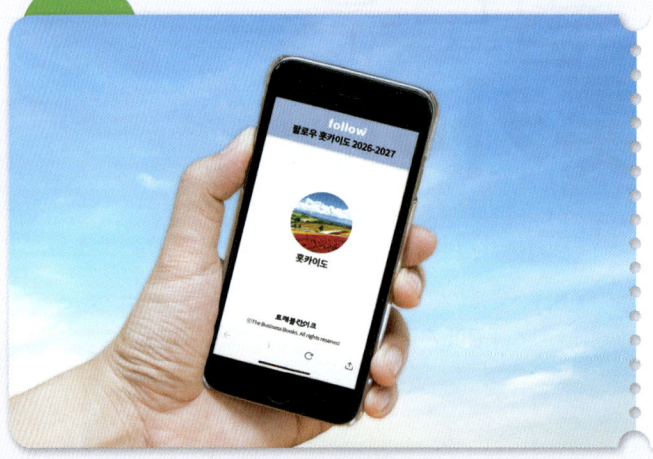

QR코드를 스캔하세요.
구글맵 앱 '메뉴-저장됨-
지도'로 들어가면 언제든지
열어볼 수 있습니다.

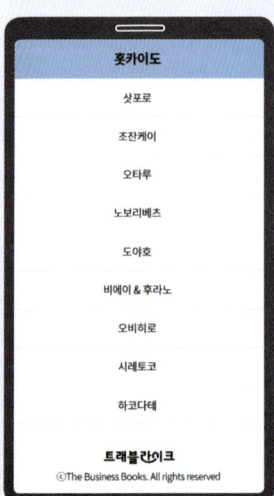

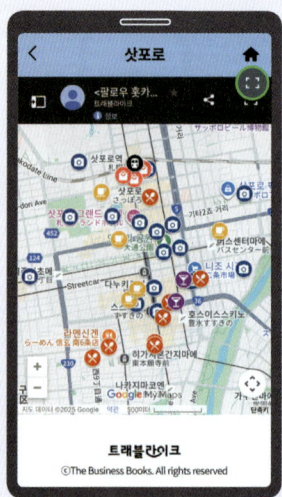

 1
스마트폰으로 오른쪽 상단의 QR코드를 스캔합니다. 연결된 페이지에서 원하는 지역을 선택합니다.

 2
선택한 지역의 지도로 페이지가 이동됩니다. 화면 우측 상단에 있는 아이콘을 클릭합니다.

 3
지도가 구글맵 앱으로 연동되고, 내 구글 계정에 저장됩니다. 본문에 소개된 주요 장소들의 위치를 확인할 수 있습니다.

《팔로우 홋카이도》 본문 보는 법
HOW TO FOLLOW HOKKAIDO

홋카이도 핵심 여행지인 삿포로를 중심으로 오타루, 노보리베츠, 하코다테 등 중남부 지역과 비에이, 후라노 등 중동부 지역, 시레토코 등 북동부 지역까지 자세히 소개했습니다.

이 책에 실린 정보는 2025년 10월까지 수집한 자료를 바탕으로 하며 이후 변동될 가능성이 있습니다.

● 존 zone 단위 구성 방식
주요 도시는 반나절에서 하루 일정으로 둘러볼 수 있는 범위를 기준으로, 하나의 ZONE(구역)으로 나누어 구성했습니다. 주요 관광 명소, 맛집, 쇼핑 스폿 등이 표시된 상세 지도와 함께 추천 일정을 제시해 여행 동선을 한눈에 파악할 수 있도록 했습니다.

● 도시 간 이동 및 대중교통 정보
주요 도시 간 이동 교통편과 소요 시간을 한눈에 파악할 수 있도록 정리해, 이동 방법을 직관적으로 비교·선택할 수 있습니다. 각 교통편의 운행 시간, 요금, 공식 홈페이지 정보까지 담아 효율적인 여행 계획이 가능하도록 구성했습니다.

● 여행 정보 확인하는 법

① **구글맵** 주소 대신 '구글맵 키워드'를 표기했습니다.
   ※ 한글 설정 기준의 검색어가 있으면 한글로, 영문으로 되어 있으면 영문으로 표기했으므로 올바른 맞춤법과 다소 차이가 있습니다.

② **문의** 지역 번호+전화 번호로 표기했습니다.

③ **운영 및 휴무** 운영 시간은 마지막 입장 가능 시간을 함께 안내합니다. 정기 휴무가 있는 경우는 표시했으며, 공휴일 및 연말연시, 골든 위크, 축제 등 변동이 잦은 시기의 운영 시간은 따로 표기하지 않았습니다. 방문 시기의 공휴일과 축제 일정을 반드시 확인하기 바랍니다.

④ **요금** 기본적으로 성인, 청소년, 어린이 1인 기준 요금을 안내했습니다. 무료인 경우는 대체로 생략했습니다.

⑤ **가는 방법** 소개하는 장소와 가까운 기차역, 지하철역, 버스 정류장 등 교통편을 고려해 소개했습니다.

⑥ **맛집 정보** 😊 이 집을 방문해야 하는 이유 요약
   ✅ 방문 전 체크 포인트 – 현금 결제, 예약 필요 여부, 현장 대기 여부 등

---

① **구글맵** 홋카이도립 근대미술관
② **문의** 011 644 6881
③ **운영** 09:30~17:00(마지막 입장 16:30)
   휴무 월요일(월요일이 공휴일이면 다음 날), 12월 29일~1월 3일
④ **요금** 기획 전시 성인 510엔, 고등·대학생 250엔, 중학생 이하·65세 이상 무료
   홈페이지 artmuseum.pref.hokkaido.lg.jp/knb
⑤ **가는 방법** 지하철 도자이선 니시주핫초메역 4번 출구에서 도보 6분

⑥ 😊 → 불향 나는 닭꼬치 토핑
   ✅ → 예약 불가, 신용카드 사용 불가

지도에 사용한 기호 종류

📍	관광 명소
🍴	맛집
☕	카페
🍶	이자카야, 술집
🛍	쇼핑
🏨	숙소
♨	온천
📷	포토 스폿
⛩	신사
卍	절
🔭	전망대
🍇	도깨비상
⛲	분수
⛰	산
JR	JR 열차
🚇	지하철
🚊	노면 전차
🚏	버스 정류장
🚠	로프웨이
⚓	페리 터미널
✈	공항

F⦿LLOW

P.240
시레토코
SHIRETOKO

홋카이도
北海道

일본 최북단에 위치한 홋카이도는 국토 면적의 약 22%를 차지하는 일본 최대의 섬이다. 겨울에는 풍부한 적설량 덕분에 늦가을부터 이른 봄까지 세계적인 스키 리조트를 운영하며, 여름에는 쾌적한 기후에 라벤더를 비롯한 다양한 꽃이 만개해 시선을 사로잡는다. 산과 평야, 바다로 둘러싸인 지형 덕분에 농업과 어업이 모두 발달해 사계절 내내 신선한 해산물을 즐길 수 있다. 삿포로 클래식 맥주와 어울리는 징기스칸과 채소가 듬뿍 들어간 수프카레도 이 지역에서만 맛볼 수 있는 별미다. 또한 삿포로의 미소라멘, 아사히카와의 쇼유라멘, 하코다테의 시오라멘은 '홋카이도 3대 라멘'으로 꼽히며, 유제품 산업이 발달해 홋카이도산 우유와 버터로 만든 디저트 역시 일본 최고 수준으로 평가받는다.

INFO

면적 7만 8470km²
인구 501만 명 ※2025년 5월 기준
홈페이지 www.visit-hokkaido.jp/kr

# ACCESS ❶

홋카이도 입국하기

우리나라에서 홋카이도로 갈 때 가장 많이 이용하는 공항은 삿포로에서 약 45km 떨어진 신치토세 공항(CTS)이다. 이 외에도 시즌별로 아사히카와 공항(AKJ), 하코다테 공항(HKD), 오비히로 공항(OBO)으로 가는 직항 편이 있으므로, 여행 일정과 동선에 따라 입출국 공항을 달리 선택하는 것도 좋다.

신치토세 공항 新千歳空港

치토세시에 위치한 홋카이도 대표 공항이자 홋카이도의 관문이다. 홋카이도는 일본의 다른 도시와 철도로 이어져 있지만 신칸센이 닿지 않아 국내 항공선 이용률이 일본에서 2위를 차지하는 공항이기도 하다. 따라서 국제선보다 국내선 여객 터미널 규모가 훨씬 크며, 대부분의 상업 시설과 부대시설 역시 국내선 터미널에 집중되어 있다. 공항 규모에 비해 국제선 터미널의 면세점도 작은 편이다. 국제선 터미널과 국내선 터미널은 연결 통로로 이어져 있으며, 이 구간에 무빙워크가 설치되어 도보로 5~10분 정도 걸린다. 대한항공, 아시아나항공, 에어부산, 제주에어, 티웨이항공 등 대부분의 항공사가 인천국제공항에서 출발하는 신치토세행 항공편을 운항한다. **홈페이지** www.new-chitose-airport.jp/ko

아사히카와 공항 旭川空港

비에이와 후라노를 여행하는 경우 가장 유리한 관문이 되는 공항이다. 인천국제공항에서 아시아나항공이 비정기 직항 편을 운항하며, 아사히카와 공항에서 비에이까지는 차로 15분 거리로 접근성이 뛰어나다.
홈페이지 www.hokkaido-airports.com/ko/asahikawa

하코다테 공항 函館空港

제주항공이 인천국제공항에서 비정기 직항 편을 운항한다. 삿포로와 하코다테는 거리가 멀어 이동에 부담이 있으므로, 일정에 하코다테가 포함되어 있다면 하코다테 공항으로 입국하는 것이 더 효율적이다.
홈페이지 www.hokkaido-airports.com/ko/hakodate

입국할 때 도움 되는
신치토세 공항의 편의 시설

여행의 출발점인 신치토세 공항에서는 도착과 함께 여행에 필요한 준비를 한 번에 마칠 수 있다. 데이터 개통, 교통편 안내, 관광지 정보는 물론 환전도 가능하다.

STEP ❶ 홋카이도 외국인 관광 안내소
📍 국제선 터미널 2층

교통, 숙박, 렌터카, 와이파이 등 필수 관광 정보를 영어, 중국어, 한국어 등으로 제공하며 홋카이도 지역 관광 책자와 지도를 무료로 배포한다.

STEP ❸ 렌터카 카운터 📍 국제선 터미널 1층

여러 렌터카 회사가 모여 있다. 상담 후 접수하고 전용 셔틀버스를 이용해 공항 인근 영업소로 이동해 차량을 인도받는다.

STEP ❺ 심카드 자판기 & 모바일 센터
📍 국제선 터미널 1층, 2층

공항 내 자판기에서 선불 심카드를 판매하고 모바일 센터에서 와이파이 라우터와 휴대전화 렌털 서비스를 제공해 공항 도착 즉시 데이터를 사용할 수 있다.

STEP ❷ JR 인포메이션 데스크
📍 국제선 터미널 2층

해외 관광객 전용 티켓 판매 창구로, 각종 JR 홋카이도 레일 패스 교환과 티켓 판매가 이루어진다. 목적지까지 최적의 이동 경로를 상담받을 수 있다.

STEP ❹ ATM & 환전기 📍 국제선 터미널 2층, 3층

국내 카드로 엔화 인출 가능한 이온 ATM은 국제선 터미널 3층, 세븐일레븐 ATM은 2층, 원화를 엔화로 교환 가능한 자동 외화 환전기는 국제선 2~3층에 있다.

STEP ❻ 물품 보관함 📍 국제선 터미널 2층, 3층

짐 크기에 따라 12시간 단위로 300~900엔에 물품 보관함을 이용할 수 있고, 최대 3일까지 보관 가능하다. 그 이상 보관이 필요하다면 공항 내 수하물 임시 보관소를 이용한다.

ACCESS ❷
신치토세 공항에서 주요 도시로 이동하기

신치토세 공항에서는 열차를 이용해 대부분의 도시로 편리하게 이동할 수 있다.
일부 지역은 삿포로를 거쳐야 하지만, 공항에서 바로 연결되는 노선도 있다.

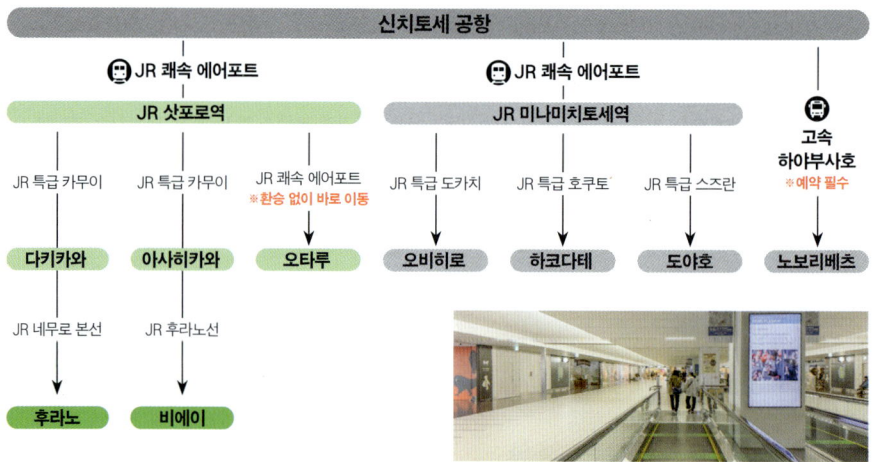

- **삿포로**

신치토세 공항에서 쾌속 에어포트 열차를 이용하면 34~43분 만에 삿포로에 도착한다. 스스키노와 오도리 공원 등 시내 주요 관광지로 환승 없이 바로 가려면 공항버스가 유리하다. ▶ P.011

- **오타루**

신치토세 공항에서 오타루행 JR 쾌속 에어포트를 타면 삿포로를 경유해 오타루까지 환승 없이 이동할 수 있다.
소요 시간 1시간 15분 **요금** 2880엔

- **노보리베츠**

신치토세 공항에서 무로란행 고속 하야부사호 또는 노보리베츠 온천 에어포트호 버스를 이용하면 노보리베츠 온천까지 바로 갈 수 있다. 단, 예약 필수!
▶ 고속버스 예약 및 기차로 이동 안내 P.182
소요 시간 1시간 20분 **요금** 1800엔

- **도야호**

신치토세 공항에서 JR 쾌속 에어포트를 타고 JR 미나미치토세역에서 특급 스즈란 또는 특급 호쿠토 열차로 환승한 뒤 JR 도야역에서 버스로 갈아탄다.
소요 시간 2시간 10분
요금 기차+버스 6700엔

- **오비히로**

신치토세 공항선 오비히로행 버스를 타면 한 번에 갈 수 있다. 열차를 이용할 경우 JR 미나미치토세역에서 특급 도카치 또는 특급 오조라 열차로 환승한다.
소요 시간 버스 2시간 40분, 기차 2시간 20분
요금 버스 4000엔, 기차 7550엔

- **하코다테**

신치토세 공항에서 JR 쾌속 에어포트를 타고 JR 미나미치토세역에서 특급 호쿠토 열차로 환승한다.
소요 시간 3시간 40분 **요금** 9750엔

- **비에이 · 후라노**

비에이와 후라노를 가려면 반드시 삿포로를 거쳐야 한다. 삿포로에서 열차로 이동하는 것이 편리하다.
▶ 자세한 이동 방법 P.207

ACCESS ❸
신치토세 공항에서 삿포로 시내로 가기

신치토세 공항에서 삿포로 시내로 가는 방법은 기차와 버스, 두 가지가 있지만 속도 면에서는 기차가 훨씬 빠르다. 다만 스스키노와 오도리 공원 등 시내 주요 관광지로 환승 없이 바로 가려면 버스를 선택하는 편이 좋다.

JR 쾌속 에어포트

신치토세 공항에서 JR 삿포로역에 도착하는 가장 빠른 교통수단으로 10~12분마다 운행한다. 쾌속 열차는 37분, 특별 쾌속 열차는 33분 만에 JR 삿포로역에 도착한다. 구간 쾌속 열차도 있으며, 환승하지 않고 오타루까지 가는 열차도 있다. 편하게 앉아서 가려면 지정 좌석권을 따로 구입해야 한다.

TIP!
❶ JR 신치토세 공항역은 국내선 터미널 지하 통로로 연결된다. 국제선 도착 게이트에서 JR 신치토세 공항역까지 빠른 걸음으로 10분 정도 걸린다.
❷ 오전 7~8시에는 치토세선 보통 열차만 운행한다. 보통 열차는 정류장마다 정차해 51~58분가량 소요된다.

운행 09:00~16:00 시간당 6대 운행(특별 쾌속 1회, 쾌속 3회, 구간 쾌속 2회), 07:00~08:00, 16:00~22:00 시간당 5대 운행
주요 노선 신치토세 공항 – 미나미치토세 – 치토세 – 에니와 – 기타히로시마 – 신삿포로 – 시로이시 – 삿포로
요금 1150엔, 지정 좌석권 840엔 **홈페이지** www.jrhokkaido.co.jp/global/korean/travel/airport.html

공항버스

스스키노, 오도리 등 시내 관광지로 환승 없이 이동할 때 적합하다. 국제선 터미널에서 바로 탑승해 편리하지만, 10여 개의 정류장마다 정차해 열차에 비해 시간이 많이 걸리고 요금도 더 비싸다.
현재 주오 버스와 호쿠토 교통에서 운행하며 신치토세 공항에서 10~15분 간격으로 출발한다. 삿포로 중심부까지 직행 편은 1시간 10분, 일반 편은 1시간 30분 정도 걸린다.

운행 직행 편 12:11~19:11 시간당 1대, 일반 편 08:46~22:59 시간당 4대
주요 노선 신치토세 공항 국제선 터미널 – 미나미치토세역 – (중략) – 삿포로역 앞 – 오도리 공원 – 스스키노 – 나카지마 공원
요금 일반 1300엔, 어린이 650엔
홈페이지 www.hokto.co.jp/sapporo-chitose

TIP!
승차권은 국제선 터미널 1층에 있는 버스 안내 카운터와 승차권 발매기에서 판매하며 각 회사의 버스를 공통으로 이용할 수 있다. 승차권을 구입하지 않고 키타카, 스이카, 파스모 등 IC카드를 사용해도 된다.

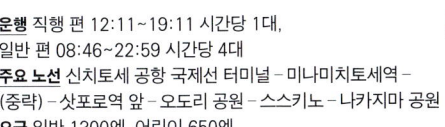
TRAVEL TALK

홋카이도 지명은 아이누어
도시의 지명과 방언에는 그 땅의 역사가 서려 있습니다. 삿포로 역시 19세기 중반까지 아이누의 땅이었으니 지명과 홋카이도 방언의 상당수가 아이누어와 연관성이 있지요. '삿포로'라는 지명은 아이누어로 '오랫동안 메마른 강바닥'이라는 뜻입니다. 삿포로 중심부에 흐르는 도요히라 강이 건기가 되면 유량이 매우 적어지기 때문에 이런 이름이 붙었으리라 추측합니다. 그 밖에 오타루, 노보리베츠, 치토세, 샤코탄 등의 지명도 모두 아이누어에서 비롯되었습니다.

SAPPORO

삿포로
札幌

홋카이도 중서부에 위치한 삿포로는 도쿄 이북 최대 도시이자 일본에서 다섯 번째로 인구가 많은 도시다. 19세기 후반 일본 정부가 아이누의 땅에 건설한 계획도시로, 유럽과 미국 전문가의 도움을 받아 도시계획을 수립했기에 신도시의 특징인 바둑판 형태를 띤다. 겨울에는 눈 축제가, 여름에는 맥주 축제가 열려 활기를 띠고 관광객도 많이 몰린다. 삿포로는 편리한 교통 인프라를 자랑하고, 홋카이도산 최고급 식재료로 만든 음식 덕분에 1년 내내 관광하기 좋은 도시다. 백화점과 쇼핑 타운이 시내 중심가에 몰려 있어 쇼핑하기 편하고, 도시 곳곳에 고풍스러운 근대 건물과 특색 있는 공원이 자리해 관광지로도 매력적이다.

눈 축제

도보 여행

최고의 동선

쇼핑

식도락 천국

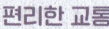
편리한 교통

맥주 축제

삿포로

FOLLOW

Sapporo Preview
삿포로 미리 보기

삿포로는 도보 여행에 최적화된 도시다. 레트로풍 근대 건물과 이야기를 품은 공원이 도시 곳곳에 자리해 삿포로만의 매력을 더한다. 시내 중심에는 백화점과 로드숍이 모여 있어 쇼핑하기에도 편리하다.

| ZONE 01 | 삿포로역 & 오도리역 | P.024 |

삿포로 여행의 관문이자 중심지. 근현대 건축물과 공원, 백화점 등이 밀집되어 있어 산책과 쇼핑을 즐기기에 좋다. 삿포로 맥주 박물관과 홋카이도 대학교를 비롯해 주요 명소 대부분이 이 구역에 있다.

| ZONE 02 | 스스키노 & 나카지마 공원 | P.044 |

해가 지면 더욱 활기를 띠는 지역. 홋카이도 최대 환락가인 스스키노와 현지인들의 휴식처인 나카지마 공원의 대비가 매력적이다. 라멘과 징기스칸 맛집, 이자카야, 시메파르페 바가 모여 있다.

| ZONE 03 | 마루야마 | P.052 |

삿포로 시민의 삶이 깊이 배어 있는 도심 속 자연 공간. 마루야마 공원과 홋카이도 신궁은 계절마다 색다른 풍경을 선사하고, 마루야마 동물원은 가족 단위 여행객들에게 특히 인기다.

| Another Trip | 삿포로 외곽 | P.058 |

삿포로 시내에서 조금 벗어나면 색다른 풍경이 펼쳐진다. 시내가 내려다보이는 전망대와 공원, 테마파크 등이 자리하는데, 대부분 현지인들의 나들이 스폿이라 후회 없는 반나절을 보낼 수 있다.

FOLLOW

Best Course
온천 여행을 겸한 삿포로 2박 3일 일정

일본에 오면 하루쯤 료칸에 머물고 싶다. 삿포로 여행도 예외는 아니다. 2박 3일 짧은 일정 중 삿포로에서 자동차로 1시간쯤 떨어진 인근 온천 마을(조잔케이)에서 휴식 시간을 보내고 삿포로 주요 관광지를 돌아보는 일정이다.

TRAVEL POINT

- **이런 사람 팔로우!** 주말이나 연휴를 이용해 효율적으로 여행하고 싶은 사람
- **여행 적정 일수** 꽉 채운 3일
- **주요 교통수단** 지하철, 도보, 버스
- **사전 예약 필수** 갓파라이너호, 료칸
- **여행 준비물과 팁** 겨울에는 방수 가능한 부츠, 따뜻한 패딩 / 여름에는 편한 운동화, 모자나 양산

DAY 1
료칸에서 보내는 휴식 코스

신치토세 공항 국내선 터미널 — 쾌속 에어포트 37분 → JR 삿포로역 — 도보 1분 → 점심 식사 🥢 회전초밥 네무로 하나마루 P.081

갓파라이너호 1시간 ↓

조잔케이 원천 공원 ← 도보 5분 — 료칸 체크인 ← 도보 5분 — 조잔케이 온천

기억할 것! 갓파라이너호 버스 정류장 위치와 출발 시간 등을 미리 확인한 후 점심 식사 하기

JR 삿포로역

↓ 도보 이동

조잔케이 원천 공원

저녁 식사 🥢 료칸 가이세키 → 도보 5분 → 온천욕 후 취침

가이세키

삿포로 시내 교통

삿포로 시내는 그다지 넓은 편이 아니다. 시내 중심가는 지하철 1~3개 구간 정도 거리 안에 있으므로 대부분 도보로 이동 가능하다. 또한 이 구간은 지하 보행 공간으로 이어져 변덕스러운 날씨에 상관없이 편하게 이동할 수 있다. 걷기도, 대중교통을 이용하기도 애매한 경우가 많은데 자칫 지치기 쉬우니 적절히 대중교통을 이용하는 게 좋다.

지하철

삿포로 대표 대중교통이다. 난보쿠선, 도자이선, 도호선 세 노선이 있으며 모든 노선이 오도리역을 경유해 삿포로 중심부와 동서남북을 잇는다. 난보쿠선 녹색, 도자이선 주황색, 도호선 파란색으로 구별한다.

운행 06:00~24:00
요금 일반 210~330엔, 지하철 전용 1일 승차권 830엔, 도니치카 공휴일 승차권 520엔(어린이 반액)
※도니치카 공휴일 승차권은 주말, 공휴일, 12월 29일~1월 3일 사용 가능
※승차권을 구매해 승차한다. 승차권 대신 사피카, 키타카, 스이카 등 일본의 IC카드나 컨택리스 카드를 사용하면 편리하다.

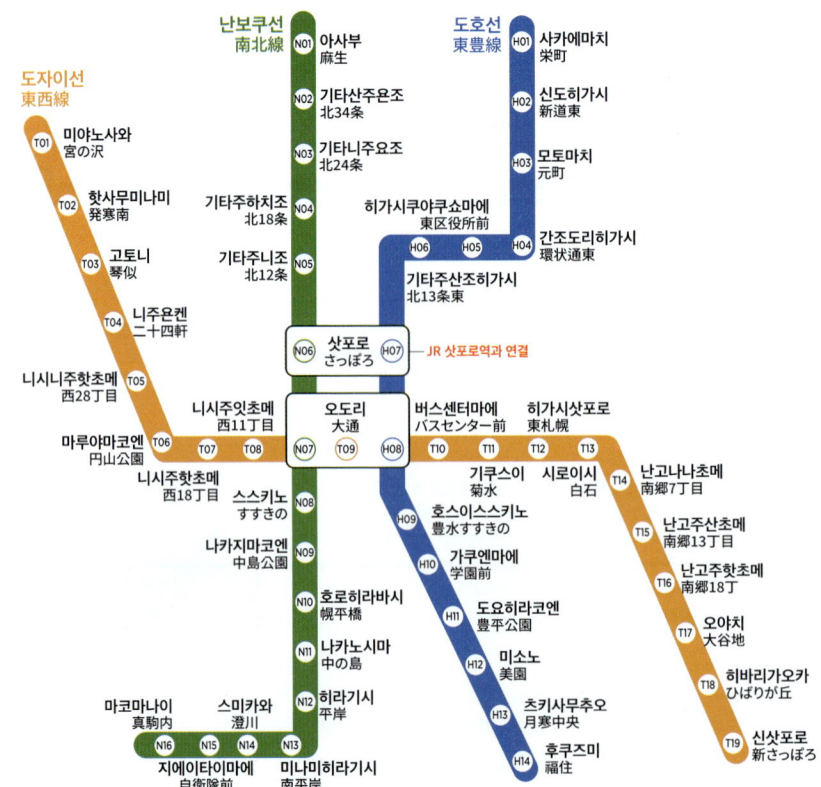

> ### 삿포로 지하철 이용 방법
>
> 삿포로 지하철은 승차권, 교통카드, 스마트폰, 신용카드 등 다양한 방식으로 요금을 결제한다. 종이 승차권은 자동 발매기에서 구입하고, 사피카와 같은 IC카드나 컨택리스 카드, 애플페이 등록 카드도 사용 가능해 이용이 편리하다.

● **결제 수단**

• **종이 승차권 구입**

구간별 요금 확인 후 지하철역에 설치된 자동 발매기에서 승차권을 구입한다. 언어를 한국어로 설정할 수 있어 구매하기 어렵지 않다. 이동이 많은 날에는 1일권을 추천한다.

요금 1회 승차권 210~330엔, 지하철 전용 1일권 830엔, 공휴일 1일권 520엔(어린이 반액)

• **IC카드와 모바일 결제**

삿포로 전용 IC카드 사피카Sapica와 홋카이도 IC카드 키타카Kitaca, 일본 전국 교통카드 파스모Pasmo, 스이카Suica, 이코카Icoca 등을 이용할 수 있다. 애플페이에 IC카드를 등록해 사용하는 방법도 있다. 개찰구에서 카드나 스마트폰을 태그하는 방식이다.

• **컨택리스 카드 결제**

삿포로 지하철 전역의 개찰구 단말기에 비접촉식 해외 결제 방식을 지원하는 신용카드나 체크카드(비자, 마스터 등)로도 승차 가능하다. 카드 뒷면에 와이파이 모양이 있는 카드인지 미리 확인한다.

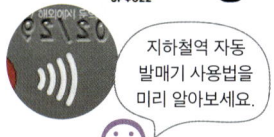

> 지하철역 자동 발매기 사용법을 미리 알아보세요.

● **사피카 카드 구입**

역내 자동 발매기나 정기승차권 판매소에서 구입한다. 지하철, 버스, 노면전차 이용 시 금액의 3%가 적립되며 자동 발매기에서 충전한다. 삿포로 이외 지역에서는 사용하지 못하지만 카드 반환 시 수수료를 제외한 보증금과 잔액을 돌려준다.

요금 2000엔(보증금 500엔 포함) ※환불 시 잔액에서 수수료 220엔 공제 **홈페이지** www.sapica.jp/kr

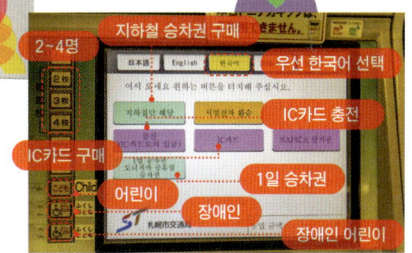

 꼭 구입해야 할까? 홋카이도 패스

삿포로에서 하코다테, 아사히카와, 왓카나이 등으로 이동할 경우 기차 패스는 필수다. 3종류 중 여행할 지역과 기간에 맞는 것으로 선택한다. 한국에서 미리 온라인 예약 플랫폼을 통해 구입하면 더 저렴하다.

종류	사용 범위	기간	12세 이상	6~11세
삿포로-후라노 에리어 패스	아사히카와·후라노·비에이	연속 4일권	1만 1000엔	5500엔
삿포로-노보리베츠 에리어 패스	오타루·노보리베츠		1만 엔	5000엔
JR 홋카이도 레일 패스	홋카이도 전역	연속 5일권	2만 2000엔	1만 1000엔
		연속 7일권	2만 8000엔	1만 4000엔
		연속 10일권	3만 엔	1만 8500엔

시영 전차

삿포로 시내에서 지하철이 다니지 않는 중심 시가지의 남서부 지역을 순환하는 노면전차다. 레트로풍 전차가 도로를 천천히 운행하는 풍경이 정겹다. 시내 외곽에 있는 스키점프 경기장인 오쿠라야마 점프 경기장이나 야경 명소인 모이와산 전망대 등에 갈 때 유용하다.

운행 06:00~23:00 **요금** 일반 200엔(어린이 반액), 시영 전차 전용 1일 무제한 탑승이 가능한 도산코 패스 360엔(어린이 1인 동반 가능)

※도산코 패스는 주말, 공휴일, 12월 29일~1월 3일 사용 가능
※현금을 내고 승차한다. 사피카, 키타카, 스이카 등 일본의 IC카드를 사용하면 편리하다.

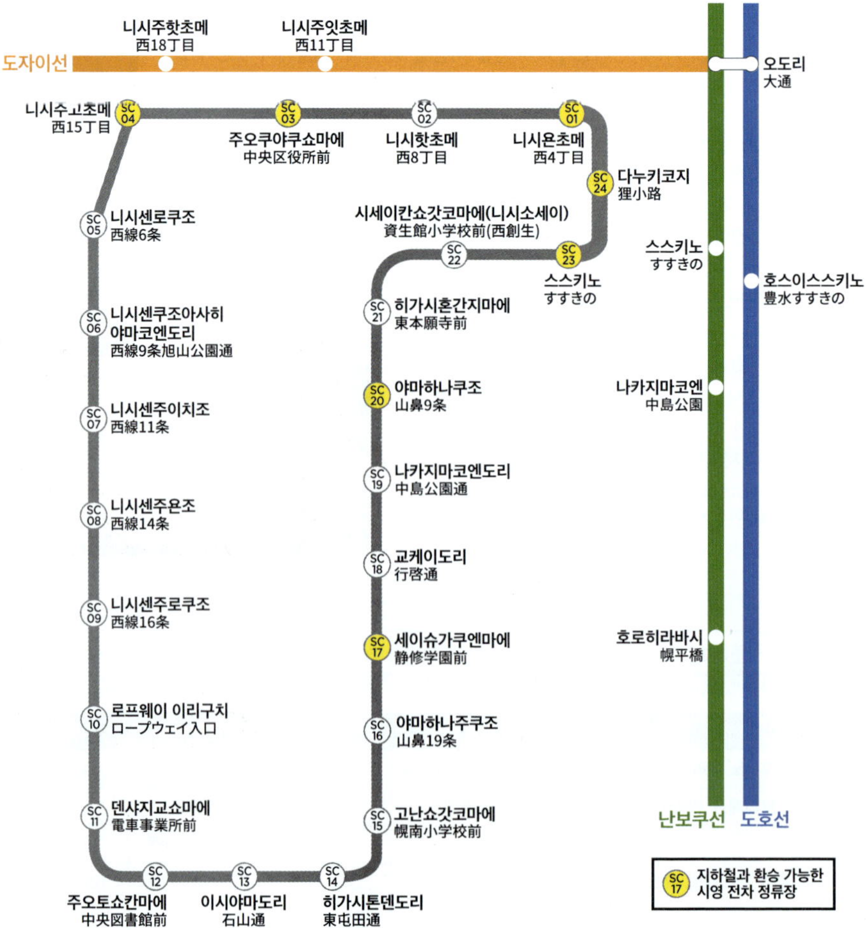

 **버스**

도심에서 약간 벗어난 관광지에 갈 때 유용하다. 홋카이도 주오 버스, JR 홋카이도 버스, 조테츠 버스를 운행하는데, 각각 정류장이 다르므로 이용 시 주의해야 한다. ▶ 정류장 위치 정보 P.022

버스 승차 방법(현금 이용)

STEP 01
뒷문으로 승차 후, 문 옆에 있는 기계에서 승차 위치가 표시된 정리권(종이 티켓)을 뽑는다.

STEP 02
전광판에 표시된 정리권 번호와 요금을 확인한다. 요금은 이동 거리가 길어짐에 따라 계속 올라가니, 내리기 직전에 다시 확인한다.

STEP 03
미리 동전을 준비하거나, 운전석 옆에 놓인 동전 교환기에서 지폐를 동전으로 교환해 정확한 금액을 요금통에 넣는다.

※IC카드를 이용하는 경우는 우리나라와 동일하게 승하차 시 단말기에 카드 태그한다.

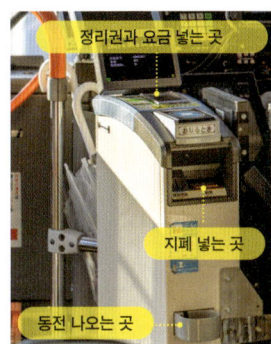

 **택시**

주요 도로에 택시가 많이 다니며, 거의 모든 택시에서 신용카드 사용이 가능하다. 우버나 디디 앱뿐 아니라 카카오택시 앱도 이용할 수 있어 더욱 편리하다.
요금 기본요금 1.6km까지 670엔, 이후 309m마다 80엔 가산(22:00~05:00 심야 할증)
※실제 택시 요금은 시간을 거리로 환산해 계산되는 경우도 있다.

렌터카

JR 삿포로역과 지하철 오도리역 주변에 렌터카 영업소가 많으며, 국제운전면허증이 필요하다. 눈이 오거나 삿포로를 중심으로 여행한다면 렌터카를 추천하지 않는다.

공유 자전거

삿포로 공유 자전거 서비스인 포로클Porocle 1일 패스를 구매하면 시내 모든 대여소(자전거 전용 주륜장)에서 자전거를 빌리고 아무 대여소에나 반납할 수 있다. 앱을 다운받은 후 이용한다.
요금 30분당 165엔, 포로클 1일 패스 1430엔 **운영** 4월 초~11월 중순
홈페이지 porocle.jp

JR 삿포로역 주변 임시 버스 승차장

재개발로 삿포로역 버스 터미널이 폐쇄됨에 따라 현재는 JR 삿포로역 주변의 각기 다른 정류장에서 근교 및 인근 도시행 버스를 탑승해야 한다. 정류장 위치가 헷갈릴 수 있으므로 사전 확인은 필수다. 정류장이나 노선이 바뀔 수 있으니 삿포로시 홈페이지의 최신 안내를 확인한다. ※삿포로 버스 터미널은 2028년 완공 예정

홈페이지 www.city.sapporo.jp/sogokotsu/kasetsubus.html

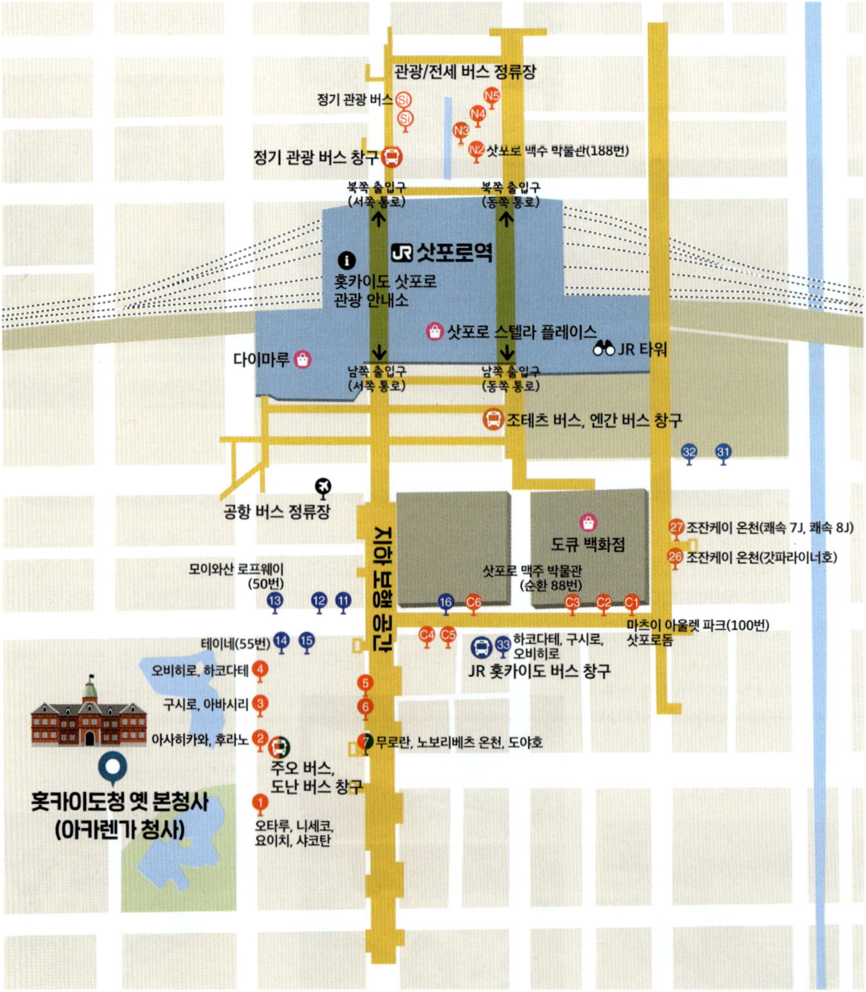

FOLLOW UP
알아두면 유용한
삿포로 여행 실용 정보

① 홋카이도 삿포로 관광 안내소
대응 언어: 한국어, 일본어, 영어, 중국어

JR 삿포로역의 '홋카이도 삿포로 음식과 관광 정보관' 내에 있으며 삿포로 관광, 이벤트뿐 아니라 홋카이도 전역의 관광 정보와 개화 시기, 스키장 영업 등 계절에 맞는 정보도 제공한다. 와이파이 렌털 접수, 외화 환전기, 배터리 충전 부스 등 관광객을 위한 다양한 서비스도 갖추고 있다.

운영 08:30~20:00(연말연시 휴무) **문의** 011 213 5088

② 삿포로시 콜센터
대응 언어: 한국어, 일본어, 영어, 중국어

삿포로시에서 운영하는 콜센터. 전화로 삿포로 관광에 대한 문의를 할 수 있다. 다만 숙소 예약, 음식점 정보와 삿포로시 이외 지역에 대한 문의는 응대하지 않는다.

운영 08:00~21:00 **문의** 011 222 4894

③ ATM

일본 ATM에서 우리나라에서 발행한 해외여행용 체크카드나 신용카드로 간편하게 현금을 인출할 수 있다. 여행 경비를 엔화로 많이 환전해 가는 것보다 해외여행용 체크카드를 미리 준비해 가져가서 현지 ATM에서 필요한 금액만큼 인출하는 것이 훨씬 유리하고 효율적이다. 가장 보편화된 기기는 세븐일레븐에 설치된 ATM으로 인출 시 1만 엔당 100엔의 수수료가 붙는다. 이온 ATM은 수수료가 없다. 지점 위치를 미리 파악해두면 편리하다. ▶ **해외여행용 체크카드 정보 1권 P.134**

삿포로 시내 이온 ATM 위치 주요 이온 몰, JR 삿포로역 지하, 지하철 오도리역 지하

④ 물품 보관함(코인 로커)

JR 삿포로역을 중심으로 지하 보행 공간과 지하철역 등에 수많은 물품 보관함이 있다. 1회에 2박 3일까지 이용이 가능해 홋카이도 내 다른 도시로 짧게 여행할 경우 짐을 보관하고 다녀오기에 유용하다. 그러나 눈 축제 기간 등 성수기에는 빈 물품 보관함 찾기가 매우 어렵다.

요금 짐 크기에 따라 1일 400~700엔

SAPPORO ZONE 1

삿포로역 & 오도리역
札幌 & 大通

삿포로 여행의 핵심 스폿이 모두 모였다

삿포로의 역사와 시민의 삶이 깊이 배어 있고 도시의 주요 축제가 열리는 구역이다.
삿포로역과 오도리역 사이에는 삿포로 랜드마크를 비롯해 대부분의 삿포로 관광
명소가 자리해 있다. 또 맛집과 쇼핑타운 등이 몰려 있어 삿포로에서 여행할 시간이
충분치 않다면 이곳만 돌아봐도 될 정도다. 대부분 지하 보행 공간으로 연결되어
지리만 잘 익혀두면 어디든 쉽고 빠르게 찾아갈 수 있다.

01

JR 삿포로역
札幌駅

📍 **구글맵** 삿포로역
문의 011 222 6131

삿포로 여행의 시작과 끝

삿포로 여행뿐 아니라 홋카이도 여행의 첫 관문이 되는 역이다. 카페, 레스토랑, 쇼핑몰, 문화 시설 등이 들어선 대규모 복합 시설이기도 하다. 홋카이도 각지를 운행하는 열차와 지하철 난보쿠선南北線, 도호선東豊線과도 연결된다. 역사는 삿포로 스텔라 플레이스, JR 타워, 다이마루 백화점 삿포로점과 이어져 있다. 역내에도 식료품점, 식당, 카페 등이 있어 간단한 쇼핑과 식사가 가능하다. 원래도 규모가 크고 구조가 복잡한 편인데 현재 2030년을 목표로 신칸센 연장 재개발 공사 중이라 더욱 혼잡하다.

역 북쪽에는 버스 투어 정류장이, 남쪽에는 조잔케이 온천행 버스 정류장이 있으니 미리 위치를 파악해두면 편리하다. 지하로는 지하철 스스키노역까지 이어지는 지하 보행 공간과 지하상가로 바로 연결된다.

JR 삿포로역은 한자 '札幌'으로 표기하고, 지하철 삿포로역은 히라가나 'さっぽろ'로 표기해요. 삿포로 시민들은 삿포로역을 줄여서 '사츠에키'로 부르기도 합니다.

TRAVEL TALK

자판기 앞에 긴 줄이! 샌드리아 샌드위치

JR 삿포로역에는 숨겨진 샌드위치 맛집이 있어요. 바로 샌드리아 샌드위치 자판기입니다. 하루 네 번, 갓 만든 샌드위치가 채워지는 시간마다 자판기 앞에 긴 줄이 늘어서는 진풍경이 펼쳐져요. 잼 샌드위치와 달걀 샌드위치는 물론 멘치카츠, 크림고로케 샌드위치 등 무려 40여 종이나 되어 골라 먹는 재미가 쏠쏠하답니다.

02 삿포로역전도로 지하 보행 공간 札幌駅前通地下歩行空間

📍
구글맵 Chi-Ka-Ho
운영 05:45~00:30
홈페이지 www.sapporo-chikamichi.jp
가는 방법 지하철 난보쿠선 삿포로역·오도리역에서 바로 연결

삿포로역과 오도리역을 연결하는 지하 통로

삿포로 여행은 지하 보행 공간만 익히면 훨씬 수월해진다. 그 시작은 바로 '치카호'라는 애칭으로도 불리는 '삿포로역전도로 지하 보행 공간'이다. 2011년에 개통한 이 지하 보행 공간은 삿포로 중앙 도로인 JR 삿포로역 남쪽 도로 바로 아래를 지나며, 지하철 난보쿠선 삿포로역과 오도리역 사이 520m 거리를 연결한다.

또한 오도리역에서 스스키노역까지도 지하상가 폴 타운Pole Town으로 이어지며 약 1900m까지 확장되어 일본에서 직선거리가 가장 긴 지하보도로 꼽힌다. 게다가 오도리역 동쪽으로는 지하상가 오로라 타운Aurora Town과 지하철 도자이선 버스센터마에역을 넘어 오도리 공원 끝까지 연결되므로 실제로 지하보도로 이동할 수 있는 범위는 그 이상이다. 중간에 건물 지하 식당가로 바로 연결되기도 하지만 별도의 상업 공간이 없는 순수 보행로이고, 일반 지하 보행 공간에 비해 천장이 높고 폭도 넓어 걷기에 쾌적하다. 중간중간 의자와 테이블, 무료 와이파이를 제공하는 쉼터가 있어 휴식도 가능하다. 주말이나 공휴일에는 이곳에서 각종 이벤트가 얼리기도 한다.

◯ TRAVEL TALK
지하 보행 공간을 걸으며 아이누 문화를 만나요!

홋카이도는 19세기 중반까지 아이누의 땅이었어요. 삿포로의 지명도 아이누어에서 비롯됐지요. 그래서 홋카이도 곳곳에서 아이누 문화를 접할 수 있어요. 특히 삿포로역전도로 지하 보행 공간에서는 아이누를 상징하는 여러 수공예품이 전시되어 있어요. 주말에는 아이누족의 공연이나 수공예품 판매 행사가 열리기도 합니다.

아이누의 역사가 담긴 수공예품 전시

03 삿포로시 시계탑
札幌市時計台

일본에 현존하는 가장 오래된 시계탑

정식 명칭은 구 삿포로 농업학교 연무장旧札幌農学校演武場으로 홋카이도 대학교 전신인 삿포로 농업학교의 중앙 강당이었던 건물이다. 1906년 삿포로 농업학교가 이전하면서 중앙 강당은 따로 지금의 위치로 이축해 여러 용도로 사용되다가 박물관 역할을 하는 삿포로시 시계탑이 되었다.

초대 교감인 클라크 박사가 계획해 1878년에 지은 건물은 개척기 미국 중부와 서부에서 유행한 목조 서양식 건축양식이 특징이다. 건축 당시에는 종루에 수업 시작과 종료를 알리는 종이 있었으나 1881년 지금의 시계로 교체했다. 이 시계는 일본에서 가장 오래된 시계로, 지금도 정시마다 종소리로 시간을 알린다. 시계 아래쪽 지붕에는 북극성을 모티브로 한 개척사의 상징으로 붉은 별 2개가 있는데, 건물 곳곳에 이런 별이 총 17개 붙어 있다. 1층은 시계탑과 삿포로 농업학교에 관한 자료 전시실이고, 2층은 건축 당시 건물의 용도 그대로 재현해놓았다. 1970년 국가 중요문화재로 등록되었다.

구글맵 삿포로시 시계탑
문의 011 231 0838
운영 08:45~17:10(마지막 입장 17:00)
휴무 1월 1~3일 **요금** 일반 200엔, 고등학생 이하 무료
홈페이지 sapporoshi-tokeidai.jp
가는 방법 JR 삿포로역 남쪽 출입구에서 도보 10분

시계탑 감상 & 인증샷 포인트

인증샷 포인트 시계탑 건물 정문 앞에 서서 카메라를 최대한 낮은 위치에 두고 촬영한다. 또 시계탑 오른쪽에 있는 포토존은 차례를 기다렸다가 제대로 된 인증샷을 남길 수 있는 곳이다.

감상 포인트
맞은편 빌딩 2층 테라스에서 시계탑의 가장 멋진 모습을 감상할 수 있다.

④ 삿포로 TV 타워
さっぽろテレビ塔

오도리 공원을 드론 각도로 조망하는 전망대

오도리 공원 동쪽 끝, 니시 1초메에 우뚝 서 있는 텔레비전 전파탑이다. 1956년에 세워진 이후 삿포로시 시계탑과 더불어 삿포로의 대표 랜드마크로 사랑받고 있다. 홋카이도에 TV 시대를 연 역사적 건축물이기도 하다. 비록 높이는 지상 90m로 JR 타워에 비해 낮지만, 계절마다 표정이 달라지는 오도리 공원과 축제 풍경을 드론 시점으로 감상하기에 이만한 곳이 없다. 일루미네이션 축제와 눈 축제가 열리는 겨울에 가장 인기가 좋다. 낮과 밤 풍경이 완전히 다르므로 낮과 밤, 2회 입장할 수 있는 낮밤 티켓도 판매한다. 또 하루에 한 팀에 한해 폐장 이후 30분 동안 전망대 전체를 대여할 수 있는 특별 프로그램도 운영한다.

🛈
구글맵 삿포로 TV 타워 **문의** 011 241 1131
운영 09:00~22:00(마지막 입장 21:50)
요금 일반 티켓 고등학생 이상 1000엔, 초등·중학생 500엔 / 낮밤 티켓 고등학생 이상 1500엔, 초등·중학생 700엔(구입일로부터 3일간 사용 가능)
홈페이지 www.tv-tower.co.jp
가는 방법 지하철 오도리역 27번 출구에서 도보 5분

입장권은 전망대 3층 카운터에서 구입하세요.

TIP!
삿포로 TV 타워 제대로 즐기는 법

❶ 무서운 창 怖窓
아찔한 스릴을 느끼며 풍경을 감상할 수 있는 포인트. 기울어진 전면 유리창 가까이 다가서서 창의 각도에 맞춰 몸을 기울이면 마치 아래로 추락할 것 같은 기분이 든다.

❷ TV 타워 신사
TV 타워의 캐릭터는 '테레비 아버지テレビ父さん'. 전망대에 이 캐릭터를 모시는 '테레비 아버지 신사'도 있는데, 규모는 작지만 삿포로에서 가장 높은 곳에 자리한 신사로 꼽힌다. 신사 옆에는 운세를 점치는 오미쿠지가 있고, 유머러스한 형태의 캐릭터 굿즈도 판매한다.

오도리 공원
大通公園

1년 내내 떠들썩한 축제와 힐링 공간

전형적인 계획도시에서만 볼 수 있는 반듯한 형태의 대규모 도심 공원. 삿포로 중심부에서 니시 1초메부터 니시 12초메까지 무려 12블록, 1.5km 길이로 동서로 길게 뻗어 있으며 넓이는 약 7만 8900m²이다. 한쪽 끝에서 다른 쪽 끝까지 도보로 무려 30분 정도 걸리는 규모다. 삿포로의 상징인 라일락을 비롯해 92종 약 4700그루의 나무로 둘러싸여 있어 도심 속 숲으로 사랑받고 있다. 크게 다섯 구획으로 나누어졌는데 구획마다 분위기가 다르다. 1년 내내 축제가 끊이지 않는 홋카이도 대표 축제 장소로도 유명하다. 세계적으로 유명한 눈 축제와 여름철의 비어 가든을 비롯해 계절별로 특색 있는 축제가 열린다.

구글맵 오도리 공원
문의 011 231 0838
홈페이지 odori-park.jp
가는 방법 지하철 오도리역 모든 출구와 바로 연결

FOLLOW UP

길이 1.5km 오도리 공원
구간별로 살펴보기

오도리 공원은 너무나 방대해 어디부터 둘러봐야 할지 막막하다면 '교류, 오아시스, 만남, 프런티어, 꽃'이라는 다섯 가지 주제로 구분된 구역을 따라 걸어보자. 각 구역에 담긴 의미와 상징적인 오브제를 찾아보며 산책하면 훨씬 더 흥미로운 경험이 될 것이다.

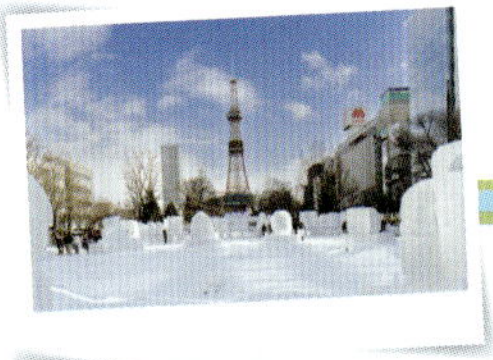

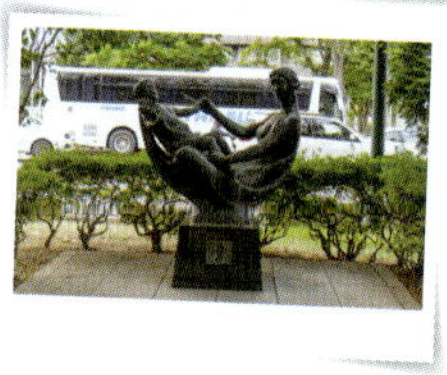

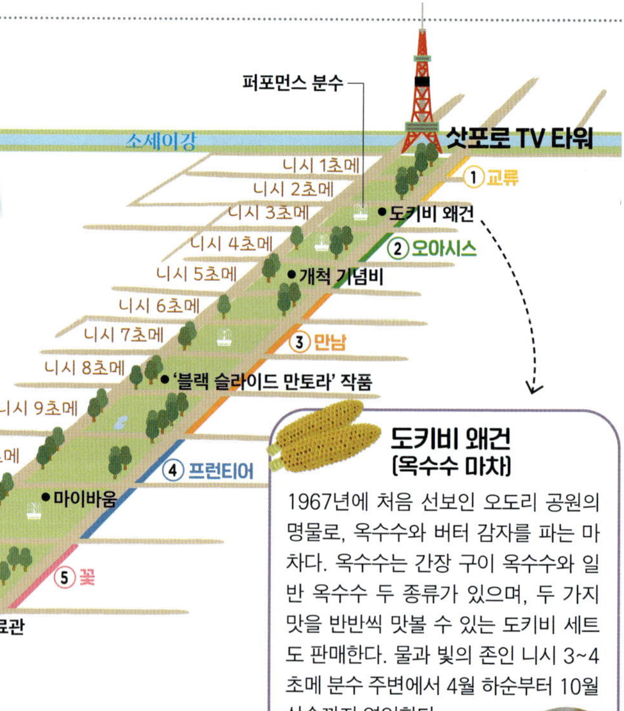
퍼포먼스 분수
소세이강
삿포로 TV 타워
니시 1초메
니시 2초메
니시 3초메
니시 4초메
니시 5초메
니시 6초메
니시 7초메
니시 8초메
니시 9초메
니시 10초메
니시 11초메
니시 12초메
니시 13초메
① 교류
● 도키비 왜건
② 오아시스
● 개척 기념비
③ 만남
● '블랙 슬라이드 만토라' 작품
④ 프런티어
● 마이바움
⑤ 꽃
● 삿포로시 자료관

도키비 왜건 (옥수수 마차)

1967년에 처음 선보인 오도리 공원의 명물로, 옥수수와 버터 감자를 파는 마차다. 옥수수는 간장 구이 옥수수와 일반 옥수수 두 종류가 있으며, 두 가지 맛을 반반씩 맛볼 수 있는 도키비 세트도 판매한다. 물과 빛의 존인 니시 3~4초메 분수 주변에서 4월 하순부터 10월 상순까지 영업한다.

가격 간장 구이 옥수수 550엔, 도키비 세트 550엔

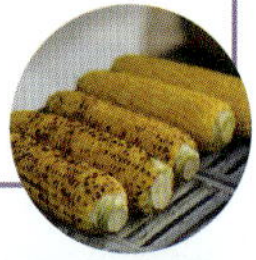

① **교류** 니시 1~2초메

국제 교류 존
国際交流ゾーン

오도리 공원의 핵심구역으로 삿포로 TV 타워가 있다. 1년 내내 다양한 이벤트가 열려 북적인다.

SAPPORO

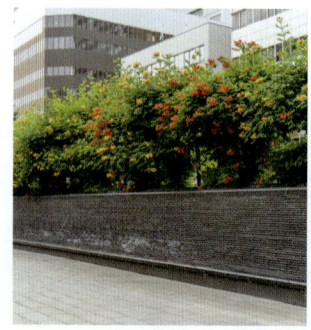

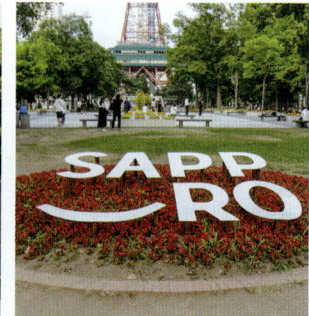

② 오아시스 니시 3~5초메
물과 빛의 존 水と光のゾーン

오도리 공원 곳곳에 여러 개의 분수가 있는데, 그중 니시 3초메에 있는 분수는 15분 동안 16가지 형태로 변화하는 퍼포먼스가 펼쳐진다. 주변에 테이블과 의자, 벤치가 있어 시민들이 가장 애용하는 휴식 공간이다.

④ 프런티어 니시 10~11초메
역사·문화 존 歷史·文化ゾーン

홋카이도 개척을 기념하는 동상과 삿포로의 자매도시 뮌헨의 상징인 마이바움(전통 행사에 사용하는 장식 나무) 등이 설치되어 있다.

③ 만남 니시 6~9초메
놀이·이벤트 존 遊び·イベントゾーン

놀이터, 야외 무대, 분수, 해시계, 개척 기념비 등이 설치된 구역으로 가족 단위 나들이객과 관광객이 즐겨 찾는다. 이 지역 출신 조각가 이사무 노구치의 작품 '블랙 슬라이드 만트라'가 설치되어 있다.

⑤ 꽃 니시 12초메
산크 가든 존 サンクガーデンゾーン

정원 중앙에 수로를 배치해 꾸몄다. 이곳에서 국가 중요문화재 삿포로시 자료관 札幌市資料館으로 바로 이어진다.

TRAVEL TALK
방화선이 공원으로 탄생

'큰 길'이라는 뜻의 오도리라는 이름은 이곳이 원래 도로였음을 짐작하게 합니다. 홋카이도 개척 초기, 삿포로 북쪽에는 관공서 지구를, 남쪽에는 주거와 상업 지구를 조성한다는 도시계획을 세웠다고 해요. 이 계획이 여러 차례 변경되면서 1871년 남북을 나누는 기준선이자 화재 확산을 막는 대규모 방화선으로 폭 105m의 공터가 조성되었습니다. 이곳이 이후 시리베시도리라는 이름의 도로가 되었다가 오도리로 바뀌었고, 1911년 유명한 조경가 나가오카 야스헤이의 설계에 따라 공원으로 정비했습니다. 이후 제2차 세계대전으로 공원이 훼손되었으며 1952년 삿포로 화훼 원예업자들의 자원봉사 활동으로 복구되었습니다. 이후 이를 기념해 매년 각 기업의 솜씨를 겨루는 '화단 만들기 대회'가 열린답니다. 공원 곳곳에 조성한 아름답고 개성 넘치는 화단은 모두 하나의 예술 작품과도 같으니 산책하며 감상해보세요.

오도리 공원 축제 일정

- 2월 삿포로 눈 축제
- 5월 삿포로 라일락 축제
- 6월 삿포로 라일락 축제, 요사코이 소란 축제
- 7~8월 삿포로 오도리 비어 가든, 삿포로 시티 재즈, 삿포로 여름 축제
- 9월 삿포로 오텀 페스트
- 11~12월 뮌헨 크리스마스 마켓 인 삿포로

ⓠ 삿포로 시민 교류 플라자 札幌市民交流プラザ

공연 관람과 독서, 휴식을 한 공간에서

문화예술 극장 히타루, 문화예술 교류 센터SCARTS, 삿포로 도서·정보관이 한 건물에 있는 복합 문화 공간이다. 4층부터 9층까지는 삿포로 교향악단을 비롯해 세계적인 아티스트의 공연이 열리는 공연장이 자리하고 1~2층 로비는 개방감 있는 열람실로 조성했다. 자유롭게 책을 읽을 수 있는 도서관도 있어 언제든 방문해도 좋다. 특히 6층에 삿포로 TV 타워를 배경으로 사진 찍기 좋은 스폿이 있다.

구글맵 삿포로 문화예술극장 **문의** 011 242 5800 **운영(도서·정보관)** 월~금요일 09:00~21:00, 토·일요일 10:00~18:00 **휴무** 둘째·넷째 주 수요일, 12월 29일~1월 3일 **홈페이지** www.sapporo-community-plaza.jp
가는 방법 지하철 오도리역 31번 출구에서 지하보도로 바로 연결

ⓦ 삿포로시 자료관 札幌市資料館

역사적·건축학적 의미가 있는 건축물

오도리 공원 서쪽 끝에 자리한 근대건축물로 과거 항소원(고등법원)으로 쓰였던 곳이다. 1926년 삿포로에서만 구할 수 있는 연석을 사용해 건축했으며, 일본에서도 희귀한 건축물로 평가받아 2020년 국가 중요문화재로 지정되었다. 현재 삿포로 역사를 소개하는 전시 공간으로 운영 중이며, 당시의 형사 법정을 복원한 공간이 있어 모의 재판 장소로도 활용된다. 홋카이도 출신 만화가 오바 히로시 기념실도 있다. 기념실에는 50~60점의 작품과(360점 중 교체 전시) 함께 스케치북 등 유품과 작가의 작업실을 재현한 공간도 있다. 무료입장이라 부담 없이 둘러볼 수 있다.

구글맵 삿포로시 자료관
문의 011 251 0731
운영 09:00~19:00
휴무 월요일, 12월 29일~1월 3일
홈페이지 www.s-shiryokan.jp
가는 방법 지하철 도자이선 니시주잇초메역 1번 출구에서 도보 5분

⑧ JR 타워 전망실 T38 JRタワー展望室 T38

홋카이도 최고 높이에서 야경 감상

삿포로뿐 아니라 홋카이도에서 가장 높은 건물인 JR 타워. 이곳 최상층 38층에 자리한, 삿포로 최고 높이인 160m 전망대로, 파노라마로 펼쳐지는 경치를 감상할 수 있다. 날씨가 맑은 날이면 북쪽으로 이시카리만 신항 건너편의 수평선이 보이고, 서쪽으로는 홋카이도 대학교와 데이네산手稲山이 보인다. 남쪽으로는 바둑판처럼 정돈된 삿포로 시내 중심부터 삿포로 돔까지, 동쪽으로는 바다까지 이어지는 이시카리강과 놋포로 삼림 공원까지 감상할 수 있다. 무엇보다 이곳에서 바라보는 삿포로 시내 야경이 유명한데 계획도시 특유의 질서정연한 바둑판 모양이 돋보인다. 전망을 여유롭게 즐기고 싶다면 전망대 남쪽에 자리한 T 카페를 이용한다. 낮에는 음료와 디저트를, 저녁에는 와인이나 칵테일을 즐기며 더욱 알찬 시간을 보낼 수 있다.

📍 구글맵 JR타워 전망대
문의 011 209 5500
운영 10:00~22:00(마지막 입장 21:30) 요금 일반 740엔, 중고생 520엔, 4세~초등학생 320엔
홈페이지 www.sapporo-chikamichi.jp
가는 방법 JR 삿포로역과 연결된 삿포로 스텔라 플레이스 6층에서 전용 엘리베이터 탑승

TIP!
JR 타워 전망실 찾아가기

JR 타워 전망실로 가는 길은 생각보다 복잡해 헤매기 쉬우니 다음을 참고하자.
① JR 삿포로역과 연결된 삿포로 스텔라 플레이스로 들어간다.
② 스타벅스 옆 엘리베이터를 타고 6층으로 올라간다.
③ 오른쪽으로 이동해 무인양품 왼쪽으로 걷는다.
④ 전망실 입구에서 오른쪽으로 걷는다.
⑤ 티켓 발매기나 카운터에서 입장권을 구입한다.
⑥ 전용 엘리베이터를 타고 38층에서 내린다.

⑨ 홋카이도청 옛 본청사(아카렌가 청사)
北海道庁旧本庁舎(赤れんが庁舎)

붉은 벽돌로 지은 홋카이도 개척의 상징

'붉은 벽돌'이라는 뜻을 가진 애칭 '아카렌가 청사'로 알려진 근대건축물로, 새로운 도청사가 생길 때까지 약 80년 동안 홋카이도 행정을 맡았던 건물이다. 1888년에 완공했으며 국가 중요문화재로 지정될 정도로 건축학적 의미가 크다. 건물 높이는 탑 정상까지 33m(약 10층 높이)로, 건축 당시 일본에서 손꼽히는 고층 건물이었다. 네오바로크 양식으로 지었으며 건물 꼭대기의 팔각 탑은 당시 미국에서 유행하던 돔 양식을 참고한 것으로 보인다.

한 차례 화재로 피해를 입었으나 벽은 크게 손상되지 않았으며, 복구공사가 신속히 이루어져 창건 당시의 모습으로 복원되었다. 건물 안에는 홋카이도 지사와 장관이 사용하던 집무실이 그대로 보존되어 있으며, 현재 홋카이도 역사를 조명하는 자료 전시관으로 사용되고 있다. 또한 내부에는 한정판 제품인 아카렌가 샌드를 판매하는 시로이코이비토 아카렌가 스위츠 라보 매장과 고풍스러운 분위기의 카페도 운영한다.

구글맵 홋카이도청
문의 011 204 5019
운영 08:45~18:00
휴무 12월 29일~1월 3일 **요금** 300엔
홈페이지 www.akarenga-h.jp
가는 방법 JR 삿포로역에서 도보 8분, 삿포로역전도로 지하 보행 공간 2번 출구에서 바로 연결

⑩ 홋카이도 대학교 식물원 北海道大学植物園

4000여 종의 식물이 자라는 원시림 속으로

1886년에 개관한 일본에서 두 번째로 오래된 식물원이다. 약 13만 3000㎡ 규모에 홋카이도 자생식물을 중심으로 4000여 종의 식물이 서식한다. 홋카이도 대학교 부설 기관이니만큼 전시용 외에 연구 활동이나 종자 보존 목적으로 이용하기도 한다. 인공적으로 조성한 일반 식물원과 달리, 1000년 전 주거 흔적과 개원 이전의 자연 지형과 원시림이 그대로 남아 있다. 또한 국가 중요문화재로 지정된 역사적 건축물이 자리해 독특한 분위기를 풍긴다. 식물원 안에 홋카이도늑대와 사할린개 타로의 박제 등이 있는 박물관, 아이누에 관한 자료를 전시한 북방민족자료실 등이 있어 함께 둘러볼 수도 있다.

구글맵 홋카이도대학 식물원
문의 011 221 0066 **운영** 4월 29일~9월 30일 09:00~16:30(마지막 입장 16:00), 10월 1일~11월 3일 09:00~16:00(마지막 입장 15:30) ※동절기에는 온실만 관람 가능하나 현재 리모델링 중 **휴무** 월요일(공휴일이면 다음 날), 공휴일, 12월 28일~1월 4일
요금 고등학생 이상 420엔, 초등·중학생 300엔, 미취학 무료
홈페이지 www.hokudai.ac.jp/fsc/bg
가는 방법 JR 삿포로역에서 도보 10분, 홋카이도청 옛 본청사 뒤편

⑪ 홋카이도립 근대미술관 北海道立近代美術館

유리공예품에서 샤갈까지 홋카이도 최고 컬렉션 보유

1977년에 개관한 미술관으로 다양한 근대 예술 작품을 소장하고 있다. 가타오카 다마코, 이와하시 에이엔, 기다 긴지로, 간다 닛쇼 등 홋카이도와 인연이 있는 작가들의 작품들을 전시하며, 아르누보부터 근대까지의 뛰어난 유리공예품 컬렉션으로 정평이 나 있다. 또 1920~1930년경 파리에서 활약한 에콜 드 파리 출신 작가들과 샤갈의 작품도 전시되어 있다. 무료인 상설전은 물론 유료인 기획 전시도 수준이 높다. 2층에는 입장권을 구입하지 않아도 이용 가능한 라운지가 있는데, 통창을 통해 홋카이도지사 공관의 녹지가 그림처럼 펼쳐져 삿포로 최고의 전망을 자랑한다. 미술관 건물 주변에도 여러 점의 설치미술이 전시되어 있어 함께 둘러보기 좋다.

구글맵 홋카이도립 근대미술관
문의 011 644 6881
운영 09:30~17:00(마지막 입장 16:30)
휴무 월요일(공휴일이면 다음 날), 12월 29일~1월 3일
요금 기획 전시 일반 510엔, 고등학생·대학생 250엔, 중학생 이하·65세 이상 무료
홈페이지 artmuseum.pref.hokkaido.lg.jp/knb
가는 방법 지하철 도자이선 니시주핫초메역 4번 출구에서 도보 6분

⑫ 홋카이도지사 공관
北海道知事公館

튜더 양식 건물과 풍요로운 녹지의 조화

삿포로 시내에 자리한 또 하나의 중요한 녹지 공간으로, 홋카이도립 근대미술관 바로 옆에 있어서 함께 둘러보기 좋다. 잔디밭 주변에 나무가 우거지고 실개천이 흐른다. 깊은 산속에 들어온 듯한 기분이 드는 곳이다. 숲속에 자리한 튜더 양식의 오래된 공관 건물은 붉은색과 흰색이 선명한 대조를 이루어 유럽의 어느 한적한 마을에 온 것 같은 기분이 드는 곳이다.

1936년 미츠이 합명회사의 별장으로 지었으며 1953년 홋카이도로 소유권이 넘어간 이후 다양한 회의와 행사에 두루 사용되고 있다. 1988년 삿포로시가 선정한 '삿포로 고향 문화 100선'에 포함되었으며 1999년 유형문화재로 지정되었다. 건물 뒤편에는 홋카이도 출신 조각가 야스다 칸의 작품으로 '이신키'라는 대형 바위 조각이 있다.

구글맵 홋카이도지사 공관 **문의** 011 611 4221
운영 08:45~16:00 **휴무** 내부 토·일요일 및 공휴일, 12월 29일~1월 3일, 12월 1일~4월 하순
홈페이지 www.pref.hokkaido.lg.jp/ss/tsh/koukan/72978.html
가는 방법 지하철 도자이선 니시주핫초메역 4번 출구에서 도보 6분

⑬ 미기시 고타로 미술관
三岸好太郎美術館

아틀리에 분위기의 작고 예쁜 미술관

일본 근대 서양화사에서 중요한 인물로 평가받는 미기시 고타로는 31세에 요절한 삿포로 출신 화가다. 이곳은 그의 작품과 업적을 소개하는 아틀리에 분위기의 개인 미술관이다. 220점의 소장 작품은 유족이 홋카이도에 기증한 것으로, 1967년 홋카이도립 근대미술관 내 미기시 고타로 기념실에 전시했다가 1983년 이 미술관을 마련해 옮겨 왔다. 작가의 대표 작들로 꾸민 소장품전이 중심을 이루며, 작가의 예술을 다양한 각도에서 마주하는 특별전도 열린다.

구글맵 미기시 고타로 미술관 **문의** 011 644 8901
운영 09:30~17:00(마지막 입장 16:30)
휴무 12월 29일~1월 3일, 그 외 비정기
요금 일반 510엔, 고등학생·대학생 250엔 ※홋카이도립 근대미술관 근미 컬렉션 포함 공통권 일반 830엔, 고등학생·대학생 410엔, 중학생 이하 무료
홈페이지 artmuseum.pref.hokkaido.lg.jp/mkb
가는 방법 지하철 도자이선 니시주핫초메역 4번 출구에서 도보 8분

⑭ 옛 나가야마 다케시로 사저
旧永山武四郎邸/旧三菱鉱業寮

일본식과 서양식이 절충된 개척 시대 표본 건축물

나가야마 기념 공원永山記念公園 안에 있는 소박한 근대 주택으로, 두 채가 이어져 있는 모습이 인상적이다. 하나는 1880년경에 건축한 일본식 단층 목조 주택으로 제2대 홋카이도청 장관 나가야마 다케시로의 사저였다. 다른 하나는 흰색 벽과 녹색 지붕의 대비가 눈길을 끄는 서양식 건물로, 미츠비시 광업 시멘트 주식회사가 사저를 매입해 추가로 지은 것이다.

내부로 들어서면 일본식 다다미 객실과 서양식 응접실이 조화를 이룬다. 1층에는 카페 나가야마 레스트가 들어서 있고, 2층은 지역 커뮤니티 공간으로 이용한다. 카페는 파르페 맛집으로도 유명하다.

구글맵 Former Nagayama Takeshiro Residence
문의 011 232 0450 **운영** 09:00~22:00
휴무 둘째 주 수요일, 연말연시
홈페이지 sapporoshi-nagayamatei.jp
가는 방법 JR 삿포로역에서 도보 10분, 삿포로 팩토리 바로 옆 나가야마 기념 공원 내

⑮ 세이카테이
清華亭

구글맵 세이카테이
문의 011 746 1088
운영 09:00~17:00
가는 방법 JR 삿포로역에서 도보 8분, 홋카이도 대학교 남문 맞은편

메이지 시대에 건축한 일왕의 휴게소

메이지 시대 건축물로 1880년 메이지 일왕이 홋카이도에 방문했을 때 잠시 쉬었다 가는 용도로 지었다. 이후 건물 대부분이 이축되었는데 이 건물만 원래 장소에서 당시 모습을 유지하고 있다. 전체적으로는 서양식 구조지만 곳곳에 일본풍을 절충한 것이 특징이다. 삿포로시 유형문화재로 지정되었으며 건물 안을 자유롭게 견학할 수 있다. 내부는 일본식 다다미방과 서양식 방으로 이루어졌고 건물 역사에 대한 자료를 전시하고 있다. 건물 앞으로 작은 가이라쿠 공원偕楽公園이 이어져 고즈넉한 분위기를 더한다.

⑯ 홋카이도 대학교 北海道大学

일본에서 규모 1위를 자랑하는 삿포로 최고의 산책 공간

1876년 삿포로 농업학교로 문을 연 이래 많은 인재를 배출해 홋카이도 농업 발전과 홋카이도 개척에 큰 역할을 한 대학이다. 현재도 일본 내 상위권 대학으로 명성을 떨치고 있다. 대학 캠퍼스지만 고풍스러운 건물과 아름다운 풍경 덕분에 많은 관광객과 시민이 즐겨 찾는 홋카이도 대표 관광 명소로 꼽힌다. 게다가 JR 삿포로역에서 도보로 약 7분 거리로 접근성도 뛰어나다.

캠퍼스에는 1.2km에 이르는 가로수 길과 하천이 있으며 포플러와 은행나무 가로수, 농장 등이 자리해 있다. 강의동과 도서관 외에 식당, 박물관, 카페 등 부속 시설도 많다. 넓이는 약 177만㎡ 정도로 걸어서 돌아보는 데 2시간 정도 걸린다.

📍 **구글맵** 홋카이도대학 **문의** 011 716 2111 **홈페이지** www.hokudai.ac.jp
가는 방법 JR 삿포로역 서쪽 출구에서 북서쪽으로 도보 6분

FOLLOW UP

곳곳에 명소가 숨어 있는
홋카이도 대학교 관광 포인트

제대로 돌아보려면 반나절은 족히 걸리는 엄청난 규모의 홋카이도 대학교 캠퍼스. 볼거리의 위치를 미리 파악해둬야 지치지 않고 돌아보기 좋다. 녹음이 우거진 여름과 단풍이 물드는 가을에 특히 더 아름답다.

아래 순서대로 돌아보면 효율적이에요.

산책 코스 START

- 인포메이션 센터 엘름의 숲
  - ↓ 도보 4분
- 사쿠슈코토니강
  - ↓ 도보 1분
- 클라크 동상
  - ↓ 도보 1분
- 후루카와 기념 강당
  - ↓ 도보 3분
- 홋카이도 대학교 종합 박물관
  - ↓ 도보 15분
- 삿포로 농업학교 제2농장
  - ↓ 도보 13분
- 오노 연못
  - ↓ 도보 3분
- 중앙식당
  - ↓ 도보 5분
- 포플러 가로수 길
  - ↓ 도보 12분
- 은행나무 가로수 길

① 인포메이션 센터 엘름의 숲
エルムの森

정문 옆에 있는 인포메이션 센터로, 홍보지 열람 코너와 홀, 갤러리 카페 등이 있다. 이곳에서 캠퍼스 가이드 지도(한국어판)를 받아 산책을 시작한다.

③ 클라크 동상 クラーク胸像

"소년이여, 야망을 가져라"라는 명언을 남긴 클라크의 동상이다. 그는 1876년 9개월간 짧게 이곳에서 자연과학과 식물학을 가르쳤지만 삿포로 농업학교의 기초를 단단히 다지는 데 공헌했다고 알려졌다.

② 사쿠슈코토니강 サクシュコトニ川

2004년에 복원한, 대학 내를 흐르는 작은 하천. 주변에 잔디와 나무 등으로 이루어진 녹지와 폭포 등이 있어 풍경이 한층 아름답다.

④ 후루카와 기념 강당 古河記念講堂

1907년에 미국의 빅토리아 양식으로 지은 건물로 현재는 연구실로 사용한다. 한자 수풀 림(林) 자를 모티브로 한 현관 기둥이 특색이 있다. 후루카와는 광산을 운영하던 재벌로 100만 엔을 기부해 8개의 건물을 지었는데 그중 단 하나 남은 건물이 이것이다. 내부에는 들어가지 못한다.

⑤ 홋카이도 대학교 종합 박물관
北海道大学総合博物館

1929년에 건립한 건물에 자리한 박물관. 삿포로 농업학교로 개교한 이래 수집·보존·연구한 300만 점 이상에 달하는 표본과 자료가 축적되어 있다. 바닥을 발로 가볍게 차기만 해도 진동을 감지하는 지진계가 있고, 표본을 직접 손으로 만져볼 수 있는 체험형 전시실 등 다양한 코너가 마련되어 있다. 박물관 내부에 뮤지엄 숍과 카페도 있다.

⑥ 삿포로 농업학교 제2농장
札幌農学校第2農場

클라크 박사의 구상에 따라 1876년에 개설한 홋카이도 시범 농장으로 현재는 근대 농업의 역사에 관한 자료가 전시되어 있다. 일본에서 가장 오래된 서양식 농업 건축물이며, 모범가축방模範家畜房과 곡물 창고는 일본 중요문화재로 지정되었다.

⑧ 생활협동조합식당부 중앙식당
生活協同組合食堂部中央食堂

카페테리아식 식당으로 메인 메뉴를 선택한 뒤 반찬과 사이드 메뉴를 골라 계산한다. 꼭 먹어봐야 할 만큼 맛이 훌륭하지는 않지만 저렴한 가격에 원하는 만큼 골라 먹을 수 있다.

⑦ 오노 연못 大野池

야생 오리가 노닐고 계절 따라 연꽃이 피는, 캠퍼스 중앙에 자리한 연못. 세계 최초로 만든 인공 눈을 기념하는 기념비도 있다.

⑨ 포플러 가로수 길 ポプラ並木

3m 높이의 포플러가 늘어서 있는 길. 1912년에 학생들이 처음 나무를 심었으며 2004년 태풍으로 절반 가까이 쓰러졌고, 이후 일본 전역에서 지원을 받아 지금의 80m 가로수 길이 완성되었다. 현재는 진입할 수 없지만 길 앞에서 사진을 찍으면 예쁘게 나온다.

⑩ 은행나무 가로수 길
イチョウ並木

약 380m 길이의 도로 양옆에 70그루의 은행나무가 줄지어 있어서 가을 단풍철이면 황금색으로 물든다. 11월에는 콘요우사이라는 은행나무 축제가 열린다.

SPECIAL THEME

갓 만든 신선한 맥주를 만나다
삿포로 맥주 박물관 サッポロビール博物館

메이지 시대부터 지금까지 삿포로 맥주가 걸어온 길을 소개하는 박물관이다. 공장이 아니라서 맥주 제조 시설은 견학에 포함되지 않는다. 1890년 삿포로에 처음 생긴 맥주 양조장 역사에 걸맞게 붉은 벽돌 건물 안에 맥주를 만들었던 엄청난 크기의 가마 등을 그대로 보존해 전시했다. 또 삿포로 맥주의 역사와 함께 변화한 맥주 패키지와 라벨, 광고 모델 등이 전시되어 있다. 자유롭게 견학하고 바로 신선한 맥주를 마실 수 있지만, 일본인 가이드의 안내에 따라 견학 후 맥주를 시음하는 유료 프리미엄 가이드 투어를 예약해야 한다. 한국어 오디오 가이드 대여비 500엔.

구글맵 삿포로 맥주 박물관 **문의** 011 748 1876 **운영** 전시 11:00~18:00 (마지막 입장 17:30), 유료 시음 11:00~18:30 (주문 마감 18:00), 뮤지엄 숍 11:00~19:30
휴무 월요일, 연말연시, 임시 휴관일
홈페이지 www.sapporobeer.jp/brewery/s_museum
가는 방법 JR 삿포로역 북쪽 출입구에서 버스 삿포로 맥주 정원・아리오선サッポロビール園・アリオ線 탑승, 삿포로 맥주원 정류장에서 하차

가이드 투어 예약

> **TIP!**
>
> **프리미엄 가이드 투어 예약 방법**
>
> 인터넷 예약 접수는 투어 희망일로부터 4주 전 오전 8시부터 투어 3일 전까지 가능하다. 예약 후 취소는 2일 전까지 홈페이지에서 하며, 취소 없이 불참할 경우 다음번 신청이 거절될 수 있다. 맥주 시음에는 2잔의 맥주와 스낵을 제공한다. 자동차 운전자와 자전거 이용자, 미성년자는 맥주 시음이 금지되며 소프트드링크로 대체할 수 있다.
>
> **소요 시간** 50분 **정원** 20명
> **요금** 일반 1000엔, 중고생 500엔, 초등학생 이하 무료

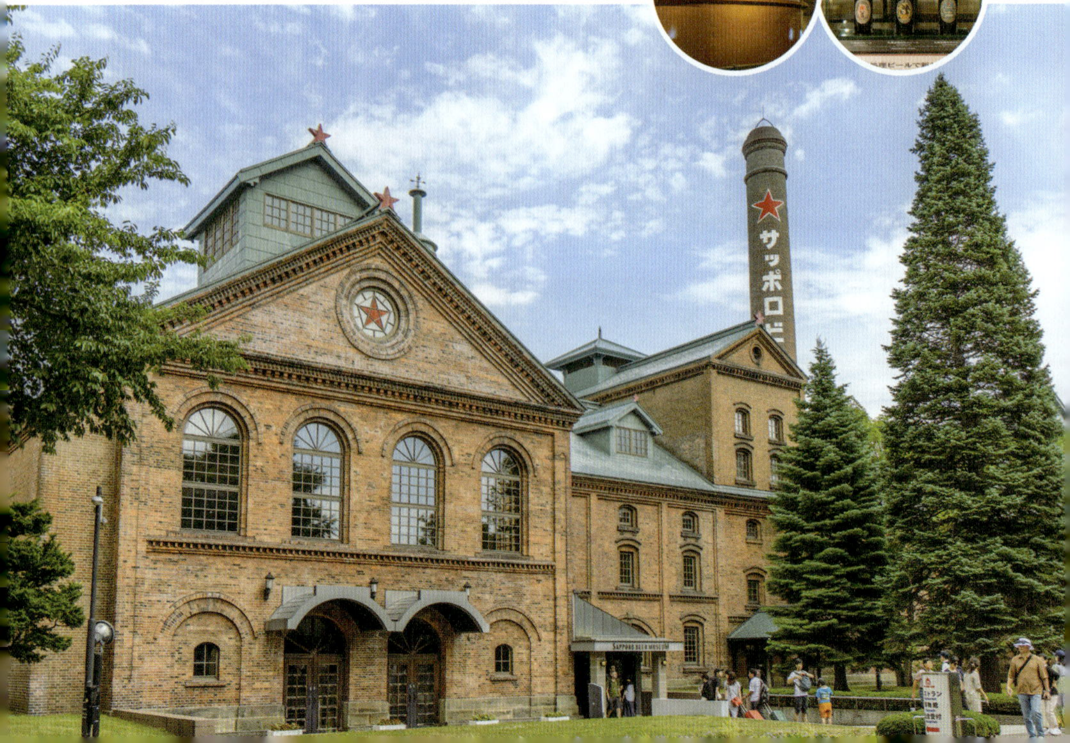

삿포로 맥주 박물관 즐기는 법

삿포로 맥주 박물관에는 비어홀과 기념품점이 여러 곳 있다. 비어홀에서는 신선한 맥주뿐 아니라 맥주에 어울리는 징기스칸도 판매해 징기스칸 맛집으로도 꼽힌다.

① 스타홀에서 세 가지 맥주를!

박물관 1층 스타홀에서는 삿포로 맥주 블랙 라벨, 삿포로 클래식, 삿포로 개척사 맥주, 세 종류의 맥주를 판매한다. 그중 1881년의 제조법으로 만드는 삿포로 개척사 맥주는 이곳에서만 판매하니 꼭 마셔볼 것. 세 종류의 맥주가 포함된 세트 메뉴를 추천한다.

② 삿포로 맥주 한정판 · 굿즈 쇼핑

삿포로 맥주 박물관에서만 판매하는 삿포로 맥주 한정판 제품과 굿즈도 놓칠 수 없다.

삿포로 맥주 유리잔
삿포로 개척사 맥주 3종: 라거, 알트비어, 바이젠
삿포로 클래식 맥주 젤리 초콜릿
에코백 등 굿즈
나무 자석 클립 블랙 라벨

③ 맥주와 징기스칸을 함께! 삿포로 맥주 정원

삿포로 맥주 박물관이 속해 있는 단지로, 단지 안에는 신선한 맥주와 징기스칸을 판매하는 5개의 레스토랑 건물이 있다. 박물관 건물과 이어진 고풍스러운 분위기의 개척사관과 700석 규모의 징기스칸 뷔페 전용홀 포플러관, 6종류의 양념 징기스칸을 선보이는 라일락홀, 야외에서 즐기는 비어 가든 등으로 구성되어 있어서 원하는 스타일을 골라 갈 수 있다.

스스키노 & 나카지마 공원
すすきの & 中島公園

해가 지면 더욱 즐거워지는 거리

삿포로 인증 사진을 찍으려면 반드시 이곳을 가야 한다!
닛카 위스키 전광판이 있는 지역으로, 밤에는 더욱 화려해져 도쿄 가부키초,
후쿠오카 나카스와 더불어 일본 3대 유흥가로 불린다. 낮에는 비교적 조용한 편이지만
밤이 되면 음식점, 술집, 가라오케 등이 본격적인 영업을 시작하면서 활기를 띤다.
특히 이 지역의 라멘집은 대부분 새벽까지 영업을 하며,
삿포로 대표 음식인 징기스칸 전문 식당도 이곳에 몰려 있다.

스스키노는 워낙 흥청거리는 유흥가이다 보니 밤에는 호객 행위를 하는 사람이나 취객이 많아서 여성 관광객 혼자 다니는 건 피하는 것이 좋아요.

01 스스키노 닛카 위스키 전광판 すすきのビルニッカ大看板

최고의 삿포로 인증샷 명소

오사카에 도톤보리 글리코 간판이 있다면 삿포로에는 닛카 위스키 전광판이 있다. 닛카 위스키 전광판은 스스키노 교차로에 있는 네온사인으로 킹 오브 블렌더스, 일명 수염 아저씨라는 애칭으로 더 친숙한 아사히 닛카 위스키의 홍보물이다. 이 전광판은 블랙 닛카 출시 4년 뒤인 1969년, 처음으로 스스키노 빌딩에 설치된 이후 무려 반세기 이상 스스키노 밤거리를 지켜왔다. 다만 처음 설치 이후 다섯 번의 변화를 거쳤으며 현재 사용 중인 버전은 2019년에 LED로 바뀐 것이다.

구글맵 스스키노 빌딩
가는 방법 지하철 난보쿠선 스스키노역

닛카 위스키 전광판 인증샷 포인트

❶ 교차로 건너편 맥도날드 매장 앞
스스키노 빌딩 대각선 건너편, 전광판이 정면으로 보이는 인증샷 포인트다.

❷ 코코노 스스키노 쇼핑몰 2층
전광판과 더 가까이, 눈높이에서 사진을 찍고 싶다면 스스키노 빌딩 동쪽 건너편에 위치한 코코노 스스키노Cocono Susukino 쇼핑몰 2층 계단 테라스로 가자. 이곳에 서면 스스키노 빌딩 2~3층에 걸쳐 있는 전광판과 눈높이가 딱 맞는다.

 전광판 속 인물은 19세기 영국의 위스키 블렌딩 명인, 월터 롤리입니다. 오른손에는 위스키 잔을, 왼손에는 보리를 들고 위스키를 테이스팅하는 모습으로 묘사되어 있어요.

02 대관람차 노리아 大観覧車 NORIA

홋카이도 유일의 빌딩 옥상 관람차

화려한 스스키노 풍경을 감상하고 싶다면 옥상 관람차는 어떨까? 식당, 상점 등이 들어선 복합 상업 시설 노르베사 7층에 지상 78m 높이의 홋카이도 유일의 옥상 관람차가 있다. 관람차에 앉으면 스스키노뿐 아니라 삿포로 시가지 풍경이 높낮이에 따라 다른 각도로 눈에 들어온다. 낮보다는 밤 풍경이 더 볼만하며, 특히 크리스마스 시즌의 조명 점등 시간에는 더 아름다운 풍경이 펼쳐진다. 관람차 안에 스마트폰 거치대가 설치되어 있어 셀카를 찍거나 풍경을 촬영하기도 좋다.

구글맵 노르베사 **문의** 011 261 8875 **운영** 일~목요일 및 공휴일 11:00~23:00, 금·토요일 및 공휴일 전날 11:00~01:00 **요금** 고등학생 이상 1000엔, 초등·중학생 500엔, 미취학 무료 ※생일 당일 무료
홈페이지 www.norbesa.jp/noria
가는 방법 지하철 난보쿠선 스스키노역 2번 출구에서 도보 2분

03 소세이강 공원 創成川公園

시냇물이 흐르는 오솔길

삿포로시 중심을 흐르는 인공 하천 소세이강을 따라 조성된 공원이다. 2011년에 개장했으며, 약 820m 길이의 산책로가 있어 서울의 청계천을 연상케 한다. 산책로 주변에 꽃과 나무 등을 이용한 조경이 잘되어 있고 계절감을 느끼기 좋다. 또 중간중간 일본 유명 작가들의 작품도 설치해놓아 산책하는 데 지루하지 않다. 화장실이나 식수대 등 편의 시설도 잘 갖춰져 있다. 공원 주변에서는 1년 내내 사케 축제나 맥주 축제 등 다양한 행사가 열린다. 소세이강을 따라 남쪽으로 가다 보면 나카지마 공원으로 이어진다.

구글맵 소세이카와 공원
가는 방법 지하철 도자이선 버스센터마에역 2번 출구에서 바로 연결

잉어 월동지 コイの越冬池

나카지마 공원 북쪽, 모야마다리 藻山橋와 미나미하치조다리 南八条橋 사이를 흐르는 소세이강의 일부로, 강 상류보다 폭이 좁아 아늑한 분위기다. 주변에 버드나무와 벚나무가 늘어서 있어 봄에는 꽃이 만발하고 여름에는 녹음이 우거져 한 편의 그림 같은 풍경이 펼쳐진다. 이름처럼 방류한 잉어가 유유히 헤엄치는 모습을 볼 수 있다.

④ 치토세츠루 술 박물관 千歳鶴酒ミュージアム

삿포로 사케 시음이 가능한 브랜드 홍보관

삿포로에서는 냉랭하고 다습한 기후로 인해 누룩의 발효가 억제되어 담백하고 깔끔하며 쌉쌀한 맛의 사케가 만들어진다고 한다. 삿포로 유일의 향토주 치토세츠루 역시 산뜻하고 깔끔한 맛으로 사랑받는 사케다. 치토세츠루를 만드는 일본청주주식회사의 전신인 시바타 주조점은 1872년 삿포로에서 처음으로 술을 빚은 양조장이다.

옛 시바타 주조점 건물 인근에 있는 치토세츠루 술 박물관은 전시 비중이 턱없이 낮아 브랜드 홍보관에 가깝다. 그럼에도 관광 필수 코스로 꼽히는 이유는 사케 시음과 사케 아이스크림 덕분이다. 다양한 사케를 무료로 시음할 수 있으며 현장에서 마음에 드는 사케를 구입할 수도 있는데 면세는 안 된다. 사케 아이스크림은 깊고 진한 우유 맛에 쌉쌀하고 산뜻한 사케 맛이 더해져 기분 전환용으로 좋다.

구글맵 지토세스루 술 뮤지엄
문의 011 221 7570
운영 10:00~18:00
홈페이지 nipponseishu.co.jp/chitosetsuru/museum
가는 방법 지하철 도자이선 버스센터마에역 9번 출구에서 도보 5분

⑤ 아오아오 삿포로 AOAO SAPPORO

세계에서 가장 작은 펭귄이 사는 수족관

쇼핑몰 모유 삿포로 4~6층에 있는 수족관이다. 실내라 날씨 영향을 받지 않고 다양한 생물을 가까이서 관찰할 수 있다. 양발로 뛰며 이동하는 '북부바위뛰기 펭귄', 세계에서 가장 작은 펭귄 '쇠푸른 펭귄'도 있다. 그 밖에 해파리, 친아나고(정원장어) 등 수족관의 인기 생물이 있고, 시레토코의 바다를 테마로 한 디지털 아트를 홋카이도 최대 크기의 스크린으로 즐길 수 있다.

밤 10시까지 운영하는데 낮에는 생물의 활발한 행동을 관찰할 수 있는 반면, 밤에는 톤 다운된 조명으로 환상적인 분위기가 연출된다. 수족관 내에 홋카이도산 밀로 만든 크루아상과 커피, 파르페, 술 등을 파는 베이커리 & 바도 있다.

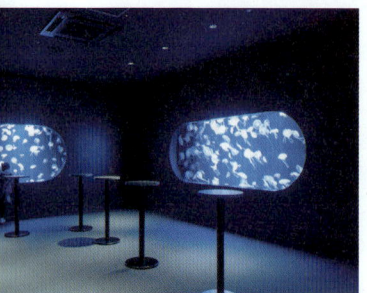

구글맵 AOAO SAPPORO **문의** 011 212 1316 **운영** 10:00~22:00
요금 고등학생 이상 2200엔, 초등·중학생 1100엔, 3세 이상 미취학 200엔
※성수기 기준, 비수기에 요금 변동 **홈페이지** aoao-sapporo.blue
가는 방법 지하철 난보쿠선 스스키노역 1번 출구에서 도보 2분, 모유 삿포로 4층

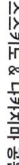

06 나카지마 공원 中島公園

문화 시설과 역사 건축물이 있는 공원

삿포로 시민들이 누릴 수 있는 최고의 복지 중 하나가 나카지마 공원이다. 도심 속 236m² 넓이의 공원에 배가 유유히 떠다니는 연못, 피크닉하기 좋은 드넓은 잔디밭, 어린이 놀이터와 함께 한 폭의 그림 같은 일본식 정원, 메이지 시대 역사 건축물, 콘서트홀, 천문대까지 짜임새 있게 구성되어 구경거리, 체험거리가 넘친다. 이러한 이유로 계절별로 출사를 다니는 사진가들 사이에 입소문 난 명소이기도 하다. 1918년 홋카이도 개척 50주년을 기념해 열린 박람회의 메인 회장으로 사용되었을 정도로 역사도 깊다. 일본 공원 100선에 선정되었다.

구글맵 나카지마 공원
가는 방법 지하철 난보쿠선 나카지마코엔역 3번 출구에서 바로 연결

 사계절 신나는 이벤트 즐기는 법

→ 봄~가을 **뱃놀이**
나카지마 공원에서는 4월 말부터 10월 중순까지 연못에서 뱃놀이를 즐길 수 있다. 요금은 40분당 600엔.

→ 여름 **홋카이도 신궁 축제**
홋카이도에서 매년 6월 14~16일에 개최하는 축제로 나카지마 공원에서도 열린다. 나카지마 자유 광장에는 수많은 포장마차가 들어서 축제 분위기를 돋운다.

→ 겨울 **삿포로 스노 파크**
겨울에는 나카지마 체육 센터 앞과 자유 광장에 크로스컨트리 코스가 마련되는데 스키 장비 세트(부츠, 플레이트, 폴)를 무료로 대여해준다.

FOLLOW UP

나카지마 공원에서 가능한
특별한 체험 BEST 4

나카지마 공원은 단순한 공원이 아니다. 공연장, 천문대, 정원, 역사적 건물 등 다양한 시설이 있어 풍부한 볼거리와 체험거리를 제공한다.

① 삿포로시 천문대 札幌市天文台
별자리 관측

1958년에 개관한 공개 천문대. 구경 20cm의 굴절망원경이 설치되어 있어 낮에는 태양을, 밤에는 별을 관찰할 수 있다. 매월 비정기적으로 3일간(금~일요일) 무료로 야간 공개를 하니 관심이 있다면 꼭 들러보길. 예약은 필요 없으며 일정은 홈페이지를 참고한다.

홈페이지 www.ssc.slp.or.jp/stargazing/sapporo_obs

② 삿포로 콘서트홀 키타라
札幌コンサートホール Kitara

최고의 음향 경험

홋카이도 최초의 음악 전용 홀로 삿포로 교향악단이 상주하는 곳이다. 건물 외관은 모두 유리로 되어 있고 내부는 홋카이도산 목재로 마감했다. 세계적인 지휘자 사이먼 래틀이 '근대적인 콘서트홀로는 세계 제일'이라고 평할 정도로 음향이 좋다. 공연 일정은 홈페이지 참고.

홈페이지 www.kitara-sapporo.or.jp

③ 일본정원 日本庭園
에도 시대 스타일 정원 산책

나카지마 공원 한쪽에 자리 잡은 일본정원은 입장료를 받아도 좋을 만큼 정성스럽게 가꾸었다. 홋카이도 각지에서 들여온 돌과 교토에서 만든 석등, 소나무 등으로 일본 에도 시대 스타일로 꾸몄다. 공원 안에 일본의 유명 조경가 고보리 엔슈가 만든 다실 핫소안八窓庵이 있는데, 이는 규슈 사가현에 있던 건물을 이축한 것이다.

④ 호헤이칸 豊平館

메이지 일왕이 묵었던 옛 호텔

메이지 시대 정부 기관이 세운 유일한 호텔로, 1881년 메이지 일왕의 방문을 앞두고 개관했다. 일본의 전통 기술로 건축한 메이지 시대 초기의 대표적인 서양식 목조건물로 국가 중요문화재다. 원래 오도리 공원 1초메 부근에 있었는데 1958년 지금의 위치로 이축한 것이다. 이후 결혼식장으로 사용하다가 보존·수리 공사를 거쳐 2016년에 교류 시설이자 전시관으로 새 단장했다. 입장료가 있는 내부에는 샹들리에가 달린 천장 중심부에 회반죽을 사용한 장식과 메이지 일왕이 묵었던 객실을 재현해놓아 당시 모습을 가늠할 수 있다.

요금 고등학생 이상 300엔, 중학생 이하 무료
운영 09:00~17:00(마지막 입장 16:30) **홈페이지** www.s-hoheikan.jp

TRAVEL TALK

역사적 건물에 들어선 카페 하루니레
喫茶室ハルニレ

호헤이칸 1층에 자리한 고풍스러운 카페로 조용한 시간을 보내기 좋아요. 커피, 팬케이크, 쿠키는 물론 카레 같은 식사 메뉴도 있어요. 이곳을 이용하려면 호헤이칸 입장권이 있어야 하는데, 입장권(300엔)과 커피 1잔(490엔)이 포함된 카페 세트 입장권(600엔)을 구입하는 게 유리합니다.

SAPPORO ZONE 3

마루야마
円山

한 달 살이 하고 싶은 평화로운 동네

역사가 짧은 삿포로에서 그나마 일본 전통 분위기가 나는 홋카이도 신궁이 자리한 지역이다.
봄철 벚꽃 명소인 마루야마 공원과 동물원까지 있어 삿포로 시민과 관광객에게는 거대한
테마파크 같은 곳이다. 그러나 딱 이 관광지만 제외하면 한적하고 조용하다.
자연을 만끽할 수 있는 산책로가 많고 아기자기한 카페와 디저트 숍도 많다.

01 마루야마 공원 円山公園

원시림이 펼쳐진 삿포로 대표 벚꽃 명소

천연기념물인 마루야마 원시림과 운동 시설, 놀이터 등이 있고 홋카이도 신궁, 동물원과 접해 있는 70만 m² 넓이의 드넓은 공원이다. 19세기 후반 홋카이도 개척사가 만든 수목 시험장을 20세기 초반에 공원으로 정비했다. 당시의 흔적이 느껴지는 울창한 삼나무 숲이 자리하고 계수나무, 낙엽송이 여전히 남아 있으며 다람쥐와 북방여우, 새 등 동물도 다양하다. 등산로도 정비되어 있고, 공원 입구에 자리한 파크 센터에서는 다양한 기념품을 판매한다.

구글맵 마루야마 공원
문의 011 621 0453
홈페이지 maruyamapark.jp/ko
가는 방법 지하철 도자이선 마루야마코엔역 1번 출구에서 도보 5분

TIP!
나무로 만든 기념품
마루야마 공원 파크 센터에서는 마루야마를 상징하는 다양한 기념품을 판매한다. 그중 마루야마 공원에서 자란 나무로 만든 마루야마 공원 오리지널 자석이나 오리지널 수공예품을 추천한다.

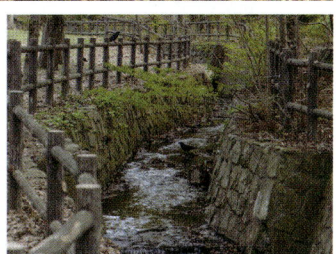

⑫ 삿포로시 마루야마 동물원
札幌市円山動物園

홋카이도 토종 동물을 만난다

1951년에 문을 열어 포유류, 조류, 파충류 등 184종 991마리가 서식하는 홋카이도 최초의 동물원이다. 동물이 지내는 공간을 최대한 자연 서식지와 가깝게 재현한 것이 특징이다. 코끼리, 기린, 침팬지, 사자, 호랑이, 북극곰 등 인기 동물은 물론 홋카이도에서만 서식하는 토종 동물도 있다. 이름 앞에 홋카이도의 옛 지명인 '에조エゾ'가 붙은 동물이 바로 홋카이도 고유종으로 에조불곰, 에조사슴, 에조개구리, 에조너구리, 에조눈토끼 등이 있다. 사육사가 동물에 대해 설명하고 먹이를 주는 이벤트도 수시로 열리니 홈페이지에서 스케줄을 확인하고 방문하는 것이 좋다. 또 마루야마 원시림과 맞닿은 곳에 넓이 약 2만 m²의 '동물원 숲'이 조성되어 있어 자연을 더 깊이 체험할 수 있다.

구글맵 삿포로시 마루야마 동물원 **문의** 011 621 1426 **운영** 09:30~16:30(11~2월은 16:00까지) **휴무** 둘째 · 넷째 주 수요일(공휴일인 경우 다음 날) ※그 외 휴무일은 홈페이지 참고 **요금** 일반 800엔, 고등학생 400엔, 중학생 이하 무료 **홈페이지** www.city.sapporo.jp/zoo **가는 방법** 마루야마 공원 내

🔍 겨울철 인기 포인트

❶ **올빼미와 매의 숲관** 홋카이도에 약 165쌍밖에 남지 않은 희귀종 블래키스톤 물고기잡이 부엉이를 볼 수 있다. 일본에서 가장 큰 부엉이로 꼽힌다.

❷ **캥거루관** 홋카이도의 추위를 견디기 위해 겨울잠에 들어가는 에조너구리가 이곳에 있다. 겨울잠을 자기 위해 체중을 평소보다 1.5배 정도 불린 모습을 볼 수 있다.

❸ **멍키하우스** 해외에서는 '스노몽키'로도 알려진 일본 원숭이. 몸을 동그랗게 웅크린 모습에서 '원숭이 경단'이라는 별명이 붙었으며, 이 모습이 겨울 풍경 속 인기 장면으로 꼽힌다.

❹ **북극곰관** 겨울은 단연 북극곰의 계절! 수조 안에서 수영하거나 얼음을 깨고 입수하는 등 활동적인 모습을 가까이에서 관찰할 수 있다.

❺ **고산관** 겨울철 레서판다는 털이 더욱 풍성해져 한층 더 귀엽다. 작은 몸으로 눈 위에서 뛰노는 모습은 언제 봐도 사랑스럽다.

❻ **어린이 동물원** 계절에 따라 털 색깔이 바뀌는 에조눈토끼와 에조다람쥐를 만날 수 있다. 에조눈토끼는 겨울이 되면 순백색으로, 에조다람쥐는 회백색으로 변한다.

03 홋카이도 신궁 北海道神宮

일본 전통 분위기 물씬

홋카이도를 대표하는 신사. 1869년 삿포로 신사로 건립해 스쿠나히코나의 신, 오쿠니타마의 신, 오나무치의 신을 '개척 3신'으로 모시다가 1964년 메이지 일왕까지 합사한 뒤 지금의 이름으로 바꾸었다. 1974년 화재로 전소되었으며 현재 신전은 1978년에 재건한 것이다. 새해 기원과 음력 초하루의 참배, 액막이, 혼례 등으로 1년 내내 사람들의 발길이 끊이지 않는다. 마루야마 공원 안에 신궁이 있어 주변 풍경이 아름답다. 봄이면 약 1400그루의 벚나무와 약 250그루의 매화나무에서 꽃이 활짝 피어난다. 특히 두 번째 도리이(일본 신사 입구에 세워진 전통적 문 구조물)에서 본전으로 향하는 길의 가로수가 봄이면 벚꽃 터널을, 가을이면 단풍 터널을 이루어 환상적인 분위기를 만든다. 골든 위크에는 신궁으로 가는 길을 따라 포장마차가 들어서 분위기를 돋운다.

구글맵 홋카이도 신궁 **문의** 011 611 0261
운영 07:00~17:00, 4~10월 06:00~17:00, 11~12월·2월 07:00~16:00 ※1월 운영 시간은 홈페이지 참고
홈페이지 www.hokkaidojingu.or.jp **가는 방법** 마루야마 공원 내

일본의 골든 위크란?

4월 29일(쇼와의 날)부터 5월 3일(헌법 기념일), 5월 4일(녹색의 날), 5월 5일(어린이날), 5월 6일(대체 공휴일)까지 연휴 주간이다. 회사 사정에 따라 8~10일까지 휴일이 이어질 수도 있다. 이 기간에 일본 여행을 가면 인파로 붐비고 호텔 숙박비가 비쌀 가능성이 높다.

FOLLOW UP
홋카이도 신궁을 즐기는
네 가지 방법

홋카이도 신궁은 일본인에게는 소원을 빌고 기도하는 영적인 공간이지만, 관광객 입장에서는 그렇게 간절하게 다가오지 않는다. 하지만 홋카이도 신궁에서만 즐길 방법은 얼마든지 있다!

① 홋카이도 신궁 한정 매실주, 벚꽃차 구입하기

신사 경내에서 딴 매실로 만든 매실주 '진구노우메'와 벚꽃으로 만든 벚꽃차 '진구노 사쿠라'를 판매한다. 벚꽃차는 따뜻한 물을 부으면 물속에서 꽃이 활짝 피어난다.

③ 신궁 효험을 경험하는 오미쿠지와 오마모리

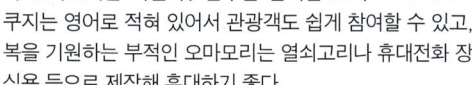

오마모리

홋카이도 신궁의 기념품을 찾는다면 오미쿠지나 오마모리는 어떨까? 운수를 점치는 오미쿠지는 영어로 적혀 있어서 관광객도 쉽게 참여할 수 있고, 복을 기원하는 부적인 오마모리는 열쇠고리나 휴대전화 장식용 등으로 제작해 휴대하기 좋다.

오미쿠지

② 즉석 과자 맛보기

신궁차야 神宮茶屋
'홋카이도 신궁 명과 봉헌회'에 소속된 화과자점의 과자를 4개월마다 바꿔가며 판매하는 곳이다. 즉석에서 만드는 모찌는 호떡처럼 눌러서 한 번 더 구워주는데 쫀득하면서도 바삭한 식감이 일품이다.

롯카테이 신궁차야점 六花亭 神宮茶屋店
롯카테이 신궁차야점에는 다른 지점에서는 판매하지 않는 즉석 제품이 있다. 바로 철판에서 구워내는 모찌 '한간사마'다. 메밀 향이 은은하게 퍼지는 떡 안에 팥이 듬뿍 들어 있으며, 기름 없이 구워 담백하고 고소한 맛이 일품이다.

④ 흥겨운 축제 즐기기

매년 6월 14~16일에 열리는 홋카이도 신궁 축제는 삿포로 축제로 불리며 100년 이상 이어왔다. '신여 행차'라는 행사에서는 전통 의상을 입은 1000여 명의 시민이 홋카이도 신궁의 신을 태운 4대의 가마를 중심으로 8대의 축제 수레와 함께 시내를 행진한다.

④ 오쿠라야마 점프 경기장
大倉山ジャンプ競技場

스키점프 경기장에서 바라보는 삿포로 시내

호텔 오쿠라 창업자 오쿠라 기시치로가 삿포로시에 기증한 스키점프 경기장이다. 1932년 개장 당시 '오쿠라 샨체'라고 불렸다가 1972년 동계올림픽에 대비해 대대적으로 보수 공사를 마치고 현재 이름으로 바꾸었다. 지금도 다양한 스키점프 대회가 열리지만 전망대로도 사용해 관광객에게 열려 있는 곳이다.

해발 307m의 출발 지점에서는 삿포로 시가지와 이시카리 평야가 한눈에 보인다. 전망대까지는 선수들이 이용하는 2인승 리프트로 이동하는 데 5분 정도 걸린다. 여름에도 눈 대신 물을 뿌려 연습할 수 있는 경기장이라 운이 좋으면 선수들의 연습 장면을 볼 수도 있다. 다만 스키 대회나 연습이 있는 날에는 리프트를 이용할 수 없다.

구글맵 오쿠라야마 점프 경기장 **문의** 011 641 8585
운영 4월 27일~10월 31일 08:30~18:00, 11월 1일~4월 26일 09:00~17:00, 야간 연장 7~9월 18:00~20:30
요금 오쿠라야마 전망대 리프트 왕복 중학생 이상 1000엔, 초등학생 이하 500엔 **홈페이지** okurayama-jump.jp/facility/jump
가는 방법 마루야마 버스 터미널에서 JR 버스 오쿠라야마선 쿠라마루호 くらまる号 탑승, 오쿠라야마 점프 경기장 정류장에서 하차

⑤ 아사히야마 기념 공원
旭山記念公園

부담 없이 찾아가는 삿포로 무료 전망대

1970년에 삿포로시 탄생 100주년을 기념해 개원한 공원. 해발 137.5m에 자리한 전망대에서는 이시카리 평야와 삿포로 시내가 바라다보인다. 특히 밤에는 조명으로 장식한 분수와 그 건너편 삿포로 중심부의 야경이 환상적이라 로맨틱한 야경 포인트로 사랑받는다. 산책로가 정비되어 있고 휴게소와 흔들다리, 운동기구 광장, 어린이 놀이터 등이 조성되어 있다. 삿포로 중심부에서 도보로 15분 정도 급경사 언덕길을 올라가야 하므로 버스나 택시 등을 이용하는 게 좋다.

구글맵 아사히야마 기념공원
가는 방법 마루야마 버스 터미널에서 JR 버스 아사히야마고엔선 마루 13번 버스 탑승, 아사히야마 기념 공원 앞 정류장에서 하차

photo by @saya_h_photo

Another Trip

가벼운 마음으로 떠나는 반나절 나들이
삿포로 외곽 명소

삿포로 시내에서만 보내기에는 아쉽고 다른 도시로 나가기는 부담스럽다면, 삿포로 시내에서 30분 내외 거리에 있는 명소를 돌아보는 건 어떨까? 대부분 현지인들의 나들이 장소라 시설이 잘 갖춰져 있고 가족 단위로 즐길 거리도 많아 후회 없는 반나절을 보낼 수 있다.

TRIP 01
양들이 뛰노는 목가적인 전망대
삿포로 히츠지가오카 전망대 さっぽろ羊ヶ丘展望台

양들이 풀을 뜯는 풍경과 삿포로 시내 전망으로 유명한 전망대다. 홋카이도 농업 시험장으로 양을 사육하던 곳이었는데, 연구에 지장이 생길 정도로 관광객이 많이 찾아와 1959년 일부를 전망대로 사용하게 되었다고 한다. "소년이여, 야망을 가져라"라는 명언으로 유명한 클라크 박사의 동상이 있는데, 그 앞에서 동상처럼 오른손을 들어 올린 포즈로 인증 사진을 찍는 것이 인기가 있다.
전망대에서는 삿포로 시내뿐 아니라 날씨가 좋으면 멀리 이시카리 평야를 넘어 쇼칸베츠산까지 눈에 들어온다. 전망대를 중심으로 다양한 시설이 있으며 양털 깎기와 라벤더 수확 체험, 제철 음식을 맛볼 수 있는 축제 등 사계절 내내 이벤트가 열린다.

구글맵 삿포로 히츠지가오카 전망대
문의 0118513080
운영 09:00~17:00(6~9월은 18:00까지)
요금 고등학생 이상 1000엔, 초등·중학생 500엔, 미취학 무료
홈페이지 www.hitsujigaoka.jp
가는 방법 지하철 도호선 후쿠즈미역에 내린 뒤 후쿠즈미 버스 터미널에서 후쿠84히치지가오카선福84羊ヶ丘線 버스 탑승, 히치지가오카텐보다이羊ヶ丘展望台 정류장에서 하차

삿포로 눈 축제 자료관
さっぽろ雪まつり資料館
1950년부터 시작된 삿포로 눈 축제의 역사와 눈 조각 모형 전시관.

오스트리아관
オーストリア館
기념 선물과 오리지널 소프트아이스크림을 파는 기념품 가게.

여행의 종 旅立ちの鐘
큰 뜻의 맹세를 쓴 후 우편함으로 가서 넣기 전 정성을 다해 종을 치는 인기 명소.

스노 파크
スノーパーク
매해 1월부터 3월 초까지 열리는 신나는 눈썰매장.

photo by @mabubu1

TRIP 02

일본의 신 3대 야경 명소
모이와산 전망대 藻岩山山頂展望台

삿포로시 중앙에 위치한 해발 531m의 모이와산에는 나가사키, 기타큐슈와 함께 '일본의 신 3대 야경'이 보이는 전망대가 있다. 산기슭에서 중턱까지는 로프웨이나 렌터카를 이용하고, 중턱에서 산 정상까지는 세계 최초의 구동 방식을 활용한 미니 케이블카 모리스카를 이용한다. 5개의 등산로가 있어서 여름철 주말에는 많은 등산객이 몰린다. 산 정상에서는 삿포로 시가지와 동해 이시카리만, 마시케 쇼칸베츠산 풍경이 파노라마로 펼쳐지고, 밤에는 삿포로 야경이 한눈에 보인다.

구글맵 모이와야마 전망대
문의 011 561 8177
운영 10:30~22:00(12~3월은 11:00부터) **요금** 로프웨이 & 미니 케이블카 왕복 중학생 이상 2100엔, 초등학생 이하 1050엔
홈페이지 mt-moiwa.jp
가는 방법 시영 전차 로프웨이 이리구치ロープウェイ入口 정류장에서 내려 무료 셔틀버스를 타고 모이와산 로프웨이 산로쿠역山麓駅에서 하차

행복의 종 幸せの鐘
모이와산은 2012년 연인의 성지로 인정받은 명소로, 행복의 종 주변 난간에 두 연인의 이름을 새긴 사랑의 자물쇠를 걸어놓으면 절대 헤어지지 않는다는 이야기가 전해진다. 자물쇠는 산초역 자판기에서 판매한다.

로프웨이 & 미니 케이블카
산로쿠역山麓駅에서 로프웨이에 탑승하면 5분 만에 주후쿠역中腹駅에 도착한다. 여기서 미니 케이블카 모리스카로 갈아타고 산초역山頂駅에서 내리면 전망대다. 이동 중 창밖으로 펼쳐지는 풍경이 그 자체로 예술이다.

자연 학습 산책로 自然学習歩道
모이와산 로프웨이 주후쿠역과 산로쿠역 사이에는 약 600m 길이의 포장된 산책로가 있다. 걷기 쉽고 휴게소도 있어서 남녀노소 누구나 경치를 즐기면서 산책하기 좋다. 산책하는 데 15분 정도 소요된다.

> TRIP 03

동화 속 세상 같은 과자 테마파크

시로이코이비토 파크 白い恋人パーク

시로이코이비토로 유명한 이시야 제과에서 운영하는 테마파크다. 유료인 실내 시설과 무료로 개방하는 실외 시설로 나뉘며, 실내외 모두 귀엽고 아름답게 꾸며 수많은 포토 스폿을 자랑한다. 특히 어린이가 좋아할 만한 시설이 많아 가족 단위 관광객에게는 필수 코스다.

실내 시설에는 과자와 초콜릿 제조 과정을 견학할 수 있는 팩토리 워크와 과자 만들기 체험 공방 등 체험 시설, 초콜릿의 역사를 배울 수 있는 체험관 등이 있다. 또 식사와 디저트를 즐길 수 있는 레스토랑과 카페가 있고, 시로이코이비토 한정판 상품을 판매하는 기념품점도 있다. 실외에는 영국풍 정원과 인증샷 명소인 시로이코이비토 철도, 어린이 전용 테마파크인 걸리버 타운 폿케, 매시마다 열리는 시계탑 퍼레이드 등 볼거리가 가득하다.

구글맵 시로이코이비토 파크
문의 011 666 1481
운영 10:00~18:00(유료 구간 입장권 판매 마감 16:30)
요금 고등학생 이상 800엔, 만 4세~중학생 400엔, 만 3세 이하 무료
홈페이지 www.shiroikoibitopark.jp
가는 방법 지하철 도자이선 마야노사와역에서 도보 7분

초코토피아 팩토리
チョコトピアファクトリー
시로이코이비토와 바움쿠헨 제조 라인을 견학할 수 있는 곳이다. 실제 제조 시설과 움직이는 미니어처 인형을 통해 제조 과정을 살펴볼 수 있다.

초코토피아 하우스
チョコトピアハウス
'초콜릿은 왜 사람들을 행복하게 만들까?'를 주제로 현대의 맛있는 초콜릿을 만들기까지 벌어졌던 초콜릿 4대 혁명을 프로젝션 매핑 쇼로 보여준다.

스위츠 워크숍 드림 키친 スイーツワークショップ・ドリームキッチン
쿠키 만들기, 초콜릿 만들기 등을 체험하는 곳. 커다란 하트 모양 쿠키에 초콜릿으로 그림을 그리는 체험이 인기 있다. 홈페이지에서 미리 예약해야 한다.

마법의 마르쉐
マジカルマルシェ

작은 공간에 여러 테마의 예쁜 포토존이 모여 있는 곳. 배경이 다른 여러 장의 사진을 남길 수 있다.

숍 피커딜리
ショップ・ピカデリー

시로이코이비토 등의 업체 제품을 판매하는 숍. 특히 이곳에서만 살 수 있는 한정판 상품을 공략할 것! 선물용 포장도 가능하다.

포토숍 메멘토
フォトショップ・メメント

시로이코이비토 패키지에 사진을 넣어 나만의 굿즈를 만들어주는 곳. 가격은 오리지널 캔(36개 들이) 4116엔+굿즈 제작 비용 600엔.

시로이코이비토 철도 터 白い恋人鉄道跡地 『무료』

증기기관차 벤케이호를 모델로 만든 미니 기차와 기찻길, 역을 조성한 곳이다. 2021년 이전에는 탑승이 가능했으나 현재는 운행하지 않고 포토존으로만 이용할 수 있다.

가라쿠리 시계탑 からくり時計塔 『무료』

시로이코이비토 파크를 상징하는 건물에 우뚝 솟은 시계탑. 정시가 되면 북쪽 나라에 사는 가라쿠리 동물 인형들의 유쾌한 퍼레이드 '초콜릿 카니발'이 10분간 펼쳐진다.

로즈 가든 ローズガーデン 『무료』

여름이면 약 200종류의 장미를 비롯한 다양한 꽃이 아름답게 피어나고 겨울이면 화려한 조명이 켜지는 영국식 정원이다.

걸리버 타운 폿케 ガリバータウン・ポッケ 『유료』

어린이 전용 테마파크로, 작은 가게와 집들이 들어선 아기자기한 거리가 이어진다. 소꿉놀이와 게임을 즐기거나 공주 의상을 입고 거리를 거닐 수 있다. 입장료는 없으나 유료 티켓을 소지해야 한다.

신선한 식재료의 천국
삿포로 미식 가이드

일본 내 고급 식재료를 꼽으라면 단연 홋카이도산이다. 그런데 삿포로는 홋카이도에서도 손에 꼽히는 미식 천국으로, 홋카이도산 식재료로 만든 일본 요리뿐 아니라 삿포로에서 발생한 독특한 지역 음식 덕분에 일본 내 최고의 식도락 도시로 사랑받고 있다. 또한 삿포로는 수준 높은 로스터리 카페부터 60년 넘은 킷사텐이 공존하며 독창적이고 다양한 카페 문화가 발전해나가고 있다.

대기 필수! 삿포로 소울 푸드
수프카레 인기 맛집 ↗P.064

누구나 국물까지 클리어!
라멘 맛집 ↗P.069

삿포로 대표 라멘 골목
원조 라멘 요코초 ↗P.074

처음 먹는 사람도 반하는 맛!
징기스칸 성지 ↗P.076

진짜 홋카이도가 살아 숨 쉬는
어시장 속 미식 한 끼 ↗P.082

바다의 모든 맛을 담은
해산물 맛집 ↗P.078

밤이 깊어갈수록 맛이 더해지는
이자카야 명소 ↗P.084

삿포로에서 만나는 인생 커피
로스터리 & 스페셜티 카페 ↗P.088

일본 레트로 낭만이 깃든
킷사텐 ↗P.094

눈치 없이 편안하게!
작업하기 좋은 카페 ↗P.093

해장도 되고 달콤하게!
시메파르페 카페
↗P.104

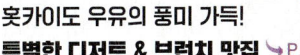

홋카이도 우유의 풍미 가득!
특별한 디저트 & 브런치 맛집 ↗P.096

대기 필수! 삿포로 소울 푸드
수프카레 인기 맛집

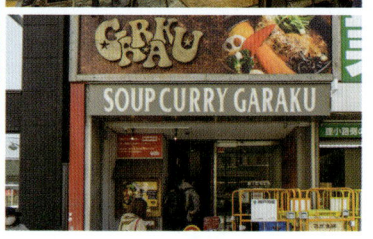

수프카레 가라쿠 スープカレー GARAKU

위치 지하철 오도리역 근처
😊→ 삿포로 수프카레 맛의 기준 경험 ✔→ 예약 불가, 삿포로 최대 대기 줄

삿포로에서 대기 줄이 가장 긴 음식점이자 가장 인기 있는 수프카레 전문점이다. 하지만 기다리는 시간이 아깝지 않을 만큼 감칠맛이 풍부한 진한 국물이 일품이다. 돼지 뼈와 닭고기, 향 채소, 허브 등 30가지 재료로 우려낸 국물에 여러 천연 재료에서 추출해 만든 양념(다시)을 더한 레시피가 깊은 국물 맛의 비결. 여기에 21가지 향신료를 조합한 비법 향신료가 어우러져 이곳만의 독창적인 맛을 완성한다. 메인 토핑으로는 프라이드 닭 다리가 가장 맛있고, 브로콜리를 제외한 채소는 생채소에 가까울 정도로 맛이 담백하다. 기본으로 나오는 채소 토핑의 양이 다소 적은 편이니 고소하게 튀겨낸 브로콜리 토핑을 꼭 추가하자. 니조 시장 인근으로 이전해, 시장과 함께 돌아보기 좋다.

구글맵 스프카레 가라쿠 삿포로 본점
문의 011 233 5568
운영 11:30~15:30, 17:00~21:00
(운영 시간 30분 전 주문 마감)
예산 치킨 채소 카레 1380엔, 돼지고기 채소 카레 1540엔
홈페이지 s-garaku.com
가는 방법 지하철 오도리역 35번 출구에서 도보 5분

수프카레 가라쿠의 즉석식품

본점의 긴 줄을 피하려면 삿포로 지하 보행 공간으로 연결되는 시타테 삿포로 빌딩 Sitatte Sapporo 지하 1층에 있는 지점을 이용하세요.

TIP!
수프카레 가라쿠 주문 팁

❶ **키오스크 이용법** 키오스크에서 번호표를 뽑고 대기한다. 라인 앱이나 QR 코드로 대기 번호 조회가 가능해 줄 서지 않아도 된다. 오전에는 11시부터, 오후에는 4시 30분부터 번호표를 뽑을 수 있다.

❷ **추천 토핑** 브로콜리 토핑은 다다익선. 치즈를 좋아한다면 치즈 토핑을 추가한다. 그 위에 레몬즙을 뿌리면 수프카레와 궁합이 잘 맞는다. 반숙 달걀 토핑도 추천.

수프카레 트레져
スープカレー TREASURE

위치 지하철 오도리역 근처
- → 삿포로 수프카레 맛집 투톱
- → 예약 불가, 대기 번호 안내 시스템 없음

수프카레 가라쿠와 함께 삿포로 수프카레 맛집 투톱으로 꼽히는 곳. 두 집은 같은 회사에서 운영하지만 맛은 미묘한 차이가 있다. 가라쿠가 채소의 살아 있는 식감이 특징이라면, 이곳은 채소를 모두 바삭하게 튀겨 훨씬 고소한 풍미를 자랑한다. 특히 닭 다리 수프카레에 해산물 육수 베이스(330엔 추가)와 브로콜리, 단호박 토핑을 추가하면 완벽한 조화를 이루는 맛을 경험할 수 있다. 또 점심 한정 메뉴로 일반 카레 메뉴(변동 가능)를 저렴한 가격에 제공하고, 인도 전통 음료 라씨도 할인 판매한다.

구글맵 수프카레 트레져 **문의** 011 252 7690
운영 11:30~15:30, 17:00~21:00(운영 시간 30분 전 주문 마감)
예산 사쿳토 튀긴 닭 다리 카레 1430엔 **홈페이지** s-treasure.jp
가는 방법 지하철 오도리역 35번 출구에서 도보 2분

로지우라 커리 사무라이(사쿠라점)
Rojiura Curry SAMURAI(さくら店)

위치 지하철 스스키노역 근처
- → 바삭한 식감의 토핑 강추
- → 예약 불가, 국물양 적은 편

고기보다 채소 토핑이 맛있는 수프카레 전문점. 묽은 국물이 특징인 일반 수프카레와 달리, 보통 카레처럼 진하고 점도가 높은 편이며 양이 적다. 덕분에 정성스럽게 튀겨낸 토핑이 국물에 푹 잠기지 않아 끝까지 바삭한 식감이 유지된다. 홋카이도산 채소를 사용하며, 육수는 다양한 채소와 닭 뼈, 돼지 뼈, 가다랑어 등을 우려낸 국물에 양파와 토마토를 넣고 끓이는데 토마토 향이 강하다. 토핑이 몽땅 들어간 '채소 20종 카레' 메뉴를 추천한다. 치즈 토핑을 추가하면 더 맛있다.

구글맵 로지우라 커리 사무라이 사쿠라점 **문의** 011 272 3671
운영 11:30~15:00, 17:30~21:30(운영 시간 30분 전 주문 마감)
예산 치킨과 채소 20종 카레 1925엔 **홈페이지** samurai-curry.com
가는 방법 지하철 난보쿠선 스스키노역 2번 출구에서 도보 4분

스아게 플러스 すあげプラス

위치 지하철 스스키노역 근처
- → 불 향 나는 닭꼬치 토핑
- → 예약 불가, 신용카드 사용 불가

국내에도 진출한 수프카레 프랜차이즈지만 본점인 이곳은 꼭 방문할 가치가 있다. 양파를 8시간 이상 천천히 볶은 뒤 닭 뼈와 토마토를 넣고 국물을 우려내 깊고 진한 감칠맛이 난다. 채소는 직접 운영하는 농원에서 조달하는데, 홋카이도 희귀 품종인 잉카노메자메 감자를 사용하는 것이 특징이다.

이곳의 인기 메인 토핑은 닭꼬치. 시레토코산 닭을 사용해 부드럽고 육즙이 풍부하며, 숯불에 구워 바삭하고 고소하다. 수프(국물)는 감칠맛이 뛰어난 새우 수프를 추천한다.

구글맵 수프카레 스아게+
문의 011 233 2911
운영 월~수 · 금요일 11:30~21:00, 목요일 11:30~20:30, 토 · 일요일 · 공휴일 11:30~21:00(운영 시간 30분 전 주문 마감) **예산** 크리스피 시레토코 치킨 카레 1550엔, 닭 다리 카레 1500엔 **홈페이지** suage.info
가는 방법 지하철 난보쿠선 스스키노역 2번 출구에서 도보 1분

> **잉카노메자메**
> 잉카의 깨달음이라는 뜻이 담긴 이 감자는 안데스산 감자와 일본 재래종을 교배해 만든 것으로 속은 고구마처럼 노랗다. 마치 밤처럼 깊고 진한 단맛이 나서 인기가 많다.

오쿠시바 쇼텐 (에키마에 소세이지)
奥芝商店(駅前創成寺)

위치 JR 삿포로역 근처
- → 감칠맛 넘치는 새우 맛 육수
- → 예약 불가, 가격 비싼 편

진한 새우 육수로 감칠맛을 더한 수프카레 전문점이다. 창업주는 가난하던 시절 새우 머리를 모아 국물을 내던 어머니에게서 영감을 받아 새우와 함께 15가지 이상의 향신료를 조합해 만들었다. 대부분의 수프카레 전문점이 닭다리를 메인 토핑으로 내세우지만, 이곳은 햄버그스테이크 토핑이 더 유명하다. 홋카이도 최북단에서 키운 소 100%로 만든 햄버그스테이크는 육즙이 풍부하고 부드러워 입안에서 살살 녹는다. 홋카이도산 해물이 가득 담긴 해물 카레도 우열을 가릴 수 없는 간판 메뉴다.

구글맵 오쿠시바 쇼텐 에키마에 소세지
문의 011 207 0266
운영 11:00~15:00, 17:00~21:00
예산 햄버그스테이크 수프카레 2150엔
홈페이지 okushiba.net/soseiji
가는 방법 JR 삿포로역 23번 출구에서 연결

피칸티 본점 ピカンティ 本店

위치 홋카이도 대학교 근처
😊 → 향신료 향이 감도는 진한 국물
☹ → 예약 불가

인도풍 인테리어부터 범상치 않은 식당으로 음식 맛은 더더욱 놀랍다. 이 집이 유명한 이유는 메인 토핑인 크리스피 치킨 때문이다. 적당한 두께의 튀김옷을 입혀 바삭하게 튀겨낸 치킨이 이곳을 단숨에 '치킨 맛집'으로 만들었다. 치킨이 국물에 눅눅해지는 것을 방지하고자 그릇에 단차를 만들어 치킨을 올려내는 정성은 감동 그 자체! 국물은 세 가지 스타일이 있는데 향신료를 좋아한다면 '38억년풍38億年の風'을 고르자. 기본으로 나오는 채소 토핑은 빈약하니 꼭 추가 주문할 것. 그중 잎새버섯튀김은 비주얼도 맛도 최고다.

구글맵 피칸티 **문의** 011 737 1600 **운영** 11:30~23:00(주문 마감 22:45) **예산** 사쿳토 PICA 치킨 수프카레 1590엔
홈페이지 www.picante.jp
가는 방법 지하철 난보쿠선 기타주니조역에서 도보 3분

카레 식당 코코로
カレー食堂 心 札幌本店

위치 홋카이도 대학교 근처
😊 → 엄선한 쌀과 채소의 고급스러운 맛
☹ → 예약 불가, 신용카드 사용 불가

기름지지 않은 담백한 국물로 한국인이라면 누구나 좋아할 만한 수프카레를 선보인다. 특히 재료가 탁월한데, 쌀은 직접 농사지은 것이고 특별한 품종인 홋카이50호 감자를 납품받아 사용한다. 이 품종은 기존 감자에 비해 촉촉하면서도 쫀득한 식감이 특징인데, 감자를 삶은 뒤 가볍게 튀겨내 국물에 쉽게 풀어지지 않는다. 국물은 닭 뼈, 돼지 뼈, 쇠고기, 양파, 향신 채소를 넣고 10시간 넘게 푹 끓여내 깊은 맛이 난다. 대표 메인 토핑은 닭 다리로, 푹 익힌 닭 다리는 포크만 대도 찢어질 정도로 부드럽다.

구글맵 수프카페 코코로 삿포로 메인 스토어 **문의** 011 758 8758
운영 11:30~22:00(재료 소진 시 운영 종료)
예산 치킨 수프카레 1580엔, 스페셜 카레 2280엔
홈페이지 cocoro-soupcurry.com/en
가는 방법 지하철 난보쿠선 기타주하치조역에서 도보 4분

수프카레 킹 (센트럴점)
SOUP CURRY KING (セントラル店)

위치 지하철 오도리역 근처
- 😊 → 평일 점심시간(오후 2시까지)에 음료 무료
- 😐 → 예약 불가, 신용카드 사용 불가

삿포로 대표 수프카레 맛집 중 하나. 인기 메뉴는 11종의 채소와 구운 닭다리가 들어간 치킨 채소 카레지만 돼지고기조림 카레, 소고기 양념 카레도 인기 있다. 이 집의 자랑은 직화로 구운 채소 토핑으로, 그중 브로콜리가 맛있기로 유명하다. 매운 정도와 밥양은 물론 국물양도 조절 가능하니 국물을 좋아한다면 1.5배 옵션을 추천한다.

구글맵 수프카레 킹 센트럴점 **문의** 011 213 1230
운영 11:30~15:30, 17:30~21:30(운영 시간 30분 전 주문 마감)
예산 치킨 채소 카레 1750엔 **홈페이지** www.soupcurry-king.shop
가는 방법 지하철 오도리역 11번 출구에서 도보 2분(폴 타운 홋카이도 신용금고 출구)

수프카레 옐로 スープカリー イエロー

위치 지하철 오도리역 근처
- 😊 → 44석의 넉넉한 좌석 😐 → 예약 불가

삿포로에서 유일하게 고압 가마솥을 사용하는 수프카레 전문점. 9종류의 카레 중 인기 메뉴는 닭 다리가 통째로 들어간 치킨 채소 카레. 돼지 뼈와 닭 뼈, 향채 채소에 해산물을 더해 우려낸 국물로 만든 수프와 향신료는 손님한테 제공할 때 섞어준다. 오크라와 차슈가 의외의 조합을 자랑하는 '아부리 차슈(불에 살짝 그을린 차슈)와 오크라 카레'도 인기 있다.

구글맵 수프카레 옐로우 **문의** 050 5493 2360
운영 11:30~21:00(휴무는 페이스북 공지)
예산 치킨 채소 카레 1550엔 **페이스북** @yellow1996
가는 방법 지하철 오도리역 3번 출구에서 도보 2분

텐마 (스텔라 플레이스점)
天馬 (ステラプレイス店)

위치 JR 삿포로역
- 😊 → 가성비 좋은 점심 메뉴 😐 → 예약 불가, 긴 대기 줄

유동 인구가 많은 스텔라 플레이스 식당가에 있어 식사 시간에는 대기 줄이 엄청나다. 수프카레를 주메뉴로 내세우고 있지만, 두 가지 일반 카레가 함께 나오는 하프 앤드 하프 카레, 가츠카레 등 다양한 메뉴가 고루 인기 있다. 또 오후 3시까지 런치타임에 가면 카레와 샐러드, 커피, 디저트까지 뛰어난 가성비로 즐길 수 있다.

구글맵 수프카레 텐마 스텔라 플레이스점 **문의** 011 209 5105
운영 11:00~22:00 **예산** 해산물 수프카레 1300엔
홈페이지 www.stellarplace.net/shop_detail/129
가는 방법 JR 삿포로역 6층 스텔라 플레이스

누구나 국물까지 클리어!
라멘 맛집

에비 소바 이치겐 えびそば一幻 総本店

위치 지하철 스스키노역 동남쪽
☺ → 감칠맛 폭발하는 새우 육수
☹ → 예약 불가, 긴 대기 줄

'일본 라멘은 절대 내 취향이 아니야'라고 생각하는 사람이라도 이곳이라면 생각이 달라진다. 새우를 넣은 감칠맛 폭발하는 육수로 유명한, 삿포로 원톱 라멘집이다. 매일 다량의 단새우 머리를 오래 끓여 육수를 만들고, 여기에 마무리로 직접 만든 새우 기름을 넣는다고. 이렇듯 정성 들여 만든 라멘은 서빙 전, 새우 향을 입힌 홍생강 튀김가루와 구운 새우 머리로 만든 가루를 뿌려 감칠맛을 더한다. 하루 동안 특제 간장에 넣어 숙성한 반숙 달걀을 추가하면 더 맛있다. 사이드 메뉴인 새우 오니기리와 야키소바도 인기다. 신치토세 공항에 분점이 있는데 마찬가지로 대기 줄이 매우 길지만, 겨울이라면 그나마 실내에서 대기할 수 있는 공항점을 추천한다. 도쿄에도 세 곳의 분점이 있다.

구글맵 에비소바 이치겐 **문의** 011 513 0098
운영 11:00~03:00
예산 에비 소바 950엔, 에비 오니기리 200엔
홈페이지 www.ebisoba.com
가는 방법 시영 전차 히가시혼간지마에 정류장에서 도보 5분

주문 순서

에비 소바 이치겐에서 주문할 때, 선택해야 할 사항이 몇 가지 있다. 결정하기 어려울 수 있지만 다음 기준을 따르면 후회 없는 선택이 될 것이다.

❶ **베이스 양념** 시오(소금), 쇼유(간장), 미소(된장) 중 하나를 고른다. 새우 육수의 깔끔한 맛을 그대로 느끼고 싶다면 시오를, 새우의 감칠맛을 돋우고 싶다면 미소를, 고소하고 깊은 국물 맛을 느끼고 싶다면 쇼유를 선택한다. → 미소 추천

❷ **면 굵기** 굵은 면과 가는 면 두 종류 중 선택한다. 굵은 면은 육수가 잘 배어 있는 면을 즐길 수 있고, 가는 면은 국물 자체의 맛을 느끼기에 좋다. → 가는 면 추천

❸ **육수** 새우 맛을 그대로 살린 일반 버전과 새우 국물에 돈코츠 국물을 혼합한 버전, 돈코츠 비율을 높인 버전이 있다. → 일반 버전 추천

라멘 신겐 らーめん 信玄

위치 지하철 스스키노역 동남쪽
😊 → 삿포로 최고의 라멘 맛집
☹ → 예약 불가, 신용카드 사용 불가

삿포로에서 단 한 번만 라멘을 먹어야 한다면 주저 없이 추천할 만한 곳이다. 돼지고기 특유의 냄새가 없고 기름기는 적으면서도 진하고 부드러운 국물 맛이 일품이다. 미소·시오·쇼유라멘 중 고를 수 있는데 그중에서 미소라멘이 가장 인기다. 깊고 진한 감칠맛과 은은한 단맛이 어우러지는 국물이 특징으로, 버터와 옥수수 토핑을 추가하면 더욱 부드럽고 풍부한 맛을 즐길 수 있다. 특히 오후 5시까지만 주문을 받는 라멘과 볶음밥, 야키교자가 포함된 신겐 세트 메뉴는 가성비가 뛰어나다. 다만 명성만큼이나 1년 365일 어느 시간대에 가도 대기 줄을 각오해야 한다.

구글맵 라멘신겐 **문의** 011 530 5002
운영 11:00~01:00
예산 신슈 미소라멘 950엔, 신겐 세트(17:00까지 주문 가능) 1350엔
가는 방법 시영 전차 히가시혼간지마에 정류장에서 도보 3분

스미레(스스키노점) すみれ(すすきの店)

위치 지하철 스스키노역 근처
😊 → 삿포로 미소라멘의 정석
☹ → 예약 불가

일본 라멘 계보에서 '스미레계 라멘'을 탄생시킨 라멘집. 1964년 무라나카 아키코가 문을 열었으며 지금은 셋째 아들 노부요시가 물려받아 운영하고 있다. 본점은 나카노시마에 있지만 스스키노와 요코하마에 있는 분점도 본점만큼 유명하다. 스미레계 라멘은 중화 냄비에 소스와 갖가지 재료, 수프를 넣어 볶아 만든다. 미소라멘은 진한 육수 맛이 일품이며, 큼지막한 차슈와 짭짤한 죽순도 만족스럽다. 국물에 돼지 기름이 둥둥 떠 있어 다소 거부감이 들 수도 있으나 돼지고기 냄새는 거의 안 나는 편이다. 미소라멘만큼이나 시오라멘도 맛있다. 주문은 영어가 지원되는 자판기를 이용하며, 양 조절이 가능하다.

구글맵 스미레 **문의** 011 200 4567 **운영** 17:00~24:00
예산 특대 1300엔, 보통 1100엔, 하프 750엔(시오, 쇼유, 미소 중 선택) **홈페이지** www.sumireya.com
가는 방법 지하철 난보쿠선 스스키노역 1번 출구에서 바로 연결

키라이토 喜来登

위치 다누키코지 상점가
☺ → 산처럼 쌓아올린 파 토핑
☹ → 예약 불가

구글맵 키라이토 **문의** 011 242 6070
운영 11:40~20:00 **휴무** 목요일
예산 미소라멘 1000엔, 라이스 200엔
가는 방법 지하철 난보쿠선 스스키노역 2번 출구에서 도보 6분(다누키코지 6초메)

다누키코지 상점가에 있는 작은 라멘집. 미소라멘 위에 산처럼 올린 파 토핑으로 유명하다. 부드럽고 깊은 맛의 미소 국물에는 차슈 대신 갈아서 익힌 고기를 넣어 씹는 재미를 더한다. 파 토핑에는 볶은 채소와 죽순이 다량 섞여 있어 채소의 식감과 맛을 깊이 느낄 수 있다. 특히 돼지기름이 적어 느끼하지 않으면서도 감칠맛 나는 국물 때문에 원조 삿포로 미소라멘을 잘 재현했다는 평가를 받는다. 이런 이유로 관광객보다 현지인에게 더 사랑받는 곳으로, 벽에는 일본 인기 가수 후지이 후미야를 비롯한 유명인의 사인과 사진이 가득하다. 또한 료칸 못지않게 친절하고 계산 시 서비스로 사탕도 준다.

라멘 지로(삿포로점)
ラーメン二郎(札幌店)

위치 JR 삿포로역 동쪽
☺ → 다진 마늘을 듬뿍 넣어 칼칼한 맛
☹ → 예약 불가, 스마트폰 사용 금지

일본 전역에 있는 라멘 지로는 프랜차이즈가 아닌, 본점에서 일했던 사람들(제자)이 차린 별도의 식당입니다.

삿포로에서 유일하게 '지로계 라멘'을 선보이는 식당이다. 지로계 라멘은 지방을 갈아 넣어 만든 진한 돈코츠 쇼유 국물에 두툼한 차슈, 숙주나물, 다진 마늘을 넣는 것이 특징이다. 전반적으로 간이 세고 기름져 주로 남성들이 선호하는 라멘으로 알려져 있다. 삿포로점 역시 간장 양념의 짭짤한 육수를 기본으로 하지만 듬뿍 올린 숙주나물과 양배추 채가 짠맛을 부드럽게 중화시킨다. 또 다진 마늘을 거의 한 숟가락을 넣어 자칫 느끼할 수 있는 맛을 단번에 잡아준다. 만약 마늘을 빼고 싶다면 직원에게 식권을 보여주며 요청하면 된다. 면발은 칼국수 정도로 굵은 편. 착석 후 스마트폰 사용이 금지되어 있지만 본인 메뉴는 잠시 촬영이 가능하다.

구글맵 라멘지로 삿포로점 **문의** 011 513 0098 **운영** 월~금요일 11:00~14:00, 17:00~20:30, 토요일 10:30~14:30 **휴무** 일요일 **예산** 라멘 1000엔, 미니 라멘 900엔 **X(트위터)** @jiro_sapporo_ **가는 방법** JR 삿포로역 북쪽 출입구에서 도보 7분

아지노산페이 味の三平

위치 다이마루 후지 센트럴 빌딩 4층
😊 → 삿포로 미소라멘의 원형
☹ → 예약 불가, 일찍 운영 종료

원조 삿포로 미소라멘집. 1950년 오미야 모리토가 포장마차에서 쇼유라멘과 시오라멘을 팔기 시작하다가 1954년 미소(된장)가 몸에 좋다고 하여 연구를 거듭한 끝에 미소라멘을 개발했다. 오늘날 '삿포로 미소라멘' 하면 떠오르는 구불구불한 면발과 파, 양파, 숙주, 양배추 등 다양한 채소 토핑, 마늘 추가 등의 레시피는 모두 그가 처음 만든 것이다.

이곳의 미소라멘은 숙주나물과 채소, 다진 돼지고기를 볶아 토핑으로 올린다. 이것이 담백하고 깔끔한 미소 국물과 조화를 이루면서 원조다운 기본에 충실한 맛을 낸다. 라멘만큼이나 유명한 만두 슈마이도 꼭 맛보길 추천한다. 항상 대기 줄이 있지만 건물 안에서 대기해 비교적 불편하지 않다.

구글맵 아지노산페이 **문의** 011 231 0377
운영 11:00~18:30 **휴무** 월요일, 둘째 주 화요일
예산 미소라멘 1000엔, 텟카 라멘 1000엔
홈페이지 www.ajino-sanpei.com
가는 방법 지하철 오도리역 12번 출구에서 도보 1분

라멘 신게츠 ラーメン 信月

위치 지하철 스스키노역 근처
😊 → 2017년 〈미슐랭 가이드〉 홋카이도 빕 구르망 선정
☹ → 예약 불가, 신용카드 사용 불가, 밤에만 운영

밤에만 문을 열어 술 한잔 한 뒤 들르는 해장 라멘으로 유명하다. 미소라멘도 맛있지만 깔끔한 시오라멘이 더 유명한 곳. 맑고 시원한 국물에 노란빛이 감도는 탱탱한 면발이 쓰린 속을 달래주기에 제격이다. 여기에 마늘을 첨가하면 더욱 시원한 국물 맛을 즐길 수 있다. 또 다른 인기 메뉴는 쇼가라멘(생강 라멘)으로, 맑은 국물에 생강을 더해 은은하게 퍼지는 향이 일품이다. 여기에 불 맛 나는 고슬고슬한 볶음밥을 곁들이면 금상첨화.

구글맵 라멘신게츠
문의 011 533 4844
운영 20:00~05:00
예산 시오라멘 860엔, 쇼가라멘 960엔
인스타그램 @shin_getsu_ramen
가는 방법 지하철 난보쿠선 스스키노역 3번 출구에서 도보 3분

케야키 けやき

위치 지하철 스스키노역 근처
😊→ 비법 간장에 조린 두툼한 차슈　☹→ 예약 불가

1991년에 문을 연 미소라멘 전문점. 스스키노 유흥가 한복판에 있으며, 오전부터 새벽까지 운영한다. 국물은 돼지 뼈, 니가타산 닭과 표고버섯 등 여러 가지 채소를 넣고 천천히 우려내 감칠맛이 풍부하다. 여기에 대두 된장과 보리 된장 등 세 가지 된장을 섞어 만든 이 집만의 비법 된장으로 간을 맞춰 맛이 진하다. 또 일주일간 숙성한 중간 굵기의 꼬불꼬불한 면을 사용해 쫄깃한 식감이 특징. 대표 메뉴는 콘 버터 미소라멘, 매운 라멘, 차슈 라멘으로, 매운 라멘은 고추기름의 칼칼한 맛이 어우러져 시원하면서 매콤하고, 차슈 라멘은 비법 간장 소스로 다시 한번 조린 두툼한 차슈가 일품이다. 신치토세 공항에 두 곳의 지점이 있으니 대기 줄 때문에 케야키 라멘을 포기했다면 공항점을 추천한다.

구글맵 케야키라멘　**문의** 011 552 4601　**운영** 10:30~02:45
예산 콘 버터 미소라멘 1500엔, 매운 라멘 1400엔, 챠슈 라멘 1700엔
홈페이지 www.sapporo-keyaki.jp
가는 방법 지하철 난보쿠선 스스키노역 3번 출구에서 도보 4분

케야키 공항점

홋카이도 라멘 오쿠하라류 쿠라 본점
北海道らーめん奥原流 久楽 本店

위치 홋카이도 텔레비전 방송국 옆
😊→ 쾌적한 분위기와 넓은 실내 좌석　☹→ 예약 불가, 체인점

맛있는 라멘은 먹고 싶지만 긴 대기 시간과 낡고 좁은 환경이 부담스럽다면 이곳이 최적의 선택이다. 라멘 맛은 물론 넓고 쾌적한 실내, 적당한 냉난방, 친절한 서비스, 여유 있는 좌석 등 어느 하나 빠지는 게 없다. 이곳의 미소라멘은 짜지 않고 부드러운 국물, 탱탱한 면발, 균형 잡힌 맛으로 유명 맛집 부럽지 않다. 국물은 기본 미소라멘부터 매운 미소라멘까지 네 가지 맛 중 선택 가능하고, 다양한 토핑으로 나만의 라멘을 조합하는 재미도 있다. 잔기, 볶음밥 등 라멘 이외의 메뉴도 다양하며 세트 메뉴로 주문하는 것이 저렴하다.

구글맵 홋카이도 라멘 오쿠하라류 쿠라 혼텐
문의 011 251 8824
운영 11:00~01:00(일요일 · 공휴일은 24:00까지, 운영 시간 30분 전 주문 마감)
예산 미소라멘 980엔, 잔기(3개) 480엔
홈페이지 www.ramen-kura.jp
가는 방법 지하철 오도리역 31번 출구에서 도보 5분

삿포로 대표 라멘 골목
원조 라멘 요코초
元祖ラーメン横丁

1951년에 형성된 라멘 골목으로 삿포로 미소라멘 유명 맛집 17곳이 늘어선 관광 명소이다. 빌딩 사이 좁은 골목, 약 42m 남짓한 거리에 라멘집이 옹기종기 모여 있다. 특히 밤에는 스스키노에서 술을 마신 후 해장하러 온 사람들로 더욱 붐빈다.

구글맵 삿포로 라멘요코초 **홈페이지** http://www.ganso-yokocho.com **가는 방법** 지하철 난보쿠선 스스키노역 3번 출구에서 도보 3분

01 PLACE 테시카가 라멘(요코초점)
弟子屈ラーメン(横丁店)

요코초 라멘의 대표 주자

2003년 삿포로 니시구에서 출발한 라멘집으로, 총본점은 홋카이도 동쪽 테시카가 마슈 온천 마을에 있다. 테시카가 라멘 국물의 비결은 돼지 뼈를 더 많이 넣어 전통 방식으로 20시간 이상 고아내는 데 있다. 총본점에서는 이렇게 만든 육수를 각 지점으로 납품한다. 특히 쇼유라멘은 간장에 해산물을 넣어 감칠맛을 더한다.

요코초점은 2005년에 두 번째로 낸 지점으로, 오픈과 함께 이곳만의 미소라멘을 새롭게 개발해 선보였다고 한다. 국물이 다른 곳보다 맑고, 매운 양념(다시)을 추가해 느끼함이 덜하다. 이곳 라멘의 매력은 탱글탱글하고 쫄깃쫄깃한 면발이다. 홋카이도산 밀가루만 사용해 만드는데, 약간 단단할 정도로 씹히는 맛이 좋다. 야키교자도 인기이니 라멘에 곁들여보자. 요코초점의 긴 줄을 감당하기 어렵다면 공항점으로 간다.

문의 011 532 0007 **운영** 월~목요일 11:00~15:30, 16:30~01:00, 금·토요일 11:00~15:30, 16:30~02:00, 일요일·공휴일 10:00~15:30, 16:30~23:00
예산 해물 수프 쇼유라멘 980엔, 야키차슈 미소라멘 1180엔
홈페이지 http://www.teshikaga-ramen.com

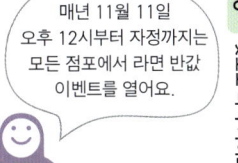

매년 11월 11일 오후 12시부터 자정까지는 모든 점포에서 라멘 반값 이벤트를 열어요.

02 PLACE 라멘 하루카
ラーメン悠

한국인이 좋아할 만한 매운 라멘

호텔과 레스토랑에서 동서양의 요리를 마스터한 주인이 개발한 라멘을 선보이는 식당이다. 홋카이도산과 뉴질랜드산 치즈를 잔뜩 넣어 고소한 맛이 일품인 미소 치즈 라멘, 돈코츠 육수에 다시마를 넣고 가리비를 토핑한 다시마 가리비 시오라멘, 생바질과 튀긴 마늘을 넣은 시오라멘인 갈릭 시오 바질 라멘 등 독특한 라멘이 눈길을 끈다. 대표 메뉴는 매운 미소라멘이다. 미소 국물에 고추의 매운맛을 더해 느끼함을 잡았다. 기본인 '매콤한 맛'과 매운맛을 한 단계 높인 '스트롱'이 있는데 한국인의 입맛에는 신라면 정도의 맵기인 스트롱이 잘 맞는다. 여기에 파와 반숙 달걀 토핑을 추가하면 완벽한 맛의 라멘이 완성된다. 원하면 주인이 직접 인증샷도 찍어준다.

문의 011 551 8700
운영 12:00~15:00, 17:00~23:00(재료 소진 시 운영 종료)
예산 매운 미소라멘(스트롱) 1050엔, 미소 치즈 라멘 1150엔
홈페이지 www.ramenharuka.com

03 PLACE 4대째 토라야 식당
四代目 とらや食堂

쫄깃한 면발이 일품

인기 맛집은 아니지만 무난한 맛의 미소라멘을 먹을 수 있는 식당. 달걀로 반죽한 니시야마 제면 면을 사용해 쫄깃한 면발은 기본이다. 기본 미소라멘을 비롯해 매운 미소라멘, 야키 미소라멘, 미소 카레 라멘 등 다양한 맛이 있다. 특히 야키 미소라멘은 프라이팬에 된장과 돼지기름을 넣어 볶은 뒤 국물을 우려내 맛이 고소하다. 테이블에 놓인 고등어 마늘 가루, 마늘 칠리 페이스트를 넣으면 감칠맛이 배가된다. 라멘 외에 교자도 맛있다.

문의 011 531 3223 **운영** 17:30~23:00
예산 삿포로 라멘 990엔(미소, 쇼유, 시오 중 선택), 삿포로 라멘 콘 버터 1290엔, 야키 미소라멘 990엔

처음 먹는 사람도 반하는 맛!
징기스칸 성지

다루마(6·4점)
成吉思汗 だるま(6·4店)

위치 지하철 스스키노역 근처
- 😊 → 전용 화로에 구워 먹는 징기스칸
- 😕 → 예약 불가능(다루마 7·4점만 홈페이지에서 예약 가능)

다루마는 스스키노에만 6개의 지점이 있는, 삿포로에서 가장 유명한 징기스칸 전문점이다. 1954년에 개업한 본점은 70년 이상의 역사를 자랑한다. 각 지점은 '다루마'라는 이름에 번지수를 붙여 구분하며 지점마다 분위기와 운영 시간, 주류 종류 등은 조금씩 차이가 있다. 스스키노 미나미 6조 4초메에 자리한 6·4점은 본점보다 내부가 좀 더 넓고 여유롭다. 자정을 넘어 새벽까지 운영한다는 장점도 있다. 개인 화로에 제공하는 다루마 징기스칸은 곡물 사육 양고기를 사용해 양고기 특유의 잡내가 거의 없는 부드러운 살코기와 깔끔한 지방이 특징이다.

구글맵 다루마 6.4점
문의 011 533 8929
운영 17:00~05:00(주문 마감 04:30) **휴무** 12월 31일~1월 1일
예산 오토시 220엔, 다루마 징기스칸(1인분) 1280엔, 김치 385엔, 채소 추가 220엔
홈페이지 sapporo-jingisukan.info
가는 방법 지하철 난보쿠선 스스키노역 5번 출구에서 도보 5분

홋카이도산 양·채소 후쿠스케
北海道産羊・野菜ふくすけ

위치 지하철 스스키노역 근처
- 😊 → 고급스러운 분위기와 맛
- 😕 → 예약 필수(전화)

고깃집 특유의 떠들썩한 분위기와 자욱한 연기 대신 차분하고 고급스러운 분위기로 승부하는 징기스칸 전문점이다. 아스파라거스를 먹고 자란 '홋카이도 비바이산 아스파라양'과 '호주산 양' 두 종류의 양고기를 취급한다. 홋카이도산이 두 배 정도 비싸지만 양고기 특유의 냄새가 거의 없어 평소 양고기를 꺼리는 사람도 부담 없이 즐길 수 있다. 두 종류의 양고기가 함께 나오는 '후쿠스케 비교 세트'로 시작하면 좋다.

구글맵 후쿠스케 **문의** 011 533 8929
운영 17:00~23:00(주문 마감 22:30)
예산 오토시 440엔, 후쿠스케 비교 세트 2420엔, 제철 구이 채소 모둠 1320엔
홈페이지 www.sapporo-fukusuke.com
가는 방법 지하철 난보쿠선 스스키노역 5번 출구에서 도보 5분

고레가 징기스칸
これがジンギスカン

위치 지하철 스스키노역 근처
- → 골라 먹는 재미
- → 예약 가능(홈페이지, 전화), 사전 고지 없이 양파를 제공하고 요금 청구 주의

'이것이 징기스칸이다'라는 뜻의 상호명답게 초심자도 부담 없이 즐길 수 있는 징기스칸을 선보이는 곳이다. 로스부터 양념구이까지 다양한 맛의 징기스칸 메뉴를 갖추고 있다. 양이 많지 않고 가격도 저렴해 여러 종류를 주문해 비교하며 맛보기를 추천한다. 그중에서도 가장 인기 있는 메뉴는 '다시마 징기스칸'. 일본 3대 다시마 중 하나로 꼽히는 홋카이도 리시리산 다시마를 이용해 숙성한 양고기는 식감이 더욱 쫄깃하고 감칠맛이 뛰어나 소스를 찍어 먹지 않아도 충분히 맛있다.

구글맵 코레가 징기스칸 **문의** 011 213 0296
운영 17:00~23:00(주문 마감 22:30)
휴무 월요일 **예산** 오토시 330엔, 다시마 징기스칸(1인분) 1580엔, 10종 채소 모둠 980엔
홈페이지 koregazingisukan.owst.jp
가는 방법 지하철 난보쿠선 스스키노역 5번 출구에서 도보 5분

시마다야(스스키노점)
しまだや(すすきの店)

위치 지하철 스스키노역 근처
- → 양고기 무한 리필
- → 예약 가능(타베로그, 전화), 일어 메뉴판만 있음

시마다야는 스스키노와 다누키코지에 지점이 있는 50년 전통의 야키니쿠 전문 노포다. 보통 징기스칸은 돔 형태의 전용 불판에 양고기를 구워 먹지만, 이곳은 숯불에 석쇠를 올려 구워 먹는 방식이다. 양고기뿐 아니라 소고기, 돼지고기, 닭고기까지 다양한 고기를 판매하는데 어떤 고기든 질이 좋아 잡내가 없고 육질이 쫄깃하다. 특히 5500엔을 내면 2시간 동안 양 야키니쿠, 양 갈비, 양 목살 등 다양한 부위를 무제한으로 제공하는 시마다야 코스가 인기 있는데 소갈비, 닭고기, 곱창 등의 고기와 사이드 메뉴까지 포함된다.

구글맵 시마다야 스스키노점 **문의** 011 532 0122 **운영** 17:30~02:00
예산 오토시 580엔, 시마다야 코스 5500엔, 특석 코스 7500엔
홈페이지 tabelog.com/hokkaido/A0101/A010103/1001408
가는 방법 지하철 난보쿠선 스스키노역 5번 출구에서 도보 5분

바다의 모든 맛을 담은
해산물 맛집

가니쇼군 삿포로 본점 北海道かに将軍 札幌本店

위치 지하철 스스키노역 근처
😊 → 가성비 좋은 점심 코스 요리　✓ → 예약 가능(핫페퍼, 구루나비)

스스키노 사거리, 초대형 게 모형 장식이 멀리서도 눈에 띄는 게 요리 전문점. 다양한 게 코스 요리는 가격대에 따라 구성이 다르다. 가성비 좋은 코스를 선택하려면 반드시 게 샤부샤부가 포함되었는지 확인할 것. 보통 5000~7000엔대의 코스는 게 샤부샤부를 중심으로 찐 게살, 게 만두, 게살 두부, 게 회 등 구성이 푸짐하다. 게 샤부샤부는 먼저 채소와 두부로 국물을 우려낸 뒤 신선한 게살을 살짝 데쳐 먹고, 남은 국물에 우동 사리를 넣어 먹는다. 1층에는 일본식 화로인 이로리를 중심으로 한 대기 좌석과 삿포로 기념품을 파는 숍이 있다.

구글맵 카니쇼군 삿포로본점　**문의** 011 222 2588
운영 11:00~15:00, 17:00~22:00　**예산** 점심 코스 요리 4000~8000엔
홈페이지 www.kani-ya.co.jp/shogun　**가는 방법** 지하철 난보쿠선 스스키노역 1번 출구에서 도보 3분

가니혼케 札幌かに本家

위치 JR 삿포로역 근처
😊 → 고급스러운 분위기　✓ → 예약 가능(대행 사이트)

안으로 들어서면 마치 고급 료칸에 온 듯한 분위기에 먼저 감탄하게 된다. 이로리와 박제된 곰 등으로 꾸민 화려하고 독특한 인테리어는 삿포로를 대표하는 게 요리 전문점임을 실감하게 한다. 수조 안에서 유유히 헤엄치는 크고 작은 게는 맛에 대한 기대감을 불러일으킨다.

대표 메뉴인 왕게는 살이 가득 찬 묵직한 게 다리 1개를 먹기 편하도록 군데군데 게 껍질을 잘라 내온다. 다양한 게 요리를 맛보고 싶다면 게 코스 요리를 추천한다. 탱탱한 식감과 함께 진하게 퍼지는 단맛은 익히지 않은 게살 본연의 맛을 선사한다.

구글맵 가니혼케 삿포로에키마에　**문의** 011 222 0018
운영 11:30~22:00　**예산** 점심 코스 요리 4000~8000엔
가는 방법 JR 삿포로역 13번 출구에서 도보 1분

시하치 シハチ鮮魚店 狸COMICHI店

위치 오도리 공원 근처
☺ → 가격 대비 만족스러운 퀄리티
☹ → 저녁 시간만 예약 가능(전화), 다소 찾기 어려운 위치

상가 안 현대식 어시장에 자리 잡은 해산물 전문 음식점이다. 생선 가게를 겸해 언제나 신선한 재료로 요리를 만든다. 대표 메뉴는 홋카이도 쌀로 지은 밥에 두툼하게 썬 회를 푸짐하게 올린 가이센동. 회를 작은 그릇 가득 넘치도록 담아주는 것이 특징이다. 이곳의 가이센동은 먹는 방법이 특별하다. 두 가지 간장 중 하나를 골라 회를 찍어 먹고, 밥도 비벼 먹는다. 밥이 남았다면 홍살치 육수(긴키 국물)를 요청해 밥에 육수와 녹차 가루를 더해 먹는 오차즈케로 마무리한다.

구글맵 시하치
문의 011 590 4899
운영 11:00~15:00, 16:00~23:00(주문 마감 22:00~22:30)
예산 시하치 11종 가이센동 1859엔
홈페이지 laughgroup.jp/shop/shihachi-tanuki-comichi
가는 방법 지하철 오도리역 36번 출구에서 도보 3분

회전초밥 파사루 回転寿司 ぱさーる

위치 지하철 스스키노역 근처
☺ → 가성비 뛰어난 질 좋은 초밥
☹ → 예약 불가, 좁은 실내와 적은 좌석 수

허름한 외관과 좁은 실내에도 불구하고 늘 대기줄이 길게 늘어서 있는 초밥집. 노부부가 운영하는 이곳에서는 가격 대비 훌륭한 퀄리티의 신선한 초밥을 먹을 수 있다. 가게 이름에는 '회전초밥'이 들어가지만 실제 초밥이 레일 위를 돌아가는 것은 아니고, 테이블에 비치된 종이에 메뉴를 적어 주문하는 방식이다. 참치 뱃살, 장어, 영덕 대게, 새우, 가리비, 광어 지느러미(엔가와)까지 모든 초밥이 훌륭하다. 주인장이 엄선한 재료를 밥 위에 듬뿍 올려 내는 가이센동도 맛이 뛰어나다.

구글맵 회전초밥 파사루
문의 011 242 5567
운영 17:00~23:00 **휴무** 일요일
예산 접시당 200~800엔
홈페이지 h080400.gorp.jp
가는 방법 지하철 난보쿠선 스스키노역 1번 출구에서 도보 2분

회전초밥 카츠잇센 回転すし 活一鮮

위치 지하철 스스키노역 근처
☺ → 고급스럽고 깔끔한 분위기
☹ → 예약 불가, 긴 대기 줄

분위기, 가격, 맛, 위치 등 모든 면에서 완벽한 육각형 맛집이다. 매일 시장이나 인근 항구에서 들여온 신선한 해산물로 초밥을 만든다. 쌀부터 스시 식초, 간장까지 세심하게 선별해 하나하나 정성스럽게 만든다고. 흰 살 생선, 가리비, 장어 등 어떤 초밥을 골라도 실패가 없으나 겨울이라면 대게 초밥은 꼭 먹어보자. 우동과 찜, 튀김류 등 다양한 사이드 메뉴도 수준급이다. 세련된 인테리어와 친절한 서비스로 초밥집이라기보다는 고급 레스토랑을 연상케 한다. 또 테이블마다 한국어 설정이 가능한 태블릿 메뉴판이 있어 주문도 편리하다.

구글맵 카츠잇센 **문의** 011 252 3535
운영 월~금요일 12:00~15:00, 16:30~23:00, 토·일요일·공휴일 11:00~23:00(운영 시간 30분 전 주문 마감) **예산** 접시당 128~595엔
홈페이지 www.katsuissen.com
가는 방법 지하철 난보쿠선 스스키노역 1번 출구에서 도보 4분

회전초밥 토리톤(기타8조 코세이점)
回転寿しトリトン(北8条光星店)

위치 삿포로 맥주 박물관 근처
☺ → 가격 대비 최고 퀄리티 초밥
☹ → 예약 가능(홈페이지), 교통 불편

홋카이도를 중심으로 운영하는 회전초밥 체인점. 대부분의 지점이 도심보다는 외곽에 있어 단독 건물에 들어서 있으며 주차 공간도 넉넉하다. 그나마 삿포로 시내에서 가까운 기타8조 코세이점은 인근에 삿포로 맥주 박물관이 있어 함께 돌아보는 것이 효율적이다. 100~400엔대에 기대 이상의 퀄리티가 보장되는 초밥은 일부러 찾아갈 정도로 가치가 있다. 가리비, 연어, 장어 등과 제철 생선 초밥도 물론 맛있지만 가라아게나 홋카이도 감자떡인 이모모치, 아이스크림 같은 사이드 메뉴도 훌륭하다.

구글맵 토리톤스시 코우세이점 **문의** 011 374 8666
운영 11:00~22:00(주문 마감 21:30) **예산** 접시당 143~473엔 **홈페이지** toriton-kita1.jp/shop/kita8
가는 방법 JR 삿포로역 북쪽 출입구에서 버스 히가시19훗코키타구치선을 타고 기타하치조히가시고초메 정류장에서 내리면 바로 연결

회전초밥 네무로 하나마루
回転寿司根室花まる

위치 지하철 스스키노역 근처
😊 → 접근성 좋고 가격 대비 높은 퀄리티
☹ → 예약 불가, 긴 대기 줄

삿포로에 10곳이 넘는 매장을 운영하는 회전초밥 전문 체인점. 합리적인 가격에 퀄리티 높은 초밥을 맛볼 수 있어 어느 지점이나 인기가 많다. 특히 스텔라 플레이스점은 항상 대기 인원이 엄청나지만 걱정할 필요 없다. 대기 번호표를 뽑은 뒤 쇼핑몰을 둘러보다가 입장 알림을 받고 돌아오면 된다. 기다리는 게 싫다면 입석을 이용할 수도 있다. 초밥은 신선한 제철 생선 위주로 선택하는 것이 좋으며 연어 다타키, 참치 뱃살, 가리비, 대게 등의 초밥은 언제나 인기 있다. 이곳에서 직접 개발한 봄미역미소국, 대게를 넣은 이시카리지루 등 국물 요리도 맛있다.

구글맵 네무로 하나마루 스텔라 플레이스 **문의** 011 209 5330
운영 11:00~22:00(주문 마감 21:30) **예산** 접시당 200~800엔
홈페이지 www.sushi-hanamaru.com
가는 방법 JR 삿포로역과 연결되는 스텔라 플레이스 6층

스시잔마이(스스키노점)
すしざんまい(すすきの店)

위치 지하철 스스키노역 근처
😊 → 믿을 만한 퀄리티와 메뉴 구성
☹ → 예약 가능(전화)

도쿄에 본점이 있는 스시잔마이는 '참치 대왕'이라 불리는 기무라 기요시가 운영하는 초밥 체인점이다. 매년 새해 첫 참치 경매에서 최고가에 참치를 낙찰받는 것으로 유명하다. 스시잔마이는 대부분 연중무휴, 24시간 운영을 원칙으로 하지만 스스키노점은 오전 7시부터 10시까지 3시간 동안 문을 닫는다. 실내가 넓어 많은 인원을 수용할 수 있으며 맛도 상당히 좋고 퀄리티에 비해 가격이 낮은 편이라 어느 지점이나 인기가 있다. 오후 3시까지 제공하는 런치 메뉴가 특히 가성비가 좋다.

구글맵 스시잔마이 스스키노점 **문의** 011 200 8631
운영 10:00~07:00(주문 마감 06:30), 런치 메뉴 평일 11:00~15:00
예산 접시당 180~700엔
홈페이지 www.kiyomura.co.jp/store/detail/26
가는 방법 지하철 난보쿠선 스스키노역 1번 출구에서 도보 1분

SPECIAL THEME

진짜 홋카이도가 살아 숨 쉬는
어시장 속 미식 한 끼

'삿포로 양대 시장'으로 불리는 삿포로시 중앙도매시장 장외 시장과 니조 시장.
신선한 해산물을 듬뿍 올린 가이센동과 초밥을 맛볼 수 있어 관광객에게도 인기 있다.

01 PLACE 삿포로시 중앙도매시장 장외 시장
札幌市中央卸売市場 場外市場

매일 아침 홋카이도 각지에서 수확한 농산물과 갓 잡은 수산물이 한자리에 모이는 '도매상 전용 시장' 옆에 자리한 시장이다. 생선 가게를 비롯해 청과물점, 건어물점, 절임·건조 어패류 가게까지 종류가 다양하고 경매 직후 바로 진열되는 특급 식재료도 만날 수 있다. 이곳에서 판매하는 식재료로 음식을 만드는 식당도 여러 곳 있으니 오전에 시장을 둘러본 뒤 점심 식사까지 하는 코스를 추천한다.

구글맵 삿포로 장외 시장
상가진흥조합 **문의** 011 621 7044
운영 06:00~17:00(가게마다 다름)
홈페이지 www.jyogaishijyo.com
가는 방법 지하철 도자이선
니주욘켄역 5번 출구에서 도보 8분

TIP!
무료 셔틀버스 탑승 방법

JR 삿포로역과 각 호텔 앞에서 탑승하는 무료 셔틀버스를 운행한다. 픽업 2시간 전까지 예약 가능하나 당일 예약은 불가능한 경우도 있으니 전화나 홈페이지를 통해 미리 예약하는 것이 좋다.

운행 06:30~12:30(11~4월은 07:30부터, 배차 간격 30분)
문의 0120 004 070(운행 시간 내 통화 가능)

[예약하기]

• 기타노구루메테이 海鮮食堂 北のグルメ亭

75년 역사를 자랑하며 이름 그대로 '홋카이도 해산물의 진수'를 보여주는 320석 규모의 대형 식당이다. 시그니처 메뉴는 '15종 가이센동'. 연어, 참치, 성게, 연어알, 가리비, 새우, 전복, 문어 등 15가지 신선한 해산물을 올려 화려한 비주얼을 자랑한다. 가격 부담 없이 즐기려면 양이 적은 하프 사이즈를 주문한다. 하프 사이즈라도 일반 사이즈와 재료는 동일하며 가격은 2000엔대까지 낮아진다.

구글맵 키타노구루메테이 **문의** 011 621 3645 **운영** 5~10월 06:00~17:00, 11~4월 07:00~16:00 **예산** 15종 가이센동 3270엔, 하프 사이즈 2720엔
홈페이지 www.kitanogurume.co.jp
가는 방법 JR 삿포로역 북쪽 출입구에 있는 훼미리마트 앞에서 무료 셔틀버스 탑승

02 PLACE 니조 시장 二条市場

삿포로시 중앙도매시장 장외 시장보다 규모가 작지만 도심에 위치해 접근성이 매우 좋다. 아침 일찍부터 문을 여는 식당들도 맛집 필수 코스로 명성이 높다.

• 오이소 본점 大磯 本店

니조 시장을 대표하는 가이센동 전문점. 워낙 인기가 많아 시장 안에 두 곳이 있으니 좌석 여유가 있는 곳을 이용하면 된다. 대표 메뉴인 가이센동은 성게알, 연어알, 연어, 게살 등 30종 이상의 해산물 중 사용한 재료에 따라 가격이 달라진다. 그중에서도 하룻밤 동안 수분을 뺀 리시리산 성게알이 맛있기로 유명하다. 그 외에 생선구이, 게 그라탕, 새우구이 등 해산물 요리가 전반적으로 맛이 좋다. 한국어 메뉴판이 있어 주문도 편하다.

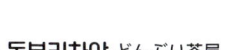

구글맵 니조 시장 오이소 **문의** 011 219 5252
운영 월 · 화 · 목~토요일 07:30~15:30, 17:00~21:00, 일요일 · 공휴일 07:30~16:00(운영 시간 30분 전 주문 마감) **휴무** 수요일(공휴일이면 운영)
예산 삼색동(게살, 연어알, 성게알) 4200엔, 참치 · 연어 · 연어알덮밥 2820엔
홈페이지 ohiso.jp **가는 방법** 지하철 오도리역 35번 출구에서 도보 5분

> 예약은 받지 않고 현장에서 대기 명단에 이름을 올린 순서대로 입장해요. 단, 호출 시 자리에 없을 경우 명단에서 아예 삭제되니 주의하세요.

• 돈부리차야 どんぶり茶屋

생선 가게를 겸하는 해산물 식당으로 이른 아침부터 문을 연다. 연어알, 게, 성게, 새우 등 싱싱한 홋카이도 해산물을 사용한다. 인기 메뉴인 이사리비동은 연어, 참치, 문어, 모란 새우, 게 등 7종류의 해산물과 달걀말이를 올려 내는 회덮밥이다. 밥양을 소량으로 선택하면 가격이 낮아진다. 이 외에 5~7개의 그릇에 다양한 가이센동이 샘플러처럼 나오는 명물동도 있다. 명물동 중 작은 가이센동 네 그릇과 미소국이 나오는 마루센동이 인기 있다.

구글맵 돈부리 차야 **문의** 011 200 2223(예약 불가)
운영 07:30~17:00(주문 마감 16:30)
예산 이사리비동 2580엔, 마루센동 5600엔
홈페이지 donburi.jp
가는 방법 지하철 오도리역 35번 출구에서 도보 5분

> 홈페이지에서 계절 미소국 쿠폰을 다운받을 수 있어요.

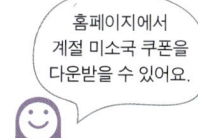

밤이 깊어갈수록 맛이 더해지는
이자카야 명소

키스무 혼테이 炭火鳥燒 蔵鵡 本邸

위치 지하철 스스키노역 근처
☺ → 야키토리와 코스 요리
☹ → 예약 필수(전화, 타베로그)

조용한 분위기에서 술 한잔 즐기고 싶다면 눈여겨봐야 할 고급 이자카야. 호텔 레스토랑에 견줄 만한 친절한 서비스가 인상적이다. 주요 메뉴는 야키토리. 숯의 일종인 비장탄을 사용해 정교한 불 조절로 섬세하게 구워낸다. 직화의 강한 불 맛보다는 육즙이 배어 있는 부드러운 식감이 특징이다. 다만 불 맛을 좋아한다면 다소 아쉬울 수 있다. 오뎅은 홋카이도 리시리산 다시마와 엄선한 가다랑이 포로 우린 육수를 사용해 은은히 풍미를 자랑한다. 꼬치와 오뎅, 일품요리 등이 순서대로 나오는 코스 요리도 있다. 100% 예약제로 운영한다.

구글맵 키스무 혼테이 **문의** 011 272 3210
운영 17:00~23:00 **휴무** 일요일
예산 오토시 400엔, 야키토리 260~580엔, 오뎅 180~650엔
※봉사료 10% 별도 **홈페이지** tabelog.com/hokkaido/A0101/A010103/1004823
가는 방법 지하철 난보쿠선 스스키노역 2번 출구에서 도보 3분

쿠시도리(미나미2조점)
串鳥 (南二条店)

위치 다누키코지 상점가 근처
☺ → 가성비 좋은 부담 없는 이자카야
☹ → 예약 가능(핫페퍼), 체인점

쿠시도리는 1980년 스스키노 1호점을 오픈한 뒤 삿포로 시내에만 9개의 지점을 운영하는 야키토리 체인점이다. 이와테산 닭을 사용하며 숯불에 직접 꼬치를 굽는 방식이다. 닭 날개 꼬치와 베이컨 떡말이 꼬치, 츠쿠네는 꼭 맛봐야 할 메뉴. 셀프로 요리하는 솥밥도 인기 있다. 기본으로 제공하는 닭 육수는 짭짤하고 감칠맛이 뛰어나다.

구글맵 쿠시도리 미나미2조점 **문의** 011 222 1231
운영 월~금요일 16:30~23:30, 토·일요일·공휴일 15:30~23:30
예산 오토시 250엔, 꼬치 개당 170~390엔 **홈페이지** kushidori.com
가는 방법 지하철 난보쿠선 스스키노역 2번 출구에서 도보 6분

후루사토 삿포로 총본점 居酒屋ふる里 札幌 総本店

위치 오도리 공원 근처
😊 → 신선한 제철 회 😐 → 예약 가능(전화), 흡연 가능

후루사토는 1979년에 창업한 노포 이자카야다. 술보다는 안주가 맛있는 곳을 원한다면 특히 추천할 만하다. 신선한 제철 식재료로 만든 다양한 안주를 내며, 특히 제철 해산물을 사용하는 회나 찜 요리가 일품이다. 야키토리, 튀김류, 샐러드 등 기본 안주류도 맛을 보장한다. 특히 이곳의 자랑은 저렴한 가격에 소량의 제철 회를 낸다는 것. 다른 안주도 소량이라 혼자 방문해도 부담이 없다. 실내 좌석이 넓은 것은 장점이지만, 인근 직장인들이 자주 회식 장소로 이용해 떠들썩한 분위기는 감안해야 한다. 흡연이 가능하지만 좌석은 분리되어 있다.

구글맵 Furusato Sapporo Sohonten
문의 011 233 3311
운영 월~토요일 17:00~23:30, 일요일·공휴일 17:00~22:30(운영 시간 30분 전 주문 마감) **예산** 오토시 380엔, 6종류 사시미 2800엔, 잔기 800엔
홈페이지 izakaya-furusato.com
가는 방법 삿포로역전도로 지하 보행 공간 7번 출구에서 바로 연결

히로시마풍 오코노미야키 히나짱 広島風 お好み焼き ひなちゃん

위치 다누키코지 상점가
😊 → 삿포로에서 보기 드문 히로시마식 오코노미야키
😐 → 예약 가능(전화, 홈페이지), 1인 1메뉴 주문 필수

삿포로에서 드물게 히로시마식 오코노미야키를 선보이는 식당이다. 히로시마식 오코노미야키는 일반적인 밀가루 반죽 대신 면을 주재료로 사용해 야키소바와 같은 식감이 특징이다. 현지 맛을 살리기 위해 기본 재료인 소스와 면은 히로시마산을, 채소와 달걀 등은 홋카이도산을 사용한다. 주문 시 면 종류를 고른 뒤 토핑을 선택한다. 부드러운 맛을 원하면 우동을, 씹히는 맛을 원하면 소바를 고른다. 토핑은 오징어와 새우가 가장 선호도가 높다. 완성된 요리를 접시가 아닌 좌석 바로 앞 철판 위에 놓아주는데, 원하면 접시에 담아주기도 한다.

구글맵 히나짱 오꼬노미야끼 **문의** 011 522 7782 **운영** 15:00~22:30(토요일은 12:00부터) **휴무** 일요일 **예산** 스페셜 오코노미야키 1210엔, 니쿠 오코노미야키 860엔 **인스타그램** @hina_chan_
가는 방법 지하철 난보쿠선 스스키노역 2번 출구에서 도보 5분

하치쿄
海味はちきょう

위치 지하철 스스키노역 근처
- → 화려한 퍼포먼스
- → 예약 가능(전화, 홈페이지), 스스키노역 주변에 지점 5개

구글맵 하치쿄
문의 011 222 8940
운영 월~토요일 18:00~24:00, 일요일·공휴일 17:00~23:00(운영시간 1시간 전 주문 마감)
예산 오토시 500엔, 츳코메시(중/소) 3880엔/2990엔
홈페이지 hachikyo.com
가는 방법 지하철 난보쿠선 스스키노역 1번 출구에서 도보 1분

연어알을 좋아한다면 반드시 방문해야 할 해산물 전문 이자카야. 대표 메뉴는 연어알덮밥인 츳코메시로, 연어알을 밥 위에 넘치도록 올려준다. 츳코메시 주문 시 밥양을 선택하면 그에 맞는 그릇에 밥을 담아주고 연어알은 따로 내온다. 그러곤 주인이 연어알을 한 숟가락씩 밥 위에 올리는데, 그때마다 주인과 손님이 함께 응원하듯 "오이샤! 오이샤!(으샤! 으샤!)"라고 외치는 이 집만의 유쾌한 퍼포먼스가 유명하다. 간 무 위에 홋카이도 모양의 다시마, 약간의 연어알을 곁들인 샐러드가 오토시로 나온다. 스스키노역에서 도보로 5분 거리 내에 5개의 매장이 있으니 자리가 있는 곳을 찾아 이용한다.

츠보하치(미나미5조점) つぼ八(南5条店)

위치 지하철 스스키노역 근처
- → 저렴한 안주, 넓은 실내 → 예약 가능(타베로그, 핫페퍼)

1973년 삿포로에서 출발한 이자카야 체인점. 490엔, 390엔 균일가로 시작해 대부분 500~900엔 사이 합리적인 가격의 다양한 안주를 선보인다. 특히 삿포로 한정 안주 메뉴에 주목하자. 가리비 회, 닭 반 마리 튀김, 돼지 어깨살 된장구이, 참임연수어(홋케)구이, 감자떡 버터 간장 구이, 감자튀김, 시지미(재첩) 라멘 등 홋카이도산 재료로 만든 다양한 안주가 준비되어 있다.

구글맵 Tsubohachi **문의** 011 531 2255 **운영** 16:00~24:00(주문 마감 23:20)
휴무 12월 31일, 1월 1일, 1월 2일 **예산** 자릿세 110엔, 오토시 242엔, 사시미 3품 모둠 979엔, 잔기 590엔, 홋카이도 감자튀김 490엔
홈페이지 www.tsubohachi.co.jp
가는 방법 지하철 도호선 호스이스스키노역 4번 출구에서 도보 3분

야키토리 타케토리
やきとり武鳥

위치 지하철 스스키노역 근처
😊 → 아늑한 분위기
☹ → 예약 가능(전화),
　　신용카드 사용 불가

스스키노 대로변에 자리한 70년 넘는 역사를 가진 야키토리 전문점. 다 찌석 10석 남짓의 작은 규모로, 불 앞에서 바로 조리하는 꼬치를 즐길 수 있다. 자리에 앉으면 잘 익은 멜론 조각을 서비스로 제공한다. 꼬치는 세트 또는 단품으로 주문할 수 있으며, 꼬치구이 메뉴 중 세 가지를 선택하는 오코노미 쿠시 세트가 인기 있다. 숯불로 정성껏 구운 꼬치는 짠맛이 과하지 않고 식감이 부드럽다. 어린 닭 반 마리 직화구이인 신코도 추천한다. 한국어 메뉴판도 있어 주문이 편리하다.

구글맵 야키토리타케토리 **문의** 011 219 1380 **운영** 17:00~23:30
휴무 일요일 **예산** 오토시 290엔, 오코노미 쿠시 세트 600엔, 신코 1680엔
가는 방법 지하철 난보쿠선 스스키노역 1번 출구에서 도보 1분

쿠시카츠 다나카
串カツ田中

위치 지하철 스스키노역 근처
😊 → 직접 만들어 즐기는 DIY 메뉴
☹ → 예약 가능(전화, 타베로그, 핫페퍼)

꼬치 튀김인 쿠시카츠를 선보이는 일본 체인점으로, 이곳은 스스키노점이다. 돼지고기, 소고기, 닭고기부터 생선, 채소, 메추리알까지 다양한 재료를 꼬치에 꽂아 튀겨 먹는다는 발상이 새롭고 가성비도 좋아서 인기 있다. 타코야키, 달걀말이, 주먹밥 등 직접 만들어 먹는 DIY 메뉴도 있다. 가격이 저렴해 아이를 동반한 가족 단위 손님에게도 인기가 좋다. 쿠시카츠 종류가 너무 다양해 결정 장애가 온다면 5개, 8개 구성 세트를 추천한다. 120분 동안 8종의 쿠시카츠와 여러 음식을 원하는 대로 먹을 수 있는 무제한 코스도 있다.

구글맵 꼬치 카츠 다나카susukino **문의** 011 261 8400
운영 월~목요일 15:00~24:00, 금요일 15:00~05:30, 토요일 12:00~05:30, 일요일 12:00~24:00 **예산** 오토시 300엔, 쿠시카츠 5개 세트 910엔, DIY 타코야키(20개) 750엔, 쿠시카츠 다나카 코스 4000엔
홈페이지 kushi-tanaka.com
가는 방법 지하철 난보쿠선 스스키노역 3번 출구에서 바로 연결

삿포로에서 만나는 인생 커피
로스터리 & 스페셜티 카페

모리히코 森彦

위치 마루야마 공원 근처
😊 → 숲속 별장 같은 분위기
☹ → 주문한 메뉴 외 사진 촬영 금지

모리히코는 삿포로를 대표하는 지역 카페 브랜드로, 현재 삿포로 시내에 10개의 지점이 있다. 그중에서도 마루야마점은 마루야마 공원 옆 한적한 주택가, 고풍스러운 옛 목조건물에 자리해 숲속 별장에 온 듯한 아늑한 분위기다. 카페 곳곳에 태엽식 시계, 수동 핸드밀 등 옛 감성을 불러일으키는 소품이 놓여 있다. 주요 메뉴는 직화식 로스팅 방식으로 볶은 다양한 종류의 오리지널 블렌드 커피와 직접 만든 디저트. 모리히코 분점은 모두 동일한 원두를 사용하지만 '숲의 방울'이라는 메뉴는 마루야마점에서만 판매한다. 모카, 만델린, 콜롬비아 원두를 블렌딩해 내린 커피는 아로마와 감칠맛이 살아 있다. 여기에 홋카이도산 치즈로 만든 수플레 스타일의 치즈케이크를 곁들이면 더없이 완벽하다.

구글맵 본점은 '모리히코', 그 외 지점은 'morihoco'로 검색
문의 0800 111 4883
운영 09:00~20:00(주문 마감 19:00)
예산 숲의 방울(마루야마점 한정) 913엔, 치즈케이크 550엔 **홈페이지** www.morihico.com
가는 방법 지하철 도자이선 마루야마코엔역 4번 출구에서 도보 4분(마루야마점)

🟢 PICK!
모리히코를 즐기는 또 다른 방법

· 모리히코 예술 극장점 MORIHICO. 藝術劇場

모리히코의 명성은 숲속 별장과 같은 독특한 분위기에서 절반쯤 비롯되지만, 긴 대기 없이 모리히코 커피를 즐기고 싶다면 삿포로 문화예술 극장 1층에 자리한 이곳도 좋은 대안이다. 높은 층고에 세련된 인테리어로 호텔 라운지 같은 고급스러운 분위기를 낸다. 애프터눈 세트와 디저트, 식사 메뉴 등 마루야마점보다 메뉴가 다양한 것도 큰 장점이다.

구글맵 MORIHICO Geijutsugekijo **문의** 011 590 6540
운영 11:00~19:00(토 · 일요일 · 공휴일은 09:00부터)
가는 방법 지하철 오도리역 31번 출구에서 바로 연결

카페 랑방 Cafe Ranban

위치 지하철 스스키노역 근처
😊 → 희귀하고 다양한 원두 라인업
☹ → 디저트 메뉴 부족

삿포로를 대표하는 최고의 로스터리 카페. 1977년에 문을 열었으며 전 세계 유명 커피 농장에서 원두를 수입해 매장에서 직접 로스팅한다. 원두 라인업은 놀라울 만큼 화려하다. 인도 발마아디 농장의 사향고양이 커피, 스페인 로스 그리모네스 농장의 티피카, 뉴칼레도니아 이다 마크 농장의 릴로이, 파나마 에스메랄다 농장의 게이샤 등 세계적인 스페셜티 커피를 만날 수 있다. 원두를 고르면 드립 방식으로 정성껏 내려준다. 희귀한 원두뿐 아니라 카페 자체 블렌딩으로 내린 커피도 꽤 훌륭하다. 소프트, 미디엄, 프렌치 로스팅 중 선택 가능하다. 오전에는 토스트와 커피 세트 메뉴를 훨씬 저렴한 가격에 판매한다.

구글맵 카페 랑방 **문의** 011 221 5028 **운영** 08:00~18:00 (주문 마감 17:30)
휴무 목요일 **예산** 모닝 토스트 세트 850엔, 블렌드 커피 700엔
홈페이지 www.ranban.net
가는 방법 지하철 난보쿠선 스스키노역 2번 출구에서 도보 5분

바리스타트 커피 Baristart Coffee

위치 지하철 오도리역 근처
😊 → 여러 종류의 우유 중 선택 가능
☹ → 좁은 실내, 스탠딩석만 이용 가능

카페라테가 맛있기로 유명한 삿포로의 인기 카페. 이곳의 특별함은 원두뿐 아니라 홋카이도산 우유를 선택할 수 있다는 점이다. 비에이, 도카치 등 홋카이도 각 지역에서 들여온 2~4종류의 우유 중 고를 수 있으며, 각 우유는 와인이나 커피처럼 단맛, 고소함, 깊이감 등 테이스팅 기준에 따라 소개해 내 취향에 맞는 우유를 고르는 재미도 있다.

커피는 로부스타 블렌드와 아라비카 싱글 오리진 중 선택이 가능한데, 부드러운 맛을 원한다면 싱글 오리진을, 우유를 뚫고 나오는 강한 아로마를 좋아한다면 로부스타를 선택한다. 매장에는 2~3명 정도 수용 가능한 스탠딩석만 있어 사실상 테이크아웃 전문점이다. 현재 아사히카와, 후라노 등 홋카이도에만 4개의 분점이 있다.

구글맵 바리스타트 커피 **문의** 011 215 1775
운영 10:00~18:00
예산 카페라테 770엔, 아메리카노(L) 620엔
홈페이지 www.baristartcoffee.com
가는 방법 지하철 오도리역 10번 출구에서 도보 3분

마루미 커피 (오도리 공원 본점)
丸美珈琲店 (大通公園本店)

위치 오도리 공원 근처
→ 최상의 원두 맛을 비교해보는 재미

2013년 일본 커피 로스팅 챔피언십 1위, 2014년 월드 커피 로스팅 챔피언십 6위를 차지한 고토 에이지로가 운영하는 스페셜티 커피 전문점. 전 세계 커피 생산국에서 수입한 원두를 손으로 하나하나 선별해 로스팅한다. 블렌드, 싱글 오리진, 스페셜티 등 다양한 타입의 커피를 선보이며 총 12종의 원두를 시음해볼 수 있다. 핸드 드립 방식으로, 바리스타의 테이스팅을 통해 잡미 없는 깨끗한 맛의 커피를 낸다. 특히 3종류의 원두로 각각 내린 3잔의 커피 세트는 이곳의 대표 커피를 비교하며 맛볼 수 있다. 삿포로에 여러 지점이 있는데 그중 삿포로 지하 보행 공간 3번 출구에 있는 시타테 삿포로점은 테이크아웃만 가능하다.

구글맵 Marumi Coffee
문의 011 211 5093
운영 월~금요일 10:00~20:00,
토 · 일요일 10:00~19:00
예산 3종류 원두 비교 세트 1100엔,
플레인 와플 250엔
홈페이지 www.marumi-coffee.com
가는 방법 지하철 오도리역 37번
출구에서 도보 2분

도쿠미츠 커피 トクミツコーヒー

위치 지하철 오도리역 근처
→ 오도리 공원 뷰

카페 랑방을 비롯한 여러 유명 카페에서 경력을 쌓은 바리스타 도쿠미츠가 운영하는 카페로, 삿포로 시내에 오도리점과 마루야마점이 있다. 이곳 오도리점은 오도리 공원이 눈앞에 펼쳐지는 오도리 빗세 빌딩 2층에 자리한다. 이 카페의 가장 큰 자랑은 도쿠미츠가 신맛, 단맛, 쓴맛의 균형을 고려해 개발한 아홉 가지 종류의 블렌드 원두다. 각각의 블렌드 원두마다 붙은 숫자는 부드러운 신맛부터 깊은 쓴맛까지 단계별 맛의 강도를 직관적으로 나타낸다. 또 다양한 맛의 싱글 오리진 원두도 있어 선택의 폭이 넓다. 커피에 관심이 있다면 매주 일요일에 열리는 커피 클래스(유료)에 참석해보는 것도 추천한다.

구글맵 TOKUMITSU COFFEE Cafe & Beans **문의** 011 281 1100
운영 10:00~20:00 **예산** 아메리카노 650엔, 카페라테 700엔
홈페이지 tokumitsu-coffee.com
가는 방법 삿포로역전도로 지하 보행 공간 13번 출구에서 바로 연결

마루세이 커피
マルセイコーヒー Marusei Coffee

위치 지하철 오도리역 근처
🙂 → 저렴한 모닝 세트   ✓ → 실내 흡연 가능

매일 원두를 로스팅하는 카페이지만 카페 안에 제빵소가 있어 촉촉하고 부드러운 식빵을 매일 직접 굽는다. 샌드위치, 토스트, 파니니 등 식사용 빵 메뉴도 훌륭하다. 특히 모닝 세트는 저렴한 가격에 두툼한 버터 토스트와 샐러드, 커피까지 제공해 가성비가 뛰어나다. 원두는 킬리만자로, 브라질, 과테말라 등 대중적으로 인기 있는 원두를 로스팅해 판매하며, 3종의 테이스팅 세트와 드립백 등 선택의 폭도 넓다. 다만 이곳의 시그니처인 블렌딩 커피는 신맛이 다소 강한 편이라 호불호가 갈릴 수 있다.

구글맵 Marusei Coffee **문의** 011 205 0388
운영 07:30~19:00 **휴무** 1월 1일
예산 모닝 세트 390엔, 블렌드 커피 390엔
홈페이지 maruseishop.thebase.in
가는 방법 지하철 오도리역 34번 출구에서 도보 1분

커피 & 와인 스탠다드 커피 랩
Coffee & Wine Standard Coffee LAB.

위치 다누키코지 상점가(서쪽 끝)
🙂 → 삿포로에서 손꼽히는 카페라테

2005년부터 원두를 로스팅해 삿포로 주요 레스토랑과 카페에 납품해온 스탠다드 커피 랩이 2017년에 문을 연 2호점이다. 다양한 라테아트 대회에서 우승한 대표 바리스타인 오이소 사토루를 비롯해 세계 대회 출전 경험이 있는 실력자 바리스타들이 만들어주는, 삿포로에서 손꼽히는 수준 높은 카페라테를 맛볼 수 있다. 여러 종류의 원두를 취급하지만 선택하기 어렵지 않다. 커피 맛은 프루티fruity, 마일드mild, 비터bitter로 직관적으로 안내한다. 카페 이름처럼 와인도 즐길 수 있는 공간으로, 가볍게 마실 수 있도록 잔으로도 판매한다. 매주 목요일 휴무일마다 커피 강좌나 다양한 이벤트가 열린다.

구글맵 Coffee & Wine Standard coffee LAB. **문의** 011 211 6706
운영 10:00~20:00(토요일은 22:00까지) **휴무** 목요일
예산 카페라테 660엔
홈페이지 standardcoffeelab.com
가는 방법 지하철 난보쿠선 스스키노역 2번 출구에서 도보 8분, 시영 전차 시세이칸쇼갓코마에 정류장에서 도보 4분

밍가스 커피 Mingus Coffee

위치 지하철 오도리역 근처
😊 → 삿포로 TV 타워가 보이는 루프톱과 음향 시설
☹ → 간판이 없어 찾기 어려움

평온한 시간을 보낼 수 있는 로스터리 재즈 카페다. 커피를 내리는 바리스타의 모습을 지켜보고 싶다면 카운터 석을, 음악을 들으며 커피를 음미하고 싶다면 소파 좌석을 추천한다. 삿포로 TV 타워가 보이는 루프톱은 계절과 상관없이 인기 있다. 눈길을 끄는 건 벽 한 면을 차지하는 대형 스피커로, 스피커를 타고 은은하게 흐르는 재즈 선율을 감상할 수 있다. 늦은 밤까지 운영하는 것도 큰 장점. 다양한 싱글 오리진 외에 모던, 스윙, 스무스, 하드 등 재즈 장르에서 영감받은 블렌딩 원두도 있다.

구글맵 밍가스 커피 **문의** 011 271 0500
운영 09:00~24:00
예산 카페오레 650엔, 프렌치 커피 550엔
홈페이지 mingus-beans.stores.jp
가는 방법 지하철 오도리역 37번 출구에서 도보 3분

머메이드 커피 로스터스 삿포로
マーメイドコーヒー ロースターズ 札幌

위치 다누키코지 상점가(동쪽 끝)
😊 → 포토존이 많은 예쁜 인테리어 ☹ → 1회용 컵만 사용

도쿄에 있는 '머메이드 커피' 분점으로 본점의 명성만큼이나 뛰어난 원두 퀄리티와 극강의 친절함, 아기자기한 인테리어까지 고루 갖췄다. 주문 전 고소한 풍미 또는 산뜻한 산미 계열 커피를 맛보고 고를 수 있다. 카페 내부는 어디를 찍어도 화보처럼 나오는 스튜디오 그 자체다. 1층은 2층 높이로 탁 트인 천장 구조로, 홋카이도의 야생동물을 연상케 하는 수록 머리 모형의 인형이 매달려 있어 시선을 끈다. 2층은 다양하고 예쁘게 꾸며 사진 찍기 좋다. 원두와 굿즈도 판매한다.

구글맵 머메이드 커피 로스터스 삿포로점 **문의** 011 207 2244 **운영** 08:00~18:00
휴무 화요일 **예산** 모닝 토스트 세트 1000엔, 블렌드 커피 550엔
인스타그램 @mermaid_coffee_roasters_spr
가는 방법 지하철 도호선 호스이스스키노역 1번 출구에서 도보 4분

FOLLOW UP

눈치 없이 편안하게!
작업하기 좋은 카페

일본에서는 카페에서 스마트폰 충전이나 노트북 작업을 하는 것을 민폐인 행동으로 볼 수 있다. 스타벅스 같은 일부 체인점을 제외하면 전원 콘센트 사용 자체가 불가능한 곳도 많다. 그러나 걱정 마시라. 전원과 와이파이 사용이 가능할 뿐 아니라 커피 맛과 분위기까지 훌륭한 카페를 소개한다.

① 풀 에스프레소 & 워크 Poool Espresso & Work

넉넉한 좌석에 조용하고 인테리어가 아름다운 북 카페 겸 워킹 카페. 테이블 좌석에 눈치 보지 않고 사용할 수 있는 콘센트가 마련되어 있다. 카페라테 맛집으로도 유명하다. 강배전 로스팅 원두와 고소한 우유가 최상의 조합을 이뤄 일부러 들르고 싶은 곳이다. 다만 와이파이가 약하다.

구글맵 Poool Espresso Work
운영 09:00~22:00
인스타그램 @pooolpooolpoool

② 카페 크루아상 CAFÉ CROISSANT

JR 삿포로역 지하상가 아피아Apia에 위치해 기차 타기 전 가볍게 들르기 좋은 카페. 특히 오전 10시 30분까지 판매하는 모닝 세트가 뛰어난 가성비를 자랑한다. 커피와 샌드위치 혹은 크루아상을 550~572엔에 판매한다. 넓은 실내에는 2~4인용 테이블뿐 아니라 콘센트와 칸막이가 있는 스터디 카페 같은 분위기의 테이블도 있어 작업하기 좋은 환경이다.

구글맵 cafe croissant
운영 07:30~22:00
홈페이지 www.apiadome.com/shop_detail/121

③ 토다이 커피 灯台珈琲

헬리오 호스텔의 리셉션 역할을 하는 곳으로 1층에 자리한 북 카페 겸 라운지. 다양한 책을 자유롭게 열람할 수 있을 뿐 아니라, 테이블마다 콘센트가 있어 조용히 노트북 작업을 하기에도 안성맞춤이다. 특히 오리지널 블렌드, 카페라테, 수제 레모네이드 등이 맛있어서 가볍게 음료를 즐기기 좋은 곳이다.

구글맵 Helio hostel Sapporo **운영** 09:30~18:00
홈페이지 helio-hostel.jp/lounge

일본 레트로 낭만이 깃든
킷사텐

코히·케이쇼쿠 히이라기
珈琲·軽食 ひいらぎ

위치 지하철 도자이선 버스센터마에역 근처
🙂 → 금연 킷사텐 😐 → 신용카드 사용 불가, 사진 촬영 제한

분위기는 전형적인 킷사텐이지만 메뉴 구성은 브런치 카페에 가깝다. 토스트가 유명한데, 삿포로 인기 제과 브랜드인 오카메야 식빵을 사용해 촉촉하고 부드러운 식감이 특징이다. 버터를 바른 기본 토스트는 물론 피자, 감자, 메이플, 믹스 베리 등 다양한 토핑을 올린 토스트가 있다. 토스트를 주문할 때는 수프나 음료 등이 포함된 세트 메뉴를 주문하는 것이 유리하다. 미야코시야 커피 원두를 사용하며 맥주, 하이볼 같은 술 종류와 계절 한정 파르페도 판매한다. 또 주 2~3회 라이브 공연이 열려 식사나 커피를 즐기며 관람할 수 있다.

구글맵 fujicoh(후지코 건물 1층) **문의** 011 231 3939
운영 월·수·금·토요일 07:30~18:00(사정에 따라 12:00 오픈) **휴무** 목·일요일·공휴일(이벤트로 인한 휴무나 시간 변경은 블로그 참고)
예산 수프 세트 1100엔(250엔 추가 시 커피나 홍차 선택), 토스트 & 드링크 세트 1350엔
홈페이지 mykhiiragi.exblog.jp
가는 방법 지하철 도자이선 버스센터마에역 8번 출구에서 도보 2분

옷토 킷사 オットー喫茶

위치 다누키코지 상점가 근처
🙂 → 진한 융 드립 커피
😐 → 흡연 가능, 신용카드 사용 불가

1966년에 문을 열어 올해로 60주년이 된 킷사텐으로 쇼와 시대의 정취가 고스란히 남아 있다. 일반 블렌드 커피는 물론 북유럽풍과 이탈리아·프랑스·러시아식 커피 등 다양한 커피가 준비되어 있다. 주문하면 마스터가 능숙하게 융 드립 방식으로 진하게 커피를 내려준다. 식사 메뉴로는 필라프, 드라이 카레, 나폴리탄 등이 있으며 크림소다와 레몬 스쿼시처럼 킷사텐 하면 떠오르는 음료도 있다. 흡연석과 금연석은 구역만 나뉘어 있을 뿐 칸막이가 없어 담배 연기에서 완전히 벗어나기는 어렵다.

구글맵 'Shichirin'으로 검색, 바로 옆 **문의** 011 241 9769
운영 화·수·금·일요일 11:00~18:00 **휴무** 월·목요일
예산 나폴리탄 세트 1180엔, 블렌드 커피 600엔
가는 방법 지하철 난보쿠선 스스키노역 2번 출구에서 도보 4분

올림피아 純喫茶オリンピア

위치 홋카이도청 근처
🙂→ 가성비 좋은 런치 메뉴 ☹→ 식사 시간에 긴 대기 줄

좁고 가파른 계단을 내려가면 '순 킷사텐 올림피아'라고 적힌 진한 빨간색 간판이 눈길을 끈다. 1964년에 문을 열어 60년이 넘은 곳으로, 넓은 실내에 붉은 하이백 소파, 샹들리에, 곳곳에 자리한 오래된 소품과 연주용 그랜드피아노까지 고풍스러운 멋이 가득하다. 이곳은 오랜 단골이 많은데, 합리적인 가격의 런치 메뉴 덕분이다. 미트 소스 스파게티와 비프 카레가 한 접시에 나오는 '하프 & 하프 플레이트'가 인기 메뉴. 이 밖에 나폴리탄, 수제 푸딩, 파르페, 크림소다, 커피 등 킷사텐 메뉴도 기대 이상이다. 특히 커피를 넣어 만든 푸딩은 커피와 푸딩 사이에서 선택 장애가 올 때 좋은 선택이 될 것이다.

구글맵 올림피아 **문의** 011 231 0433
운영 10:00~18:00(런치 11:00~14:00) **휴무** 토·일요일·공휴일
※매월 1회 토요일 운영
예산 런치 메뉴(세 종류 중 선택, 음료 포함) 1000엔
홈페이지 www.olympia-coffee.jp
가는 방법 지하철 난보쿠선 삿포로역 8번 출구에서 도보 5분

미야코시야 커피(폴 타운점 카페 바자르)
宮越屋珈琲(ポールタウン店 カフェバザールー)

위치 지하철 스스키노역 근처
🙂→ 전석 금연, 뛰어난 접근성 ☹→ 디저트 메뉴 부족, 식사 메뉴 없음

1991년부터 원두 로스팅과 판매를 시작한 소규모 카페 브랜드. 삿포로 시내 카페에 원두를 공급할 정도로 다양하고 퀄리티 있는 원두로 승부한다. 흡연 가능한 본점과 달리 폴 타운점은 전석 금연이고, 스스키노역과 바로 이어지는 폴 타운에 위치해 접근성이 좋다. 인테리어는 킷사텐 특유의 분위기가 풍기는데 식사 메뉴가 없어 로스터리 카페에 가깝다. 커피는 한 잔에 715엔으로 비싼 편이지만, 진하게 내린 프렌치 로스트 블렌드가 커피 애호가들에게 유명하다.
좀 더 저렴하게 즐기려면 오전에 방문할 것. 오전 10시까지 마일드 커피 495엔, 토스트 275엔에 판매한다. 다양한 종류의 원두 중 원하는 것을 구입할 수 있으며, 특히 이달의 원두가 저렴하다.

구글맵 Miyakoshiya Coffee
문의 011 221 6661
운영 09:00~23:00
예산 블렌드 커피 715엔, 케이크 660엔, 치즈 토스트 440엔
홈페이지 www.miyakoshiya-coffee.co.jp
가는 방법 지하철 난보쿠선 스스키노역 1번 출구에서 도보 1분

특별한 디저트 & 브런치 맛집
홋카이도 우유의 풍미 가득!

삿포로 니이쿠라야 본점 札幌新倉屋 本店

위치 다누키코지 상점가
😊 → 레트로풍 인테리어 ☹ → 일본어 외 소통 불가

1960년부터 다누키코지 상점가에서 60년 넘게 이어온 화과자 전문점 겸 카페. 1층은 만주, 당고, 붕어빵 등 일본 전통 떡과 과자류를 파는 가게이고, 2층은 1층에서 파는 떡과 과자, 음료를 마실 수 있는 작은 카페로 운영한다.
커피와 토스트, 케이크 세트, 아이스크림 등 일반 카페 메뉴도 있지만, 이곳을 특별하게 만드는 건 다양한 토핑을 올린 당고와 단팥 위에 아이스크림을 얹은 크림 젠자이(크림 단팥죽) 등 일본 전통 디저트다. 디저트를 주문하면 오차(녹차)를 무료로 제공한다.

구글맵 6 Chome-3 Minami 2 Jonishi
문의 011 281 5191 **운영** 09:30~18:00(재료 소진 시 운영 종료)
예산 크림 젠자이 490엔, 커피 & 케이크 세트 900엔
인스타그램 @sapporoniikuraya
가는 방법 지하철 난보쿠선 스스키노역 2번 출구에서 도보 6분

사에라 珈琲とサンドイッチの店 さえら

위치 오도리 공원 근처
😊 → 한 번에 두 가지 맛의 샌드위치 경험
☹ → 재료 소진 시 운영 종료

1975년에 문을 연 샌드위치 전문점이자 브런치 카페. 10가지 이상의 샌드위치와 음료가 있다. 식빵 맛이 뛰어나 어떤 메뉴를 골라도 기대 이상이며 모든 샌드위치 메뉴는 두 가지 맛으로 선택할 수 있다. 부드러운 생크림에 신선한 과일을 듬뿍 넣은 과일 샌드위치가 대표 메뉴이고 돈카츠 샌드위치, 왕게 샐러드 샌드위치도 인기 있다. 3대째 찾아오는 단골손님부터 관광객까지 발길이 끊이지 않아 오픈 시간부터 대기는 기본. 1인분의 양이 넉넉해 2명이 갔을 때 음료 두 잔과 샌드위치 하나만 주문해도 먹기 적당하다. 영어 메뉴판도 있다.

구글맵 사에라 **문의** 011 221 4220
운영 10:00~18:00(주문 마감 17:30) **휴무** 수요일
예산 과일 & 훈제 연어 샌드위치 800엔, 사에라 블렌드 커피 580엔 **인스타그램** @caetla_1975
가는 방법 지하철 오도리역 19번 출구에서 바로 연결

패뷸러스 숍 & 테이블
FAbULOUS Shop & Table

위치 지하철 오도리역과 버스센터마에역 사이
😊 → 무제한 드링크 바

인테리어 소품 편집숍 한편에 자리한 감각적인 카페. 오전에는 샌드위치와 음료, 점심에는 식사 메뉴를 팔고, 디저트와 파르페 등은 언제든 주문 가능하다. 특히 아침 메뉴를 주문하면 오전 11시 30분까지 60분간 드링크 바를 무료로 이용할 수 있다. 드링크 바에는 음료와 수프 등 총 13종의 메뉴가 준비되어 있다. 아침 메뉴 중 과일 샌드위치가 가장 인기 있다.

구글맵 FAbULOUS **문의** 011 271 0310
운영 09:00~19:00, 드링크 바 09:00~11:30(주문 마감 11:00)
예산 과일 샌드위치 1100엔, 오구라 토스트 850엔
홈페이지 www.rounduptrading.com
가는 방법 지하철 도자이선 버스센터마에역 3번 출구에서 도보 2분

마슈 MaShu

위치 마루야마 공원 근처
😊 → 별장 같은 아늑한 인테리어

조용한 주택가에 자리한 아늑한 카페. 넓은 창 너머로는 마루야마 공원 풍경이 펼쳐진다. 대표 메뉴는 수제 아이스크림과 쿠키. 아이스크림은 엄선한 홋카이도산 우유로 직접 만들어 깊고 부드러운 맛을 자랑한다. 홋카이도산 버터와 밀로 만든 버터 크림 샌드는 가장 인기 있는 디저트. 무엇보다 아이스크림과 쿠키가 정갈하게 플레이팅되어 보는 즐거움을 더한다.

구글맵 28-chōme-3-5 Kita 1 Jonishi **문의** 011 616 3171
운영 10:00~18:00 **휴무** 월요일, 셋째 주 화요일
예산 아이스크림과 버터 크림 샌드 세트 1000엔, 유기농 검은콩차 600엔 **홈페이지** www.mashusweets.com
가는 방법 지하철 도자이선 마루야마코엔역 1번 출구에서 도보 5분

동구리(오도리점) どんぐり(大通店)

위치 오도리 공원 근처
😊 → 다양한 식사 빵, 저렴한 가격

동구리는 40년 이상의 역사를 자랑하는 삿포로 대표 베이커리. 어묵 안에 마요네즈로 버무린 참치를 넣어 구운 치쿠와 빵이 유명하다. 그 외에도 베이컨 에그 빵, 치킨 난방 샌드위치, 데리타마 치킨 빵과 지역 음식인 잔기를 꼬치로 만든 쿠시잔기 등이 인기 메뉴다. 오도리 공원 근처 르 트루아 쇼핑몰과 스스키노 코코노 빌딩 등 삿포로 주요 상권에도 지점이 있다.

구글맵 동구리 오도리점 **문의** 011 210 5252
운영 10:00~21:00 **예산** 베이컨 에그 빵 226엔, 소금빵 118엔
홈페이지 www.donguri-bake.co.jp
가는 방법 지하철 오도리역 24번 출구에서 바로 연결

요츠바 화이트 코지 よつ葉ホワイトコージ

위치 스텔라 플레이스 지하 1층
😊 → 진한 풍미의 아이스크림

홋카이도산 호박과 팥을 넣은 몽블랑 파르페

홋카이도 유제품 제조사 요츠바 유업이 운영하는 디저트 카페. 자사 제품인 유지방 4.0% 우유, 생크림, 요구르트, 치즈, 버터 등으로 만든 메뉴를 선보인다. 진한 우유 맛이 그대로 느껴지는 소프트아이스크림과 생크림만으로 만든 새하얀 파르페가 대표 메뉴다. 홋카이도산 과일과 말차, 호지차, 호박 등을 듬뿍 넣은 파르페는 어떤 것을 골라도 만족스럽고 가격도 합리적이다. 런치타임에는 파스타, 샐러드, 아이스크림으로 구성된 세트 메뉴를 저렴하게 판매한다. 신치토세 공항에도 지점이 있다.

구글맵 Milk & Parfait White Cosy **문의** 011 209 5577
운영 10:00~21:00(주문 마감 20:30) **예산** 몽블랑 파르페 1200엔, 요츠바 화이트 파르페 900엔 **홈페이지** www.yotsuba.co.jp/white
가는 방법 JR 삿포로역과 연결되는 스텔라 플레이스 지하 1층

카시토 킷사 시로야 菓子と喫茶 SIROYA

위치 오도리 공원 근처
😊 → 다양한 디저트와 식사 메뉴 ☹ → 지하에 있어 찾기 어려움

'시로이코이비토'로 유명한 이시야 제과가 운영하는 카페 겸 레스토랑이다. 가장 유명한 시로이코이비토 아이스크림부터 파르페, 스파게티, 카레, 팬케이크 등의 식사 메뉴를 판매한다. 특히 아침 8시부터 11시까지 제공되는 모닝세트가 가성비 좋기로 유명하다. 1층에는 이시야 삿포로 본점이 있어서 함께 둘러보기 좋다.

구글맵 22%MARKET **문의** 080 8286 3289
운영 월~금요일 08:00~19:00, 주말·공휴일 10:00~19:00
예산 파르페 980엔, 모닝 세트 500엔~
홈페이지 22percent-market.jp/pages/shiroya
가는 방법 지하철 오도리역 14번 출구 방향 지하 보행 공간 내

빗세 스위츠 Bisse Sweets

위치 오도리 공원 앞
😊 → 오도리 공원점 한정 메뉴

홋카이도 각지에서 모인 유명 브랜드 매장이 들어선 빌딩 오도리 빗세. 그중에서도 1층의 빗세 스위츠에는 홋카이도의 유명 디저트 숍이 모여 있어 인기가 많다. 오도리 공원 바로 앞에 있어서 창밖 풍경도 아름답고, 지하철 오도리역 지하 보행 공간과 연결되어 접근성도 뛰어나다.

구글맵 BISSE SWEETS **운영** 10:00~20:00 **휴무** 1월 1일
홈페이지 www.odori-bisse.com **가는 방법** 삿포로역전도로 지하 보행 공간 13번 출구에서 바로 연결

PICK!
빗세 스위츠에서 이곳만은 꼭!

· 키노토야 きのとや

삿포로 시내 외곽 시로이시에 본점이 있는 디저트 브랜드로 현지인들에게 사랑받는 곳이다. 케이크, 치즈 타르트, 소프트아이스크림을 판매하며, 특히 빵 위에 생크림과 과일을 듬뿍 올린 오므파르페가 인기다. 커피 등 음료까지 세트로 주문하면 합리적인 가격에 즐길 수 있다. 다이마루 백화점, 마루이 이마이 등의 지하 식품관에도 입점해 있다.

문의 011 233 6161
예산 오므파르페 세트(음료 포함) 990엔

· 마치무라 농장 町村農場

1966년 에베츠시에서 출발한 유서 깊은 낙농 브랜드 '마치무라 농장'이 운영하는 아이스크림 카페. 마치무라 농장의 신선한 우유로 만든 소프트아이스크림이 가장 유명하며 와플, 파르페, 치즈케이크, 도넛, 치즈, 요구르트 등 우유가 들어간 디저트는 고루 맛있다. 삿포로에는 오도리 공원점 외에 마루야마, 모이와에도 지점이 있다.

문의 011 211 5029
예산 도카치 아즈키노 말차 파르페 858엔

기타카로 삿포로 본점
北菓楼 札幌本館

위치 오도리 공원 근처
😊 → 가성비 좋은 디저트

디저트로 유명한 스나가와시에서 1991년에 탄생한 기타카로는 롯카테이, 르타오와 함께 '홋카이도 3대 과자 브랜드'로 불린다. 현재 오타루, 삿포로 등지에 6개의 지점을 운영하는데, 그중에서도 삿포로 본점은 고풍스러운 분위기의 역사적 건물에 한정판 디저트가 많아 꼭 들러야 할 곳이다. 1층은 화과자, 양과자, 생과자 등 브랜드 상품을 판매하며, 2층은 감각적인 카페 공간으로 합리적인 가격의 디저트 세트를 즐기기 좋다. 홋카이도 식재료 본연의 맛을 살린 오므라이스와 키슈 등 식사 메뉴도 있다. 본점 건물은 본래 도서관이었던 곳으로, 양쪽 벽면 전체에 책장을 두고 약 6000권의 책을 비치해 누구나 자유롭게 읽을 수 있도록 했다. 또 피아노, 테이블, 의자까지 화이트 톤으로 통일해 세련되면서도 화사한 분위기다.

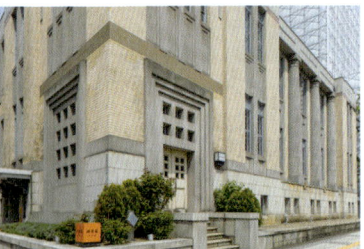

구글맵 Kitakaro Sapporo Honkan Cafe　**문의** 800 500 0318
운영 10:00~18:00　**휴무** 화요일　**예산** 케이크 세트(음료 포함) 990엔
홈페이지 www.kitakaro.com
가는 방법 지하철 오도리역 5번 출구에서 도보 5분

TRAVEL TALK

100년 역사의 건물이 안도 다다오의 손길로!

기타카로 삿포로 본점의 중후한 건물은 그 자체로 하나의 관광 명소입니다. 1926년 행계(왕이나 왕세자 등의 출입)를 기념해 홋카이도청립 도서관으로 건축했다가 이후 건물 일부가 철거되었으며, 2016년 일본 대표 건축가 안도 다다오의 손길을 거쳐 리노베이션되었습니다. 옛 건물의 고풍스러운 외관과 현대적 감각이 오묘한 조화를 이루지요. 2층 카페 안쪽의 '메모리 룸'에는 건물의 역사와 변천 과정을 담은 사진과 자료 등이 전시되어 있습니다.

구 현관 홀
1926년에 조성된 구 현관 홀은 원형 그대로 보존되어 있어 당시 건축양식과 장식 요소가 잘 드러나 있다. 우아하고 클래식한 계단 앞은 필수 포토존!

FOLLOW UP

선물 고민 끝!
기타카로 스위츠 추천 아이템

기타카로를 단순히 바움쿠헨이 맛있는 브랜드 정도로만 알고 있다면 큰 즐거움을 놓칠 수 있다. 맛과 품질이 뛰어난 다양한 디저트 중에서 놓치지 말아야 할 시그니처 제품과 본점 한정 상품을 소개한다.

① 홋카이도 개척 오카키(쌀과자)
北海道開拓おかき **베스트**

홋카이도산 재료로 만든 프리미엄 쌀과자. 찹쌀을 절구에 찧고 건조, 숙성, 튀김 과정을 거쳐 무려 7일이라는 시간을 들여 만든다고 한다. 다시마, 가리비, 새우 등 일곱 가지 맛이 있다.

④ 클래식 쇼콜라 '유메가사네'
クラシックショコラ 夢がさね **본점 한정**

벨기에산 초콜릿을 사용한 진한 초콜릿 케이크. 쌉쌀한 초콜릿에 살구 향이 은은하게 감돌며 식감이 부드럽고 촉촉하다. 커피나 차와 함께 디저트로 즐기기 좋다.

② 바움쿠헨
バウムクーヘン **베스트**

홋카이도산 밀가루와 생크림, 달걀을 반죽해 구워낸 기타카로의 대표 상품. 구운 후 하룻밤 숙성시켰다가 판매해 식감이 촉촉하고 부드럽다. 퍼석거림 없이 입안에서 녹는 듯한 식감이 특징.

⑤ 초코샌드 쿠키 '홋카이도청립 도서관'
チョコサンドクッキー 北海道廳立圖書館 **본점 한정**

'홋카이도 최초 도청립 도서관'이라는 의미를 담아서 만든 기념 쿠키. 진한 캐러멜 소스가 들어간 스퀘어 초콜릿과 고소하고 바삭한 랑그드샤 쿠키가 세트로 구성되어 있다.

③ 슈크림 슈 **베스트**

본점 매장에서는 신선한 슈크림 슈도 판매한다. 가장 인기 있는 제품은 기타노유메 돔 北の夢ドーム이다. 바삭하게 구운 슈 안에 커스터드와 생크림을 이중으로 올려 풍부한 맛이 난다. 이 덕분에 매장 오픈과 함께 빠른 속도로 품절된다.

⑥ 바움쿠헨 직인 서비스 **본점 한정**

삿포로 본점에서는 바움쿠헨에 원하는 직인을 찍어주는 무료 서비스를 운영한다. 홈페이지를 통한 사전 예약은 필수이며 예약 시점에서 4~5일 후 수령 가능하다.

카페 롯카테이 삿포로 본점
六花亭 札幌本店

위치 JR 삿포로역 근처
😊 → 브랜드만의 독창적인 디저트

삿포로에서 단 하나의 오미야게(기념품)를 구입해야 한다면 롯카테이 마루세이 버터샌드를 추천한다. 마루세이 버터샌드는 일본에서 오미야게 1위를 차지할 정도로 사랑받는 디저트다. 홋카이도 대표 제과 브랜드 중 하나인 롯카테이는 1933년 낙농의 본고장 오비히로에서 태어났으며, 예쁜 꽃 그림이 그려진 패키지와 종이 백으로도 유명하다. 브랜드명 롯카테이는 육화정, 즉 '눈의 결정을 뜻하는 육각형의 꽃'에서 유래했다.

삿포로 본점과 마루야마점은 카페도 운영해, 브랜드 정체성을 살린 다양한 디저트를 선보인다. 마루세이 아이스 샌드는 마루세이 버터샌드를 아이스크림 버전으로 해석한 것이다. 단단한 비스킷 사이에 아이스크림과 건포도 크림이 들어 있다.

특히 프로마주 블랑은 가벼운 식감의 프로마주 치즈에 매실 잼 젤리 소스를 더한 독창적인 디저트로 꼭 먹어볼 가치가 있다. 카페 건물 앞에는 홋카이도 야생초 야마노쿠사가 자라는 정원이 있어, 넓은 통창을 통해 풍경을 즐기며 여유로운 시간을 보낼 수 있다.

프로마주 블랑

구글맵 롯카테이 삿포로본점 **문의** 120 126 666
운영 상점 10:00~17:30, 카페 10:30~16:30(주문 마감 16:00) **휴무** 수요일
예산 프로마주 블랑 650엔, 커피 400엔
홈페이지 www.rokkatei.co.jp
가는 방법 JR 삿포로역 남쪽 출입구에서 도보 3분

FOLLOW UP

두 손 가득!
롯카테이 인기 쇼핑템

오미야게 쇼핑은 출국 전 공항 면세점에서 하는 것이 국룰이지만, 롯카테이 제품만큼은 지점에서 구매하는 것이 좋다. 면세점에 없는 낱개와 소포장 제품을 판매하기 때문이다. 시내 지점에서도 면세 혜택이 적용되어 부담 없이 이용할 수 있다.

① 마루세이 버터샌드 マルセイバターサンド
부동의 1위 오미야게! 바삭하면서도 부드러운 비스킷 사이에 홋카이도산 우유로 만든 버터, 화이트 초콜릿, 럼에 절인 건포도 등과 함께 진한 크림이 가득하다.

③ 유키야 콘코 雪やこんこ
카카오 비스킷 사이에 화이트 초콜릿 크림이 들어간 달콤한 디저트. 롯카테이 카페에서만 판매한다.

② 딸기 초코 ストロベリーチョコ
냉동 딸기를 통째로 넣은 초콜릿으로, 르타오에도 비슷한 제품이 있지만 롯카테이 패키지가 더 예뻐서 선물용으로 인기다.

④ 롯카노츠유 캔 六花のつゆ缶
얇은 설탕 껍질 안에 향기로운 리큐어를 채워 넣은 고급 캔디. 와인, 브랜디, 우메주 등 향긋한 술이 설탕과 조화를 이룬다.

⑤ 롯카테이 패브릭 제품 & 문구류
롯카테이는 예쁜 꽃 그림이 그려진 패키지로 유명한 만큼 이를 모티브로 한 쿠션 커버와 앞치마 등 패브릭 제품도 출시한다. 또 스티커와 테이프, 클리어 파일 등 문구류도 인기 있다.

해장도 되고 달콤하게!
시메파르페 카페

파르페, 커피, 술, 사사키
パフェ, 珈琲, 酒, 佐々木

위치 오도리 공원 근처
🙂 → 세련된 분위기, 최고의 맛 궁합
☹ → 예약 가능(구글맵), 대기 필수

파르페와 술의 조합은 여러 시메파르페 카페에서 선보이고 있지만, 이곳은 여기에 커피를 더해 이름도 '파르페, 커피, 술, 사사키'다. 파르페, 커피, 술, 사토의 자매점으로, 카운터석이 중심인 아담한 카페다. 은은한 조명과 아늑한 분위기가 특징이며, 바에 앉아서 파르페 만드는 과정을 눈앞에서 지켜보는 즐거움도 있다. 이곳의 파르페는 예술 작품처럼 아름답고 맛도 완벽한 디저트다. 대표 메뉴는 소금 캐러멜과 피스타치오 파르페, 말차와 우롱차파르페, 계절 과일 파르페 등이다. 다른 시메파르페 전문점과 달리 파르페에 알코올이 들어 있지 않다. 아이스크림과 디저트 메뉴는 물론 예약해야 주문이 가능한 코스 메뉴도 있다. 코스 메뉴는 술과 안주, 파르페까지 풀 세트로 구성되어 있다.

구글맵 Parfait, Coffee, Liquor, Sasaki
문의 011 212 1375
운영 18:00~24:00(금·토요일·공휴일 전날은 01:00까지)
예산 소금 캐러멜과 피스타치오 파르페 1712엔, 말차와 우롱차 파르페 1715엔, 계절 과일 파르페 2188엔
홈페이지 pf-sasaki.com
가는 방법 지하철 오도리역 35번 출구에서 도보 2분

PICK!

분위기보다는 넉넉한 좌석을 원한다면 이곳에서!

· **파르페, 커피, 술, 사토** パフェ, 珈琲, 酒, 佐藤

파르페, 커피, 술의 다른 지점인 이곳은 밝고 고급스러운 분위기가 특징이다. 메뉴는 파르페, 커피, 술, 사사키와 거의 동일하며, 3층 건물을 통째로 사용해 대기 시간의 부담이 덜하다. 파르페, 커피, 술, 사사키에서 도보로 5분 거리에 있다. **홈페이지** pf-sato.com

파르페테리아 팔 Parfaiteria Pal

위치 지하철 호스이스스키노역 근처
🙂 → 넉넉한 좌석　✅ → 예약 가능(테이블체크, 전화)

상가 한 층 전체, 세 공간을 모두 사용하는 시메파르페 카페. 파르페와 리큐어 세트가 대표 메뉴로, 수많은 리큐어 중 어떤 것을 골라야 할지 모르겠다면 직원에게 추천을 부탁해도 좋다. 파르페는 제철 과일과 젤라토 등 고급 재료를 사용해 층층이 정성스럽게 만든다. 전체적인 밸런스를 고려하며 단맛, 신맛, 쓴맛의 강약을 살려 파르페 하나에도 기승전결이 느껴진다. 술을 마시고 나서 상쾌하게 마무리할 수 있도록 단맛을 절제한 점도 특징이다. 메뉴는 계절에 따라 수시로 바뀐다.

구글맵 Parfaiteria Pal　**문의** 011 200 0559　**운영** 18:00~24:00(금·토요일·공휴일 전날은 02:00까지, 운영 시간 30분 전 주문 마감)
예산 파르페 + 리큐어 세트 2100엔~　**홈페이지** risotteria-gaku.net/parfait
가는 방법 지하철 도호선 호스이스스키노역 2번 출구에서 바로 연결

파르페테리아 미르 パフェテリア ミル

위치 다누키코지 상점가
🙂 → 예술 작품처럼 멋진 파르페　✅ → 예약 가능(테이블체크, 전화)

파르페테리아 팔을 운영하는 회사 가쿠에서 2018년에 문을 연 파르페 카페. 이곳은 유독 파르페에 나름의 스토리를 담아 마치 코스 요리를 즐기는 듯한 충만감을 준다. 가쿠에서 운영하는 파르페테리아는 모두 동물 캐릭터가 하나씩 있는데, 이곳의 캐릭터는 삿포로에서 '눈의 요정'이라 불리며 사랑받는 새, 흰머리오목눈이다. 파르페테리아 미르는 이 새를 테마로 파르페를 마치 예술 작품처럼 만든다. 머랭으로 흰머리오목눈이 모양의 과자를 만들어 나뭇가지 위에 올리는 식이다. 한국어와 영어 메뉴는 없으나 그림으로 설명한 메뉴판이 있어 주문이 어렵지 않다.

구글맵 파르페테리아 미르　**문의** 011 522 9432
운영 18:00~24:00(금·토요일·공휴일 전날은 02:00까지, 운영 시간 30분 전 주문 마감)
예산 하늘을 나는 딸기콩 찹쌀떡 1980엔, 보름 2380엔
홈페이지 risotteria-gaku.net/parfait
가는 방법 지하철 난보쿠선 스스키노역 2번 출구에서 도보 4분

이니셜 삿포로 Initial Sapporo

위치 다누키코지 상점가
- 😊 → 예쁜 디자인의 파르페
- 💜 → 예약 가능(타베로그), 신용카드 사용 불가, 1인 1메뉴 주문 필수

삿포로에 시메파르페 붐을 일으킨 곳으로 독창적인 디자인과 자유로운 스타일의 플레이팅이 특징이다. 제철 과일을 사용해 시즌별로 새로운 제품을 선보이는데 시그니처 메뉴인 쇼콜라 바나나는 언제든 맛볼 수 있다. 케이크 모양 파르페로 여러 가지 초콜릿과 바나나가 들어가고, 위에는 캐러멜라이징한 바나나를 올린다. 밝고 세련된 인테리어 또한 이곳이 사랑받는 이유 중 하나다.

구글맵 Initial Sapporo **문의** 011 211 0490
운영 15:00~23:30 **예산** 쇼콜라 바나나 2000엔
페이스북 @INITIAL.sapporo
가는 방법 지하철 난보쿠선 스스키노역 2번 출구에서 도보 4분

아이스크림 바 홋카이도 밀크무라
アイスクリーム Bar ミルク村

위치 다누키코지 상점가
- 😊 → 아이스크림과 리큐어의 이색 조합
- 💜 → 예약 불가, 신용카드 사용 불가

그냥 먹어도 맛있는 홋카이도산 소프트아이스크림에 리큐어를 토핑처럼 얹은 어른들의 아이스크림집. 주문 방법은 다음과 같다. 메뉴에서 수많은 리큐어 중 2~3가지를 고른다. 리큐어 리스트에는 고가의 리큐어 리차드 헤네시, 루이 13세, 까뮤 쥬빌레도 있다. 아이스크림은 한 컵 가득 담아주는데 한 번 리필이 가능하다. 특수 제작한 스푼으로 아이스크림을 떠서 그 위에 리큐어를 떨어뜨려 먹는다. 깔끔한 맛의 아이스크림과 리큐어의 진한 풍미가 묘하게 조화를 이룬다. 다 먹고 난 뒤에는 따뜻한 커피와 귀여운 쿠키가 함께 나와 입가심하기 좋다.

> 리큐어에 대해 잘 모른다면 바텐더에게 추천을 부탁하세요. 달콤한 맛, 드라이한 맛 등 원하는 취향을 이야기하면 입맛에 맞는 술을 안내해줘요.

구글맵 아이스크림바 홋카이도 밀크무라 **문의** 011 219 6455
운영 13:00~21:00(주문 마감 20:30) **휴무** 월요일
예산 아이스크림 리큐어 세트 2000엔
가는 방법 지하철 난보쿠선 스스키노역 1번 출구에서 도보 2분

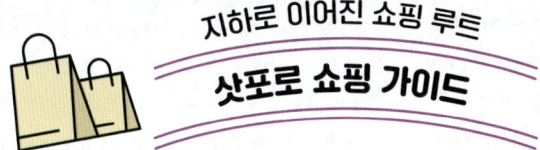

지하로 이어진 쇼핑 루트
삿포로 쇼핑 가이드

삿포로만큼 효율적인 쇼핑이 가능한 도시도 드물다. JR 삿포로역과 오도리 공원 사이에 쇼핑 스폿이 밀집해 있으며, 지하 보행 공간과 지하상가로 연결되어 이동도 편리하다. 특히 지하 보행 공간 동쪽은 백화점과 쇼핑몰, 로드숍이 모여 있어 쇼핑의 중심지로 꼽힌다.

삿포로 스텔라 플레이스
札幌ステラプレイス

위치 JR 삿포로역　**유형** 쇼핑몰
- 편집숍과 식당, 카페 천국

JR 타워 지하 1층부터 지상 6층으로 이루어진 쇼핑센터다. JR 삿포로역 내 동쪽 광장(이스트 애비뉴)에는 스텔라 플레이스 이스트, 서쪽 광장(웨스트 애비뉴)과 동쪽 광장(이스트 애비뉴) 사이에는 스텔라 플레이스 센터가 자리 잡고 있다. 이곳에는 다양한 가격대의 중소·대형 브랜드와 맛집이 다수 입점해 있어 식도락과 쇼핑을 한번에 즐기기에 좋다. 빔스, 프릭스 스토어, 비샵 등 인기 브랜드를 모아놓은 편집숍과 무인양품, 프랑프랑 등 유명 리빙 숍이 있으며 6층 식당가에는 인기 있는 식당이 몰려 있어 방문객의 발길이 끊이지 않는다.

구글맵 삿포로 스텔라 플레이스　**문의** 011 209 5100
운영 쇼핑 10:00~21:00, 음식점 11:00~23:30
홈페이지 www.stellarplace.net　**가는 방법** JR 삿포로역에서 바로 연결

- 쇼핑 스투시, 러쉬, 시로, 사봉
- 면세 카운터 각 매장에서 바로 가능

PICK!
삿포로 스텔라 플레이스에서 이곳만은 꼭!

홋카이도 시키 마르셰 北海道四季マルシェ
홋카이도 각 도시의 특산품을 파는 1층에 자리한 상점이다.
상점 안에 숍인숍 형태로 들어선 유명 브랜드의 테이크아웃 매장에 주목하자.

- **삿포로 농업학교** 札幌農学校
삿포로의 대표적인 과자, 우유 쿠키를 만드는 삿포로 농업학교의 단 2개뿐인 직영점으로 두 가지 디저트를 선보인다. 즉석에서 갓 구운 우유 쿠키 사이에 도카치산 팥과 홋카이도산 버터크림을 넣은 '앙버터 쿠키 샌드'와 방목 우유로 만든 '낙농 우유 소프트아이스크림'이다. 삿포로 농업학교 우유 쿠키를 좋아한다면 놓치지 말자.

- **호테이** 布袋
홋카이도 지역 음식인 잔기를 판매하는 대표 체인으로 삿포로 곳곳에 매장이 있다. 잔기는 간장, 생강, 마늘 등을 기본으로 한 양념에 닭고기를 재운 뒤 튀겨낸 홋카이도식 닭튀김으로, 우리나라의 간장 치킨에 가깝다.

아피아 アピア

위치 JR 삿포로역　**유형** 지하상가
- 기차 여행 전 유용한 가게

JR 삿포로역과 지하철 삿포로역 사이에 동서로 길게 자리한 지하상가. 패션 워크와 조이풀 워크로 나뉘어 있으며, 중앙의 지상까지 뚫린 유리 돔 형태가 특징이다. 역사와 연결된 만큼 아침 일찍 문을 여는 카페, 간단히 식사할 수 있는 프랜차이즈 식당, 홋카이도 특산품 판매점, 생활용품 판매점 등 100여 개의 다양한 매장이 들어서 있다. 다른 지역으로 기차 여행을 떠나기 전이나 공항으로 향하기 전 잠시 들르기에 유용한 곳이다.

구글맵 아피아　**문의** 011 209 3500
운영 쇼핑 10:00~21:00,
음식점 11:00~21:30
홈페이지 www.apiadome.com
가는 방법 JR 삿포로역에서 바로 연결

> **쇼핑** 칼디 커피 팜, 스리코인즈, 산리오 캐릭터 숍, 니코앤드, 구제후쿠 상점, 비즈니스 가죽 팩토리, 내추럴 키친 앤드

다이마루 삿포로점
大丸 札幌店

위치 JR 삿포로역　**유형** 백화점
- 명품 쇼핑과 특산품 쇼핑을 한 번에!

다이마루는 일본의 대표적인 고급 브랜드 백화점. 삿포로점은 JR 삿포로역과 연결되어 있다. 1~2층에는 에르메스, 루이 비통, 구찌 등 주요 명품 매장, 3층에는 트렌디한 맛집, 소품, 디저트 가게들을 모은 콘셉트 공간인 기키요코초가 있다. 8층에는 포켓몬 센터와 삿포로 대표 시메파르페 체인점인 '파르페, 커피, 술, 사토'가 있다. 특히 지하 1층 식품 매장인 '홋카이도 타운'은 도시락, 반찬과 식재료는 물론 홋카이도 유명 디저트도 판매한다.

> **쇼핑** 에르메스, 루이 비통, 구찌, 셀린느, 이세이 미야케, 플리츠플리즈, 꼼데가르송, 랑방온블루, 띠어리, 가토 페스타 하라다 외
> **면세 카운터** 8층
> **할인 쿠폰** 1층 안내 데스크에서 여권을 제시하면 5% 할인 쿠폰 제공. 게스트 카드는 3000엔 이상 구매 시 사용 가능하며 식품 매장, 레스토랑, 에르메스, 루이 비통 등 일부 명품과 세일 상품 구매 시 사용 불가.

구글맵 다이마루 삿포로점
문의 050 1780 6000
운영 쇼핑 10:00~20:00,
음식점 11:00~22:00(가게마다 다름)
홈페이지 www.daimaru.co.jp/sapporo
가는 방법 JR 삿포로역에서 바로 연결

삿포로 지하상가 오로라 타운 · 폴 타운
さっぽろ地下街 オーロラタウン・ポールタウン

위치 지하철 오도리역 **유형** 지하상가
✅ 눈과 추위 걱정 없이 쇼핑 가능

삿포로 지하상가에는 2개의 쇼핑타운이 있다. 하나는 지하철 오도리역에서 스스키노역까지 남북으로 약 400m 이어지는 폴 타운이고, 다른 하나는 오도리역에서 버스센터마에역까지 동서로 약 315m 뻗은 오로라 타운이다. 폴 타운은 삿포로역에서 스스키노역까지 걸어가는 사람들의 필수 코스로, 오로라 타운에 비해 유동 인구가 많아 간단한 테이크아웃 매장이나 대중적인 숍이 즐비하다. 반면 오로라 타운은 삿포로 TV 타워나 백화점 등 다른 관광지와 연결되어 있긴 하지만 상대적으로 한산하다. 주로 현지 주민들이 애용하는 매장이나 백화점 연계 매장, 음식점 등이 있다. 참고로 오도리역 20번 출구 근처에는 작은 앵무새 동물원인 '작은 새 광장小鳥のひろば'과 비교적 여유로운 물품 보관함이 있다.

> 📍 **오로라 타운** 스리코인즈 옵스!, 무지콤Mujicom, 주피터, 기타 키친きたキッチン
> **폴 타운** 과즙 공방 카린果汁工房果琳, 가히사칸可否茶館, 키노토야 베이크, 미야코시야 커피, 내추럴 키친 앤드, 주피터, 스리코인즈

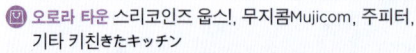

• **오로라 타운**
구글맵 삿포로 지하상가 오로라 타운
문의 011 231 6060
운영 10:00~20:00 **휴무** 일요일
가는 방법 지하철 오도리역에서 버스센터마에역까지

• **폴 타운**
구글맵 Pole Town **문의** 011 251 7600
운영 10:00~20:00 **휴무** 일요일
홈페이지 www.sapporo-chikagai.jp
가는 방법 지하철 오도리역에서 난보쿠선 스스키노역까지

PICK!
홋카이도산 식품 쇼핑은 이곳에서!

• **기타 키친** きたキッチン
백화점 마루이 이마이가 운영하는 편집숍. 홋카이도 각지에서 엄선한 해산물 가공품과 진미, 홋카이도산 치즈와 요구르트 등 유제품, 채소를 비롯해 선물로 딱 좋은 명물 과자, 생과자 등을 고루 갖추고 있다.

위치 오로라 타운

도큐 백화점 삿포로점
東急百貨店 さっぽろ店

위치 JR 삿포로역 근처 **유형** 백화점
- 여행자가 원하는 브랜드만 골라 한자리에

1973년에 문을 연 역사 깊은 백화점으로, 삿포로 여행에서 빼놓을 수 없는 쇼핑 명소다. 1~4층은 일반 백화점과 다를 바 없으나 5층부터는 한두 층씩 브랜드에 임대해주는 방식으로 운영한다. 5~6층에는 전자 제품 매장인 빅카메라, 7층에는 유니클로와 GU가 들어서 있고 8층에는 생활 잡화 편집숍인 핸즈 Hands 삿포로점이 한 층 전체를 차지하고 있다.

구글맵 Tokyu Department Store Sapporo Store **문의** 011 212 2211
운영 쇼핑 10:00~20:00, 음식점 11:00~22:00 (가게마다 다름)
홈페이지 www.tokyu-dept.co.jp/sapporo
가는 방법 JR 삿포로역 남쪽 출입구에서 도보 3분

- 면세 카운터 10층
- 할인 쿠폰 1층 화장품 안내소, 10층 면세 카운터에서 여권을 제시하면 5% 할인 쿠폰 제공. 화장품 매장에서는 3000엔 이상 구매 시 사용 가능하며 식품 매장, 레스토랑, 세일 상품 사용 불가.

PICK!
전자 제품과 주류는 빅카메라에서!

요도바시 카메라와 함께 일본 전자 상가 쌍두마차로, 전자 제품뿐 아니라 서적, 음반, 주류, 식품, 피겨, 공구 등 다양한 제품을 판매한다. 특히 도큐 백화점 삿포로점의 경우 인기 주류 닷사이, 야마자키, 히비키 등을 판매하는 주류 코너로 더 잘 알려져 있다. 구글에서 빅카메라를 검색하면 할인 쿠폰을 쉽게 구할 수 있다. 주류는 3%, 약과 화장품은 5%, 전자 제품은 7% 할인된다.

삿포로 파르코 札幌 PARCO

위치 지하철 오도리역　**유형** 백화점

✓ 한국인이 사랑하는 일본 명품 집합소

꼼데가르송은 물론 다양한 꼼데가르송 라인, 바오바오 이세이 미야케 등 우리나라 사람들이 선호하는 일본 브랜드가 대거 입점한 백화점이다. 유명 편집숍인 저널 스탠다드와 빔스도 소규모 매장이 들어서 있으며, 무인양품과 프랑프랑 같은 생활 잡화 브랜드, ABC마트도 있다.

특히 무인양품은 5~6층에 걸쳐 넓게 자리해 있어 제품 종류가 매우 다양하다. 점프 숍과 동구리 공화국(지브리 굿즈 매장) 등 캐릭터 굿즈 및 가챠 숍, 일본 대표 음반 매장 타워레코드도 있어 젊은 층에게 인기 있는 쇼핑 명소다. 여름철이면 루프톱에서 BBQ 비어 가든도 운영한다.

구글맵 삿포로 파르코　**문의** 011 214 2211　**운영** 쇼핑 10:00~20:00, 음식점 11:00~22:45(가게마다 다름)　**홈페이지** sapporo.parco.jp

가는 방법 지하철 오도리역 11번 출구에서 도보 1분, 폴 타운 지하상가에서 바로 연결

- **쇼핑** 꼼데가르송, 바오바오 이세이 미야케, MHL, 유나이티드 애로우즈, 디젤, 비비안 웨스트우드 레드 라벨, 빔스 라이트, 요시다 포터, ABC마트
- **면세 카운터** 각 매장에서 바로 가능

마루이 이마이 삿포로 본점 丸井今井 札幌本店

위치 지하철 오도리역 **유형** 백화점
▽ 삿포로 전통 백화점의 자존심

1872년 홋카이도 유일의 기모노 판매소로 시작해, 홋카이도 지역 백화점으로 확장하며 승승장구했으나 현재는 미츠코시 백화점, 이와타야 백화점 등을 운영하는 미츠코시 이세탄 그룹에 속해 있다. 오도리관과 이치조관 두 건물로 이루어져 있으며 5·7·9층에서 육교로 연결되어 편리하게 오갈 수 있다. 3층에는 스웨덴 생활 잡화 브랜드 플라잉 타이거가 있고 오도리관 8층에는 일본의 이케아라 불리는 니토리 익스프레스도 들어서 있다. 홋카이도 태생 백화점이다 보니 홋카이도 한정 판매 식품을 많이 취급한다.

구글맵 마루이 이마이 삿포로 본점
문의 011 205 1151 **운영** 쇼핑 10:30~19:30, 오도리관 지하 1·2층 10:30~20:00, 식당가 10:30~20:00
홈페이지 www.maruiimai.mistore.jp/sapporo.html **가는 방법** 지하철 오도리역 20번 출구에서 바로 연결

- 🛍 **쇼핑** 루이 비통, 구찌, 발렌시아가, 버버리, 리모아, 몽클레어
- **면세 카운터** 오도리관 9층
- % **할인 쿠폰** 미츠코시 이세탄 그룹 백화점 앱에서 5% 쿠폰 제공. 3000엔 이상 구매 시 사용 가능하며 식품 매장, 레스토랑, 일부 명품과 세일 상품에는 사용 불가.

• 앱 쿠폰 사용법

Step 1 Mitsukoshi Isetan Japan 앱 다운로드 후 회원 등록
Step 2 Shopping Coupon 이용 등록 (규약 동의, 여권 정보 등록)
Step 3 백화점 면세 카운터 (일부 서비스 카운터)로 찾아가 활성화

삿포로 미츠코시 백화점 札幌三越

위치 지하철 오도리역 **유형** 백화점
▽ 일본 백화점의 정석

1932년에 문을 연 이후 오랜 세월 동안 삿포로 쇼핑의 중심지 역할을 한 백화점이다. 현재의 건물은 2015년에 리모델링한 것으로 부티크, 패션, 시계, 식품 등 다양한 매장이 들어서 있다. 옥상은 광장처럼 조성해 시내 풍경을 감상하며 잠시 쉬어 갈 수 있고, 한쪽 구석에 소소한 구경거리인 미니 신사도 있다. 10층에는 유니클로, GU가 입점해 있으며 특히 지하 1~2층의 식품 코너가 알차다. 주류 코너에는 닷사이 매장도 있다.

구글맵 삿포로 미츠코시 백화점
문의 011 271 3311
운영 10:00~19:00(10층은 20:00까지)
홈페이지 www.mitsukoshi.mistore.jp/sapporo.html **가는 방법** 지하철 오도리역 12번 출구에서 바로 연결

- 🛍 **쇼핑** 티파니앤코, 유니클로, GU
- **면세 카운터** 본관 8층
- % **할인 쿠폰** 미츠코시 이세탄 그룹 백화점 앱에서 5% 쇼핑 쿠폰 제공

모유 삿포로 Moyuk Sapporo

위치 다누키코지 상점가 **유형** 복합 쇼핑몰
✅ 세련된 분위기, 뛰어난 접근성

구글맵 Moyuk sapporo
문의 011 303 3233 **운영** 10:00~22:00
홈페이지 moyuk.jp
가는 방법 지하철 난보쿠선 스스키노역 1번 출구에서 도보 2분, 폴 타운에서 연결

- 🛍 **쇼핑** 러쉬, 로프트, 사츠도라, 소니, 스탠다드 프로덕트
- 🍴 **식당** 비어바 더 삿포로 스타즈, 아지사이 라멘

2023년 7월에 오픈한 복합 쇼핑몰로 맛집과 리빙 백화점, 수족관까지 갖추고 있다. 생활용품 백화점 로프트와 소니 매장이 넓게 들어서 있으며, 홋카이도 특산품이 모여 있는 기타 키친, 삿포로 생맥주를 마실 수 있는 맥주 바와 맛집도 다수 입점해 있다. 4~7층에 걸쳐 있는 도시형 실내 수족관 아오아오 삿포로 AOAO SAPPORO에서는 다양한 해양 생물을 가까이에서 관찰할 수 있다. 7층의 오픈 가든에서는 삿포로 시내 전망이 보인다. 다누키코지 상점가에서 에스컬레이터로 연결되어 함께 돌아보기 좋다.

요도바시 카메라 멀티미디어 삿포로
ヨドバシカメラ マルチメディア 札幌

위치 JR 삿포로역 근처 **유형** 전자 상가
✅ 전자 제품부터 생활 잡화까지 다양한 품목

3층 규모의 대형 전자 상가. 본래 카메라와 전자 제품을 주력으로 했지만 현재는 프라모델, 생활 잡화 등 다양한 품목을 취급한다. 전자 제품은 전압 문제나 운반의 어려움 등으로 관광객이 관심 갖는 영역은 아니지만, 노트북을 비롯해 노트북 케이스, 키보드, 마우스 등 노트북 관련 액세서리와 휴대폰 케이스, 케이블, 이어폰 등 휴대폰 관련 액세서리도 많아 구경하는 재미가 있다. 게다가 돈키호테 버금갈 만큼 다양한 잡화를 판매한다.

구글맵 요도바시 카메라 멀티미디어 삿포로
문의 011 707 1010 **운영** 09:30~22:00
홈페이지 www.yodobashi.com/ec/store/0063
가는 방법 JR 삿포로역 북쪽 출입구에서 도보 1분

다누키코지 상점가 狸小路商店街

위치 지하철 스스키노역 근처 **유형** 아케이드
💬 일본 전통 상점가

150년 역사를 자랑하는 아케이드 상점가. 지하철 오도리역과 스스키노역 사이, 동서로 약 1km 거리에 약 200개의 점포가 늘어서 있다. 니시 1초메에서 니시 7초메까지 7개의 블록이 지붕 덮인 아케이드로 이어져 있어 날씨의 영향 없이 안전하고 편안한 이동과 쇼핑, 식사까지 가능하다.

1869년 메이지 정부가 삿포로에 홋카이도 개척사(행정 및 개척을 관할하는 관청)를 설치한 이후 현재의 다누키코지 2~3초메 주변에 상가와 음식점이 생기기 시작했다. 이후 하나둘씩 늘어나더니 1873년 무렵 그 일대를 다누키코지로 불렀다.

아케이드에는 오래된 가게와 신생 가게가 공존하는데, 다누키코지 중심부인 3~5초메에는 메가 돈키호테, 다이소, 드럭스토어 등 주요 쇼핑 스폿이 몰려 있어 많은 관광객이 이곳을 찾는다.

구글맵 다누키코지 상점가 **문의** 011 241 5125
운영 가게마다 다름 **홈페이지** tanukikoji.or.jp
가는 방법 지하철 난보쿠선 스스키노역 2번 출구에서 도보 3분

PICK!
특색 있는 아이템 쇼핑은? 다누키코지 상점가

· 패션에 관심이 많다면 1~3초메

중고 의류, 스키·스노보드복, 작업복, 기모노까지 특색 있는 의류 상가가 모여 있다. 특히 일본의 유명 스파 브랜드 위고Wego 매장이 있으며, 2층에서는 중고 제품을 저렴하게 판매한다. 일본 대표 중고 매장 세컨드 스트리트는 3~4초메에 있다.

· 술 한잔 하고 싶다면 6~7초메

음식점과 주점이 몰려 있는 구역이다. 특히 특색 있는 작은 이자카야가 많아 스스키노에서 식사를 마치고 가볍게 술 한잔 하러 가기 좋다.

메가 돈키호테 삿포로 다누키코지 본점
MEGAドン・キホーテ 札幌狸小路本店

위치 다누키코지 상점가 4초메 초입
유형 잡화점(디스카운트 숍)
✓ 만능 쇼핑 랜드마크

비교적 합리적인 가격에 식품과 생필품은 물론 의류, 술, 의약품, 전자 제품, 명품까지 다양한 물건을 살 수 있는 잡화점이다. 삿포로 시내에 지점이 몇 군데 있지만, 이곳은 이름처럼 다른 매장보다 규모가 크고 물건도 다양해 더욱 만족스러운 쇼핑이 가능하다. 건물 지하 2층부터 지상 4층까지 사용하며, 24시간 운영해 시간에 구애받지 않고 쇼핑할 수 있다는 것도 큰 장점이다.

구글맵 메가 돈키호테 삿포로 다누키코지 본점
문의 0570 096 211 **운영** 24시간
홈페이지 www.donki-global.com/kr
가는 방법 지하철 난보쿠선 스스키노역 2번 출구에서 도보 4분

- 면세 카운터 4층
- 할인 쿠폰 홈페이지에서 외국인 전용 5% 할인 쿠폰 제공. 단, 1만 엔(세금 불포함) 이상 구매 시 사용 가능. 10% 면세 혜택도 받을 수 있다. 반드시 계산 직전에 스마트폰으로 접속해 쿠폰 바코드를 제시해야 한다(캡처 화면 불가). 주류는 사용 불가.

슈가쿠소 호쿠다이점
秀岳荘 北大店

위치 홋카이도 대학교 근처
유형 아웃도어용품 백화점
✓ 삿포로 최대 캠핑·아웃도어 백화점

겨울에는 스키용품을, 나머지 계절에는 등산·캠핑용품을 구입하러 오는 사람들로 북적이는 아웃도어용품 백화점이다. 4층 건물로 1층에는 아웃도어 의류와 모자, 소품류가 모여 있고 2층에는 등산 아이템, 3층에는 캠핑용품, 4층에는 텐트 등을 판매해 취향에 맞는 장비를 편리하게 쇼핑할 수 있다.

구글맵 Shugakuso Hokudai Store **문의** 011 726 1235 **운영** 10:30~19:30
휴무 월요일(공휴일이면 다음 날) **홈페이지** www.shugakuso.com
가는 방법 지하철 난보쿠선 기타주니조역 1번 출구에서 도보 1분

- 면세 카운터 3층
- ※ 외국인 손님은 방문 2주 전부터 물품 보관 예약이 가능하다. 관련 문의는 홈페이지 내 이메일을 이용한다.

코코노 스스키노
Cocono Susukino

위치 스스키노 사거리
유형 복합 쇼핑몰
◉ 넓은 슈퍼마켓과 다이소 입점

종합 쇼핑몰로 지하 2층, 지상 18층 규모에 슈퍼마켓, 바, 레스토랑, GiGO, 영화관, 호텔까지 들어서 있다. 스스키노 사거리에 자리해 2층과 3층의 야외 광장에서 닛카 위스키 간판이 잘 보인다. 다이이치 슈퍼마켓과 다이소, ABC마트 등이 넓게 들어서 있으며, 홋카이도 유명 맛집 분점도 많아 관광 필수 코스로 꼽힌다. 지하철 스스키노역과 에스컬레이터로 연결되어 있다.

구글맵 코코노 스스키노 **문의** 011 596 0097
운영 쇼핑 10:00~21:00, 음식점 11:00~24:00(가게마다 다름)
홈페이지 cocono-susukino.jp
가는 방법 지하철 난보쿠선 스스키노역 4·5번 출구에서 바로 연결

🍴 **맛집 브랜드 분점** 회전초밥 네무로 하나마루, 동구리, 네무로 후쿠하라, 쇼콜라티에 마사루, 에스프레소 디 웍스, DRA7, 로지우라 커리 사무라이

다이이치 Daiichi

위치 코코노 스스키노 지하 2층 **유형** 종합 슈퍼마켓
◉ 편의점에 없는 다양한 품목

도심형 종합 마트로 관광객은 물론 주변 직장인들에게 사랑받는 곳이다. 홋카이도산 식재료와 수제 델리 메뉴를 중심으로 250종 이상의 반찬과 실속 있는 구성의 도시락을 판매한다. 특히 이곳에서 매일 직접 만드는 수제 오하기(찹쌀떡)는 숨은 명물. 아침 시간에 진열 직후 빠르게 소진될 정도로 인기가 높다. 늦은 시간까지 운영해 야식을 구입하기도 좋다.

구글맵 다이이치 스스키노점 슈퍼마켓
문의 011 206 8225 **운영** 10:00~21:00
홈페이지 www.daiichi-d.co.jp/post_shop/ten309
가는 방법 지하철 난보쿠선 스스키노역 2번 출구에서 도보 4분

다이마루 후지이 센트럴
大丸藤井セントラル

위치 지하철 오도리역 근처 **유형** 대형 문구점
✅ 삿포로 최대 문구용품 전문점

삿포로 최대 문구용품 전문점. 1893년 삿포로에서 종이를 판매하기 시작해 1906년 지금의 장소로 이전해 1층부터 4층까지 약 20만 종의 문구 제품을 취급한다. 1층은 캐릭터 문구용품, 2층은 필기도구와 문구류, 가죽 제품, 3층은 미술 전문 용품, 4층은 일본 특유의 문구류를 판매한다. 4층에는 삿포로 라멘의 원조라 불리는 아지노산페이도 있다.

구글맵 다이마루 후지 센트럴 **문의** 011 231 1131
운영 쇼핑 10:00~19:00
홈페이지 www.daimarufujii-central.com
가는 방법 지하철 오도리역 11번 출구에서 도보 2분, 삿포로 파르코 옆

미츠이 아울렛 파크 삿포로 기타히로시마
三井アウトレットパーク 札幌北広島

위치 삿포로 외곽 **유형** 아울렛
✅ 스포츠·아웃도어 제품이 저렴

나이키, 아식스, 코치, 몽벨 같은 브랜드 제품을 국내보다 저렴하게 득템할 수 있다. 계절이나 날씨에 상관없이 쇼핑이 가능하며, 650석 규모의 푸드 코트에서는 해산물덮밥과 도카치 명물인 돼지고기덮밥, 홋카이도산 와규로 만든 햄버거 등 홋카이도에서만 가능한 메뉴를 맛볼 수 있다.

구글맵 Mitsui Outlet Park Sapporo-Kitahiroshima
문의 011 377 3200 **운영** 쇼핑 10:00~20:00,
레스토랑 11:00~21:00(주문 마감 20:30)
홈페이지 mitsui-shopping-park.com/mop/sapporo
가는 방법 JR 삿포로역 또는 지하철 오도리역에서 주오 버스 100번(미츠이 아울렛 파크행) 탑승, 50분 소요
※ 버스 운행 시간 JR 삿포로역 기준 10:00~14:00(주말·공휴일은 09:00부터, 배차 간격 1시간), 버스 요금 일반 380엔, 어린이 190엔

💯 **할인 쿠폰** 면세 아울렛 입구에 있는 투어리스트 인포메이션 센터에서 할인 쿠폰을 제공하며 면세 혜택 가능. 지정된 브랜드 매장에서 일정 금액 이상 구입 시 할인 쿠폰 제시하면 3~5% 할인 혜택 제공.

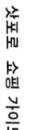

삿포로 팩토리
サッポロファクトリー

위치 나가야마 기념 공원 옆 **유형** 쇼핑몰
- 옛 맥주 공장을 개조한 아름다운 쇼핑몰

1876년에 일본인이 지은 최초의 맥주 공장을 개조한 쇼핑몰. 쇼핑이 목적이 아니더라도 아름다운 내부 공간과 옛 건물을 구경하고 신선한 맥주를 마실 수 있어서 관광 스폿으로도 인기 있다. 우선 거대한 온실과도 같은 아트리움은 지하에서 3층까지 무려 4층 층고를 자랑하며 인증샷 명소로 꼽힌다. 크리스마스 시즌에는 거대한 크리스마스트리를 설치하고 조명을 점등하니 기대해도 좋다. 인기 브랜드 스노우피크 등 아웃도어용품 숍과 패션 잡화 및 인테리어 숍, 식당 등이 들어서 있어 쇼핑과 식사, 관광을 한 번에 해결하기 좋다.

구글맵 삿포로 팩토리 **문의** 011 207 500
운영 쇼핑 10:00~20:00, 음식점 11:00~22:00
홈페이지 sapporofactory.jp **가는 방법** 지하철 도자이선 버스센터마에역 10번 출구에서 도보 6분

PICK!
삿포로 개척사 맥주의 역사를 만나다

삿포로 팩토리의 굴뚝 광장 벽돌관은 일본인이 지은 최초의 맥주 공장으로, 삿포로 맥주의 역사가 시작된 의미 있는 건물이다. 검은 굴뚝과 붉은 벽돌 건물이 다이쇼 시대 건축 모습 그대로 남아 있다. 양조장과 자료관은 무료 견학이 가능하다. 건물 1층에 자리한 브루어리 1876에서는 150년 전 레시피로 만든 맥주를 마실 수 있다.

아리오 삿포로 アリオ札幌

위치 삿포로 맥주 박물관 옆 **유형** 대형 복합 쇼핑몰
- 종합 쇼핑 & 레저 공간

삿포로 맥주 박물관 바로 옆에 있는 대형 복합 쇼핑몰. 쇼핑몰 '아리오몰', 노천탕과 사우나 시설, 놀이 시설이 모여 있는 '스파 레저관', 슈퍼마켓 '이토요카도'로 이루어져 있다.

구글맵 아리오 삿포로 **문의** 011 723 1111 **운영** 10:00~21:00 **홈페이지** sapporo.ario.jp/lang/kr
가는 방법 JR 삿포로역 북쪽 출입구에서 버스 삿포로 맥주 정원·아리오선サッポロビール園·アリオ線 탑승, 삿포로 맥주원 정류장 하차

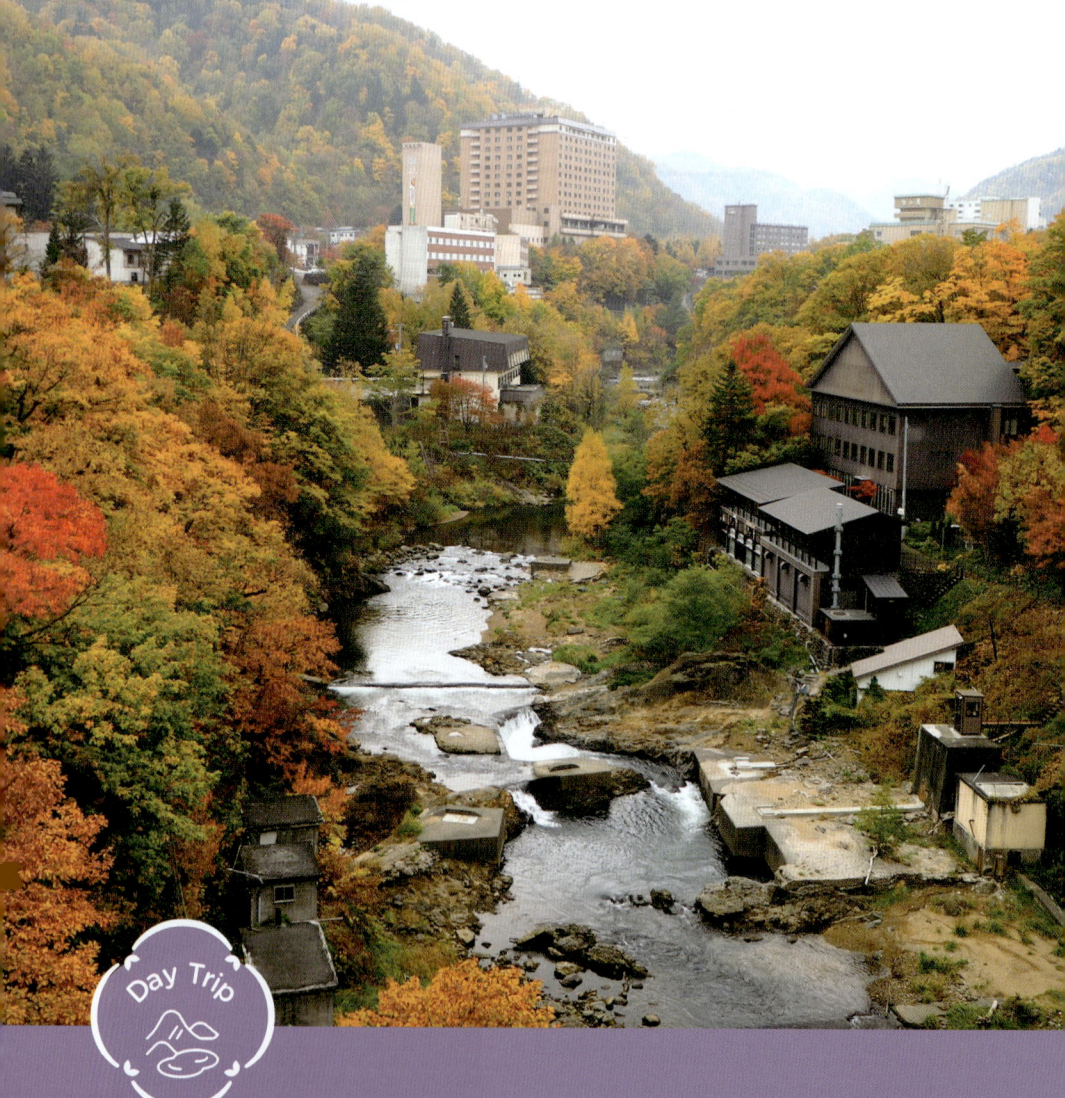

요괴 전설을 품은 온천 마을
조잔케이 定山渓

시코츠토야 국립공원 내에 위치한 조잔케이는 삿포로 시내에서 26km 떨어진 온천 마을이다.
삿포로 중심부에서 흘러 내려오는 도요히라강을 따라 료칸과 공원 등이 오밀조밀하게 들어서 있어
1박 2일 또는 당일치기 여행지로 인기가 높다. 사계절 내내 아름답지만
특히 단풍이 절정을 이루는 가을에 가장 아름답다. 삿포로 국제 스키장으로 가는 길목에 위치해
겨울에는 스키 여행과 함께 온천욕을 즐기기에도 제격이다.

Best Course
당일치기 온천 나들이

삿포로 에키마에 27번 정류장 → 갓파라이너호 1시간 → 조잔케이 원천 공원 → 도보 1분 → 조잔케이 물산관 → 도보 1분 → 츠키미 다리 → 도보 5분 → 이와토 관음당 → 도보 3분 → 조잔케이 후타미 공원 → 도보 3분 → 후타미 구름다리 & 갓파부치 → 일반 노선 버스 20분 → 호헤이쿄 온천

조잔케이 원천 공원
호헤이쿄 온천

TRAVEL TALK

조잔케이 온천의 역사

조잔케이는 '수원水源의 숲' 100선에 선정된 울창한 삼림 속 지하수가 긴 세월을 거쳐 온천으로 솟아나는 지역이에요. 원천 용출량이 풍부하고 60~80℃의 고온이라 양과 질 모두 좋은 온천으로 꼽히지요. 크게 조잔케이 온천, 호헤이쿄 온천, 고가네유 온천, 우스베츠 온천 네 곳으로 나뉘며, 이 중 1866년에 발견된 조잔케이 온천은 무색투명하고 부드러운 짠맛이 특징인 나트륨 염화물천이에요. '열탕'이라 부르는 온천수는 목욕 중 피부에 염분이 달라붙어 땀의 증발을 막고 몸속부터 따뜻하게 데워주며 스트레스 해소, 냉증 완화, 부드러운 관절 움직임 등의 효과가 있다고 합니다.

조잔케이 실전 여행

조잔케이로 가는 방법은 단순하다. 삿포로에서 출발하는 조테츠 버스를 이용한다. 온천 입욕권이나 스키 이용권이 포함된 패키지 티켓도 있으니 일정과 예산에 따라 선택한다. 승하차는 삿포로 에키마에, 오도리 니시, 스스키노 정류장 등에서 가능하다.

삿포로 에키마에 26·27번 정류장

🚌 버스   🚌 버스

갓파라이너호   쾌속
*예약 필수   조잔케이 온천행

↓   ↓

조잔케이 유노마치 정류장

TIP! 어느 정류장에 내려야 할까?

조잔케이에는 조잔케이定山渓 정류장이 있지만 주요 관광지 중심부에 위치한 조잔케이 유노마치定山渓湯の町 정류장에서 내리는 게 훨씬 편리하다. 다만 조잔케이 관광 안내소에서 여행을 시작한다면 마을 입구인 조잔케이 진자마에定山渓神社前 정류장에서 내린다.
갓파라이너호는 27번 정류장, 일반 노선버스 쾌속 조잔케이 온천행은 26번 정류장에서 탑승한다.

▶ 정류장 위치 정보 P.022

삿포로에서 출발

🚌 직행버스 갓파라이너호 かっぱライナー号

티켓은 반드시 미리 온라인으로 구입해야 한다. ▶ 예약 방법 P.123
성수기에는 좌석이 매진되는 경우가 많으니 여행 계획이 정해지면 빨리 구입하는 것이 좋다. 사용하기 직전에 티켓을 활성화(시작 버튼을 누름)한 뒤, 티켓 화면이나 QR코드를 운전기사에게 보여준다.

운행 09:30~16:30(배차 간격 1~2시간) **소요 시간** 1시간
요금 편도 1400엔(6~12세 700엔, 5세 이하 무료이나 좌석 이용 시 700엔)
예약·티켓 구입 jotetsu.quicktrip.jp/buy
예약 가능 시기 이용 1개월 전부터 전날 17:00까지

🚌 일반 노선버스 쾌속(7J·7H·8J) 조잔케이 온천행 快速定山渓温泉

직행버스인 갓파라이너호를 예약하지 못했을 때 일반 노선버스를 이용한다. 따로 티켓을 구매하지 않고 현금이나 IC카드로도 탑승할 수 있다.
버스 코드 7J·7H·8J에서 J는 조잔케이(종점 조잔케이 차고 앞)까지, H는 조잔케이를 경유해 호헤이쿄 온천까지 가는 노선을 뜻한다.
호헤이쿄 온천으로 가려면 반드시 7H 조잔케이 온천 호헤이쿄 온천행 버스에 탑승해야 한다.

운행 07:00~21:00(배차 간격 30분~1시간)
소요 시간 1시간 20분 **요금** 편도 790엔

J: 조잔케이행   H: 호헤이쿄 온천행

조잔케이 온천 패키지 종류

• 온천 당일치기 패키지

버스 1일 승차권과 온천 1회 입욕권이 포함된 패키지로, 티켓을 각각 구입하는 것보다 저렴하다. 온라인으로 사전 구매해야 한다.

구성 온천 1회 입욕권+조테츠 버스 1일 승차권 ※갓파라이너호는 예약 필수
요금 조잔케이·호헤이쿄 온천 중학생 이상 3300엔, 6세 이상 1700엔 /
고가네유 온천 중학생 이상 2600엔, 6세 이상 1300엔

갓파라이너호,
온천 패키키 예약

• 온천 당일치기 패키지 이용 가능 시설

지역	온천 시설	시간	문의
조잔케이	누쿠모리노 야도 후루카와 ぬくもりの宿 ふる川	12:00~15:00 (접수 마감 14:30)	011 598 2345 www.yado-furu.com
	조잔케이 만세이카쿠 호텔 밀리오네 定山渓万世閣ホテルミリオーネ	12:00~20:00 (접수 마감 18:00)	0570 08 3500 www.milione.jp
	유노하나 조잔케이덴 湯の花 定山渓殿	10:00~21:00 (접수 마감 20:30)	011 598 4444 www.yunohana.org/jyouzankei
	조잔케이 뷰 호텔 定山渓ビューホテル ※평일만 이용 가능	14:00~21:00 (접수 마감 20:00)	011 598 3339 www.jozankeiview.com
	하타고야 조잔케이 쇼텐 旅籠屋 定山渓商店 ※12세 이하 입장 불가	13:30~18:00	011 598 2929 jyozankei-shoten.com
고가네유	유모토 고가네유 小金湯温泉 湯元 小金湯	10:00~23:00 (접수 마감 22:00)	011 596 2111 koganeyu.jp
	마츠노유 まつの湯	09:00~23:00 (접수 마감 22:00)	011 596 2131 www.matsunoyu.co.jp
호헤이쿄	호헤이쿄 온천 豊平峡温泉	10:00~23:30 (접수 마감 21:45)	011 598 2410 hoheikyo.co.jp

• 삿포로 국제 스키장 온천 입욕 패키지

스키장 리프트 이용권과 조잔케이 온천 입욕권이 결합된 패키지다. 삿포로 국제 스키장까지 가는 버스를 이용하면, 오전에 스키를 타고 오후에 온천에서 피로를 푼 뒤 저녁에 삿포로 시내로 돌아오는 일정이 가능하다.

구성 스키장 리프트 1일 이용권+
조잔케이 온천 1회 입욕권
요금 2025년 11월 21일~2026년 3월 31일 6500엔,
2026년 4월 1일~2026년 5월 6일 6000엔
구매 www.sapporo-kokusai.jp/ko
(삿포로 국제 스키장 홈페이지)

01 조잔케이 원천 공원
定山源泉公園

무료 족욕탕과 온천 달걀 즐기기

온천 마을 여행의 출발점이자 번화가 중심에 위치한 공원이다. 에도 시대 말기에 미이즈미 조잔이라는 승려가 이곳에서 온천을 발견해 개발한 당시 풍경을 재현한 곳으로, 그의 탄생 200주년인 2005년에 조성했다. 자연 속에서 족욕을 즐길 수 있는 족욕탕과 온천 달걀을 만드는 온타마 온천, 고온의 원천이 흘러내리는 미이즈미 조잔 동상, 온천수가 폭포처럼 흐르는 미이즈미 폭포 등이 있다. 매일 밤 불을 밝히는 조명과 프로젝션 매핑 쇼 '유케무리 루미나'도 볼거리다.

구글맵 Jozankei Gensen Park
문의 011 598 2012 운영 07:00~21:00
가는 방법 조잔케이 유노마치定山渓湯の町 정류장에서 도보 2분

― TRAVEL TALK ―

미이즈미 조잔은?

지금으로부터 약 150년 전, 홋카이도를 개척하던 시절 조잔케이는 정비된 길조차 없는 숲이었다고 합니다. 승려 미이즈미 조잔은 이 지역에서 온천을 발견해 다치고 병든 사람들을 치료했으며, 평생을 바쳐 지역 주민들을 도왔다고 전해집니다.

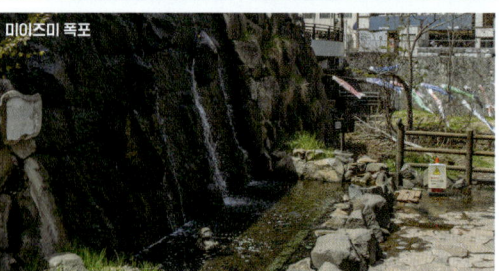

미이즈미 폭포

온타마 온천에서 온천 달걀 만들기

조잔케이 원천 공원 내 미이즈미 폭포 옆에서 80℃ 이상 고온의 원천을 이용해 누구나 달걀을 삶을 수 있다. 보통 날달걀을 넣고 20분 정도 기다리면 맛있는 온천 달걀이 완성된다. 날달걀은 조잔케이 물산관에서 3개씩 묶어 판매하며, 직원이 당일 최적의 삶기 시간을 알려준다. 단, 까마귀가 달걀을 노릴 수 있으니 주의할 것.

▶ 조잔케이 물산관 정보 P.130

02 이와토 관음당 岩戸観音堂

시험과 연애에 효험이 있는 파워 스폿

조잔케이 온천 마을의 주도로를 따라 올라가면 나오는 작은 사당으로, 본당에서 이어지는 120m 길이의 동굴 안에 33개의 관음상이 늘어서 있다. 이 동굴은 일본에서 두 번째로 개통된 유료 도로 공사 중 목숨을 잃은 이들을 기리기 위해 조성한 곳으로, 교통안전과 조잔케이 지역의 발전을 기원하는 의미가 담겨 있다. 최근에는 시험 합격이나 연애 성취에도 영험한 것으로 알려지며 파워 스폿으로도 인기를 끌고 있다.

구글맵 암호관음당
문의 011 598 2012
운영 07:00~20:00
요금 동굴 입장료 중학생 이상 300엔, 초등학생 100엔
가는 방법 조잔케이 유노마치 定山渓湯の町 정류장에서 도보 5분

나와 기념사진

03 츠키미 다리 月見橋

조잔케이 대표 포토 스폿

도요히라강을 가로지르는 다리로, 조잔케이 온천 마을로 들어서는 초입에 있다. 여행의 시작을 알리듯 다리 위에서 마을 안내 지도와 마을을 상징하는 캐릭터가 반겨준다. 다리 중간 난간에 2개의 갓파 동상이 있는데, 하나는 '나와 기념사진'이고 다른 하나는 '미스 조잔케이 갓파'로 익살스럽고 유쾌한 표정이 눈길을 끈다. 이 다리는 조잔케이의 절경 감상에 최고의 포인트이기도 하다. 특히 가을이면 도요히라강 양쪽이 노랗고 붉은 단풍으로 물들어 사진 촬영 필수 코스로 꼽힌다.

구글맵 월견교
가는 방법 조잔케이 유노마치 定山渓湯の町 정류장에서 도보 1분

TRAVEL TALK

21개의 장난꾸러기 동상, 갓파상

전설 속 요괴 갓파. 조잔케이에는 갓파와 관련된 명소가 여러 곳 있으며, 익살스럽게 표현한 갓파상들을 만날 수 있어요. 이 동상은 삿포로 시민들의 아이디어를 바탕으로, 홋카이도와 인연이 깊은 조각가가 제작해 더욱 특별한 의미를 지니고 있습니다. 조잔케이를 산책하면서 다양한 갓파 동상을 감상해 보세요.

미스 조잔케이 갓파

⑭ 조잔케이 후타미 공원 定山渓二見公園

'후타미 조잔의 길'의 출발점

조잔케이 온천 마을에서 가장 먼저 조성한 공원이자 주요 관광 명소다. 조잔케이의 상징이라 할 수 있는 갓파 대왕상이 있고, 조금 더 안쪽으로 들어가면 붉은색이 인상적인 후타미 구름다리가 나온다. 이 공원이 '후타미 조잔의 길'의 출발점이기도 하며, 여름철에는 공원에서 후타미 구름다리까지 조명을 밝히는 '조잔케이 네이처 루미나리에'가 열린다.

📍
구글맵 조잔케이후타미 공원
문의 011 598 2012
홈페이지 jozankei.jp
가는 방법 조잔케이 유노마치
定山渓湯の町 정류장에서 도보 10분

갓파 대왕상 かっぱ大王

조잔케이 축제의 흔적

'후타미 조잔의 길'의 출발점에서 만날 수 있는 갓파 동상 중 하나. 1965년에 시작된 갓파 축제를 기념하며 삿포로 출신 만화가 오바 히로시가 디자인해 1966년에 세웠다. 축제는 2005년에 막을 내렸지만, 갓파 대왕상은 여전히 마을의 역사와 전통을 의미하는 상징물로 남아 있다.

⑮ 후타미 조잔의 길 二見定山の道

도요히라강의 물줄기를 따라 펼쳐지는 산책길

후타미 공원에서 도요히라강을 따라 상류 쪽으로 이어지는 자연 산책로다. 후타미 다리를 건넌 뒤 갓파부치 공원과 휴식 광장, 신스이 공원을 지나 붉은 바위 골짜기까지 왕복 약 2.5km 구간으로, 사계절 내내 아름다운 풍경이 펼쳐진다. 특히 계곡과 협곡을 따라 나 있는 산책로에서 800종이 넘는 산야초를 만날 수 있다. 10월 중순에는 단풍이 절정을 이루고 겨울철에는 스노슈 투어도 운영한다.

구글맵 조잔케이후타미 공원
가는 방법 후타미 공원에서 이어짐

06 후타미 구름다리 & 갓파부치
二見吊橋 & かっぱ淵

갓파부치의 전설이 서린 조잔케이의 상징

조잔케이의 대표 명소인 붉은색의 후타미 구름다리는 단풍으로도 유명한 인증샷 포인트다. 구름다리는 자연 산책로인 후타미 조잔의 길로 이어지며, 구름다리를 건너 오른쪽 산책로로 내려가면 도요히라강이 나온다. 바로 이곳이 전설 속 갓파가 살았다는 갓파부치. 강 왼쪽에는 깎아지른 듯한 절벽이, 오른쪽에는 2개의 바위산인 후타미 바위가 자리해 있다. 호헤이쿄 댐이 생기기 전에는 도요히라강의 수량이 많아 후타미 바위가 마치 강 위에 떠 있는 섬처럼 보였다고 한다. 후타미 구름다리에서 후타미 바위와 갓파부치가 모두 보인다.

📍
구글맵 후타미츠리 교
홈페이지 jozankei.jp
가는 방법 후타미 공원에서 이어짐

TRAVEL TALK

신비롭고 안타까운 갓파부치의 전설

1909년 댐을 건설하던 당시, 도로 공사 인부 중 한 청년이 물고기를 잡다가 한순간에 강바닥으로 사라진 사건이 벌어졌어요. 작업하던 인부들이 곧장 강으로 뛰어들어 수색에 나섰지만 청년의 흔적은 어디에도 없고 시신조차 떠오르지 않았지요. 그로부터 1년 뒤 청년의 아버지 꿈에 아들이 나타나 '결혼해서 아이 낳고 행복하게 살고 있다'고 말했어요.

이 이야기가 전해지면서 마을 사람들 사이에서는 청년이 일본 요괴인 갓파의 딸에게 홀려 강 속 세계로 사라진 것이라는 전설이 퍼지게 되었습니다. 이후 청년이 사라진 강을 갓파부치라고 부른답니다.

힐링의 시간
조잔케이 당일치기 추천 온천

조잔케이는 당일치기 온천을 즐기기에 최적화된 온천 마을로, 료칸에 숙박하지 않고 온천만 즐길 수 있는 시설이 다양하게 마련되어 있다. 조잔케이의 풍성한 자연 속에서 특별한 휴식과 호사를 누려보자.

01 PLACE 조잔케이 만세이카쿠 호텔 밀리오네
定山渓万世閣ホテルミリオーネ

이름만큼이나 아름다운 로비를 갖춘 온천 호텔

온천 당일치기 패키지를 이용하면 널찍한 대욕장과 노천탕을 이용할 수 있으며, 오후 5시 30분까지는 2층 연회장을 무료 휴게실로 개방해 온천욕 후 쉬어 가기 좋다. 또한 매주 목요일은 입욕료가 할인(어른 기준 200엔)되며, 식사가 포함된 당일치기 패키지도 있다.

> **조잔보 만주 공방** 定山坊まんじゅう工房
>
> 호텔 1층에서 판매하는 온천 만주는 반죽에 간장과 꿀을 더해 고소한 풍미와 쫀득한 식감이 특징으로 인기가 많다. 이 만주를 목적으로 찾아오는 손님이 있을 정도다.
>
> **운영** 07:00~16:00
> **가격** 6개 세트 890엔, 10개 세트 1470엔

구글맵 조잔케이 만세이카쿠 호텔 밀리오네
문의 0570 08 3500 **운영** 12:00~20:00
(접수 마감 18:00) **요금** 중학생 이상 1500엔,
3세~초등학생 800엔, 수건 대여 300엔
홈페이지 www.milione.jp/spa/daytrip **가는 방법** 조잔케이 원천 공원 맞은편

02 PLACE 유모토 고가네유
小金湯温泉 湯元 小金湯

단순 유황천 100% 사용하는 온천

고가네유는 조잔케이 인근에 있는 작은 온천 마을로, 메이지 시대에 도요히라강이 흐르는 산기슭에서 온천이 처음 발견된 이후 효능이 탁월한 온천으로 알려졌다. 그중 유모토 고가네유는 100% 단순 유황천을 사용하는 료칸 온천으로, 노천탕과 널찍한 내탕 등이 마련되어 있다. 온천욕 후 부담 없이 즐길 수 있는 셀프서비스 카페도 있다.

©Yumoto KOGANEYU

구글맵 yumoto koganeyu **문의** 011 596 2111
운영 10:00~23:00(접수 마감 22:00) **요금** 중학생 이상 1270엔,
초등학생 이하 500엔, 수건 대여 350엔(유카타 포함) **홈페이지** koganeyu.jp
가는 방법 고가네유小金湯 정류장에서 도보 6분 또는
지하철 난보쿠선 마코마나이역에서 무료 송영 버스 탑승

03 PLACE 누쿠모리노 야도 후루카와
ぬくもりの宿 ふる川

소박하고 편안한 료칸 온천

갤러리와 서재 등 부대 시설이 매력적인 료칸이다. 아름다움, 건강, 젊음을 주제로 한 3개의 대욕장과 100년이 넘은 고목과 자연석 등으로 1866년 당시 모습을 재현한 노천탕을 갖추고 있다. 당일치기 온천 이용객은 겟치노유, 카텐노유 등의 온천과 라운지를 이용할 수 있다.

구글맵 누쿠모리노 야도 후루카와 **문의** 011 598 2345 **운영** 12:00~15:00(접수 마감 14:30) **요금** 중학생 이상 1500엔, 초등학생 이하 750엔 **홈페이지** www.yado-furu.com **가는 방법** 조잔케이 유노마치定山渓湯の町 정류장 건너편

04 PLACE 유노하나 조잔케이덴
湯の花 定山渓殿

깔끔한 시설이 돋보이는 널찍한 온천

깔끔한 시설을 원한다면 만족할 만한 온천이다. 이른 시간부터 문을 열어 당일치기 온천 여행자들에게 인기 있다. 넓은 대욕탕을 비롯해 노천탕과 다양한 콘셉트의 욕탕이 있다. 특히 바위에 둘러싸인 동굴풍 노천 온천은 색다른 분위기다. 땀 빼기 좋은 건식 사우나와 500엔 추가 요금을 내면 암반욕(1시간)도 이용할 수 있다.

©Yunohana

구글맵 조잔케이온천 유노하나 **문의** 011 598 4444 **운영** 10:00~21:00(접수 마감 20:30) **요금** 중학생 이상 980엔, 4세~초등학생 450엔, 수건 대여 400엔(관내복 포함) **홈페이지** www.yunohana.org/jyouzankei
가는 방법 조잔케이 샤코마에定山渓車庫前 정류장에서 하차

05 PLACE 호헤이쿄 온천
豊平峡温泉

대자연에 둘러싸인 예술적인 대노천탕

홋카이도에서 보기 드문 원천 100% 방류식 온천. 사계절 내내 자연과 어우러지는 넓은 노천탕 덕분에 가장 인기 있는 당일치기 온천으로 온천 마니아들의 발길이 끊이지 않는다. 특히 일본 정원 디자이너의 손길이 더해진 노천탕은 마치 예술 작품과도 같다.

구글맵 호헤이쿄 온천 **문의** 011 598 2410
운영 10:00~23:30(접수 마감 21:45)
요금 중학생 이상 1300엔, 초등학생 이하 600엔, 얼굴 타월 220엔(판매), 목욕 타월 520엔(렌털, 300엔 보증금) ※현금 결제만 가능
홈페이지 hoheikyo.co.jp
가는 방법 호헤이쿄온센豊平峡温泉 정류장에서 하차

온천에서 인도 카레를?

호헤이쿄 온천에서 온천만큼 유명한 명물은 다름 아닌 카레다. 세라믹 오븐에서 구워내 쫀득하면서도 부드러운 난과 수십 종류의 향신료를 이용해 만든 인도식 카레는 전문 레스토랑 이상의 맛으로 정평이 나 있다.

운영 인도 요리 코너 11:00~21:00
예산 카레 1200~1600엔, 난 390~550엔

온천 후 즐기는 소박한 식도락
조잔케이 맛집

조잔케이 다이코쿠야 상점
定山渓大黒屋商店

주메뉴 온천 만주
☺ → 적당한 단맛의 흑설탕 앙금 ✔ → 신용카드 사용 불가

조잔케이 명물 온천 만주 맛집으로 1931년에 문을 열었다. 부드러운 얇은 피에 진한 흑설탕 앙금이 듬뿍 들어 있는데 과하게 달지 않아 맛있다. 인기가 많아 오전에 품절되는 경우가 많으니 서둘러 방문하는 게 좋다. 9~30개들이 세트 상품도 있지만, 첨가물을 넣지 않아 당일 소비가 원칙이므로 그날 먹을 만큼만 낱개로 구입한다.

구글맵 조잔케이 다이코쿠야 상점
문의 011 598 2043 **운영** 08:00~16:00
예산 개당 90엔, 9개 세트 730엔 **가는 방법** 조잔케이 원천 공원 맞은편

조잔케이 물산관 定山渓物産館

주메뉴 온천 만주, 아이스크림
☺ → 다양한 먹거리와 볼거리

갓파라이너호 버스 정류장 앞에 있는 노포 기념품점으로, 갓퐁 캐릭터 굿즈와 다양한 기념품을 판매한다. 인기 상품은 홋카이도산 팥으로 만든 쫄깃한 온천 만주다. 조잔케이 원천 공원에서 삶아 먹기 위한 날달걀도 구입할 수 있다. 아늑한 찻집 히다마리를 함께 운영해 휴식도 가능하다.

구글맵 3-chome-13 Jozankeionsennishi
문의 011 598 2178 **운영** 08:00~21:00
예산 조잔케이 삼색 경단 260엔
홈페이지 www.j-bussankan.co.jp
가는 방법 조잔케이 유노마치定山渓湯の町 정류장에서 바로

갓퐁 캐릭터 굿즈

코유테이 紅葉亭

주메뉴 메밀 소바와 튀김

→ 계절 따라 바뀌는 튀김과 맷돌로 갈아 만든 메밀 면　→ 신용카드 사용 불가

구글맵 Kouyoutei
문의 011 598 2421
운영 11:00~16:00
휴무 수~목요일
예산 텐자루 소바 1400엔
가는 방법 조잔케이온센 히가시2초메 정류장에서 도보 1분

1927년에 문을 연 전통 있는 소바 전문점. 매일 아침 주인이 직접 맷돌로 메밀을 갈아 반죽해 정성껏 소바를 만든다. 대표 인기 메뉴는 소바와 튀김 세트인 텐자루 소바. 소바는 메밀 향이 은은하게 감돌고, 튀김은 계절 별미를 즐기는 재미가 있다. 여름과 가을에는 산천어와 은어, 겨울에는 빙어, 봄에는 지역에서 채취한 산나물튀김이 상에 오른다. 머리부터 꼬리까지 바삭하게 튀긴 생선튀김은 작지만 살이 제법 두툼해 씹는 맛이 좋다. 식사를 마친 뒤에는 남은 간장에 소바 국물을 부어 숭늉처럼 마신다.

버치 테라스 베이커리 & 카페
Birch Terrace Bakery & Café

주메뉴 커피, 아이스크림, 크루아상

→ 호텔 로비에 위치해 고급스러운 분위기　→ 투숙객 외에도 이용 가능

구글맵 Birch terrace bakery & cafe
문의 011 598 3500
운영 08:00~18:00(족욕탕 20:00까지)
예산 소프트아이스크림 450엔, 앙버터 크루아상 340엔
홈페이지 www.milione.jp/floorguide/birch-terrace
가는 방법 조잔케이 정류장에서 도보 1분

조잔케이 만세이카쿠 호텔 밀리오네 로비에 자리한 베이커리 카페. 홋카이도산 자작나무와 삿포로 연석으로 꾸민 아늑한 공간이 눈길을 끈다. 중앙에는 일본식 화로가 놓여 있고 창가 쪽에는 풍경을 감상하며 커피를 즐길 수 있는 족욕탕까지 갖추었다. 매장에서 직접 구운 크루아상을 비롯한 20여 종의 빵과 커피, 아이스크림 등을 판매하며, 크루아상 안에 팥과 버터 혹은 생크림이 든 샌드위치가 인기 있다.

FOLLOW

OTARU

오타루
小樽

해안가에 자리한 오타루는 19세기 말에서 20세기 초까지 무역과 상업의 중심지로 번영을 누렸다. 활발했던 교역의 흔적은 오타루 운하와 주변 창고 등에 고스란히 남아 있어 오타루만의 독특한 풍경을 이룬다. 이 덕분에 오타루는 홋카이도의 짧은 역사 속에서도 레트로한 근대 분위기가 가장 뚜렷한 도시로 꼽힌다. 사계절 내내 아름답지만 특히 눈이 오는 겨울에 더욱 사랑받는 도시다. 한국인이 사랑하는 일본 영화 1위인 〈러브레터〉와 한국 영화 〈윤희에게〉의 촬영지로도 알려져 있으며, 2월에는 눈 축제가 열려 더욱 로맨틱한 분위기를 자아낸다.

오타루 운하

레트로풍 도시

항구도시

오르골

러브레터

당일치기 여행지

북쪽의 월가

FOLLOW

Best Course 1
걷는 만큼 보이는 작은 감동
오타루 하루 산책 루트

삿포로를 베이스캠프로 삼고 당일치기로 오타루를 방문하는 여행 코스다. 겨울과 여름은 낮과 밤의 길이, 상점의 영업시간이 다르지만 어느 계절이나 오후 5시 이후에는 대부분의 상점이 문을 닫는다. 낮에는 오타루 시내를 부지런히 둘러보고, 밤에는 홋카이도의 3대 야경 중 하나인 오타루의 야경을 감상해보자.

TRAVEL POINT

➡ **이런 사람 팔로우!** 삿포로에 머무르면서 하루 동안 오타루에 다녀오고 싶다면
➡ **여행 적정 일수** 1일
➡ **주요 교통수단** 도보
➡ **사전 예약 필수** 겨울 성수기에는 왕복 기차표
➡ **여행 준비물과 팁** 겨울에는 방수 부츠와 따뜻한 패딩, 여름에는 편한 운동화와 모자나 양산, 그리고 쇼핑용 보랭 백이나 장바구니

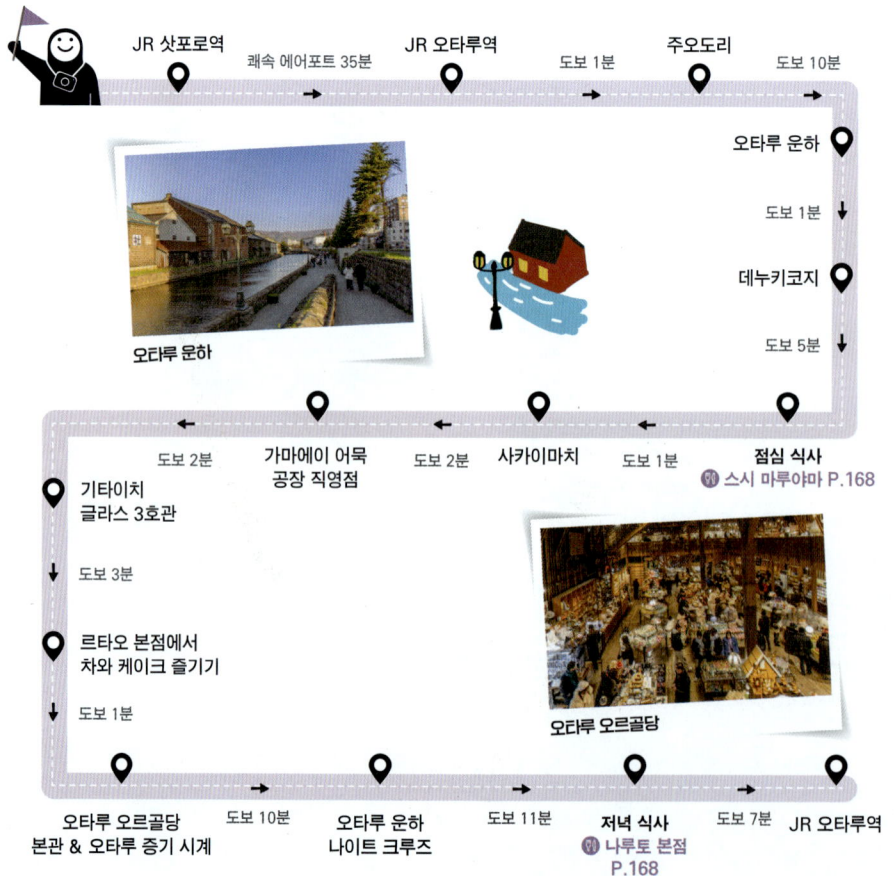

JR 삿포로역 → 쾌속 에어포트 35분 → JR 오타루역 → 도보 1분 → 주오도리 → 도보 10분 → 오타루 운하 → 도보 1분 → 데누키코지 → 도보 5분 → 점심 식사 🍽 스시 마루야마 P.168 → 도보 1분 → 사카이마치 → 도보 2분 → 가마에이 어묵 공장 직영점 → 도보 2분 → 기타이치 글라스 3호관 → 도보 3분 → 르타오 본점에서 차와 케이크 즐기기 → 도보 1분 → 오타루 오르골당 본관 & 오타루 증기 시계 → 도보 10분 → 오타루 운하 나이트 크루즈 → 도보 11분 → 저녁 식사 🍽 나루토 본점 P.168 → 도보 7분 → JR 오타루역

오타루 운하

오타루 오르골당

Best Course 2
영화 〈러브레터〉 속 그곳
오타루 시간 여행

오타루가 무역과 상업으로 번성하던 시기에 조성한 오타루 운하와 사카이마치를 둘러보고, 영화 〈러브레터〉 촬영지를 구경하는 코스다. 특히 겨울이라면 더욱 매력적인 코스다.

TRAVEL POINT

- ➔ **이런 사람 팔로우!** 영화 〈러브레터〉에서 영감받아 오타루를 찾는다면
- ➔ **여행 적정 일수** 1일
- ➔ **주요 교통수단** 도보, 버스
- ➔ **사전 예약 필수** 겨울 성수기에는 왕복 기차표
- ➔ **여행 준비물과 팁** 겨울에는 방수 부츠와 따뜻한 패딩, 여름에는 편한 운동화와 모자나 양산 그리고 쇼핑용 보랭 백이나 장바구니

JR 삿포로역 — 쾌속 에어포트 29분 → JR 미나미오타루역 — 도보 7분 → 오타루 오르골당 본당 & 오타루 증기 시계 — 도보 1분 → 사카이마치 — 도보 7분 → 오타루 운하 — 도보 1분 → 점심 식사 🍴 빗쿠리돈키 P.170 — 도보 14분 → 옛 일본우선 오타루점 — 도보 13분 → 후나미자카 — 도보 13분 → 르타오 운하 플라자점에서 디저트 즐기기 — 도보 13분 → 오타루 시청 — 버스 12분 → 텐구산 로프웨이 — 로프웨이 4분 → 텐구산 전망대 — 버스 20분 → JR 오타루역

텐구산 스키장

옛 일본우선 오타루점

☆ **기억할 것!** 일몰 시간 체크 후 텐구산 전망대에 오를 것

오타루 교통 정보

신치토세 공항에서 오타루까지 직행열차를 이용하면 편리하다. 이른 오전 비행기를 타면 오타루에서 일정을 소화하고 오후에 삿포로로 돌아오는 여정을 계획할 수 있다.

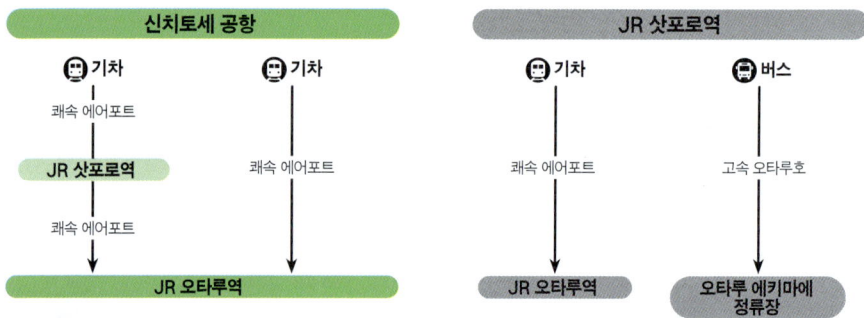

신치토세 공항에서 출발

🚆 기차
대부분 신치토세 공항에서 삿포로를 거쳐 오타루로 이동하지만, 오타루로 바로 가는 쾌속 에어포트를 이용해도 된다.
소요 시간 1시간 13분~1시간 20분 **운행** 06:38~11:21(배차 간격 22분~1시간)
요금 쾌속 에어포트 2880엔

삿포로에서 출발

🚆 기차
JR 삿포로역에서 오타루행 기차를 타면 한 번에 간다. 쾌속 에어포트와 하코다테 본선을 이용한다. 소요 시간과 요금은 노선에 따라 차이가 있다.
소요 시간 34~50분 **운행** 쾌속 에어포트 09:10~19:40(배차 간격 20~30분), 하코다테 본선 06:09~23:50(배차 간격 10~30분) **요금** 쾌속 에어포트 1640엔, 하코다테 본선 800엔 **홈페이지** www.jrhokkaido.co.jp

🚌 버스
JR 삿포로역 앞札幌駅前 1번 버스 정류장에서 승차한다. 날씨와 교통 상황에 따라 소요 시간이 많이 달라질 수 있고 요금도 일반 기차와 비슷해 굳이 버스를 탈 필요는 없다.
운행 06:55~20:55(배차 간격 1시간) **소요 시간** 50분~1시간 10분
요금 730엔 **홈페이지** www.chuo-bus.co.jp/support/stop

🚗 렌터카
신치토세 공항 국제선 터미널 1층 '교통 안내 창구'에서 렌터카를 안내해주며, JR 삿포로역과 지하철 오도리역 주변에도 렌터카 회사 영업소가 있다. 국제운전면허증을 반드시 준비해야 한다.
소요 시간 신치토세 공항 출발 시 1시간 10분, JR 삿포로역 출발 시 50분

오타루 시내 교통

오타루의 주요 관광지는 JR 오타루역과 JR 미나미오타루역 사이에 모여 있어 도보 여행이 가능하다.
다만 텐구산 전망대와 오타루 아쿠아리움 등은 시내버스를 타고 가야 한다.
체력 안배를 위해 자전거나 택시로 이동하는 것도 방법이다.

시내버스

오타루 시내버스 노선은 그리 촘촘하지 않아 가까운 거리는 걸어 다니고 장거리 이동 시에만 시내버스를 이용하는 것이 효율적이다.
JR 오타루역 앞 버스 터미널에는 오타루 아쿠아리움과 테미야 공원으로 가는 10·11번, 텐구산 전망대행 9번 버스가 정차한다.
요금 중학생 이상 220엔, 초등학생 이하 110엔
홈페이지 www.chuo-bus.co.jp/city_route/course/otaru

TIP!

오타루 시내버스 1일 승차권
하루 동안 오타루 시내버스를 무제한으로 탑승할 수 있는 티켓이다. 이동이 많은 날 사용하면 이득이다.
요금 중학생 이상 800엔, 초등학생 이하 400엔
※텐구산 로프웨이 이용 시 승차권을 제시하면 요금 할인

택시

오타루를 당일치기로 여행하면서 많은 곳을 둘러보려고 하거나 테미야 공원에 가려면 택시를 이용하는 게 좋다. 겨울철에는 택시 잡기가 어려울 수 있으니 전체적인 동선을 미리 계획해두는 것이 중요하다. 신용카드 사용도 가능하다.
요금 기본요금 670엔~
홈페이지 hk-grp.or.jp/ko/otaru

공유 자전거

JR 오타루역 앞에 자전거 대여소가 있다. 오타루에는 언덕이 많으므로 전기 자전거를 추천한다. 짐 보관과 우산 대여(유료)도 가능하다.
요금 일반 자전거 2시간 기준 일반 900엔, 중고생·70세 이상 700엔 / 전기 자전거 일반 1200엔, 중고생·70세 이상 1000엔 / 초등학생 이하 모두 500엔, 짐 보관 400엔
운영 09:00~18:30(일요일은 08:00부터)
홈페이지 kitarin.info

OTARU ZONE 1

오타루역 & 오타루 운하
小樽駅 & 小樽運河

오타루 관광 명소가 모두 모였다!

JR 오타루역에서 내리면 길게 뻗은 주오도리(중앙로) 끝으로 오타루 운하와 오타루항이 보인다.
길을 따라 내려가면 바로 오타루의 주요 관광지가 나온다. 오타루 운하와 옛 운하 창고,
'북쪽의 월가'로 불리던 시절에 지은 화려한 건물과 그 안에 자리한 미술관 등을 통해
오타루의 찬란했던 과거와 현재를 돌아보자.

① **JR 오타루역** JR 小樽駅

가스등으로 장식한 레트로풍 역사

1934년에 완공한 JR 오타루역 역사는 복고적인 매력이 가득하다. 내부에는 가스등이 예술품처럼 장식되어 있으며, 해가 지면 불을 밝혀 더욱 고풍스럽다. 가스등은 유리공예로 유명한 오타루의 역사를 반영한다. 오타루역 앞에 있는 종은 1965년까지 기차의 도착을 알리는 데 사용했는데, 상행선이 도착할 때는 두 번, 하행선이 도착할 때는 세 번 울렸다고 한다. 역사 안에는 관광 안내소, 코인 로커, 편의점, 식당 등 다양한 편의 시설이 있다. 역을 나서면 바로 오른쪽에 오타루 버스 터미널, 왼쪽에 자전거 대여소가 있어 여행을 시작하기에 좋다.

📍 구글맵 Otaru Station 문의 011 222 7111
운영 창구 07:00~20:00, 발매기 05:30~23:00

 JR 오타루역 내 줄 서는 인기 맛집

나루토 오타루역점 なると屋 小樽駅店

반쪽 통닭 정식과 잔기로 유명한 나루토 분점이다. 포장 주문만 가능하지만 즉석에서 먹을 수 있도록 잔기를 한 조각(160엔)씩 판매하기도 한다.

이세즈시 에키나카점 伊勢鮨 駅中店

오타루의 유명한 스시집 이세즈시 분점이다. 좌석이 없고 간단히 서서 먹는 스탠딩 테이블만 있다. 바로 옆 상점에서 포장용 스시도 판매한다.

ⓞ2
오타루 운하
小樽運河

가스등과 자갈길로 고풍스러운 옛 운하

오타루는 19세기 중반에서 20세기 초까지 홋카이도 물류의 거점 항구로 번성했다. 당시에는 인구가 삿포로를 능가할 만큼 많았다고 한다. 오타루항으로 들어온 큰 배에서 작은 배(거룻배)로 짐을 옮겨 창고로 나르는 방식으로 물류가 이루어졌는데, 이를 위해 1923년 창고 가까이까지 거룻배가 다닐 수 있도록 조성한 수로가 바로 오타루 운하다. 내륙에 수로를 파서 만든 게 아니라 해안을 매립해 조성했기 때문에 직선이 아닌 완만한 곡선 형태인 것이 특징이다.

그러나 유통이 바닷길에서 육로로 점차 바뀌면서 본래 기능을 잃고, 매립과 보존을 둘러싼 논쟁 끝에 1986년 운하 일부를 매립했다. 남은 운하는 원래 40m에서 20m로 폭이 줄었지만 주변에 가스등과 산책로를 조성해 오타루 최고의 관광지로 거듭났다. 또한 운하를 따라 늘어선 석조 창고군은 오타루가 가장 번성했던 시기의 풍경을 보여주는 인기 있는 명소가 되었다. 일부 창고는 당시 모습을 그대로 유지한 채 관광 안내소, 카페, 레스토랑, 비어홀 등으로 활용한다.

구글맵 오타루 운하
문의 0134 32 4111(산업항만부 관광진흥실)
운영 가스등 점등 일몰 시간~24:00,
운하 창고군 조명 일몰 시간~22:30
가는 방법 JR 오타루역 출구에서 주오도리를 따라 도보 10분

FOLLOW UP

오타루 운하의 하이라이트!
산책 포인트와 사진 명소

주오도리에서 이어지는 주오 다리부터 아사쿠사 다리까지가 산책로의 하이라이트 구간으로, 해 질 무렵이면 더욱 아름답다. 산책로에 설치한 63개의 가스등이 켜지고 운하를 따라 늘어선 창고군도 조명을 밝혀 운치를 더한다.

① 아사쿠사 다리 浅草橋

야경 사진 & 인증샷 포인트
아사쿠사 다리 주변은 부드러운 곡선을 그리는 운하와 가스등 불빛이 어우러지는 사진 명소로, 특히 해 질 무렵이면 오타루 운하의 야경을 촬영하러 오는 사람들로 붐빈다. 낮에도 인증샷을 찍기 좋은 장소다.

② 오타루 운하 창고군 小樽運河 倉庫群

낮 시간의 사진 포인트
오타루 운하 주변에는 옛 석조 창고가 줄지어 있다. 산책로 중간에서 창고를 배경으로 사진을 찍으면 아사쿠사 다리에서 찍은 사진보다 고풍스러운 분위기가 담긴다. 창고 건물에 들어선 레스토랑과 펍에서는 시간 여행을 하는 듯한 특별한 기분을 느낄 수 있다.

③ 주오 다리 中央橋

오타루 운하 크루즈 출발 지점
오타루 운하 크루즈는 주오 다리 인근 선착장에서 출발해 약 40분 동안 운하를 따라 유유히 떠다니며 오래된 건물과 함께 오타루의 역사를 살피고 풍경을 감상하는 작은 유람선이다.
코스는 주오 다리에서 시작해 오타루항, 북운하, 남운하를 지나 아사쿠사 다리까지 이어진다. 일몰 전에 출발하는 데이 크루즈는 역사적 건물을 선명하게 감상할 수 있고, 일몰 후에 출발하는 나이트 크루즈는 로맨틱한 오타루 야경을 즐기기에 좋다.
요금 데이 크루즈 13세 이상 1800엔, 6~12세 500엔 / 나이트 크루즈 13세 이상 2000엔, 6~12세 500엔
홈페이지 otaru.cc/ko

ⓛ 후나미자카 船見坂

오타루항 풍경이 펼쳐지는 로맨틱한 언덕

'배가 보이는 언덕'이라는 뜻이 담긴 후나미자카는 약 15도 경사의 가파른 언덕길이다. 1904년 큰 화재가 발생한 후 불길이 시장 쪽으로 번지는 것을 막기 위해 조성했다. 언덕 꼭대기에서 멀리 바라보면 길 끝으로 오타루 바다가 펼쳐진다. 아침에는 해 뜨는 모습도 볼 수 있다.

이 언덕이 유명해진 건 영화 〈러브레터〉 덕분이다. 영화 속 우체부가 후지이 이츠키의 집으로 편지를 배달하러 가는 장면을 이곳에서 촬영했다. 지금도 여러 광고에 등장할 만큼 아름다운 풍경 덕분에 많은 관광객이 찾아온다. 다만 경사가 상당히 가파르고 미끄러지기도 쉬워 특히 겨울철에는 주의가 필요하다.

🔸

구글맵 후나미자카　**문의** 0134 32 4111(오타루 관광진흥실)
가는 방법 JR 오타루역 출구에서 좌측으로 삼각시장 지나 바로

TRAVEL TALK

오타루 주도로, 주오도리(중앙로)
小樽 中央通り

JR 오타루역에서 나오면 310m 길이의 대로가 펼쳐집니다. JR 오타루역이 해발 약 12m의 비교적 높은 지대에 있다 보니, 역을 등지고 바라보면 멀리 오타루 운하를 넘어 바다까지 보이지요. 오타루 운하와 함께 가장 오타루다운 모습을 만날 수 있는 장소라고 할 수 있어요.

⓸ 오타루 예술촌
小樽芸術村

구글맵 Otaru Art Base
문의 0134 31 1033
운영 5~10월 09:30~17:00,
11~4월 10:00~16:00
요금 4관 공통권 일반 2900엔,
대학생 2000엔, 고등학생 1500엔,
중학생 1000엔, 초등학생 500엔
홈페이지 www.nitorihd.co.jp/
otaru-art-base/ko
가는 방법 오타루 운하 건너편

북쪽의 월가에서 미술관 지구로

20세기 초 오타루는 25개의 은행이 모여 있어 '북쪽의 월가'라 불릴 만큼 홋카이도의 경제 중심지로 번성했다. 오타루 시내에는 고급스러운 건축물들이 있는데 대부분 당대 최고의 일본 건축가가 설계한 것이다. 그중 오타루 운하 건너편에 위치한 네 곳의 옛 은행 건물과 창고 건물이 현재 오타루 예술촌으로 변모했다. 미술관과 전시관으로 사용되고 있으며, 건축 당시의 화려함을 간직한 건물 외관과 내부도 볼거리다. 이들 건물은 모두 오타루 지정 역사적 건축물로 보존되고 있다.

📷 이로나이 오도리 色内大通り

오타루 시내의 주요 거리로, 근대 건축물이 줄지어 있어 오타루가 번성했던 '북쪽의 월가' 시절의 모습을 느낄 수 있다. 옛 일본은행 오타루점과 옛 다카하시 창고 등 역사적인 건물뿐 아니라 미술관, 카페, 레스토랑 등으로 새롭게 탄생한 공간들이 오타루의 역사와 문화를 전하고 있다.

니토리 미술관
似鳥美術館

구글맵 Nitori Museum of Art
요금 일반 1200엔, 대학생 1000엔, 고등학생 700엔, 중학생 500엔, 초등학생 200엔

옛 홋카이도 다쿠쇼쿠 은행 오타루 지점
旧北海道拓殖銀行 小樽支店

1923년에 준공한 홋카이도 다쿠쇼쿠 은행 오타루 지점 건물에 현재 니토리 미술관이 들어서 있다. 일본 국회의사당을 설계한 건축가 야바시 겐키치가 설계한 홋카이도를 대표하는 건물 중 하나다. 2층 높이까지 이어지는 높은 천장이 특징인 1층 홀은 6개의 기둥 사이로 들어오는 빛이 인상적이다. 4층에는 요코야마 다이칸, 가와이 교쿠도 등 일본화 화가의 작품이 있고, 3층에는 기시다 류세이를 비롯한 작가들의 일본화와 서양화, 2층에는 다카무라 고운과 그 제자들의 목조 조각 등을 전시하고 있다. 1층에는 오팔 샌드 글라스와 무지갯빛으로 빛나는 페이브릴 글라스 등 독창적인 글라스 작품으로 아르누보 시대를 이끈 루이스 컴포트 티파니의 스테인드글라스 작품도 전시되어 있다. 지하에는 아르누보 아르데코 글라스 갤러리가 있다.

 ## 스테인드글라스 미술관
ステンドグラス美術館

구글맵 Stained Glass Museum
요금 일반 1200엔, 대학생 1000엔, 고등학생 700엔, 중학생 500엔, 초등학생 300엔

옛 다카하시 창고, 옛 아라타 상회
旧高橋倉庫 旧荒田商会

1923년에 지은 2층 목골 석조 건물인 다카하시 창고와 1935년에 지은 아라타 상회 건물을 현재 스테인드글라스 미술관으로 운영한다. 19세기 후반에서 20세기 초까지 영국 교회에서 실제로 사용하던 스테인드글라스를 전시하고 있다. 작품에는 빅토리아 여왕 시대와 에드워드 시대의 역사가 담겨 있다. 좌우 대칭인 목조건축물은 개·보수했지만 창틀 등에 당시의 흔적이 남아 있다.

전시관

구글맵 Former Mitsui Bank
요금 일반 500엔, 대학생 400엔, 고등학생 300엔, 중학생 200엔, 초등학생 200엔

옛 미츠이 은행 오타루 지점 旧三井銀行小樽支店

미츠이 은행 오타루 지점은 오타루시의 마지막 도시은행으로 2002년까지 운영했다. 현재는 '북쪽의 월가'로 불리던 당시의 분위기를 전해주는 전시관이 되었으며, 대금고실과 회의실 등을 그대로 보존해 개방하고 있다. 1927년 명성을 떨치던 소네주조 건축 사무소가 르네상스 양식의 최첨단 구조로 설계한 석조 건물로, 복도와 천장의 석고 구조가 아름다움을 더한다.

서양미술관
西洋美術館

구글맵 서양미술관
요금 일반 1200엔, 대학생 1000엔, 고등학생 700엔, 중학생 500엔, 초등학생 200엔

옛 나니와 창고 旧浪華倉庫

1925년에 지은 나니와 창고는 오타루 운하 옆에 위치하며, 당시 일본 3대 상사라 불리던 스즈키 상점 소유였다. 오타루 시내에 남아 있는 목골 석조 창고 중에서도 대규모에 속한다. 현재는 서양미술관이 되어, 오타루가 외국 무역항으로 번창하던 19세기 말에 활약했던 에밀 갈레, 돔 형제, 르네 랄리크, 가브리엘 아르지루소, 아말릭 월터 등의 작품과 아르누보, 아르데코 가구 등을 전시한다.

05 데누키코지 出拔小路

메이지·다이쇼 시대를 재현한 먹거리 타운

오타루 운하의 사진 촬영 명소인 아사쿠사 다리 대각선 맞은편에 있는 데누키코지는 1930년대 오타루 거리를 재현한 곳이다. 2005년 4월에 문을 열었으며 식당과 이자카야가 모여 있다. 과거 오타루 은행협회 건물이 있던 자리에는 메이지·다이쇼 시대 분위기를 재현한 일본식과 서양식 절충 건물과 기와지붕의 석조 건물 등이 들어서 있다. 약 20개의 포장마차에서는 가이센동, 라멘, 야키토리, 디저트 등 다양한 메뉴를 판매한다. 이곳에 전망대도 있는데 메이지 시대에 오타루 이리후네에 있던 '불의 망루'를 본뜬 것이다. 여기서 바라보는 오타루 운하 풍경은 그야말로 절경으로, 매장 손님이 아니더라도 누구나 무료로 이용할 수 있다.

구글맵 오타루 데누키코지
운영 전망대 11:00~19:00
홈페이지 otaru-denuki.com
가는 방법 오타루 운하 아사쿠사 다리 대각선 맞은편

06 옛 테미야선 기찻길 旧手宮線

산책하기 좋은 공원으로 변한 옛 기찻길

서울의 경의선숲길처럼 옛 기찻길에 조성한 공원이다. 오타루 스시 거리에서 오타루시 종합박물관까지 이어진다. 과거 이곳을 지나던 국철 테미야선은 미나미오타루역과 테미야역을 잇는 화물 철도 노선이었다. 1880년에 개통한 홋카이도 최초의 철도인 관영 호로나이 철도의 일부 구간으로 석탄, 사료, 시멘트, 밀가루 등을 수송했지만 시대가 변하면서 용도가 사라져 1985년에 폐선되었다. 현재는 선로 일부를 보존, 약 1600m 길이를 산책로로 조성해 오타루 대표 산책로로 사랑받고 있다. 오타루 겨울 축제 장소이기도 하다.

구글맵 구 테미야선 기찻길
문의 0134 33 2510(오타루 관광협회)
홈페이지 www.city.otaru.lg.jp/docs/2020122900031
가는 방법 JR 오타루역에서 오타루 운하 방향으로 도보 8분

07 옛 일본은행 오타루점(금융자료관)
日本銀行旧小樽支店

옛 은행에서 만나는 일본 지폐 역사

'북쪽의 월가' 시절에 지은 옛 일본은행 오타루점은 현재 금융자료관이 되었다. 1912년 도쿄역을 설계한 다츠노 긴고의 손길로 완성한 이 건물은 르네상스 양식을 도입한 5개의 돔 지붕이 특징이다. 대리석으로 꾸민 화려한 은행 영업장 카운터 등 곳곳에서 오타루가 번영했던 시절의 모습이 엿보인다. 일본은행의 역사와 업적, 금융 시스템 등에 관한 자료가 전시되어 있으며, 제2차 세계대전 이후 일본은행이 발행한 지폐를 전시한 '지폐 갤러리'와 1억 엔의 무게를 직접 들어볼 수 있는 '금고실'이 특히 흥미롭다.

구글맵 구 일본은행 오타루점
문의 0134 21 1111
운영 09:30~17:00(12~3월은 10:00부터, 입장 마감 16:30)
휴무 수요일(공휴일이면 개관), 12월 29일~1월 5일 **요금** 무료
홈페이지 www3.boj.or.jp/otaru-m
가는 방법 오타루 운하 건너편 북쪽으로 도보 3분

08 시립 오타루 미술관
市立小樽美術館

오타루와 인연이 있는 작품 3000여 점

일본의 대표적인 풍경화가 나카무라 젠사쿠와 '현대 판화의 귀재'라 불리는 이치하라 아리노리의 작품을 중심으로 오타루와 관련 있는 작품 3000점 이상을 소장하고 있는 미술관이다. 같은 건물에 오타루 시립문학관이 있고, 시민이 작품을 발표할 수 있는 시민 갤러리와 연수·미팅·워크숍 등에 사용하는 공간도 있다.

구글맵 시립 오타루 미술관 **문의** 0134 34 0035
운영 09:30~17:00(입장 마감 16:30)
휴무 월요일, 국경일 다음 날, 12월 29일~1월 3일
요금 미술관 일반 300엔, 고등학생 150엔 / 미술관+문학관 일반 500엔, 고등학생 250엔 ※중학생 이하 무료
홈페이지 www.city.otaru.lg.jp/docs/2020111300095
가는 방법 JR 오타루역에서 도보 10분

09 오타루시 종합박물관 운하관
小樽市総合博物館 運河館

100년 전 오타루의 모습을 찾아서

오타루시 종합박물관 운하관은 오타루의 역사와 자연, 거리 등에 관한 약 2만 점의 자료와 기록을 전시한 박물관이다. 1893년에 지은 오타루 창고를 개조해 건물 자체가 볼거리이기도 하다. 제1전시관에는 기타마에선, 청어 어업, 화물선, 거리의 변천사를 기록한 고사진과 고지도 등이 전시되어 있으며, 제2전시관은 오타루의 동식물과 자연을 소개한다. 한쪽에는 메이지 시대 말부터 쇼와 시대 초기의 오타루 거리와 상가 등을 재현해 오타루가 번영했던 시절을 엿볼 수 있다.

구글맵 오타루시 종합박물관 운하관
문의 0134 22 1258
운영 09:30~17:00 **요금** 300엔, 통합권(본관 포함) 500엔
홈페이지 www.city.otaru.lg.jp/docs/2020111400122
가는 방법 주오도리와 오타루 운하가 만나는 사거리에서 왼쪽으로 돌면 바로

TRAVEL TALK

오타루 명예 소방관, 소방견 분코

분코는 소방 본부에서 기르던 개였습니다. 소방차가 출동할 때는 맨 먼저 올라타고, 화재 현장에서는 구경꾼을 몰아내며 화재 진압에 도움을 주었다고 해요. 출동 횟수는 무려 1000회! 분코의 활약은 라디오나 잡지를 통해 일본 전국으로 퍼졌고 그림책으로도 출간되었어요. 오타루 시민들은 르타오 운하점 앞에 있는 분코 동상과 오타루시 종합박물관 운하관에 전시된 분코 박제를 통해 분코의 활약상을 기린답니다.

---

10 오타루 스시 거리
小樽寿司屋通り

〈미스터 초밥왕〉의 배경

오타루는 항구도시인 만큼 해산물로 유명하다. 특히 초밥은 오타루 스시 거리가 형성될 정도로 이곳의 대표적인 먹거리다. 오타루 운하 옆, 약 200m 길이의 오타루 스시 거리에는 미슐랭 원스타를 받은 곳부터 1933년에 창업한 곳까지 다양한 스시집이 모여 있다. 유명 스시집은 대부분 예약하지 않으면 이용할 수 없고, 예약이 필요 없는 곳이라도 식사 시간이면 대부분 대기 줄이 길다. 만화 〈미스터 초밥왕〉의 배경이 된 곳이기도 하다.

구글맵 오타루 스시 거리
홈페이지 www.otaru-sushiyadouri.com
가는 방법 JR 오타루역에서 도보 12분, 미야코도리 아케이드 남쪽 끝

⑪ 오타루 삼각시장
小樽三角市場

접근성 좋은 오타루 대표 시장

시장 터가 삼각형 모양이라 삼각시장이라 불린다. 오타루 시내의 여러 시장 중에서도 JR 오타루역 바로 옆에 위치해 접근성이 최고다. 약 10개의 점포가 있으며, 인근 바다에서 잡은 신선한 해산물과 건어물, 농산물 등 식재료를 판매한다. 성게덮밥과 연어알덮밥을 비롯해 제철 해산물을 이용한 요리를 내는 식당도 있다. 시장은 작은데 사람이 엄청나게 많아 통행이 어려울 수 있다.

구글맵 삼각시장
문의 0134 23 2446
운영 06:00~17:00
(식당은 07:00부터)
홈페이지 otaru-sankaku.com
가는 방법 JR 오타루역에서 나와 바로 왼쪽

⑫ 오타루 시청 小樽市役所

영화 〈러브레터〉의 병원 촬영지

이와이 슌지 감독의 〈러브레터〉 촬영지로 알려진 덕분에 지금까지 영화 팬들의 발길이 끊이지 않는 곳이다. 히로코의 아버지가 이송되는 장면을 비롯해 히로코가 병원에 다니던 장면, 나중에 아버지처럼 실려 오는 히로코의 장면 등 여러 장면의 배경으로 등장했다. 병원 복도로 사용된 장소와 괘종시계, 계단 등이 그대로 남아 있어 영화 팬이라면 더욱 의미가 깊은 장소다. 현재는 시청 건물이므로 조용히 둘러봐야 한다.

구글맵 오타루 시청
문의 0134 32 4111
운영 09:00~17:20
가는 방법 JR 오타루역에서 도보 16분

⑬
텐구산 전망대
天狗山屋上展望台

홋카이도 3대 야경 포인트

오타루 야경은 홋카이도 3대 야경 중 하나로 꼽힌다. 오타루 시내, 오타루항, 이시카리만이 함께 펼쳐내는 야경은 마치 보석을 흩뿌려놓은 듯이 아름답다. 오타루 야경을 가장 잘 감상할 수 있는 포인트는 바로 텐구산 전망대다. 이곳에 오르려면 텐구산 로프웨이를 이용해야 한다. 산기슭에서 높이 532m 정상까지 약 4분 만에 도달하는 교통수단이다. 한 번에 최대 30명까지 탑승할 수 있으며, 배차 간격은 보통 12분이지만 성수기에는 6분 간격으로 운행한다. 텐구산 전망대에서 한낮에 보는 푸른 바다와 오타루 풍경도 야경 못지않게 아름답다. 맑은 날에는 멀리 샤코탄반도까지 눈에 들어온다. 오타루 주오 버스 터미널에서 버스 승차와 텐구산 로프웨이 이용 세트권을 저렴하게 판매한다. 〈미슐랭 그린 가이드 재팬〉에서 별 1개를 받은 관광 명소다.

❶
구글맵 텐구산 전망대 **문의** 0134 33 7381 **운영** 09:00~21:00
요금 텐구산 로프웨이(왕복) 일반 1600엔, 초등학생 이하 800엔, 반려동물 300엔, 미취학 아동은 대인 1명당 1명 무료
홈페이지 tenguyama.ckk.chuo-bus.co.jp
가는 방법 JR 오타루역 앞 4번 버스 정류장에서 9번 텐구산 전망대 방향 버스를 타고 종점에서 하차

텐구란?
텐구는 일본 전설에 등장하는 요괴다. 이러한 인연으로 텐구산 전망대에는 이를 테마로 한 다양한 시설물이 설치되어 있다.

❶ 하나나데 텐구상 鼻なで天狗さん
텐구의 긴 코에는 강한 힘이 깃들어 있어 코를 만지면 소원이 이루어진다고 전해진다. 텐구산 전망대 내 텐구관에는 전국 각지에서 모인 텐구 관련 아이템이 전시되어 있다.

❷ 텐구의 나막신 天狗の高下駄
텐구의 나막신을 신으면 재앙을 피하고 좋은 인연을 맺게 된다는 전설이 있다.

❸ 텐구산 신사 小樽天狗山神社
교통 안전, 장사 번창, 학업 성취 등을 관장하는 일본 신화의 신, 사루타히코 오카미를 모시는 신사. 사루타히코는 〈일본서기〉에 코가 길고 눈이 빛나며 붉은 모습으로 묘사되어 텐구의 모티브로 알려져 있다. 밤이 되면 도리이(신사 입구의 기둥 문)와 참배 길에 불이 켜져 더욱 아름다운 풍경을 이룬다.

텐구산 스키장 天狗山スキー場

영화 〈러브레터〉 주인공이 "오겡끼데스까!" 하고 외치던 장면을 촬영한 눈밭이 지금은 스키장이 되었다. 최대 경사 40도인 코스부터 누구나 이용할 수 있는 완만한 코스까지 총 5개 코스가 있다. 성수기에는 오타루 야경을 감상하며 즐기는 야간 스키장도 운영한다.

개장 시기 12~3월

OTARU ZONE 2

사카이마치
堺町

오타루 역사와 디저트, 쇼핑이 있는 거리

상점과 맛집 등이 밀집해 있는 사카이마치 거리는 오타루에서 가장 번화한 거리다. 옛 일본은행 오타루점이 있는 '북쪽의 월가' 방면에서 메르헨 교차로까지 이어지는 약 900m의 일방통행 길로, 양쪽에 늘어선 옛 창고와 상가 건물 등을 점포와 식당으로 활용하고 있다. 유리공예점과 오타루 오르골당, 르타오·롯카테이·기타카로 등 홋카이도의 유명 과자점이 모여 있다. 대부분의 가게가 저녁에는 문을 닫아 낮에 가야 한다.

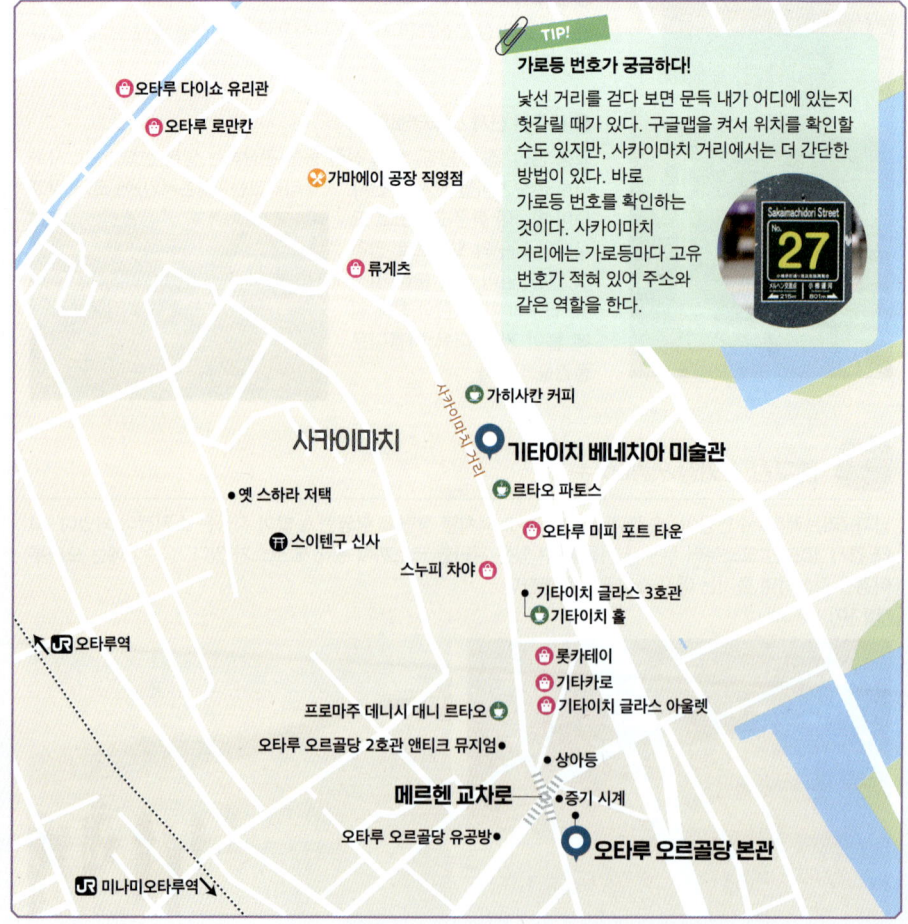

TIP! 가로등 번호가 궁금하다!

낯선 거리를 걷다 보면 문득 내가 어디에 있는지 헷갈릴 때가 있다. 구글맵을 켜서 위치를 확인할 수도 있지만, 사카이마치 거리에서는 더 간단한 방법이 있다. 바로 가로등 번호를 확인하는 것이다. 사카이마치 거리에는 가로등마다 고유 번호가 적혀 있어 주소와 같은 역할을 한다.

ⓞ1 메르헨 교차로
メルヘン交差点

📍
구글맵 Allnight Lamp
문의 0134 32 4111
(오타루시 관광진흥실)
가는 방법 사카이마치 거리 동쪽 끝

사카이마치의 꽃

사카이마치 거리 남쪽 끝에서 가장 유명한 건물인 오타루 오르골당과 르타오 본점 사이에 있는 교차로다. 메르헨 교차로는 애칭이며, 정식 명칭은 사카이마치 교차 혹은 입선 7차로다. 일본에서는 독일어 '메르헨'을 '귀엽고 감성적인, 꿈같은 분위기'를 뜻하는 말로 자주 사용한다. 오타루의 아기자기한 거리 풍경이 마치 동화 속 장면 같아 '메르헨 교차로'라는 애칭이 붙었다. 메르헨 교차로에서는 무려 7개의 작은 길이 교차한다. 사카이마치 거리 동쪽은 바다로, 화물선이 항구로 들어오면서 자연스럽게 상업 지구가 형성되었다. 이러한 과거 모습은 메르헨 교차로 주변을 둘러싼, 창고와 은행으로 사용하던 서양식 근대건축물에서 엿볼 수 있다.

메르헨 교차로의 포토 스폿

상야등 常夜灯

르타오 본점 앞에 있는 석조 등으로, 20세기 초 테미야 항 쪽에 있던 목제 등대를 본떠 만든 것이다. 1997년 메르헨 교차로를 관광지로 정비하면서 설치했으며, 현재는 교차로의 랜드마크이자 포토 스폿으로 사랑받고 있다. 해가 지면 센서가 작동해 자동으로 불이 켜지는데 계절에 따라 달라지는 불빛도 관전 포인트다.

증기 시계 蒸気からくり時計

오타루 오르골당 본관 앞에 있는 증기 시계는 15분마다 하얀 연기와 기적 소리로 시간을 알려 레트로한 분위기를 물씬 풍긴다. 캐나다 밴쿠버 개스타운의 증기 시계를 제작한 레이먼드 샌더스가 1993년에 만들었다. 오타루 감성의 상징적인 요소로, 메르헨 교차로 한쪽에 설치되어 있다.

SPECIAL THEME

오타루를 즐기는 낭만 포인트
오르골 여행

태엽을 돌리면 클래식한 멜로디가 흘러나오는 오르골은 오타루의 또 다른 자랑거리다. 수천 종의 오르골을 갖추고 있는 오타루 오르골당을 다양하게 즐겨보자.

01 PLACE 오타루 오르골당 본관
小樽オルゴール堂 本館

사카이마치 거리의 랜드마크

1915년에 지은 벽돌 건물이다. 갈색 벽돌 외벽, 아치형 창문, 모서리의 코너 스톤 등이 특징이다. 원래는 쌀을 도정해서 판매하던 회사 구쿄세이의 본사 창고였으며 1930년에 개조해 지금은 오타루를 대표하는 관광 명소가 되었다. 내부는 느티나무로 마감하고 높이 9m의 개방감 넘치는 홀에서는 약 2만 5000점의 오르골을 전시·판매하는데 이는 일본 최대 규모다. 오르골은 나무, 유리, 도자기 등 다양한 소재로 만들며 인형, 캐릭터 등 여러 종류의 오르골이 있다. 이곳에서는 오르골의 역사도 배울 수 있어 '오르골 박물관'이라 부를 만하다. 커다란 규모의 공간을 자유롭게 돌아다니며 다양한 오르골을 구경하고 직접 작동해보는 것만으로도 충분히 즐겁다. 하지만 누구나 꼭 하나쯤 구매하게 되는 마법과 같은 매력이 있는 곳이다.

구글맵 오타루 오르골당 본관 **문의** 0134 22 1108
운영 09:00~18:00 **홈페이지** http://www.otaru-orgel.co.jp
가는 방법 메르헨 교차로 바로 앞

02 PLACE 오타루 오르골당 2호관 앤티크 뮤지엄 小樽オルゴール堂 二号館アンティークミュージアム

파이프오르간 연주가 울려 퍼지는 오르골 박물관

역사적 가치가 있는 앤티크 오르골을 소장한 박물관 겸 오르골 숍이다. 실린더 오르골, 디스크 오르골, 인형 안에 설치된 오르골인 오토마타를 비롯해 자동 연주 피아노, 스트리트 오르간 등 다양한 앤티크 오르골과 악기가 전시되어 있다. 특히 1908년에 제작한 영국산 에올리언 파이프오르간이 설치되어 있어 실제 연주를 들을 수 있다. 매시 정각이면 연주자 없이 자동 연주용 페이퍼롤(롤지)을 이용해 약 15분간 연주가 이어진다.

구글맵 오타루 오르골당 2호관 앤티크 뮤지엄
문의 0134 34 3915 **운영** 09:00~18:00
홈페이지 www.otaru-orgel.co.jp/antique-orgel
가는 방법 메르헨 교차로에서 도보 1분

03 PLACE 오타루 오르골당 유공방 小樽オルゴール堂 遊工房

세상에 하나뿐인 나만의 오르골 만들기

오르골 만들기 체험을 중심으로 스테인드글라스, 퓨징, 샌드 블라스트 등 다양한 공예 프로그램을 진행하는 체험관이다. 주어진 재료를 단순 조립하는 프로그램부터 원하는 무브먼트와 장식 소품을 직접 선택해 세상에 하나뿐인 오르골을 만드는 체험까지 프로그램 종류가 다양해 온 가족이 참여할 수 있다. 특히 무브먼트 조립은 오타루점에서만 가능한 특별 체험으로 6개의 부품을 조립해 오르골 무브먼트를 만드는 본격적인 제작 체험 코스다. 태엽용 판 스프링 설치 등 세세한 작업을 하면서 오르골의 구조를 이해하게 된다. 무브먼트 조립 체험은 온라인 또는 전화로 사전 예약해야 한다.

구글맵 오르골 공방 **문의** 0134 21 3101 **운영** 09:00~18:00
요금 오르골 키트 체험 2500엔~, 무브먼트 조립 체험 2970엔~
홈페이지 www.otaru-orgel.co.jp/shop#yukobo
가는 방법 메르헨 교차로에서 도보 1분

SPECIAL THEME

오타루에 가야 하는 또 다른 이유
르타오 대표 매장 겸 카페 4

오타루를 거꾸로 읽어 지은 이름 '르타오'. 명실상부 오타루를 대표하는 제과 회사인 만큼 오타루에만 7개의 매장이 있다. 그중에는 카페와 레스토랑, 바까지 겸하는 곳도 있다.

01 PLACE 르타오 본점 카페
ルタオ本店 小樽

럭셔리한 본점 분위기 그대로

본점 2층에 위치한 고풍스러운 카페다. 파스타와 본점에만 있는 한정 디저트를 판매한다. 갓 만든 홋카이도산 한정 생 더블 프로마주를 비롯해 14종류의 케이크와 본점 한정 홍차를 즐길 수 있다. 이곳에서는 커피보다는 본점에서만 맛볼 수 있는 홍차를 추천한다. 100% 실론티에 스위스산 향을 블렌딩해 특별한 풍미를 자랑하며, 계절마다 2~5가지 향을 새롭게 블렌딩해 선보인다. 생 더블 프로마주와 베네치아 랑데부를 동시에 맛볼 수 있는 '기적의 치즈케이크 세트'가 본점 대표 메뉴다.

구글맵 르타오 본점
문의 0120 31 4521
운영 09:00~18:00(주문 마감 17:30)
예산 기적의 치즈케이크 세트 1500엔
홈페이지 www.letao-brand.jp/shop/letao
가는 방법 메르헨 교차로에 있는 르타오 본점 2층

02 PLACE 르타오 운하 플라자점
ルタオ運河 プラザ店

르타오 스위츠에 칵테일을

오랫동안 관광 안내 센터가 자리했던 오타루 운하 플라자에 2024년 10월 르타오 매장이 오픈했다. 역사적인 목골 석조 창고를 그대로 살려 복고적인 분위기의 건물에 과자점과 함께 르타오 최초의 바를 열었다. 이곳에서만 판매하는 운하 파르페가 대표 메뉴로, 아이스크림 위에 르타오 대표 제품인 프로마주 치즈케이크와 쿠키를 얹어준다. 바에서는 야간 한정 스위츠에 곁들여 마실 수 있는 칵테일을 판매한다.

구글맵 LeTao Canal Plaza Store
문의 0134 64 1001
운영 10:00~22:00(바는 13:00부터)
예산 운하 파르페 750엔, 아이스크림 450엔
홈페이지 www.letao-brand.jp/shop/unga
가는 방법 JR 오타루역에서 오타루 운하 방향으로 도보 10분

03 PLACE 프로마주 데니시 대니 르타오
Fromage Danish Dani LeTAO

즉석에서 구운 프로마주 데니시의 유혹

사카이마치 거리에는 다양한 디저트를 판매하는 상점이 넘쳐나지만, 정작 앉아서 쉴 수 있는 카페는 많지 않다. 2018년에 문을 연 프로마주 데니시 대니 르타오는 사카이마치 거리에서 느긋하게 시간을 보낼 수 있는 카페 중 하나다. 매장에서 직접 구워 따끈하게 내오는 프로마주 애플파이와 프로마주 데니시, 아이스크림 등이 대표 메뉴이며 르타오의 인기 상품도 판매한다.

구글맵 Fromage Danish Dani LeTAO
문의 0120 31 5580
운영 10:00~18:00
예산 프로마주 애플파이 540엔, 프로마주 데니시 378엔
홈페이지 www.letao-brand.jp/shop/daniletao
가는 방법 오타루 오르골당 2호관 앤티크 뮤지엄 바로 옆

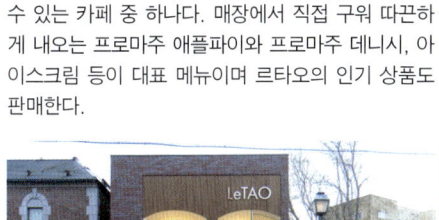

04 PLACE 르타오 파토스
ルタオ パトス

체험형 스위츠와 점심 메뉴까지 가능

사카이마치 거리에 있는 5개의 르타오 매장 중 가장 규모가 크다. 넓은 공간에서 여유롭게 쇼핑할 수 있고, 시식도 많은 편이라 관광객이 즐겨 찾는 매장이다. 1층은 디저트 숍, 2층은 넓은 카페로 운영한다.
1층에서는 르타오 대표 메뉴인 프로마주 치즈케이크와 호두 타르트를 판매하고, 2층에서는 프로마주 치즈케이크와 초콜릿 케이크를 다양한 플레이팅으로 선보여 눈과 입을 즐겁게 한다. 예술 작품을 연상케 하는 익스피어리언스 타입 스위츠 Experience Type Sweets도 있다. 오전 11시부터 오후 2시까지는 도리아, 스파게티 등 식사 메뉴도 가능하며, 케이크와 차 등으로 이루어진 세트 메뉴를 주문하면 더욱 만족스러운 풀코스 식사를 즐길 수 있다.

구글맵 르타오 파토스
문의 0120 31 4521
운영 10:00~18:00
(주문 마감 17:30)
예산 시즈널 더블 플레이트(음료 포함) 2020엔
홈페이지 www.letao-brand.jp/shop/pathos
가는 방법 메르헨 교차로에서 도보 3분

 기타이치 글라스 3호관
北一硝子 三号館

160여 개의 석유램프로 밝히는 카페와 상점

기타이치 글라스 지점 중 가장 유명한 곳으로, 역사적 건축물로 지정된 옛 석조 창고 건물에 들어서 있다. 유리잔과 액세서리 등 다양한 유리 공예품을 판매하며 상품 종류에 따라 일본, 서양, 컨트리로 층이 나누어져 있다. 일본 층에서는 일본풍 문양이 있는 잔과 작은 꽃병 등을 판매하고, 컨트리 층에는 인기 아이템인 석유램프가 있다. 석유램프는 옛 방식대로 등유를 넣어 사용하며, 모두 수작업으로 제작해 같은 디자인이라도 각기 다른 매력을 지닌다. 서양 층에서는 서양식 잔과 그릇 등 식기를 판매한다.

구글맵 기타이치 유리 3호관 **문의** 0134 33 1993 **운영** 09:00~18:00
홈페이지 kitaichiglass.co.jp **가는 방법** 메르헨 교차로에서 북쪽으로 도보 4분

 기타이치 글라스 3호관 내 인기 카페, 기타이치 홀

기타이치 글라스 3호관이 특별히 인기 있는 이유는 건물 안에 들어선 로맨틱한 카페 덕분이다. 전기 대신 석유램프를 사용하는 것으로 유명한데, 본래 기능인 창고 구조 특성상 낮에도 빛이 전혀 들지 않아서 무려 160여 개의 석유 램프만으로 불을 밝힌다. 또한 하루 세 번 라이브 피아노 연주로 한층 로맨틱한 분위기를 살린다. 시그니처 메뉴는 홋카이도 우유에 찻잎을 끓여 만드는 로열 밀크티와 기타이치 특제 밀크티 소프트아이스크림이다. 스펀지케이크와 커피 세트도 인기 있다.

③ 기타이치 글라스 아울렛 北一硝子 アウトレット

특별한 유리 제품을 합리적인 가격에

기타이치 글라스 제품을 구입하고 싶다면 방문해보자. 각 지점에서 팔던 제품을 반품 등의 이유로 저렴하게 판매한다. 유리 식기, 석유램프, 유리공예품 등 제품이 다양한데 아웃렛 특성상 그때그때 제품 구성이 달라진다. 단종된 제품이라도 고객 요청으로 재출시한 제품이나 아웃렛에서만 파는 한정 상품도 있다.

📍
구글맵 Kitaichi Glass Outlet 문의 0134 33 3991
운영 09:00~17:30 홈페이지 kitaichiglass.co.jp/outlet
가는 방법 메르헨 교차로에서 북쪽으로 도보 3분

> **TRAVEL TALK**
>
> **기타이치 글라스의 유래**
>
> 기타이치 글라스는 1901년에 창업해 석유램프 제조로 유명한 유리공예품 전문 판매점으로 오타루 시내에만 무려 18개의 매장이 있습니다. 유리공예가 오타루를 대표하는 공예품이 된 건 19세기에 이루어졌던 어업과 관련이 있어요. 어업에 사용하는 부표(바다 위에 띄우는 표지판)를 유리로 만들고, 불을 밝히기 위해 유리로 된 석유램프를 사용했으니 유리 산업이 번성할 수밖에 없었어요.

④ 기타이치 베네치아 미술관 北一ヴェネツィア美術館

중세 베네치아의 유리공예품을 만나다

유리공예로 유명한 중세 이탈리아 베네치아를 재현한 미술관이다. 1988년에 개관했는데 베네치아에 현존하는 18세기 궁전인 팔라초 그라시를 모델로 건축했다. 내부는 18세기의 다양한 건축양식을 활용했으며 1층 중앙에는 수로와 곤돌라를 전시해 베네치아의 분위기가 느껴진다. 전시실에는 베네치아 대표 거장들이 만든 3000여 점의 유리공예품이 소장되어 있다. 드레스 체험과 카니발 체험도 가능해 특별한 사진 촬영 장소로도 인기 있다.

📍
구글맵 기타이치 베네치아 미술관
문의 0134 33 1717
운영 09:00~17:30
요금 일반 700엔, 고등학생·대학생 500엔, 초등·중학생 350엔
홈페이지 venezia-museum.or.jp
가는 방법 메르헨 교차로에서 북쪽으로 도보 4분

OTARU ZONE 3

오타루 북운하 & 테미야 공원
小樽北運河 & 手宮公園

오타루의 진짜 모습을 간직한 곳

오타루 운하는 본래 기능을 잃은 후 폭을 줄여 산책로로 조성했으나, 관광지에서 살짝 벗어난 북운하는 폭 40m를 유지한 채 원형 그대로 남아 있다. 관광객으로 붐비는 남쪽과 달리 한적한 북운하에서는 가공되지 않은 옛 오타루의 모습을 만날 수 있다. 시간 여유가 있다면 벚꽃 명소인 테미야 공원과 해안가에 자리한 오타루 아쿠아리움을 방문하는 것도 좋다.

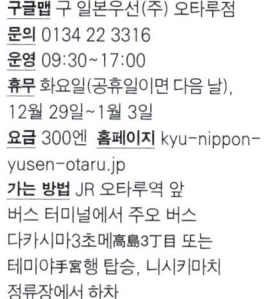

영화 <러브레터>에 나온 계단

01 옛 일본우선 오타루점
旧日本郵船 小樽支店

일본을 대표하는 근대건축물

1906년에 완공한 석조 2층 건물로, 옛 일본우선주식회사 오타루점의 사옥이다. 일본우선은 미츠비시의 핵심적인 해운 회사로, 오타루점은 내부가 영빈관처럼 호화롭다. 유명 일본 건축가 사타치 시치지로가 근대 유럽 르네상스 양식으로 설계했다. 내부는 건축 당시의 모습으로 복원해 그 시절의 화려함이 엿보인다. 당시 해운업을 중심으로 한 오타루의 발전 과정과 일본우선의 역사를 다룬 자료가 전시되어 있다. 1969년 일본 국가 중요문화재로 지정되었으며, 영화 <러브레터>에서는 여주인공이 근무하는 도서관으로 등장했다.

구글맵 구 일본우선(주) 오타루점
문의 0134 22 3316
운영 09:30~17:00
휴무 화요일(공휴일이면 다음 날), 12월 29일~1월 3일
요금 300엔 **홈페이지** kyu-nippon-yusen-otaru.jp
가는 방법 JR 오타루역 앞 버스 터미널에서 주오 버스 다카시마3초메高島3丁目 또는 테미야手宮행 탑승, 니시카마치 정류장에서 하차

운하 공원 運河公園

아름다운 분수와 옛 석조 창고를 활용한 공원

북운하를 따라 조성한 약 7800m² 규모의 공원이다. 메이지·다이쇼 시대의 석조 창고를 활용한 놀이터 동과 휴식동이 있으며, 중앙에는 아름다운 분수가 자리하고 있다. 평소에는 조용한 분위기이지만 여름철에 분수가 가동되면 물놀이를 즐기는 아이들로 붐빈다.

02 오타루시 종합박물관 본관
小樽市総合博物館 本館

구글맵 오타루 시 종합박물관
문의 0134 33 2523
운영 09:30~17:00
휴무 화요일(공휴일이면 다음 날),
12월 29일~1월 3일
요금 일반 400엔(동절기 300엔),
고등학생 200엔, 중학생 이하 무료
홈페이지 www.city.otaru.lg.jp/
docs/2020111400092
가는 방법 JR 오타루역 앞에서 주오
버스 다카시마3초메 또는 테미야행
탑승, 종합박물관 정류장에서 하차

철도 애호가들의 성지

종합박물관이라고 하지만 철도 박물관에 가깝다. 과거 미나미오타루역을 지나 삿포로까지 가는 철도의 종착역이 있던 곳에 자리한 박물관으로, 당시 역사를 말해주듯 1층 로비에 증기기관차 시즈카호가 자리 잡고 있다. 내부에는 홋카이도를 대표하는 50량의 철도 차량을 보존, 전시해 홋카이도 철도의 역사를 소개한다. 야외에는 복원된 '기관차고 3호'를 포함해 중요문화재로 지정된 '구 테미야 철도 시설'도 있다. 여름철이면 1909년 미국에서 제작한 증기기관차 SL 아이언 호스호를 운행하기도 한다.
한편 오타루시 청소년과학기술관 기능을 통합해 체험을 통해 과학을 접할 수 있는 전시실을 마련했다. 박물관이 옛 테미야선 기찻길 북단과 연결되어 있어 함께 돌아보기 좋다.

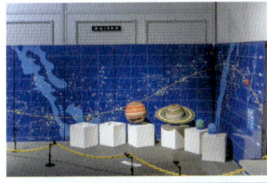

실내보다 볼거리 많은 야외 시설

테미야역
유일하게 현존하는 옛 테미야선 기차역이다. 역사와 선로, 플랫폼이 남아 있으며 선로 위에서 자유롭게 사진 촬영을 할 수 있다.

기관차고 3호와 전차대
일본의 국가 중요문화재로, 여름철에 운행하는 아이언 호스호가 실제로 사용한다. 메이지 · 다이쇼 시대에 건설한 철도 시설로 철도 애호가들에게 인기 있다.

03

다나카 주조 본점 田中酒造 本店

오타루 대표 술 10가지 무료 시음

다나카 주조는 1899년에 창업해 4대째 이어오는 홋카이도의 대표적인 양조장이다. 쌀을 비롯해 홋카이도산 재료만 사용해 소량으로 술을 빚고 오타루 내에서만 판매한다. 대표 상품인 다카라가와, 매실주 등 다양한 술과 아마자케(일본식 식혜)를 선보이며 상시 10~15종류의 시음이 가능하다. 이 외에 조미료, 과실 리큐어 오타루미인 시리즈, 본점 한정 술 '준마이 시보리타테 원주'도 판매한다. 본점은 오타루시 역사적 건축물로 지정된 건물에 자리한다. 1927년에 지은 2층 목조건물로, 쇼와 시대 초기 모습으로 복원했다. 내부에 당시의 낡은 간판과 장부 등을 전시해 옛 분위기가 풍긴다.

구글맵 다나카 주조 본점 **문의** 0134 23 0390
운영 09:05~17:55 **홈페이지** tanakashuzo.com
가는 방법 JR 오타루역에서 도보 10분

 양조장 견학과 원주 시음까지 무료로!

다나카 주조 깃코구라 田中酒造 亀甲蔵

홋카이도는 추운 겨울 덕분에 1년 내내 양조가 가능하다. 다나카 주조 깃코구라는 다나카 주조의 양조장으로 본점에서 남쪽으로 2.4km 떨어져 있으며, 무료 견학 프로그램을 진행한다. 견학은 약 15~30분 동안 이어지며, 술 만드는 과정에서 술을 젓는 모습 등 다양한 양조 공정을 가까이에서 볼 수 있다. 견학 후에는 약 10종류의 일본 술과 리큐어, 그리고 이곳에서만 맛볼 수 있는 귀한 원주도 시음 가능하다. 술을 마시지 못하는 방문객에게는 검은콩차나 아마자케를 제공한다. 이 양조장은 1905년에 건축해 오타루시 역사적 건축물로 지정된 옛 석조 창고에 자리해 역사적 가치를 더한다. 10명 이상인 경우에만 견학이 가능하며 사전 예약이 필수다.

문의 0134 23 0390 **운영** 09:05~17:30

④ 테미야 공원
手宮公園

오타루항이 내려다보이는 벚꽃 명소

오타루 시내의 야트막한 산에 자리한 공원으로 봄이면 약 650그루의 왕벚꽃나무에서 벚꽃이 만개하는 벚꽃 명소다. 벚꽃 너머로 보이는 오타루항과 오타루 거리의 경치는 마치 그림 같다. 테미야 공원 안에서도 특히 테미야 녹화 식물원手宮綠化植物園을 중심으로 아름다운 풍경을 이룬다. 1983년에 개원한 이 식물원은 일본정원, 벚꽃원, 수생식물원, 진달래원 등으로 구성되어 있으며 무료입장이 미안할 정도로 잘 꾸며 놓았다. 공원 내 산책길은 영화 〈러브레터〉 촬영지로, 두 이츠키가 자전거를 타고 가다가 남자 이츠키가 여자 이츠키의 머리에 종이 봉투를 씌워주는 장면을 촬영한 곳이다.

구글맵 테미야 공원 **문의** 0134 32 4111
운영 테미야 녹화 식물원 4월 29일~11월 3일 10:00~17:00
가는 방법 JR 오타루역 앞에서 주오 버스 다카시마3초메高島3丁目 또는 테미야手宮행 탑승, 테미야 정류장에서 하차 후 도보 13분

05

격려의 비탈길
励ましの坂

응원이 필요한 언덕

테미야 버스 정류장에서 스에히로 중학교까지 904m 거리는 최대 경사 24도인 가파른 비탈길이다. 자동차로는 금방 가지만 걸어가면 20분이나 걸리며 눈 내리는 겨울에는 오르기가 더 힘들다. 이러한 이유로 '격려의 비탈길'이라는 이름이 붙었다. 하지만 힘들게 올라가면 산 정상에 오른 듯한 성취감이 느껴지고, 길게 뻗은 도로와 오타루 시내의 멋진 전경이 바라다보인다. 테미야 공원 가는 길에 위치해 있으니 올라갈 때는 택시를 타고, 내려올 때는 천천히 걸으면서 경치를 즐겨보는 것도 좋다.

구글맵 Encouragement Slope
가는 방법 JR 오타루역 앞에서 다카시마3초메高島3丁目 또는 테미야手宮행 탑승, 테미야 정류장에서 하차 후 도보 7분

06

린유 아침 시장
鱗友朝市

📍
구글맵 린유 아사이치
문의 0134 22 0257
운영 04:00~14:00 **휴무** 일요일
가는 방법 JR 오타루역 앞에서 주오 버스 다카시마3초메高島3丁目 또는 테미야手宮행 탑승, 테미야 정류장에서 하차 후 도보 3분

현지인이 즐겨 찾는 시장

JR 오타루역 앞 삼각시장이 관광객을 위한 시장이라면, 린유 아침 시장은 오타루 현지인을 위한 시장이다. 생선 가게와 건어물 가게, 식당 등 상점이 12곳에 불과할 정도로 소규모지만 저렴한 가격과 알찬 구성으로 인기를 끌고 있다. 오타루 인근 바다에서 갓 잡은 해산물을 비롯해 계절마다 바뀌는 홋카이도산 채소와 과일, 다양한 반찬을 판매한다. 어시장 내에 있는 식당이 가성비 좋기로 유명해 인기 품목은 조기에 매진될 수 있으니 가능하면 일찍 가는 것이 좋다. 시장 내 식당에서 밥만 주문하고, 시장에서 구입한 해산물로 셀프 해산물덮밥을 만들어 먹는 것도 가능하다.

Another Trip

청어잡이로 번성했던 지역
오타루 슈쿠츠

슈쿠츠는 오타루 항구 북쪽, 니세코-샤코탄-오타루 해안 국정공원 내 작은 반도 지형에 위치한 동네다. 오타루 아쿠아리움을 중심으로, 파노라마 전망대와 함께 어촌 마을의 옛 모습이 그대로 남아 있다.
가는 방법 JR 오타루역에서 수족관 방면 10·11번 버스 탑승, 오타루스이조쿠칸おたる水族館(오타루 아쿠아리움) 정류장에서 하차

TRIP 01
탁 트인 동해 풍경
슈쿠츠 파노라마 전망대 祝津パノラマ展望台

동해를 향해 북·동·서 세 방향의 풍경이 파노라마처럼 펼쳐지는, 오타루시 북동쪽 끝 해발 70m에 자리한 전망대다. 왼쪽으로는 아카 방향의 거친 절벽이, 오른쪽으로는 오타루 아쿠아리움과 히요리야마 등대가 있다. 일몰과 일출 모두 감상할 수 있으며, 4월 하순부터 8월 하순까지 석양이 특히 아름답기로 유명하다.

구글맵 슈큐츠 파노라마 전망대
문의 0134 32 4111
홈페이지 otaru-hokkaido.com/shukutsupanoramatembodai
가는 방법 오타루스이조쿠칸 정류장에서 도보 15분

슈쿠츠 파노라마 전망대

오타루 아쿠아리움

TRIP 02
동해를 바라보며 돌고래 쇼 관람
오타루 아쿠아리움 おたる水族館

홋카이도를 대표하는 대형 아쿠아리움으로, 동해를 바라보며 자리해 잊을 수 없는 풍경을 선사한다. 70개가 넘는 크고 작은 수족관에는 250종의 해양 생물 5000마리 이상이 살고 있다. 돌고래 쇼와 바다사자에게 먹이 주기 등 다양한 이벤트로 지루할 틈이 없다. 특히 관람객 앞을 힘차게 걸어가는 펭귄들의 행진은 꼭 봐야 할 장관이다.

구글맵 오타루 아쿠아리움
문의 0134 33 1400 **운영** 09:00~16:00
휴무 11월 말~12월 중순, 2월 말~3월 중순
요금 겨울 시즌 일반 1300엔, 6~15세 500엔 / 그 외 일반 1800엔, 6~15세 700엔
홈페이지 otaru-aq.jp
가는 방법 오타루스이조쿠칸 정류장에서 도보 2분
※운영 시간과 휴무일은 계절에 따라 달라지니 홈페이지 확인 필수

TRIP 03 — 청어잡이 생활상을 전시한 고택
오타루 니신고텐 鰊御殿

니신고텐은 '청어 어장 저택'이란 뜻으로, 1897년 샤코탄 지역에 지은 건물을 1958년에 이축한 것이다. 홋카이도 주택으로는 최초로 홋카이도 유형문화재로 지정되었다. 청어잡이에 사용하던 도구와 생활용품이 전시되어 있고, 당시 작업 방식과 생활을 체험해볼 수 있는 프로그램도 진행한다. 건물 앞에서 내려다보는 풍경도 아름답다.

구글맵 오타루 니신고텐 **문의** 0134 22 1038
운영 09:00~16:00
요금 일반 300엔, 고등학생 150엔, 중학생 이하 무료
홈페이지 www.city.otaru.lg.jp/docs/2020100900596
가는 방법 오타루스이조쿠칸 정류장에서 도보 7분

TRIP 04 — 어업의 번성을 엿볼 수 있는 호화 미술 대저택
오타루 귀빈관(옛 아오야마 별저)
小樽貴賓館 旧青山別邸

19~20세기에 청어 어업으로 엄청난 부를 축적해 '청어 부자'라 불리던 아오야마 가문이 있었다. 이 가문의 3대손인 마사에가 17세 때 야마가타현 사카타시에 있는 혼마 저택을 보고 영감을 받아 이 저택을 완성했다. 약 5000㎡ 부지에 건평 630㎡ 규모의 2층짜리 목조건물로, 다다미방이 18실이나 되는 화려하고 아름다운 저택이다. 2010년에 일본 국가유형문화재로 등록되었다. 안뜰에는 모란, 작약, 벚꽃, 매화, 수국 등이 피어나는데, 특히 수국철인 7월 초부터 8월 초까지 방문객이 많다. 현재 레스토랑으로 사용하는 오타루 귀빈관이 들어서 있으며, 특히 1층에 있는 홋카이도 출신 화가들이 그린 화려한 천장화가 볼만하다.

구글맵 Old Aoyama Villa (Herring Palace) **문의** 0134 24 0024 **운영** 09:00~17:00(11~3월은 16:00까지)
휴무 1월 1~7일 **요금** 일반 1300엔, 초등학생 650엔 **홈페이지** www.otaru-kihinkan.jp
가는 방법 JR 오타루역 버스 터미널에서 주오 버스 오타루 아쿠아리움행 탑승, 오타루키힌칸小樽貴賓館 정류장에서 하차

입안 가득 신선함 담은
오타루 인기 맛집

나루토 본점 若鶏時代なると本店

위치 JR 오타루역 근처　**주메뉴** 닭튀김
😊 → 바삭한 튀김옷, 중독성 있는 짠맛

무려 70년 이상 이어온 오타루 대표 맛집이다. 콩기름으로 튀겨 바삭한 식감을 자랑하는 닭튀김을 맛볼 수 있다. 대표 메뉴는 어린 닭 반 마리를 통째로 튀긴 영계튀김으로 홋카이도 대표 명물인 잔기와 함께 인기가 높다. 잔기는 닭고기에 간장과 생강으로 밑간을 한 뒤 밀가루와 녹말을 입혀 튀긴 홋카이도식 닭튀김이다. 영계튀김은 닭을 반으로 갈라 양념에 재운 뒤 황금색이 될 때까지 저온에서 뭉근히 튀겨내 겉은 바삭, 속은 촉촉하다. 우리나라의 옛날 통닭과 비슷하다. 바삭한 튀김옷과 중독성 있는 짠맛이 특징이나 맥주 안주로 먹기에도 많이 짠 편이라 밥이 포함된 정식으로 주문하는 게 좋다.

구글맵 나루토 본점　**운영** 11:00~21:00
예산 영계튀김 1080엔, 잔기(5개) 800엔　**홈페이지** otaru-naruto.jp
가는 방법 JR 오타루역에서 도보 7분

스시 마루야마 鮨まるやま

위치 오타루 스시 거리　**주메뉴** 스시
😊 → 가성비 좋은 맛집　✅ → 좁은 실내

훌륭한 스시를 저렴한 가격에 먹을 수 있어 한 번 가보면 반드시 다시 간다는 평을 받는 숨은 맛집이다. 두툼한 생선회가 올라간 스시는 신선하고 풍미가 뛰어나며, 가장 저렴한 메뉴를 선택해도 맛이 보장된다. 특히 그날 가장 싱싱한 생선을 선보이는 오마카세 스시는 15피스를 한 번에 내오지만 맛은 충분히 만족스럽다. 스시에 곁들이기 좋은 삿포로 클래식 생맥주가 유독 맛있기로도 유명하다.

구글맵 스시마루야마　**문의** 0134 25 6625　**운영** 11:00~15:00, 17:00~21:00(주문 마감 20:30)
예산 텐구 니기리 스시(8피스) 1650엔, 오마카세 스시(15피스) 5000엔　**가는 방법** 오타루 운하에서 도보 8분

와규 쿠로사와 본점 和牛黒澤本店

위치 오타루 운하 근처　**주메뉴** 규카츠

😊 → 직접 불에 구워 먹는 규카츠　😐 → 비싼 가격

스키야키, 스테이크, 규카츠를 내는 고급 식당이다. 다양한 소고기를 취급하는데 같은 메뉴라도 어떤 소고기를 선택하느냐에 따라 가격이 두 배까지 차이가 난다. 가장 비싼 고기는 일본에서 최고급으로 평가받는 고베규이며, 그다음은 홋카이도 시라오이규, 와규 순이다. 가장 저렴한 와규를 선택해도 만족도가 높아 부담 없이 즐길 수 있다. 규카츠는 한 번 튀겨 나온 것을 화로에서 구워 소스에 찍어 먹는다. 겨울철에는 대게와 소고기가 함께 나오는 스키야키 메뉴도 있다. 본점 외에 JR 오타루역, 사카이마치 거리 등 오타루 곳곳에 6개의 지점이 있어 접근성이 좋다.

구글맵 와규 쿠로사와 본점
문의 0134 64 5707
운영 11:00~21:00(주문 마감 20:00)
휴무 연말연시
예산 홋카이도 규카츠 세트 2420엔, 와규 스테이크 세트 9900엔
홈페이지 wagyu-kurosawa.com/honten
가는 방법 오타루 운하에서 도보 6분

야부한 소바 小樽蕎麦屋 籔半

위치 JR 오타루역 근처　**주메뉴** 메밀국수

😊 → 감칠맛 나는 깊은 국물　😐 → 매우 긴 대기 줄

1954년에 문을 연 이래 3대째 전통을 이어가는 메밀국수집이다. 역사적 건물을 리모델링해 고급 료칸 같은 고풍스러운 인테리어가 돋보인다. 오랫동안 오타루 운하 지킴이로서 사회적 역할을 해온 창업주의 지역 식재료에 대한 애정이 남달라 재료는 대부분 오타루산을 사용한다. 대표 메뉴인 메밀 온소바는 건더기 없는 소박한 모습이지만 메밀 향 가득한 면발과 함께 가다랑어 포, 고등어 포 등으로 맛을 낸 국물이 일품이다. 스페셜 메뉴는 1~3월에만 맛볼 수 있는 청어를 소바 위에 올린 니신 소바다. 주말과 공휴일 낮 시간대를 제외하면 예약이 가능하다 (1인당 예약 수수료 500엔).

구글맵 야부한 소바　**문의** 0134 33 1212
운영 11:15~14:30, 17:00~20:00
휴무 화·수요일, 1월 1~4일
예산 채소튀김 소바 1920엔, 니신 소바 1650엔
홈페이지 yabuhan.co.jp/en
가는 방법 JR 오타루역에서 도보 6분

아지도코로 타케다 味処たけだ

위치 JR 오타루역 근처　**주메뉴** 가이센동
😊 → 활기찬 시장 분위기
☹ → 신용카드 사용 불가, 긴 대기 줄

삼각시장 한가운데 자리한 해산물 전문 식당으로, 신선하고 맛있는 해산물 요리를 낸다. 대표 메뉴는 가이센동. 게, 성게, 연어알, 단새우, 연어, 가리비 등 다양한 조합으로 즐길 수 있으며, 그중 성게알, 게, 연어알로만 이루어진 삼색 덮밥三色#이 가장 인기 있다. 가리비 버터 구이, 은대구 된장 구이, 생대구알 버터 구이 등 일품요리도 다양하다. 늘 대기 줄이 길게 늘어서 있으나, 휴대폰으로 시간 확인이 가능한 대기 표를 주기 때문에 기다리는 동안 시장 구경을 할 수 있어 지루하지 않다.

구글맵 아지도코로 타케다　**문의** 0134 22 9652
운영 09:00~19:00
예산 삼색 덮밥 3800엔
홈페이지 otaru-takeda.com
가는 방법 JR 오타루역에서 도보 3분

빗쿠리돈키(오타루 운하점)
びっくりドンキー(小樽運河店)

위치 오타루 운하 창고군　**주메뉴** 햄버그스테이크
😊 → 오타루 운하 창고군에 자리해 독특한 분위기

빗쿠리돈키는 일본의 흔한 프랜차이즈 음식점으로, 1968년 이와테현 모리오카시에서 처음 문을 열어 합리적인 가격에 햄버그스테이크를 파는 패밀리 레스토랑이다. 옛 오타루 운하 창고군에 자리한 오타루 운하점은 독특한 분위기 덕분에 인기가 많다. 대표 메뉴는 햄버그스테이크와 샐러드, 밥이 한 접시에 나오는 햄버그스테이크 라이스. 햄버그스테이크에 치즈, 달걀, 파인애플 등을 올리는 식으로 변화를 준 메뉴도 있다. 특히 밤에 가면 오타루 운하의 야경을 감상하며 더욱 특별한 정취를 느낄 수 있다.

구글맵 빗쿠리돈키 오타루 운하점　**문의** 0134 21 2227
운영 08:00~24:00(주문 마감 23:30)
예산 레귤러 버그 플레이트(중) 950엔, 치즈 버그 플레이트(중) 1130엔　**홈페이지** www.bikkuri-donkey.com/ko　**가는 방법** 오타루 운하에서 도보 3분

아오츠카 民宿 青塚食堂

위치 슈쿠츠　**주메뉴** 해산물 요리
- 😊 → 숯불에서 구워주는 해산물 요리
- 😟 → 현금 결제만 가능

가게 입구에서 숯불에 청어를 굽는 모습이 인상적이다. 이 식당에서 먹기 위해 슈쿠츠에 오는 사람이 있을 정도인데, 청어구이와 조개구이, 해산물 정식으로 유명하다. 대표 메뉴는 단연 특대 청어구이 정식. 숯불에 구운 약 30cm 크기의 청어는 껍질이 바삭하고 속살은 포슬포슬한 식감이 일품이다. 숯불에 구워내는 홋카이도산 북방조개(홋키가이)와 가리비구이도 인기 있다. 특히 가리비는 지름이 20cm가 넘으며 부드럽고 단맛이 풍부하다. 튀긴 홋케(임연수어)를 양념해 밥 위에 올려내는 하나우오동花魚#은 가격 대비 만족도가 높다.

구글맵 아오츠카　**문의** 0134 22 8034
운영 10:00~21:00(주문 마감 19:00)
예산 특대 청어구이 정식 1650엔
홈페이지 www.aotsuka.com
가는 방법 오타루 아쿠아리움에서 도보 5분

가마에이 공장 직영점
かま栄 工場直売店

위치 사카이마치 거리 초입　**주메뉴** 어묵
- 😊 → 갓 튀겨낸 오타루 대표 어묵
- 😟 → 항상 붐벼 계산이 오래 걸림

가마에이는 1905년에 창업해 100년 이상 된 어묵 브랜드로, 공장 직영점인 오타루 본점에서는 갓 튀겨낸 따끈따끈한 어묵을 그 자리에서 맛볼 수 있다. 오직 홋카이도에만 있다 보니 일본인도 홋카이도에 오면 반드시 구매하는 특산품이다. 앉아서 먹을 수 있도록 테이블이 있고 음료와 아이스크림, 핫도그, 샌드위치 등을 파는 카페도 운영한다. 가장 인기 있는 어묵은 기본 맛에 충실한 히라텐이고 2위는 어묵을 식빵으로 말아서 튀긴 빵 롤로, 빵의 부드러운 맛과 어묵의 감칠맛이 어우러진다. 무료로 어묵 공장 견학도 가능하다.

구글맵 카마에이 어묵공장　**문의** 0134 25 5802
운영 09:00~19:00
예산 히라텐 226엔, 빵 롤 237엔, 에비마루텐 248엔
홈페이지 kamaei.co.jp
가는 방법 오타루 운하에서 도보 5분

오타루 맥주 양조장 오타루 창고 No.1
小樽ビール醸造所 小樽倉庫 No.1

위치 오타루 운하 창고군 **주메뉴** 수제 맥주
😊 → 독일 비어 펍을 재현한 분위기 ☹ → 긴 대기 줄

오타루 맥주 양조장에서 운영하는 맥주집으로, 고풍스러운 오타루 운하 창고군에 자리해 있다. 독일 비어 펍 분위기에 중앙에는 맥주 양조 설비가 자리해 독특한 풍경을 이룬다. '맥주는 물, 맥아, 홉으로만 만들어야 한다'는 독일의 맥주 순수령을 따라 맥주를 양조하며, 이를 위해 독일 브루어리 엔지니어 요하네스 브라운이 맥아와 홉 조달부터 양조 지도까지 맡아 독일 맥주와 똑같은 맛을 구현하고자 노력한다. 운하 풍경을 감상하며 맥주를 즐기기 좋은 곳이며, 매주 목요일과 토요일은 '프로스트의 날'로 2200엔을 내면 맥주를 무제한으로 마실 수 있다.

구글맵 오타루맥주양조장 오타루창고 No.1 **문의** 0134 21 2323
운영 11:00~23:00
예산 레귤러 비어(중) 671엔, 라들러(중) 517엔
홈페이지 otarubeer.com

PICK!
오타루 맥주 양조장 투어

오타루 맥주 제조 과정을 직접 눈으로 보는 견학 프로그램을 운영한다. 가이드와 함께 하는 투어에서는 맥주 양조에 사용하는 맥아를 맛보고 맥주 양조 시설과 발효 탱크 안을 살펴보며, 발효되기 전 맥즙 시음도 가능하다. 개별적으로도 돌아볼 수 있지만 시음은 제외된다.

소요 시간 20분 **운영** 11:00~17:40 **요금** 무료

감성 도시에서 누리는 여유
카페 & 간식

프레스 카페 PRESS CAFÉ

위치 오타루 운하 북쪽　**주메뉴** 커피와 식사
😊 → 영화 세트 같은 레트로풍　✓ → 현금 결제만 가능

관광지에서 조금 떨어진 오타루 북운하의 오래된 창고에 자리해 레트로 분위기가 인상적인 카페 겸 식당이다. 내부에는 실제 클래식 카와 오래된 소품이 곳곳에 놓여 있어 영화 세트 같은 분위기이며 낮은 조도의 조명으로 아늑한 느낌을 더한다. 합리적인 가격의 케이크·음료 세트가 있고, 오후 3시까지는 정가보다 저렴하게 파는 런치 메뉴도 있다. 다만 커피 향보다는 카레 향이 진하게 풍겨 커피를 즐기기에는 아쉽다.

구글맵 프레스 카페
문의 0134 24 8028
운영 11:30~21:00(주문 마감 20:30)
휴무 목·금요일
예산 케이크·음료 세트 720~830엔, 런치 메뉴 1200~1400엔
인스타그램 @presscafe
가는 방법 오타루 운하 주오 다리에서 북쪽으로 도보 9분

가히사칸 커피(오타루점) 可否茶館(小樽店)

위치 사카이마치 거리 중간　**주메뉴** 커피
😊 → 로스팅도 직접 하는 카페

가히사칸 커피는 1971년 삿포로에서 출발했으며, 원두를 제공하는 로스팅 공장은 오타루 사카이마치 거리에 있다. 본점은 삿포로에 있지만 갓 볶은 원두를 만날 수 있는 곳은 바로 오타루점이다. 2003년에 문을 연 가히사칸 커피 오타루점은 대형 제조 설비를 갖춘 2층 건물로 로스팅 공간과 원두 판매 코너, 카페가 들어서 있다. 원두는 100g 단위로 판매해 원하는 만큼 구입할 수 있고, 드립백도 판매한다. 원두 판매 코너에서는 시음(1종류)도 가능하다. 음료를 리필할 경우 50% 할인된다.

구글맵 가히사칸 커피
문의 0134 24 0000
운영 10:00~17:00
예산 블렌드 커피 660엔
홈페이지 kamaei.co.jp

아마토우(본점) あまとう(本店)

위치 JR 오타루역 근처　**주메뉴** 디저트, 아이스크림
- → 100년 역사의 전통 디저트 전문점
- → 혼잡한 시간대에는 1시간 이용 제한

미야코 거리 상점가에 위치한 100년 역사의 일본 전통 디저트 가게 겸 베이커리. 르타오가 생기기 이전 오타루를 대표하는 제과 브랜드였다. 1층은 베이커리로 케이크와 구움 과자 등 다양한 스위츠를 판매한다. 2층은 카페로 벨벳 소파와 낮은 천장, 클래식한 조명의 쇼와 레트로 인테리어가 돋보인다. 가장 인기 있는 메뉴는 단연 크림 젠자이다. 바닐라 소프트크림 위에 통팥 앙금과 네모난 찹쌀떡을 올린 것으로 단맛, 고소함, 쫀득함이 잘 어우러진다. 여기에 간장을 넣어 짭조름한 맛이 더해진 쇼유 크림 젠자이(단팥죽)도 별미다. 이 외에 딸기 소다, 케이크 세트, 초콜릿 파르페, 안미츠 등도 있다.

구글맵 아마토우　**문의** 0134 22 3942
운영 10:00~18:30　**휴무** 수·목요일　**예산** 크림 젠자이 800엔
홈페이지 otaru-amato.com　**가는 방법** JR 오타루역에서 도보 6분

쿠와타야(오타루 본점)
桑田屋(小樽本店)

위치 오타루 운하 근처
주메뉴 오타루 명물 판주
- → 한 입 크기의 다양한 판주

오타루 역사 건축물로 지정된 옛 미츠비시은행 오타루점은 1922년 그리스 로마풍으로 지은 건물로, 현재는 오타루 운하 버스 터미널이 들어서 있다. 이곳 1층에 오타루 명물 만주인 '판주'로 유명한 쿠와타야 오타루 본점이 입점해 있다. 판주는 한 입 크기의 즉석 만주로, 다양한 맛의 소가 가득 들어 있어 골라 먹는 재미가 있다. 베스트셀러는 팥소, 검은깨, 밤 등을 넣은 것이지만 말차, 초콜릿, 캐러멜, 커스터드, 사과 등을 넣은 것도 모두 맛있다. 널찍한 공간에 테이블이 넉넉히 놓여 있어 관광 후 휴식을 취하기 좋다. 판주 3종 세트와 커피(혹은 홍차)가 가성비가 좋아 많은 이들이 찾는 인기 메뉴다.

구글맵 쿠와타야　**문의** 0134 34 3840　**운영** 4월 25일~11월 3일 10:00~18:00, 11월 4일~4월 24일 09:00~17:00
휴무 화요일　**예산** 판주 3종 세트와 커피(혹은 홍차) 650엔, 판주 개당 120엔　**홈페이지** kuwataya.jp
가는 방법 오타루 운하 건너편 오타루 운하 버스 터미널 1층

눈·입·귀가 즐거운 사카이마치 거리
오타루 쇼핑

▶ 쇼핑 스폿 위치는 지도 참고 P.152

기타카로(오타루 본관)
北菓楼(小樽本館)

위치 사카이마치 거리
유형 제과점
특징 기타카로 바움쿠헨의 탄생지

'과자의 거리'가 있을 정도로 디저트로 유명한 도시 스나가와시에서 1991년에 탄생한 기타카로는 홋카이도 3대 과자 중 하나로 사랑받고 있다. 오타루와 삿포로 등지에 6개의 지점이 있으며 그중 사카이마치 거리에 있는 오타루 본관은 옛 석조 창고에 자리해 건물 자체가 독특한 분위기를 자랑한다. 인테리어는 현대적 분위기와 전통이 결합되어 있다. 기타카로의 대표 상품인 '바움쿠헨 요정의 숲'은 오타루 본관 개점을 기념해 만든 제품이다. 오타루 본관에서는 소프트크림과 음료가 포함된 바움쿠헨 세트가 인기 있다. 그 외에 기타카로의 대표 제품인 쌀과자 오카키와 퍼프 슈, 소프트아이스크림도 많이 팔린다.

구글맵 키타카로 오타루 본관 **문의** 0134 31 3464 **운영** 10:00~18:00
예산 소프트아이스크림 450엔, 기타노유메돔(퍼프 슈) 324엔
홈페이지 www.kitakaro.com/ext/tenpo/otaru.html

롯카테이 (오타루 운하점)
六花亭 (小樽運河店)

위치 사카이마치 거리 **유형** 제과점
특징 홋카이도 3대 제과점 중 하나

홋카이도 오비히로시에 본점이 있는 홋카이도 3대 제과점 중 하나인 롯카테이. 삿포로와 마찬가지로 인기가 많아 어느 지점이든 북적인다. 특히 오타루 운하점은 고풍스러운 옛 석조 창고에 자리해 독특한 분위기를 자랑한다. 1층에서는 롯카테이 베스트셀러인 마루세이 버터샌드를 비롯해 다양한 구움 과자를 팔고, 2층에는 카페와 간단한 디저트를 먹을 수 있는 공간이 있다. 마루세이 아이스샌드, 치즈샌드, 슈 등은 2층에서만 파는데 120엔을 추가하면 테이블에 앉아 커피와 함께 즐길 수 있다. 아이스크림은 진한 우유 맛과 깔끔한 뒷맛으로 과자 못지않게 인기가 많다.

구글맵 롯카테이 오타루 운하점 **문의** 0120 12 6666 **운영** 10:00~18:00
홈페이지 www.rokkatei.co.jp

류게츠 (오타루토점)
柳月 (オタルト店)

위치 사카이마치 거리 **유형** 제과점
특징 오타루 한정 상품

류게츠는 홋카이도를 대표하는 과자 브랜드 중 하나로, 롯카테이와 마찬가지로 오비히로시에 본점이 있다. 공항 면세품으로 인기가 많은 앙버터샌드가 바로 이 회사 제품이다. 가장 유명한 제품은 바움쿠헨을 장작처럼 잘라 초콜릿을 입힌 과자로, 제27회 세계 과자 콩쿠르 '몽드 셀렉션'에서 금상을 수상했다.

1층에서는 오타루 지점에서만 판매하는 타르트 과자 오타루토를 비롯해 류게츠의 인기 있는 선물용 과자를 판매한다. 1층 안쪽에는 아이스크림과 커피를 파는 카페가 있어 쉬었다 가기 좋고, 2층은 자사 제품을 홍보하는 박물관인데 시간이 있다면 함께 둘러보기 좋다.

구글맵 류게츠 오타루토점 **문의** 0134 64 5222 **운영** 09:30~17:30
예산 아이스크림 350엔 **홈페이지** www.ryugetsu.co.jp

오타루 미피 포트 타운
小樽 MIFFY PORT TOWN

위치 사카이마치 거리 **유형** 캐릭터 숍
특징 선물용으로 좋은 미피 캐릭터 상품과 간식

네덜란드를 대표하는 캐릭터 미피를 주제로 다양한 캐릭터 상품과 간식, 일본 전통 잡화 등을 파는 캐릭터 숍이다. 미피 인형은 물론 식기, 에코백, 파우치 등 미피와 관련한 다양한 제품을 판매해 미피 팬이라면 그냥 지나치기 어렵다. 간식으로는 미피 도라야키와 쿠키, 일본 전통 사탕 코하쿠토 등이 있는데 선물용으로도 좋다. 미피 팬이 아니더라도 이곳에 오면 누구나 그 귀여움에 반하게 된다.

구글맵 Otaru Miffy Port Town
문의 0134 64 9210
운영 09:30~17:30
홈페이지 miffykitchenbakery.jp/oyatsudo

스누피 차야 (오타루점)
SNOOPY茶屋 (小樽店)

위치 사카이마치 거리 **유형** 캐릭터 숍
특징 스누피 관련 굿즈와 디저트

스누피 캐릭터를 주제로 다양한 아이템을 선보이는 캐릭터 숍으로, 생활 잡화부터 초콜릿, 쿠키까지 스누피를 이용한 제품이 다양하다. 1층 매장에는 디저트도 있는데 어떤 메뉴든 사랑스러운 스누피 캐릭터가 담겨 있어 눈으로 보는 즐거움도 크다. 아이스크림, 음료, 파르페, 빵 등을 판매하며 스누피 얼굴 모양 빵 안에 단팥, 치즈 크림, 커스터드 크림 등이 들어 있는 '스누피 야키'가 인기 메뉴다. 스누피 팬이 아니더라도 한 번쯤 둘러보기 좋다.

구글맵 스누피 차야 오타루점
문의 0134 64 7047
운영 09:30~17:30
홈페이지 snoopychaya.jp

오타루 다이쇼 유리관
大正硝子館 本店

위치 사카이마치 거리
유형 유리공예 상점
특징 하나뿐인 유리공예품

구글맵 오타루 타이쇼 유리관
문의 0134 32 5101
운영 09:00~19:00
홈페이지 www.otaruglass.com

1906년에 지은 옛 나토리 다카사부로 상점을 개조한 역사적인 건물에 있는 유리공예품 매장이다. 일본식 유리그릇을 비롯해 오타루 시내에서 제작한 수제 유리 제품을 전시·판매한다. 바로 옆에는 에도 시대부터 전해오는 전통 유리 공예 및 세공을 뜻하는 돈보타마를 체험할 수 있는 돈보타마관도 있다. 유리 불기 체험, 샌드 블라스팅 등 다양한 체험이 가능하며 유리구슬과 액세서리 등을 판매하기도 한다.

오타루 로만칸
小樽浪漫館

위치 사카이마치 거리 **유형** 기념품점
특징 그리스풍 근대 건물

구글맵 Otaru Romankan
문의 0134 31 6566
운영 09:30~17:30
홈페이지 www.tanzawa-net.co.jp/shop/136

구 하쿠주산 은행 오타루점 건물에 들어선 기념품점이다. 1893년 오타루에 지점을 낸 하쿠주산 은행은 당초 이곳보다 남쪽으로 얼마간 떨어진 곳에 있었는데 업무가 늘어나자 1908년 이 건물을 신축해 이전했다. 이케다 마스지로의 설계로 다른 오타루 건물과 마찬가지로 목골 석조 건물로 지었으며, 그리스 건축물을 연상시키는 외부 장식이 특징이다. 현재의 건물 외관은 원래의 외벽에 벽돌 타일을 붙여 완성한 것이다. 내부는 2층 높이의 목조 골조가 그대로 드러나 있으며 유리공예품과 액세서리가 가득 진열되어 있다. 또 한쪽에는 건물 분위기와 어울리는 고풍스러운 카페가 자리해 있다.

미야코도리 상점가 小樽都通り商店街

위치 JR 오타루역 근처 **유형** 아케이드 상점가 **특징** 100년 넘은 역사

주오도리 초입에서 3분 정도 걷다 보면 우측으로 약 300m 길이의 아케이드가 나온다. 1921년경에 개장해 역사적으로 큰 의미가 있지만 크게 번화한 편은 아니다. 평일 낮에는 다소 한산하지만 긴 역사만큼 오래된 식당이 많아 한 번쯤 들를 만하다. 눈이 많이 내리는 겨울에는 눈을 피해 다니는 통로로 요긴하며, 오타루 겨울 축제 장소로도 활용된다.

구글맵 Miyako dori Shopping Street **문의** 0134 32 6372
운영 가게마다 다름 **홈페이지** www.otaru-miyakodori.com
가는 방법 JR 오타루역에서 도보 3분

뉴산코 오타루 본점 ニュー三幸 小樽本店

1954년 오타루에서 탄생한 레스토랑 뉴산코는 미야코도리 상점가와 역사를 같이한다. 널찍한 1층 비어홀은 활기차고 개방적인 분위기로 삿포로 생맥주와 각종 요리를 즐길 수 있다. 대표 메뉴는 생맥주와 잘 어울리는 8종류의 음식과 120분 동안 맥주를 무제한 제공하는 코스 요리다. 오타루 향토 음식인 안카케 야키소바도 인기 메뉴다.

맥스밸류(테미야점) MaxValu (Temiya)

위치 테미야 공원 인근 **유형** 대형 마트 **특징** 24시간 영업

오타루시 종합박물관 본관 맞은편에 있는 대형 마트다. 과일, 채소, 해산물 등 신선 식품부터 각종 도시락, 반찬까지 다양한 제품을 판매한다. 마트 내에 좌석이 있어 구매한 음식을 먹고 갈 수도 있다. 24시간 영업해 언제든 이용 가능한데, 식당이 일찌감치 문을 닫는 관광지에서는 그야말로 오아시스 같은 곳이다. 널찍한 주차 공간과 다양한 상품으로 만족도가 높지만 아쉽게도 면세 혜택은 없다. 바로 옆에는 다이소와 츠루하 드럭스토어가 있어서 함께 쇼핑하기 좋다.

구글맵 MaxValu Temiya
문의 0134 24 3320 **운영** 24시간
홈페이지 www.aeon-hokkaido.jp
가는 방법 오타루시 종합박물관 본관 맞은편

홋카이도 최고의 온천 마을
노보리베츠 登別

시코츠토야 국립공원 내에 자리한 노보리베츠는 매해 발표하는 일본 온천 인기 순위에서 늘 상위권을 차지한다. 노보리베츠처럼 온천과 관광, 두 가지 모두 충족시키는 관광지도 드물다. 하루 약 1만 톤에 달하는 엄청난 용출량을 자랑하며 유황천, 식염천, 그리고 라듐 성분으로 유명한 방사능천 등 열 가지가 넘는 온천수가 솟아나 '온천 백화점'으로 불린다.
온천수가 뿜어져 나오는 모습 또한 강렬하다. 굿타라 화산군의 분화 활동으로 생긴 화구 터에 자리해 산기슭 곳곳에서 피어오르는 연기와 수증기, 강렬한 유황 냄새, 강바닥에서 솟아나는 유황천은 그 자체로 볼거리다.

Best Course
온천과 트레킹을 한 번에!
노보리베츠 힐링 코스

노보리베츠 지옥계곡과 오유누마강 천연 족욕탕을 가볍게 돌아보고 당일치기 온천을 즐기는 코스다. 경사가 좀 있지만 중간중간 신비로운 대자연과 볼거리가 넘쳐나 구경하면서 걸으면 그리 힘들지 않다. 온천은 비용과 시설을 비교해보고 취향에 맞는 곳으로 선택한다.

TRAVEL POINT

➡ **이런 사람 팔로우!** 자연을 즐기며 트레킹하고 싶다면

➡ **여행 준비물과 팁** 겨울에는 등산로가 폐쇄되는 구간이 있으니 출발하기 전 반드시 확인해야 한다. 온천 마을에서도 노선버스를 운행하지만 비수기에는 운행을 중단하거나 배차 간격이 길다. 버스를 이용하려면 운행 시간을 미리 확인한다.

도난 버스 노보리베츠 온천 터미널 → 도보 5분 → 염라당 → 도보 1분 → **점심 식사** 온센 이치바 P.197

→ 도보 1분 → 센겐 공원 → 도보 9분 → 유자와 신사 → 도보 5분 → 노보리베츠 지옥계곡 → 도보 5분 → 나나카마도 광장 → 도보 15분 → 오유누마 전망대 → 도보 15분 → 오유누마강 천연 족욕탕 → 도보 2분 → 환영 부자 도깨비상 → 도보 16분 → 노보리베츠 만세이카쿠

노보리베츠 만세이카쿠
오유누마강 천연 족욕탕 
환영 부자 도깨비상 

TRAVEL TALK

일본에서도 유명한 온천, 노보리베츠

노보리베츠는 홋카이도뿐 아니라 일본 전역에서도 손꼽히는 온천지입니다. 일본 〈관광경제신문〉에서 해마다 발표하는 '일본 온천 100선'에서 늘 상위권을 차지하지요. 2023년 제38회 종합 랭킹(2025년 발표)에서는 6위를 차지했습니다.

※1위 군마현 구사츠 온천, 2위 에히메현 도고 온천, 3위 기후현 게로 온천, 4위 오이타현 벳푸 온천, 5위 효고현 아리마 온천, 6위 홋카이도 노보리베츠 온천, 7위 가고시마현 이부스키 온천
참고 자료▶ http://www.kankokeizai.com/index_100sen

노보리베츠 실전 여행

삿포로에서 노보리베츠까지 기차로 1시간 20분 정도 걸려 당일치기 여행에 적합하다. 신치토세 공항에서 출발하면 약 50분 걸리며 공항 도착 후 삿포로를 거치지 않고 바로 이동하는 것도 좋은 방법이다.

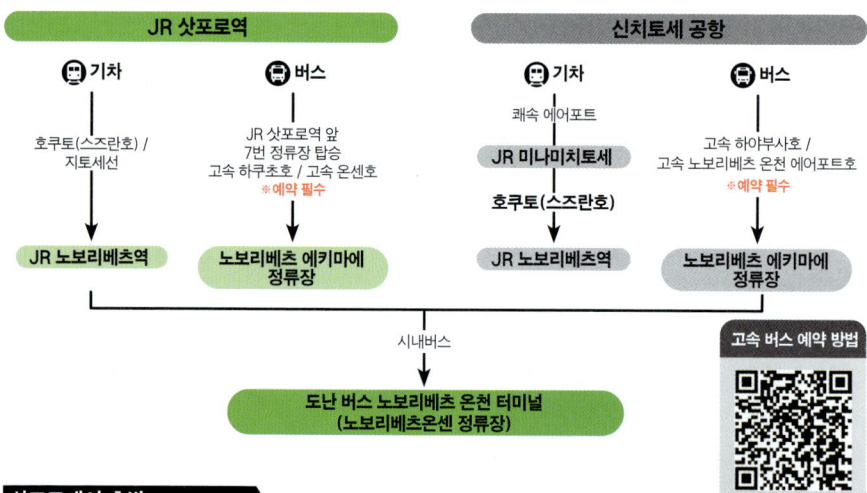

삿포로에서 출발

🚆 기차

보통열차인 지토세선(하코다테 본선, 무로란 본선 포함)은 특급열차인 호쿠토·스즈란호의 절반 가격이지만 시간이 두 배 걸린다. 특급열차를 탑승하려면 삿포로-노보리베츠 에리어 패스를 구입하는 것이 이득이다.

운행 호쿠토·스즈란호 06:53~22:00, 지토세선 외 06:21~20:36(배차 간격 2~3시간)
요금 호쿠토·스즈란호 4890엔, 지토세선 외 2530~3370엔(6~11세 반액)

 삿포로-노보리베츠 에리어 패스

오타루, 신치토세 공항, 노보리베츠를 오가는 특급·쾌속·보통열차를 연속 4일간 이용할 수 있는 패스로 지정석과 자유석 모두 탑승 가능하다. 단, 전 좌석이 예약제인 특급 호쿠토와 스즈란호는 사전에 지정석을 발급받아야 한다. JR 홋카이도 버스, 삿포로 노면전차, 지하철은 이용할 수 없다.

한국에서 구매 12세 이상 9000엔, 6~11세 4500엔 **홋카이도에서 구매** 12세 이상 1만 엔, 6~11세 5000엔

🚌 버스

JR 삿포로역 앞 7번 정류장에서 고속 하쿠초호(무로란호)나 고속 온센호를 탄다. 고속 하쿠초호는 노보리베츠역 앞 정류장에서만, 고속 온센호는 노보리베츠온센 정류장에서만 하차할 수 있다. 사전 예약 필수.

소요 시간 1시간 50분 **운행** 고속 하쿠초호(무로란호) 07:00~20:00(배차 간격 1시간 40분~2시간 30분), 고속 온센호 13:40(1일 1대 운행)
요금 2280~2500엔(버스 회사마다 다름)

[지도: 노보리베츠 온천 지역]

- 오유누마강 천연 족욕탕
- 오유누마
- 오쿠노유
- 환영 부자 도깨비상
- 오유누마 전망대
- 노보리베츠 세키스이테이
- 지옥계곡·오유누마 산책로
- 노보리베츠 지옥계곡
- 나나카마드 광장
- 뎃센이케
- 노보리베츠 공원 안내소
- 야쿠시뇨라이도
- 지옥계곡 전망대
- 유자와 신사
- 신사 도깨비상
- 센겐 공원
- 다이이치 타키모토칸
- 온센 이치바
- 고쿠라쿠 거리
- 기센도
- 노보리베츠 베어 파크역
- 관광안내소
- 아지노다이오
- 유모토 사기리유
- 엠마도
- 다이코쿠야 민속공예점
- 노보리베츠 만세이카쿠
- 유카케 키조
- 도난 버스 노보리베츠 버스 터미널
- 로프웨이
- 노보리베츠 다테지다이 마을
- 노보리베츠 마린파크 닉스
- JR 노보리베츠역
- 노보리베츠 곰 목장

신치토세 공항에서 출발

🚆 기차
JR 신치토세 공항역에서 승차해 JR 미나미치토세역에서 하코다테 방면 열차로 환승한다.

소요 시간 호쿠토(스즈란호) 1시간 10~20분, 지토세선 2시간 11분
운행 호쿠토(스즈란호) 07:23~22:09(배차 간격 1시간), 지토세선 07:13~21:37(배차 간격 1~3시간)
요금 호쿠토(스즈란호) 4340엔, 지토세선 2660엔

🚌 버스
신치토세 공항 국제선 터미널 86번 정류장에서 고속 하야부사호 혹은 고속 노보리베츠 온천 에어포트호를 타고 노보리베츠온센登別温泉 정류장 혹은 버스 터미널에서 내린다. 고속 하야부사호의 경우 노보리베츠 에키마에 정류장에서만 정차하는 경우가 있으니 반드시 하차 정류장을 확인하고 탑승한다. 사전 예약 필수.

소요 시간 1시간 15분 **운행** 고속 노보리베츠 온천 에어포트호 13:20~15:10(배차 간격 1시간)
고속 하야부사호 10:30~18:00(배차 간격 2시간 50분) **요금** 1800엔

JR 노보리베츠역에서 노보리베츠 온천 마을 가는 법

🚌 버스
JR 노보리베츠역 앞 정류장에서 도난 버스 승차 후 노보리베츠 온천 터미널道南バス 登別温泉ターミナル 혹은 츠츠지바시つつじばし 버스 정류장에서 내린다.

소요 시간 15분 **운행** 06:52~20:04(배차 간격 30분~1시간) **요금** 450엔

JR 노보리베츠역에서 온천까지는 거리가 가깝지만, 가파른 오르막이라 버스를 놓쳤다면 택시 이용을 추천해요. 기본요금 600엔.

ⓞ 고쿠라쿠 거리 極楽通り

북적이는 온천 마을의 중심

노보리베츠 온천 터미널에 도착하면 곧바로 온천 거리가 펼쳐진다. 길 양쪽으로 대형 료칸과 온천 호텔, 식당, 카페, 기념품점이 줄지어 있어 관광지 분위기가 물씬 풍긴다. 다만 마을이 산중턱에 위치하다 보니 버스 터미널부터 노보리베츠 지옥계곡까지 오르막길을 걸어가야 하므로 짐이 많으면 불편하다. 따라서 1박 이상 머무를 계획이라면 호텔 송영 버스를 알아보거나 택시를 타고 숙소로 가서 짐을 푼 뒤 관광에 나서는 것이 좋다.

📍
구글맵 Gokuraku St
문의 0143 84 3311 (노보리베츠 국제관광컨벤션협회)
가는 방법 도난 버스 노보리베츠 온천 터미널에서 바로

ⓞ 염라당 からくり閻魔堂

하루 여섯 차례 호통치는 거대한 기계 인형

노보리베츠 온천의 상징적인 존재인 지옥의 왕 염라대왕이 있는 사당이다. 1993년 노보리베츠 지옥 축제 30주년을 기념해 제작했다. 무려 6m 높이의 거대한 크기를 자랑하며 단순히 모형이 아닌 움직이는 기계 인형이다. 평소에는 인자한 표정을 짓고 있지만 하루에 여섯 번씩 얼굴이 새빨갛게 변하며 호통을 친다. 이는 염라대왕이 인간의 악행을 심판하는 '지옥의 심판' 공연이다.

📍
구글맵 염라당
문의 0143 84 3311 (노보리베츠 국제관광컨벤션협회)
운영 지옥의 심판 공연 10:00, 13:00, 15:00, 17:00, 20:00, 21:00
홈페이지 noboribetsu-spa.jp/spot/spot0103
가는 방법 도난 버스 노보리베츠 온천 터미널에서 도보 6분

FOLLOW UP
노보리베츠 온천 마을에서
도깨비 찾기!

노보리베츠에는 '지옥의 뚜껑이 열려 염라대왕이 도깨비들을 데리고 노보리베츠 온천을 찾아왔다'는 전설이 있다. 온천 거리 곳곳에 염라대왕과 도깨비 조형물 또는 석상이 있어 다양한 표정의 도깨비를 찾아보는 재미도 있다. 8월 마지막 주 주말에는 '염라대왕과 함께하는 지옥 축제'가 열린다.

① 신사 도깨비상 鬼祠 念仏鬼像

에도 시대부터 전해 내려오는 염불귀상을 모시는 사당에 있는 도깨비상. 사당 양쪽에 높이 3.5m의 붉은 도깨비 입상과 2.2m의 청색 도깨비 좌상이 자리 잡고 있어 기념사진을 찍기 좋다.

📍 센겐 공원 건너편

② 환영 부자 도깨비상 歓迎親子鬼像

아버지와 아들 도깨비상. 키 5m의 도깨비 아빠가 키 2m의 도깨비 아들 손을 잡고 있는 모습으로, 무섭기보다는 다정하게 느껴진다.

📍 오유누마강 천연 족욕탕으로 가는 길

④ 유카케 키조 湯かけ鬼蔵

1996년 건강과 질병 치료의 의미를 담아 세운 도깨비상. 온천 치유 효과를 기원하는 조형물이다.

📍 대중 온천 사기리유 입구 바로 옆

③ 환영 도깨비상 歓迎鬼像

노보리베츠에 온 관광객을 환영하는 도깨비상. 밤에는 조명을 밝혀 무서운 분위기를 낸다. 18m 높이에 손가락으로 온천 마을을 가리키고 있다. 얼굴은 무섭게 생겼지만 온천 마을을 안내하는 친절한 도깨비상이다.

📍 JR 노보리베츠역 앞
📍 노보리베츠 히가시 인터마에

⑤ 심벌 도깨비상 シンボル鬼

사업 번창 / 연애 운 상승 / 합격 기원

03 노보리베츠 지옥계곡 登別地獄谷

살아 있는 화산이 있는 최고의 지질 공원

바위틈에서 분출하는 화산가스, 매캐한 유황 냄새, 피어오르는 하얀 연기, 보글보글 끓는 온천수까지, 지옥 풍경은 바로 이곳의 모습을 묘사한 것일지도 모른다. 일본에서도 독보적인 풍경을 자랑하는 관광지인 노보리베츠 지옥계곡은 굿타라 화산의 분화 활동으로 생긴 화구 흔적이다. 직경 약 450m, 면적 약 11만 m²에 이른다. 곳곳에 많은 용출구(온수, 약수 등이 용출되는 곳)와 분기공(화산가스가 분출되어 나오는 구멍)이 있어 독특한 분위기를 자아낸다. 홋카이도 유산에 선정되었으며 많은 관광객이 찾는 인기 명소로, 잘 정비된 산책로 덕분에 휠체어로도 편안하게 돌아볼 수 있다. 해가 지면 조명을 밝혀 환상적인 분위기가 연출되고, 여름철에는 노보리베츠 온천의 수호신으로 알려진 도깨비가 8m 높이의 불꽃놀이를 선보이는 특별한 이벤트가 열린다. 다만 산책로 바깥쪽은 매우 위험하므로 절대로 울타리를 넘지 않도록 한다. 계곡을 천천히 돌아보는 데 30분 정도 걸린다.

구글맵 지옥계곡 **문의** 0143 84 3311(노보리베츠 국제관광컨벤션협회)
운영 상시 개방 **홈페이지** noboribetsu-spa.jp/spot/spot0034
가는 방법 도난 버스 노보리베츠 온천 터미널에서 도보 12분

TIP!
지옥계곡에도 조건이 있다?

일본에서 지질 공원 온천에 '지옥계곡'이라는 이름을 붙이려면 다음 네 가지 조건을 충족해야 한다. 현재 '지옥계곡'이라 이름 붙은 지질 공원은 이곳 외에 나가사키현 운젠시, 가나가와현 하코네마치 등에 있다.

❶ 물이 거품을 내며 끓어야 한다.
❷ 수온이 80℃ 이상이어야 한다.
❸ 유황이 솟아나야 한다.
❹ 연기가 분출되어야 한다.

FOLLOW UP

노보리베츠 지옥계곡
하이라이트 둘러보기

노보리베츠 지옥계곡은 약 500m 길이의 산책로가 조성된 지질 공원이다. 각 장소에 무엇이 있는지 미리 알아두면 훨씬 의미 있는 산책이 될 것이다.

① 노보리베츠 공원 안내소
登別パークサービスセンター

관광 안내소 겸 매점으로 주변을 산책한 후 쉬거나 추운 날씨에 몸을 녹일 수 있는 곳이다. 지역을 소개하는 모형 지도와 관광 정보를 제공하는 비디오가 설치되어 있으며, 무료로 제공하는 관광 지도가 구비되어 있다. 기념품을 파는 작은 매대와 음료와 간식, 아이스크림 자판기도 있다.

◉ 노보리베츠 지옥계곡 입구
운영 08:00~17:00

② 산즈노카와 三途の川

온천수가 흐르는 작은 강으로 이름에 '죽은 사람이 저승 갈 때 건너는 강'이라는 뜻이 담겨 있다. 산 사람이 이 강을 건너면 장수한다는 속설이 전해진다.

◉ 산책로 아래쪽

④ 야쿠시뇨라이도
薬師如来堂

작은 사당으로, 사당 아래쪽에서 솟아난 온천수로 눈을 씻어 눈병이 나았다는 전설이 전해진다. 사당 안에는 병이 나은 후 감사의 마음을 담아 기부한 비석이 안치되어 있다.

◉ 산책로 중간 갈림길 계단 아래쪽

⑤ 뎃센이케 鉄泉池

노보리베츠 지옥계곡의 하이라이트로 약 80℃인 온천수가 간헐적으로 솟아오르는 연못이다. 온천이 나오는 시간이 불특정해 매번 볼 수 있는 건 아니다. 몇 분 만에 뿜어져 나오는 경우도 있고 30분을 기다려도 나오지 않을 때가 있다. 주변이 산책로라 가까이 다가가 구경할 수 있다.

◉ 노보리베츠 지옥계곡 중앙, 산책로 끝

③ 지옥계곡 전망대 地獄谷 展望台

노보리베츠 지옥계곡의 현판과 전체 풍경을 배경으로 사진 찍기 좋은 곳이다. 노보리베츠 지옥계곡의 웅장한 모습을 한눈에 담을 수 있다.

◉ 노보리베츠 지옥 계곡 입구

④ 나나카마도 광장
ナナカマドの広場

🔵 **구글맵** 나나카마드 광장
문의 0143 84 3311
(노보리베츠 국제관광컨벤션협회)
가는 방법 노보리베츠 지옥계곡에서 산책길로 향하는 오르막을 따라 이동

노보리베츠 지옥계곡 조망과 휴식의 공간

노보리베츠 지옥계곡에서 오유누마 산책로로 가는 길에 있는 광장이다. 지옥계곡이 보이는 전망대와 정자, 벤치 등이 있어 산책 중 잠시 쉬었다 가기 좋다. 경치도 좋고 넓고 탁 트인 공간이라 여유롭게 휴식하기에 알맞다. 겨울에는 눈을, 봄가을에는 풍요로운 자연을 만날 수 있는 곳으로도 충분히 매력적이다. 이곳을 지나 오유누마강 천연 족욕탕으로 올라갈 수 있으며, 산책로로도 이어진다.

⑤ 센겐 공원 泉源公園

아홉 가지 행운을 전하는 도깨비 방망이가 있는 곳

노보리베츠 온천 마을 중심부에 자리한 공원이다. 한쪽에는 노보리베츠 지옥계곡에서 흘러 내려오는 온천수를 내뿜는 간헐천이 있다. 3시간마다 소리를 내며 온천수를 분출하는데 최대 8m 높이까지 물을 뿜어내며 인상적인 장면을 연출한다. 공원 중앙에 있는 아홉 가지 색깔의 도깨비 방망이는 방망이 색깔에 따라 각기 다른 행운을 전해준다고 알려져 있다. 금색은 소원 성취, 흰색은 가족의 행복, 붉은색은 자손 번창, 노란색은 좋은 인연, 파란색은 무병장수, 갈색은 학업 성취, 보라색은 출세, 녹색은 금전, 검은색은 사업 번창을 상징한다. 이 중에서 가장 강력한 행운을 상징하는 방망이는 다른 방망이들에 둘러싸여 있는 중앙에 묻혀 있다. 인근 기념품점에서는 이와 관련한 기념품도 판매한다.

🔵 **구글맵** Sengen Park(geyser) **문의** 0143 84 3311(노보리베츠 국제관광컨벤션협회) **홈페이지** noboribetsu-spa.jp/spot/spot0034
가는 방법 도난 버스 노보리베츠 온천 터미널에서 도보 7분

06 지옥계곡 · 오유누마 산책로
地獄谷·大湯沼 自然探勝路

겨울에도 푸릇푸릇한 온대 식물이 자라는 곳

노보리베츠 지옥계곡과 오유누마강을 따라 조성한 산책로다. 온천이 솟아나는 장면과 온난한 지방에서나 볼 수 있는 식물 등 볼거리가 다양하다. 산책로 주변 숲은 일본 천연기념물인 노보리베츠 원시림으로 백산차, 백옥목 등 약 60종의 나무와 110종류의 초목이 자란다. 운이 좋으면 사슴이나 까막딱따구리 같은 야생동물을 만나기도 한다. 그리 높지 않은 지대라 편안하게 산책할 수 있다.

구글맵 Jigokudani and Oyunuma Nature Trail
문의 0143 84 3311(노보리베츠 국제관광컨벤션협회)
가는 방법 노보리베츠 지옥계곡에서 나나카마도 광장 지나면 바로

07 오유누마강 천연 족욕탕
大湯沼川天然足湯

뜨끈뜨끈한 온천 강에서 누리는 호사

노보리베츠에는 온천이 흐르는 특별한 강이 있다. 노보리베츠 원천이 솟아나는 오유누마 연못에서 흘러내려 형성된 오유누마강이다. 온천수 덕분에 강물은 유윳빛을 띠며, 사계절 수증기가 피어오른다. 상류에서 흘러내리는 뜨거운 온천수는 하류로 내려가며 점차 식는데, 적당한 온도가 되는 강 중간 지점에 족욕탕이 있다. 족욕하기 편하도록 나무 덱도 설치되어 있다. 숲속에 있으니 삼림욕을 하며 족욕을 즐겨보자. 온천수에 발을 담그면 강바닥에 쌓인 부드러운 유노하나(온천에 생기는 침전물)가 발끝을 휘감는 독특한 체험도 할 수 있다. 발 닦을 수건은 꼭 챙겨 가자.

구글맵 오유누마강 천연족탕
문의 0143 84 3311(노보리베츠 국제관광컨벤션협회)
홈페이지 noboribetsu-spa.jp/spot/spot0068
가는 방법 노보리베츠 지옥계곡 입구에서 도보 30분

08 오유누마 大湯沼

130℃ 유황천이 솟아오르는 지옥의 솥

히요리산 화산 폭발로 형성된 온천 호수로 둘레가 약 1km에 이른다. 온천수가 솟아오르는 호수치고 규모가 상당해서 웅장함과 은은한 열기, 군데군데 피어오르는 수증기에 놀라게 된다. 호수 바닥에서 130℃의 유황천이 격렬하게 솟아오르며 표면 수온은 40~50℃ 정도이고 회흑색을 띤다. 주변에 유황 냄새가 가득하고 수증기가 피어오르는 모습이 '지옥의 솥'을 연상시킨다. 예전에는 호수 바닥에 퇴적된 유황을 채취했다고 한다.

구글맵 오유누마 연못
문의 0143 84 3311(노보리베츠 국제관광컨벤션협회)
홈페이지 noboribetsu-spa.jp/spot/spot0055
가는 방법 노보리베츠 지옥계곡 입구에서 도보 23분, 또는 도난 버스 노보리베츠 온천 터미널에서 택시로 5분

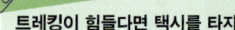

TIP!

트레킹이 힘들다면 택시를 타자!

오유누마는 높은 지대에 있어 등반하듯 올라야 하기 때문에 하루 코스 관광객에게는 소외되기 쉬운 관광지다. 오유누마 산책로를 따라 걸어 올라갈 수 있지만, 시간이 충분치 않다면 버스 터미널에서 택시를 타고 올라 오유누마를 감상한 뒤 걸어 내려가면서 노보리베츠 지옥계곡과 산책로를 둘러본다. 도난 버스 노보리베츠 온천 터미널 바로 옆 택시 승강장에서 택시를 타면 5분 정도 걸리며 요금은 1000~1300엔 정도 나온다.

⑨ 오유누마 전망대
大湯沼 展望台

구글맵 오유누마 전망대
문의 0143 84 3311(노보리베츠 국제관광컨벤션협회)
가는 방법 오유누마에서 도보 5분

오유누마 감상에 최고의 포인트

오유누마 산책로의 일부이자 오유누마 전체 풍경이 바라보이는 야트막한 언덕이다. 오유누마 맞은편 계단으로 올라가면 나온다. 언덕 꼭대기에 서서 바라보면 오유누마 전경과 바로 옆 곡선 도로 등이 그림처럼 펼쳐진다. 전망대로 향하는 산책로도 매우 아름다워 그 길을 걷는 것 자체만으로도 만족스럽다. 이곳을 지나 트레킹 길을 따라 조금 더 걸어가면 오유누마강 천연 족욕탕으로 이어진다.

⑩ 오쿠노유 奥の湯

구글맵 오쿠노유
문의 0143 84 3311(노보리베츠 국제관광컨벤션협회)
홈페이지 noboribetsu-spa.jp/spot/spot0055
가는 방법 노보리베츠 지옥계곡 입구에서 도보 21분

격렬한 분출이 이어지는 온천 호수

오유누마 오른쪽에 있는 작은 온천 호수로, 히요리산 화산 폭발로 형성된 화구의 흔적이다. '후키'라고 부르는 원뿔형 늪 바닥에서 암회색 유황천이 격렬하게 분출하며, 표면 온도는 오유누마보다 높은 75~85℃에 달한다. 특히 호수 앞쪽과 중앙 부근에서 온천수의 분출이 매우 격렬히 일어난다. 주변의 자연경관이 아름다우며 계절마다 산이 변화하는 모습도 볼 수 있다.

⑪ 유자와 신사 湯澤神社

온천 수호를 위해 지은 전망 좋은 신사

노보리베츠 지옥계곡으로 가는 길, 다이이치 타키모토칸 온천 호텔 본관 맞은편에 있는 빨간 기둥에서 이어지는 가파른 돌계단이 호기심을 자극한다. 계단을 오르면 노보리베츠 온천의 수호를 위해 건립한 신사가 나온다. 노보리베츠 온천을 개척한 다키모토 긴조 등을 제신으로 모시며, 건강과 장수를 기원하면 효험이 있다고 전해진다. 규모는 작지만 올라가는 길과 신사에서 바라보는 풍경이 아름다워 시간 여유가 있다면 들를 만하다.

구글맵 유자와 신사
문의 0143 84 2439
가는 방법 도난 버스 노보리베츠 온천 터미널에서 도보 7분

⑫ 노보리베츠 곰 목장 のぼりべつクマ牧場

애교 넘치는 아무르불곰을 가까이에서

홋카이도 여행을 하다 보면 곳곳에서 곰 모형이 보인다. 홋카이도에 워낙 곰이 많기도 하지만 원주민인 아이누가 곰을 신으로 숭상하는 전통이 있기 때문이다. 노보리베츠 곰 목장에 아이누가 신성하게 여기는 아무르불곰이 살고 있다. 제1목장 히토노오리에서는 곰을 가까이에서 관찰할 수 있고 곰에게 먹이를 주는 체험도 가능하다. 또 불곰 박물관 옥상에서는 인근 굿타라 호수 풍경이 보인다. ※노보리베츠 온천 버스 터미널에서 로프웨이 승강장까지 가는 무료 셔틀버스를 운행한다.

구글맵 노보리베츠 곰 목장
문의 0143 84 2225
운영 4월 21일~10월 20일 09:00~17:00, 10월 21일~4월 20일 09:30~16:30
요금 일반 3000엔, 4세~초등학생 1500엔 **홈페이지** bearpark.jp
가는 방법 노보리베츠 곰 목장 로프웨이 승강장에서 로프웨이를 타고 7분

⑬ 노보리베츠 다테지다이 마을
登別伊達時代村

사무라이와 닌자 시대로 조성한 역사 테마파크

에도 시대의 거리와 문화를 재현한 역사 테마파크로 우리나라의 민속촌과 사극 세트를 떠올리면 이해하기 쉽다. 전통 건물과 일본식 정원, 미로 등이 조성되어 있으며 다양한 체험을 즐길 수 있다. 특히 닌자 액션, 오이란 쇼, 코미디 시대극 등을 상영해 당시의 시대 분위기를 전해 준다. 전통 의상을 대여해줘 테마파크를 배경으로 일본 사극 주인공 같은 사진도 남길 수 있다.

구글맵 노보리베츠 다테지다이무라 **문의** 0143 84 3311
운영 09:00~17:00(11~3월은 16:00까지, 운영 시간 1시간 전 입장 마감)
요금 일반 3300엔, 초등학생 1700엔, 4세~미취학 아동 600엔
홈페이지 edo-trip.jp/ko
가는 방법 JR 노보리베츠역에서 도난 버스 탑승, 다테지다이무라 정류장에서 하차 후 도보 15분

⑭ 노보리베츠 마린파크 닉스 登別マリンパークニクス

덴마크 성에서 만나는 2만 마리 수중 생물

덴마크 퓐섬의 에스코우성을 본떠 지은 건물로, 수족관치고는 규모가 압도적인 외관을 자랑한다. 건물 전체가 수족관으로 약 400종 2만 마리의 해양 생물이 살고 있으며 돌고래 쇼, 펭귄 퍼레이드 등 볼거리가 가득하다. 수조 속을 지나는 통로가 유리로 되어 있어 마치 바닷속을 걷는 듯한 기분이 드는 아쿠아 터널이 하이라이트다.

구글맵 노보리베츠 마린파크 닉스
문의 0143 84 3800
운영 09:00~17:00(입장 마감 16:30)
홈페이지 kr.nixe.co.jp
가는 방법 JR 노보리베츠역에서 도보 4분

SPECIAL THEME

노보리베츠 최고의 호사
당일치기 온천

노보리베츠에는 하루 약 1만 톤에 달하는 엄청난 용출량과 열 가지가 넘는 다양한 온천수 덕분에 마을 곳곳에 대형 료칸과 온천 호텔이 들어섰다. 그중 당일치기로 다녀올 수 있는 온천을 소개한다.

©Yumoto Sagiriyu onsen

01 PLACE 유모토 사기리유 夢元 さぎり湯

유황천과 명반천, 두 가지 온천을 한 번에

대형 료칸과 온천 호텔 사이의 유일한 온천 전용 대중탕이다. 실내탕만 있고 규모가 작지만, 가격이 저렴하고 수질이 좋아 지역 주민이 즐겨 찾는다. 두 종류의 온천수가 있는데, 유황천과 노보리베츠에서는 이곳에서만 용출되는 명반천이다. 특히 명반천은 결막염 등에 효과가 있다고 한다. 또 이곳에서는 자연 그대로의 원천을 사용한다. 유료 및 무료 휴게실도 있어 온천 후 느긋하게 휴식을 취하기에 좋다.

구글맵 Yumoto Sagiriyu onsen
문의 0143 84 2050
운영 07:00~21:00(입장 마감 20:30)
요금 온천 일반 490엔, 초등학생 180엔 / 온천+유료 휴게소 일반 700엔, 초등학생 300엔
홈페이지 sagiriyu-noboribetsu.com
가는 방법 도난 버스 노보리베츠 온천 터미널에서 바로

02 PLACE 노보리베츠 만세이카쿠 登別万世閣

정자가 딸린 넓은 노천탕 하나면 충분해

탕이 다양하지는 않지만 관리가 잘되는 온천이다. 조경이 아름다운 널찍한 실내탕과 노천탕, 사우나가 하나씩 있다. 특히 정자가 딸린 노천탕이 인기 있는데 대형 실내탕만큼 넓다. 온천수는 유백색으로 유황 향이 나며, 편백나무로 마감한 사우나는 은은한 편백나무 향이 감돈다. 이 온천의 또 다른 장점은 어메니티와 음료 서비스에 있다. 온천장 입구에 마련된 샴푸 바에 샴푸, 컨디셔너, 보디 샤워 등이 디스펜서 형태로 갖춰져 있어 원하는 제품을 골라 필요한 만큼 작은 용기에 담아 가면 된다. 또 워터 서버에는 레몬수, 오렌지수, 녹차 등 다양한 음료가 준비되어 있어서 온천 후 갈증을 해소하기에 좋다.

구글맵 노보리베츠 만세이카쿠 **문의** 0570 08 3500
운영 07:00~09:30(입장 마감 09:00), 13:30~20:00(입장 마감 18:00)
요금 일반 1100엔, 3세~초등학생 550엔, 타월 세트 대여 300엔
홈페이지 www.noboribetsu-manseikaku.jp/spa/daytrip
가는 방법 도난 버스 노보리베츠 온천 터미널 맞은편

©Dai-ichi Takimotokan

03 PLACE 다이이치 타키모토칸 第一滝本館

5종류의 온천, 35개의 온천탕

노보리베츠에서 가장 유명한 당일치기 코스 온천으로 1858년에 다키모토 긴조가 세웠다. 가격이 비싼 만큼 다양한 온천탕과 부대시설을 갖추고 어메니티도 제공한다. 약 5000m^2에 달하는 건물에는 5종류의 온천수와 35개의 대욕장이 있어 '온천 천국'이라 불린다. 유황천, 유산염천, 염화물천, 탄산수소염천 등 탕마다 온천수가 다른 것도 특징이다. 노천탕에서는 맥주를 마시며 온천을 즐길 수도 있고, 건식 사우나와 습식 사우나 등 다양한 온도와 스타일의 사우나가 세 종류로 나뉘어 취향에 따라 선택할 수 있다.

구글맵 다이이치 타키모토칸 **문의** 0143 84 2111 **운영** 09:00~18:00 **요금** 09:00~16:00 일반 2250엔, 3세~초등학생 1100엔 / 16:00~18:00(퇴관 21:00) 일반 1700엔, 3세~초등학생 825엔 ※타월 세트 대여 포함
홈페이지 takimotokan.co.jp/ja/day_spa **가는 방법** 센겐 공원 맞은편

TRAVEL TALK

노보리베츠 온천의 시조, 다키모토 긴조

메이지 시대 말기, 에도에서 노보리베츠로 파견된 목수 장인 다키모토 긴조에게는 심각한 피부병으로 고생하던 아내가 있었어요. 마침 노보리베츠 온천의 효능에 대해 알게 된 그는 아내의 병을 치료하기 위해 온천을 개척하고 사비를 들여 길을 정비하며 치료를 시작했어요. 다행히 아내의 피부병이 치유되었고, 그는 이 온천의 효능을 많은 사람에게 알리고자 료칸을 세웠다고 합니다.

04 PLACE 노보리베츠 세키스이테이 登別 石水亭

노천탕 못지않은 대욕장과 아름다운 경치

노보리베츠의 대표적인 대형 온천 호텔이다. 노보리베츠 지옥계곡 반대편에 위치해 접근성이 떨어지기 때문에 주로 단체 관광객이 숙소로 이용한다. 그럼에도 규모가 크고 탕이 넓어 당일치기 코스 온천으로 인기가 많다. 탁 트인 경치를 볼 수 있는 대욕장은 노천탕 못지않은 개방감을 자랑한다. 이 외에도 두 종류의 노천탕과 사우나 시설이 있다. 청소가 오후 2시까지 이어질 수 있으므로 이후 시간대를 이용하면 더욱 쾌적하게 온천을 즐길 수 있다. 온천수는 나트륨, 칼슘, 염화물, 황산염으로 구성되어 있다.

구글맵 노보리베츠 세키스이 테이
문의 0570 026 570
운영 11:00~18:00(퇴관 19:00)
요금 일반 1200엔, 초등학생 600엔, 미취학 아동 무료, 타월 대여 300엔
홈페이지 www.sekisuitei.com/onsen
가는 방법 센겐 공원에서 왼쪽 오르막길로 도보 10분

©石水亭

온천 여행도 식후경!
노보리베츠 맛집

야키토리 잇페이
(노보리베츠점)
やきとり一平 (登別店)

위치 JR 노보리베츠역
주메뉴 돼지고기 야키토리
😊 → 무로란식 야키토리를 맛볼 수 있음
✓ → 주문 후 음식이 나오기까지 오래 걸림

일본의 7대 야키토리 중 하나로 꼽히는 무로란 야키토리는 1950년 홋카이도 무로란시에서 문을 연 야키토리 전문점 잇페이가 만든 꼬치 요리다. 특이하게도 무로란 야키토리는 닭(토리)이 아닌 돼지고기를 사용한다. 돼지고기와 양파를 꼬치에 끼워 머스터드를 찍어 먹는 것이 무로란식이다. 무로란식이라고 해도 닭고기로 만든 정통 야키토리와 채소구이 등 이자카야에서 볼 수 있는 다양한 안주를 제공한다. 이곳의 야키토리는 한 번 불에 구운 후 육즙이 남아 있는 상태에서 소스를 발라 다시 굽는데, 이렇게 해야 양념 맛이 고기에 잘 스며들고 육즙이 빠져나오지 않는다고 한다.

구글맵 Ippei Noboribetsuten
문의 0143 83 1818 **운영** 17:00~22:00 **휴무** 수요일
예산 무로란 야키토리 190엔, 닭 야키토리 180엔, 츠쿠네 500엔
홈페이지 www.e-ippei.com/group
가는 방법 JR 노보리베츠역에서 도보 4분

TRAVEL TALK

야키토리인데 왜 돼지고기일까?

'무로란의 소울 푸드'로 불리는 무로란 야키토리는 1933년 제철업으로 번영한 무로란시에서 제철소 노동자를 대상으로 포장마차에서 팔던 것이 시초라고 합니다. 당시 식량과 군화용 가죽으로 사용할 목적으로 돼지를 많이 사육했는데, 남은 돼지 내장(곱창)이나 참새 같은 야생 조류를 야키토리처럼 만들어 팔았다고 해요.

온센 이치바 温泉市場

위치 노보리베츠 온천가 **주메뉴** 회, 숯불구이
☺ → 다양한 메뉴

1999년에 문을 연 이래 노보리베츠에서 가장 규모가 크고 인기도 많은 식당이다. 노보리베츠 앞바다에서 잡은 다양한 제철 해산물을 이용해 음식을 만든다. 어시장을 연상케 하는 대형 수조에는 새우, 조개, 생선, 오징어, 게 등이 가득해 신선한 해산물을 바로 즐길 수 있다. 제철 해산물을 이용한 회, 숯불구이, 덮밥과 지역에서 생산된 닭, 돼지, 감자 등을 재료로 만든 정식과 야키소바도 인기 있다. 특히 노보리베츠 엔마 야키소바는 해산물을 부재료로 사용하고 고추와 양념장으로 매콤하고 깊은 맛을 내 한국인 취향에도 잘 맞는다. 가게 한쪽에서는 노보리베츠 브랜드의 기념품을 판매하며 식재료가 떨어지면 문을 닫는다.

구글맵 온센 이치바
문의 0143 84 2560
운영 11:30~17:30
예산 아지프라이(전갱이튀김) 정식 850엔
홈페이지 www.onsenichiba.com
가는 방법 도난 버스 노보리베츠 온천 터미널에서 도보 3분, 염라당 바로 옆

아지노다이오(노보리베츠 온천점) 味の大王(登別温泉店)

위치 노보리베츠 온천가 **주메뉴** 라멘
☺ → 한국인 입맛에 맞는 매콤한 국물

노보리베츠에서 약 60km 떨어진 곳에 있는 유명한 라멘집 아지노다이오 도마코마이 총본점에서 손맛을 전수받은 주인이 1991년에 오픈했다. 총본점은 미소 카레 라멘의 원조로 유명하지만, 이곳은 노보리베츠 특유의 지옥을 연상시키는 빨간 국물의 지옥 라멘이 대표 메뉴다. 양파 슬라이스를 토핑으로 얹어내는 것이 특징이다. 맵기는 기본 0초메부터 시작해 단계별로 선택할 수 있는데, 1초메씩 올라갈수록 값이 50엔씩 추가된다. 국물 색깔은 매우 매워 보이지만 실제로는 보기보다 맵지 않고 우리나라 고추장찌개 같은 맛이 난다. 한국인에게는 2~3초메 정도가 적당하다. 같은 매운맛에 국물이 없는 걸쭉한 엔마라멘도 있다. 한국어 메뉴판이 있어 주문하기 편리하다.

구글맵 맛의대왕(아지노다이오)
문의 0143 84 2415
운영 11:30~15:00
예산 지옥 라멘 1100엔, 엔마 라멘 1800엔
가는 방법 도난 버스 노보리베츠 온천 터미널에서 도보 1분

개성 만점 한정 굿즈는 필수!
노보리베츠 쇼핑

기센도 본점
貴泉堂本店

위치 노보리베츠 온천가
유형 기념품점
특징 복고풍 분위기와 다양한 아이템

구글맵 Kisendo
문의 0143 84 2460
운영 09:00~21:00
홈페이지 www.onsenichiba.com/kisendo.html
가는 방법 JR 노보리베츠역에서 도보 4분

노보리베츠의 대표 식당인 온센 이치바에서 운영하는 기념품점으로 1916년에 영업을 시작했다. 액세서리부터 토속주, 홋카이도 명과, 허브, 마리못코리(홋카이도의 캐릭터 인형), 홋카이도 한정 판매 키티 상품, 나무 공예품, 목욕용품까지 다양한 상품을 판매한다. 넓은 가게 안에 매대가 보이지 않을 정도로 상품이 가득 진열되어 있고 통로도 좁아 둘러볼 때 주의가 필요하다. 인근의 다른 기념품점과 큰 차별점은 없지만 물건 종류가 가장 많은 편이라 구경하는 재미가 더하다. 쇼와 시대 분위기의 실내 인테리어도 인상적이다.

와카사이모 혼포(노보리베츠 히가시점) わかさいも本舗(登別東店)

홋카이도 도야코에서 1930년에 창업한 와카사이모의 시그니처 제품은 이름처럼 고구마 모양이지만, 실제로는 감자와 흰 앙금을 섞어 만든 독창적인 과자다. 노보리베츠 히가시점은 오니덴세츠 맥주 양조장과 레스토랑, 베이커리를 겸한 선물 가게로, 특히 와카사이모 튀김인 이모텐이 인기 있다. 주차장이 무료이며 넉넉하다.

구글맵 Wakasaimo Honpo
문의 0143 83 3110
운영 09:00~18:00
홈페이지 www.wakasaimo.com/noboribetsuhigashi
가는 방법 JR 노보리베츠역에서 노보리베츠온센행 탑승, 노보리베츠 히가시 인터마에에서 하차

이모텐

다이코쿠야 민속공예점
大黒屋民芸店

위치 노보리베츠 온천가 **유형** 기념품점 **특징** 다양한 노보리베츠 명물 상품

칠복신(일본에서 행운과 복을 가져온다고 믿는 일곱 신) 중 하나인 다이코쿠텐을 테마로 한 기념품점이다. 노보리베츠의 명물인 효탄 사탕, 미용과 건강에 좋은 쿠마자사차, 메밀, 비누, 사탕 등이 추천 상품. 쿠마자사차는 시음도 가능하다. 이 외에 홋카이도의 유명 과자와 토속주 등 일반 기념품도 다양하게 갖추고 있다. 이 가게는 도요타 렌터카 영업점도 겸해 렌터카가 필요할 때 이용할 수 있으며, 가게 주인이 현지인만 아는 드라이브 명소를 추천해주기도 한다.

구글맵 다이코쿠야 민속공예점 **문의** 0143 80 3114 **운영** 09:00~21:00
홈페이지 daikokuya-m.com **가는 방법** 도난 버스 노보리베츠 온천 터미널에서 도보 1분

복을 부르는 다이코쿠야의 쇼핑템 BEST 4

쿠마자사차 熊笹茶

쿠마자사는 야생에서 자라는 키 작은 대나무의 일종으로, 홋카이도에 무려 11종이 자생한다. 약이나 차 재료로 많이 사용하며 우리나라에서도 약재로 쓴다. 겨울잠에서 깨어난 곰이 체력 회복을 위해 먹었다고도 전해진다.

오니덴세츠 맥주 鬼伝説ビール

노보리베츠 양조장에서 제조한 맥주로, 병과 캔에 도깨비 그림이 있어 쉽게 알아볼 수 있다. 다양한 종류의 맥주가 있고, 노보리베츠산 농작물로 과일 향 맥주를 제조하기도 한다.

효탄 사탕 ひょうたん飴

1914년부터 판매한 노보리베츠의 대표 기념품으로 오유누마를 본뜬 표주박 모양 사탕이다. 소박하고 특별할 것 없는 옛날 사탕 맛이 나 향수를 불러일으킨다.

온천수 제품

노보리베츠의 온천수 성분을 활용한 목욕용 소금, 비누, 입욕제 등이 있다. 피부 건강과 피로 해소에 도움을 준다.

도야호

洞爺湖

스위스를 닮은 호수 휴양지

에메랄드빛 호수와 섬,
온천 마을이 어우러진
도야호는 홋카이도를
대표하는 휴양지다.
호수 남쪽의 우스산과
쇼와신산은 지금도
활동 중인 활화산이며,
전망대에서는 바다 풍경까지
감상할 수 있다.

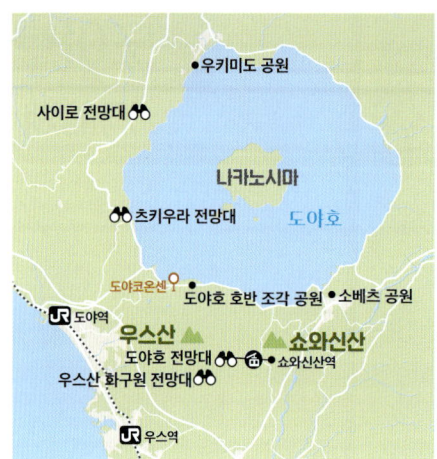

도야호 가는 법

🚆 **기차**
JR 삿포로역에서 호쿠토 특급열차를 타고 JR 도야역에서 내린 뒤, 도야호선 버스를 타고 도야코온센 정류장에서 하차(2시간 30분 소요)

🚌 **버스**
JR 삿포로역 앞 7번 버스 정류장에서 삿포로–도야호선을 타고 도야코온센 정류장에서 하차(2시간 40분 소요)

🚌 **도야호 주변 교통**
도야호에서 우스산 전망대와 사이로 전망대 등으로 이동할 때는 버스를 이용한다.

01 도야호 洞爺湖

매일 밤 펼쳐지는 불꽃놀이의 향연

홋카이도 남부에 위치한 도야호는 약 11만 년 전 화산활동으로 생겨난 칼데라 호수다. 에메랄드빛 호수 위에 떠 있는 나카지마섬은 계절마다 다른 풍경을 선사한다. 유람선을 타고 호수를 한 바퀴 돌거나 섬에 내려 산책을 즐길 수 있다. 인근에는 산책로와 온천 마을이 모여 있어 휴양지로도 적합한 곳이다. 물안개가 피어오르는 이른 아침 풍경과 4월 말부터 10월 말까지 매일 밤 펼쳐지는 불꽃놀이는 도야호 여행의 백미로 꼽는다.

구글맵 도야코온센 **문의** 0142 75 2446(도야코온센 관광협회)
홈페이지 www.town.toyako.hokkaido.jp/tourism
가는 방법 JR 도야역에서 버스로 20분

도야호 호반 조각 공원
とうや湖ぐるっと彫刻公園

도야호를 따라 조성한 산책로 겸 공원으로, 길을 따라 걷다 보면 58점의 야외 조각 작품을 만날 수 있다. 공원 곳곳에 족욕탕과 유람선 선착장이 있어 온천 마을 특유의 정취가 느껴진다.

02 우스산 有珠山

도야호와 바다까지 조망할 수 있는 화산

도야호 남쪽에 우뚝 솟은 우스산은 지금도 활동 중인 화산으로, 자연의 위력을 가까이에서 체감할 수 있는 명소다. 로프웨이를 타고 산정역에 오르면 도야호와 쇼와신산, 멀리 바다까지 한눈에 들어온다. 정상에는 산책로와 전망대가 잘 정비되어 있어 도야호 여행의 필수 코스로 꼽힌다.

구글맵 우스산 로프웨이 **문의** 0142 75 2401
운영 하계 08:15~17:45, 동계 09:00~16:00
요금 중학생 이상 2000엔, 초등학생 1000엔, 유아 무료
홈페이지 usuzan.hokkaido.jp/ko
가는 방법 JR 도야역에서 버스로 40분

도야호 전망대
有珠山洞爺湖 展望台

도야호와 쇼와신산이 한눈에 담기는 인기 포토 스폿이다. 나무 덱에 의자와 테이블이 놓여 있어 편안하게 풍경을 감상할 수 있다.

우스산 화구원 전망대
有珠山火口原 展望台

로프웨이 우스산 정상역에서 덱 계단을 오르면 도보 7분 걸린다. 이 전망대에서는 긴누마 대화구와 우치우라만內浦灣의 절경을 감상할 수 있다.

쇼와신산
昭和新山

1943년부터 1945년 사이, 우스산 분화로 보리밭 한가운데에 솟아오른 '기적의 산'이다. 지금도 곳곳에서 연기가 피어오르는 붉은 산이 강렬한 인상을 남긴다.

비에이 & 후라노
美瑛 & 富良野

홋카이도를 대표하는 풍경

홋카이도를 여행지로 선택한 사람 중 상당수는 비에이와 후라노의 신비로운 풍경에 마음을 빼앗겼을 것이다. 광활하고 완만한 구릉지대와 웅장한 배경으로 펼쳐진 자연 풍광이 압도적인 아름다움을 자랑한다. 특히 여름과 겨울에 인기가 많으며, 여름에는 형형색색의 꽃밭이 장관을 이루고 겨울에는 눈으로 뒤덮인 새하얀 풍경이 사람들을 매혹한다.

Best Course 1
버스와 자전거로 자유롭게!
여름철 비에이 하루 코스

비에이를 돌아보는 가장 효율적인 방법은 렌터카나 원데이 버스 투어를 이용하는 것이지만, 여름철에는 자전거를 탈 수 있다면 자유여행도 가능하다.

JR 삿포로역 → 기차 2시간 30분 → JR 비에이역 → 39·42번 버스 26분+도보 5분 → 흰수염폭포 → 39·42번 버스 3분+도보 4분 → 청의 호수 → 도보 1분 → 청의 호수 선물 가게 아이스크림 먹기 → 39·42번 버스 22분 → JR 비에이역 → 도보 11분 → 점심 식사 준페이 P.230 → 도보 11분 → 카페 비에이 힐즈 (자전거 대여 가능) → 자전거 10분 → 제루부 언덕 → 자전거 5분 → 켄과 메리의 나무 → 자전거 3분 → 호쿠세이 언덕 전망 공원 → 자전거 10분 → JR 비에이역

Best Course 2
온종일 스키 리조트에서!
겨울철 비에이 하루 코스

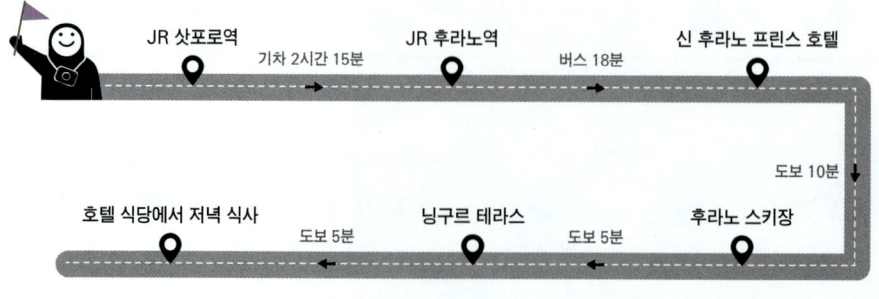

닝구르 테라스

후라노 스키장은 시즌 내내 고운 파우더 스노를 즐길 수 있는 최고의 시설이다. 1박 이상을 권하지만 아침 일찍부터 부지런히 움직인다면 당일치기 여행도 가능하다.

JR 삿포로역 → 기차 2시간 15분 → JR 후라노역 → 버스 18분 → 신 후라노 프린스 호텔 → 도보 10분 → 후라노 스키장 → 도보 5분 → 닝구르 테라스 → 도보 5분 → 호텔 식당에서 저녁 식사

비에이 & 후라노 실전 여행

비에이와 후라노는 삿포로에서 대중교통으로 이동하려면 한 번 갈아타야 하고 배차 간격도 길다. 힘들게 도착하더라도 관광지까지 시내 교통편도 좋지 않아 주로 렌터카나 투어 버스를 이용한다. 그러나 여유 있는 여행을 원하거나 눈길 운전이 불안하다면 대중교통 여행도 충분히 가능하니 도전해보자.

아사히카와 공항
🚌 버스
↓ 라벤더호
비에이 에키마에
↓ 아사히카와선
후라노 에키마에

JR 삿포로역
🚆 기차
↓ 라일락·카무이선
JR 다키카와역
↓ 네무로 본선
JR 후라노역

🚆 기차
↓ 라일락·카무이선
JR 아사히카와역
↓ 후라노선
JR 비에이역
↓ 후라노선
JR 후라노역

삿포로 에키마에
🚌 버스
↓ 고속 아사히카와호
아사히카와 에키마에
↓ 비에이·시로가네선 또는 아사히카와선
비에이 에키마에
↓ 아사히카와선
후라노 에키마에

🚌 버스
↓ 고속 후라노호
후라노 에키마에

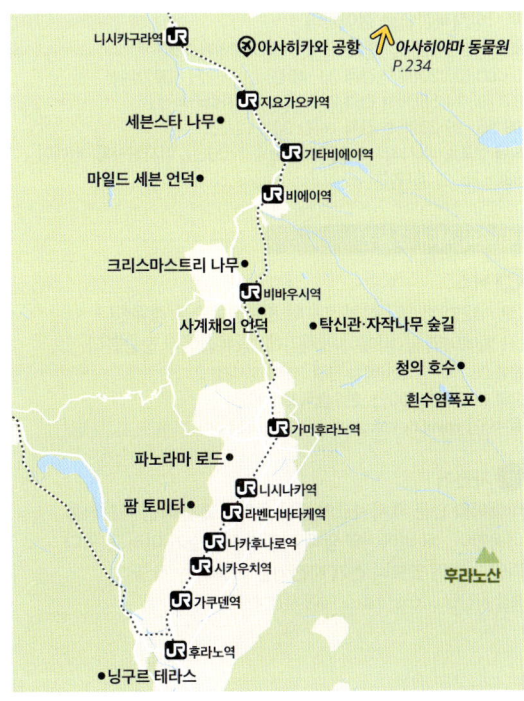

니시카구라역 JR
세븐스타 나무●
마일드 세븐 언덕●
크리스마스트리 나무●
사계채의 언덕●
파노라마 로드●
팜 토미타●

아사히카와 공항 ↗ 아사히야마 동물원 P.234
JR 지요가오카역
JR 기타비에이역
JR 비에이역
JR 비바우시역
●탁신관·자작나무 숲길
●청의 호수
●흰수염폭포
JR 가미후라노역
JR 니시나카역
JR 라벤더바타케역
JR 나카후라노역
JR 시카우치역
JR 가쿠덴역
JR 후라노역
●닝구르 테라스

후라노산

비에이 가는 법

✈️ 비행기

인천국제공항에서 아사히카와 공항까지 아시아나항공에서 비정기적으로 직항 편을 운항하며, 아사히카와 공항에서 비에이까지는 자동차로 15분 거리다. 아사히카와 공항에서는 라벤더호ラベンダー号 버스를 타고 비에이와 후라노로 이동한다. 요금은 380엔.

항공편 스케줄   라벤더호 스케줄

🚆 기차

삿포로에서 비에이로 가는 직행열차는 없다. JR 삿포로역에서 라일락·카무이선 등을 타고 가다가 JR 아사히카와역에서 후라노선으로 갈아타야 한다.

소요 시간 2시간 10~30분 **운행** 라일락·카무이선(오호츠크, 소야·사로베츠, 하코다테 본선 등) 06:29~22:00(배차 간격 40분~1시간) / 후라노선 05:44~22:34(배차 간격 57분~1시간 55분)
요금 6320엔 **홈페이지** www.jrhokkaido.co.jp

🚌 버스

삿포로에서 비에이까지 가는 직행버스는 없다. 삿포로 에키마에 정류장에서 고속 아사히카와호를 타고 아사히카와역 앞에서 내려 비에이·시로가네선 39번이나 아사히카와선으로 갈아탄다.

소요 시간 3시간 10~30분 **운행** 고속 아사히카와호 07:00~00:30(배차 간격 20~40분) / 비에이·시로가네선 07:20~14:55(배차 간격 2~4시간) / 아사히카와선 09:55~19:30(배차 간격 1시간 30분~2시간)
요금 삿포로-아사히카와 2500엔(왕복 4700엔), 아사히카와-비에이 580~750엔 **홈페이지** www.dohokubus.com

> 비에이의 주요 관광지는 대중교통만으로는 접근하기 어려워 별도의 교통수단이 필요해요. 겨울철이 아니라면 자전거도 좋은 대안입니다.

비에이 시내 교통편

🚌 버스

39·42번 버스가 청의 호수와 흰수염폭포를 경유한다. JR 비에이역 앞(비에이 에키마에) 정류장에서 탑승한다.
운행 06:55~17:35(배차 간격 30분~2시간)
요금 청의 호수 800엔, 흰수염폭포 900엔
홈페이지 www.dohokubus.com/rosen_bus1.html

🚲 자전거

비에이역 인근 패치워크의 길을 돌아보고 싶다면 자전거를 이용한다. JR 비에이역 앞에 자전거 대여소가 여러 곳 있다. 다만 언덕이 있으니 전기 자전거를 이용하는 게 좋다.
요금 시간당 600엔 ※최소 대여 시간 4시간

후라노 가는 법

🚆 기차
비에이와 마찬가지로 삿포로에서 후라노로 가는 직행열차는 없다. JR 삿포로역에서 라일락·카무이선 등을 타고 JR 다키카와역에서 내려 네무로 본선으로 갈아탄다.

소요 시간 2시간 이상
운행 라일락·카무이선(오호츠크, 소야·사로베츠, 하코다테 본선 등) 06:29~22:00(배차 간격 40분~1시간) / 네무로 본선 06:10~21:59(배차 간격 1시간 21분~2시간 40분)
요금 4760~5540엔 **홈페이지** www.jrhokkaido.co.jp

🚌 버스
삿포로 에키마에 2번 정류장에 고속 후라노호高速ふらの号가 정차한다. 갈아탈 필요가 없고 요금이 저렴하다. ▶ **삿포로역 주변 버스 정류장 위치 정보 P.022**

소요 시간 2시간 37분 **운행** 08:43~17:20(배차 간격 2시간)
요금 편도 2700엔, 왕복 5100엔
홈페이지 www.chuo-bus.co.jp/highway

후라노 시내 교통편

🚌 버스
노선버스인 후라노 버스 라벤더호가 주요 관광지를 운행한다. 신 후라노 프린스 호텔을 출발해 JR 후라노역, 나카후라노 등을 거쳐 JR 비에이역, 아사히카와 공항, JR 아사히카와역까지 운행한다.

운행 06:30~16:05(배차 간격 1시간~1시간 50분)
요금 JR 후라노역 출발 기준: 신 후라노 프린스 호텔·나카후라노 260엔, JR 비에이역 650엔 **홈페이지** www.furanobus.jp

🚗 렌터카
비에이와 후라노에서는 렌터카를 많이 이용한다. 렌터카 영업소는 신치토세 공항, JR 삿포로역, 지하철 오도리역 주변에 있다. 렌터카 이용 시 국제운전면허증이 필요하다. 삿포로에서 출발할 경우 비에이까지 약 2시간 30분, 비에이에서 후라노까지는 약 40분 소요된다. ▶ **렌터카 정보 1권 P.124~127**

💡 이것만은 꼭! 삿포로-후라노 에리어 패스
비에이와 후라노 지역을 기차로 여행한다면 '삿포로-후라노 에리어 패스'를 구입하는 것이 가장 경제적이다. 신치토세 공항, 삿포로, 오타루, 후라노, 비에이, 아사히카와에서 4일간 사용할 수 있는데, 삿포로에서 비에이와 후라노를 한 번 왕복하는 기차표 가격과 비슷해 이 패스를 이용하는 게 크게 유리하다.
4일권 12세 이상 1만 2000엔, 11세 이하 6000엔
구입처 마이리얼트립, 클룩 등 여행 예약 사이트, JR 홋카이도 레일 패스 사이트

JR 홋카이도 레일 패스 안내

BIEI ZONE 1

비에이 패치워크의 길
パッチワークの路

일본에서 가장 아름다운 마을 풍경

홋카이도 겨울 여행의 꽃은 비에이다. 눈 덮인 설원이 끝없이 펼쳐진 풍경을 배경으로 서 있는 한 그루의 나무는 '여백의 미'의 극치를 보여준다. 여름이면 푸른 들판과 꽃밭으로 바뀌어 또 다른 아름다움을 선사한다. 비에이역을 중심으로 패치워크의 길과 파노라마 로드, 시로가네 온천 등 관광지가 몰려 있다.

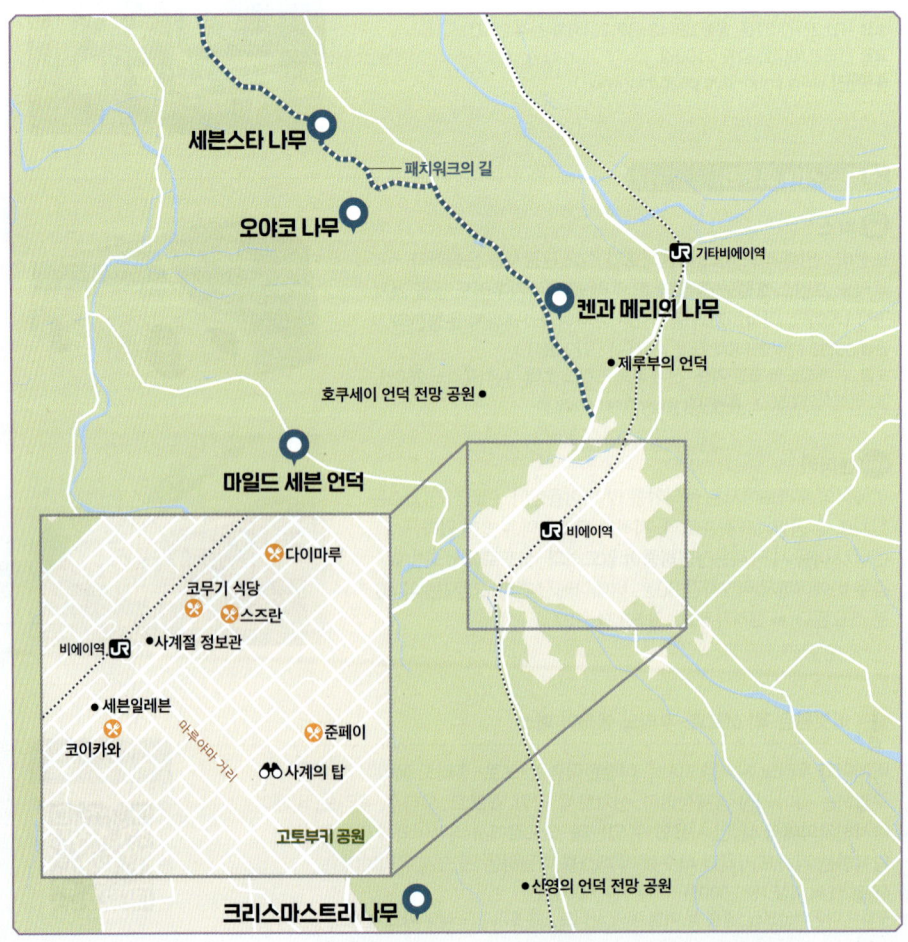

① JR 비에이역
JR 美瑛駅

📍 구글맵 비에이 역

광고에 등장하는 아름다운 석조 건축물

작은 역이지만 지역에서 채굴한 비에이 연석으로 지은 역사가 아름답다. 주변 관광지 못지않게 유명해 일본의 광고나 뮤직비디오에도 자주 등장한다. 특히 역 앞 거리에는 인근의 명산인 도카치다케를 형상화한 삼각 지붕의 건물들과 비에이 연석으로 지은 건축물들이 조화를 이룬다. 상점 간판에는 각 가게의 창업 연도가 적혀 있어 이 지역의 역사와 전통을 느낄 수 있다. 자연경관과 조화를 이루는 통일된 거리 풍경이 이곳만의 정취를 더한다. 인적은 드물지만 역을 중심으로 상점가와 식당, 카페, 우체국 등 주요 시설이 모여 있어 나름 활기찬 느낌을 준다. 역 광장에는 우뚝 솟은 시계탑 '라브니르의 종'과 하트 모양 조형물이 자리해 아기자기한 분위기다.

사계절 정보관 四季の情報館

비에이 관광의 다정한 안내자

JR 비에이역 바로 옆에 위치한 관광 안내소로, 비에이 관광에 필요한 모든 정보를 갖추었으며 무료 지도를 제공한다. 관광 명소를 순회하는 비에이 뷰 버스와 관광버스의 예약과 출발이 이곳에서 이루어져 렌터카를 이용하지 않는 관광객에게는 필수 코스다. 코인 로커가 있어 짐을 맡길 수 있으며 휠체어 대여 서비스도 운영해 모든 사람의 편리한 여행을 돕는다. 비에이 관광 기념품도 판매해 구경 삼아 들러도 좋다.

구글맵 사계절 정보관(관광안내소)
문의 0166 92 4378
운영 08:30~17:00(5~10월은 18:00까지)
휴무 연말연시
요금 코인 로커 개당 500엔
가는 방법 JR 비에이역에서 도보 1분

㊁ 사계의 탑 四季の塔

비에이 무료 전망대

JR 비에이역에서 550m 거리에 있는 전망대로, 비에이에서 유일한 무료 전망대다. 사계의 탑은 비에이초 마을 사무소 건물에 딸린 상징적인 건물로 높이가 32.4m에 달한다. 엘리베이터를 타고 최상층으로 올라가면 비에이 전경이 360도로 펼쳐지는 전망대가 나온다. 특히 눈 덮인 마을 풍경을 감상하고 싶다면 놓칠 수 없는 명소다.

📍 **구글맵** 사계의 탑 전망대 **문의** 0166 92 1111
운영 08:30~17:00(5~10월은 19:00까지)
휴무 11~4월 주말·공휴일·연말연시
가는 방법 JR 비에이역에서 도보 7분

㊂ 신영의 언덕 전망 공원
新栄の丘展望公園

패치워크 언덕이 한눈에 펼쳐지는 전망대

언덕 위에 있어 비에이 풍경을 360도로 감상할 수 있는 공원이다. 동쪽으로는 도카치다케 연봉, 서쪽으로는 마일드 세븐 언덕, 크리스마스트리 나무 등이 있는 패치워크 언덕이 자리해 있다. 여름부터 가을까지 샐비어, 해바라기 등 다양한 꽃이 피고 계절별로 변화무쌍한 풍경이 마치 한 폭의 그림처럼 펼쳐진다. 일몰 명소로도 유명하다.

📍 **구글맵** 신영의 언덕 전망공원(신에이노오카 전망공원)
문의 0166 92 4378(비에이초 관광협회)
가는 방법 JR 비에이역에서 자동차로 6분

④ 마일드 세븐 언덕
マイルドセブンの丘

📍 **구글맵** Mild seven hills
가는 방법 JR 비에이역에서 자동차로 10분

잘려 나간 낙엽송, 그보다 더 멋진 풍경

마일드 세븐과 비에이의 인연은 생각보다 오래되었다. 1976년 세븐스타 담뱃갑에 실린 세븐스타 나무에 이어 1978년 마일드 세븐 광고에 등장한 나무가 또다시 주목을 받으며 인기를 얻었다. 이로 인해 보리밭 위쪽에 일렬로 늘어선 낙엽송은 단숨에 사진 촬영 명소로 자리 잡았다. 그러나 관광객이 몰리면서 불편을 겪자 나무 소유주가 일부를 베어내 현재는 다섯 그루만 남아 있다. 그럼에도 여전히 운치 있는 풍경으로 많은 이들에게 사랑받고 있다.

이와는 별개로 '마일드 세븐 언덕'이라 불리는 장소가 있다. '또 하나의 마일드 세븐 언덕' 혹은 '옛 마일드 세븐 언덕'이라고도 불리는 이곳은 마일드 세븐 담뱃갑에 등장한 또 다른 풍경의 배경지다. 이 언덕 위의 나무 또한 낙엽송이지만 일렬로 늘어서 있다기보다는 서로 가까이 모여 있어 멀리서 보면 둥근 형태를 이룬다. 여름철 푸른빛으로 물든 풍경도 아름답지만 눈 덮인 겨울에 특히 진가를 발휘한다.

오후 12시에서 2시 사이, 태양이 나무 위로 떠오를 때 나무 그림자가 눈밭 위로 길게 드리워지는 신비로운 풍경은 비에이의 겨울을 상징하는 장면으로 손꼽힌다.

05 켄과 메리의 나무 ケンとメリーの木

넓은 밭에 우뚝 솟아 있는 포플러 나무

1972년 닛산 자동차 '스카이라인' 광고에 등장하면서 유명해진 수령 100년을 바라보는 포플러 나무다. 비에이를 상징하는 풍경 중 하나로, 광고에 등장한 커플 이름을 따서 켄과 메리의 나무로 부르게 되었다. 원래는 밭과 밭 사이 경계를 표시하기 위해 심은 것으로, 넓은 밭에 우뚝 서 있는 나무가 눈길을 사로잡는다. 겨울에 앙상한 가지만 남긴 채 새하얀 눈밭에 홀로 서 있는 모습은 고요하면서도 아름답다. 여름에는 잎사귀가 무성하게 자라 초록빛 들판과 선명한 푸른 하늘 사이에서 웅장한 존재감을 드러낸다. 주변 풍경도 계절에 따라 다채롭게 변화한다. 여름에는 유채꽃, 루피너스, 메밀꽃 등이 어우러지고, 가을에는 황금색 들판이 펼쳐지며, 겨울에는 눈 덮인 순백의 풍경으로 색다른 매력을 보여준다.

구글맵 Tree of Ken and Mary **가는 방법** JR 비에이역에서 자동차로 5분

 펜션 켄 & 메리 Pension Ken & Mary

켄과 메리의 나무 바로 옆에 자리한 노란색 외관의 펜션. 사계절 내내 영롱한 노란빛으로, 눈 덮인 겨울이든 초록으로 물든 여름이든 주변 풍경에 활기를 더한다. 세월의 흔적은 느껴지지만, 문을 열면 켄과 메리의 나무와 함께 펼쳐지는 전망이 일품이다.

06 세븐스타 나무
セブンスターの木

웨딩 촬영 명소

1976년 일본 담배 브랜드 세븐스타의 담뱃갑을 장식했던 나무다. 다른 나무와 달리 가까이 다가가 살펴볼 수 있다. 여름에는 푸른 잎이 무성해 아름다움을 더하며, 겨울에는 앙상한 가지만 남아 있지만 그 자체로 독특한 매력을 풍긴다. 일본인에게도 인기가 많아 결혼 시즌이면 주변이 사진을 찍으려는 사람들로 붐빈다. 인기 있던 자작나무 길은 주민들의 민원으로 2025년 1월에 사라지고 말았다.

구글맵 세븐스타 나무
가는 방법 JR 비에이역에서 자동차로 13분

07 오야코 나무 親子の木

엄마, 아빠 그리고 아이

동그스름한 형태의 두 그루 나무 사이에 작은 나무 하나가 있어 마치 부모가 아이 손을 잡고 있는 것처럼 보인다. 이곳에서 약간 떨어진 곳에 있는 나무를 '시어머니 나무'라 부르기도 한다. 나무 주변 밭에 보리와 감자 등 다양한 작물을 심어 시기마다 풍경이 달라진다. 멀리서 바라볼 때 가장 예쁘지만 그 지점에는 주차장이 없어 정차하기 어렵다. 따라서 이 나무를 보려면 달리는 차 안에서 감상하거나 도보로 직접 찾아가는 방법밖에 없다.

구글맵 오야코(부자)나무
가는 방법 JR 비에이역에서 자동차로 10분

08
크리스마스트리 나무
クリスマスツリーの木

겨울 비에이 풍경의 모델

겨울의 비에이를 유명하게 만든 일등 공신인 가문비나무. 눈 덮인 드넓은 벌판 한가운데 8m 높이로 우뚝 솟은 이 나무는 위쪽 가지가 크리스마스트리를 장식한 별처럼 생겨 이런 이름이 붙었다. 주변이 사유지라 가까이 가서 볼 수 없지만, 그 덕분에 오히려 적당한 거리감이 유지되어 많은 관광객이 몰려도 원하는 사진을 쉽게 얻을 수 있다. 어떤 위치에서든 멋진 사진이 나온다는 것도 큰 장점이다. 다만 사유지 안으로 조금이라도 들어가면 경적이 울리니 주의해야 한다.

구글맵 크리스마스 나무
가는 방법 JR 비에이역에서 자동차로 10분

이대로만 하면 베스트 인증샷

손으로 나무 받치기

나무를 손바닥에 올린 듯한 포즈를 취한다. 혼자도 가능하지만 두 사람이 함께 양손으로 나무를 받치고 있는 모양으로 사진을 찍으면 더욱 예쁘게 나온다.

나무를 사이에 두고 하트 만들기

두 사람이 나무를 가운데 두고 팔로 하트 모양을 만든다. 혼자서도 양팔로 하트를 만들어 귀여운 사진을 남길 수 있다.

⑨ 제루부의 언덕
ぜるぶの丘

자전거로 갈 수 있는 관광 농원

사계채의 언덕보다는 규모가 작지만 JR 비에이역과 비교적 가까워 부담 없이 갈 수 있는 관광 농원이다. 여름이면 라벤더, 해바라기, 양귀비, 팬지 등 약 3000송이의 꽃이 만발한다. 약 8만 m² 규모의 농원을 버기카를 타고 편하게 둘러볼 수 있다. 농원 안에는 카레덮밥과 양고기 덮밥, 소프트아이스크림 등을 파는 식당도 있다. 근처에 켄과 메리의 나무와 호쿠세이 언덕 전망 공원이 있어서 함께 돌아보기 좋다.

📍 **구글맵** 제루부언덕(제루부노오카) **문의** 0166 92 3160
요금 버기카 1인용 500엔, 2인용 800엔
홈페이지 biei.selfip.com **가는 방법** JR 비에이역에서 자동차로 5분

⑩ 호쿠세이 언덕 전망 공원 北西の丘 展望公園

비에이 일대의 풍경이 한눈에

비에이역 북서쪽에 5만 m² 규모의 정원과 피라미드형 전망대가 있는 공원이다. 전망대에 오르면 비에이의 구릉지대와 도카치다케산맥의 능선을 비롯해 주변 농원에서 자라는 라벤더, 해바라기, 양귀비 등의 꽃밭이 한눈에 내려다보인다. 공원 내에 관광 안내소도 있는데 주변 관광 명소에 대해 안내해주고 관광 지도를 제공한다. 기념품은 물론 커피와 음료 등을 판매해 여행 중 잠시 쉬어 가기도 좋다.

📍 **구글맵** 호쿠세이노오카 전망공원
문의 0166 92 4445
운영 5~10월 09:00~17:00
가는 방법 JR 비에이역에서 자동차로 5분

BIEI ZONE 2

비에이 파노라마 로드 & 시로가네 온천
パノラマロード & 白金温泉

비에이의 보석 같은 명소가 모인 곳

비에이의 파노라마 로드는 패치워크의 길 남쪽에 있으며, 주위를 360도 조망할 수 있는 고지대가 많은 인기 관광 루트다. JR 비바우시역을 중심으로 사계채의 언덕과 탁신관 등이 이 거리에 있다. 이 중 고속도로 휴게소인 미치노에키 비에이 시로가네 비루케부터 시로가네 온천까지 이어지는 4km의 길을 자작나무 가도白樺街道라 부른다. 1926년 도카치다케 분화 이후 자생한 자작나무 가로수 길로 '홋카이도 자연 100선'에 선정되었다. 이 길 끝에는 비에이 최고의 관광지인 흰수염폭포와 청의 호수가 있다.

01. 청의 호수 青い池

구글맵 청의호수 **문의** 0166 92 4321
(비에이타운 상업관광교류과)
운영 주차장 5~10월 07:00~19:00,
11~4월 08:00~21:30
요금 주차장 오토바이·전기 자전거 100엔,
자동차 500엔, 대형 버스 2000엔
가는 방법 JR 비에이역에서 도호쿠 버스
탑승, 약 25분 후 시로가네 아오이이케
입구에서 하차

신비로운 푸른 호수의 비밀

시로가네 온천에 있는 인공 연못이다. 신비로운 푸른빛, 일명 '비에이 블루' 색상을 띠고 있다. 이 호수는 도카치다케 화산 분화 이후 비에이 마을과 시로가네 온천 마을을 보호하기 위해 제방을 쌓는 과정에서 형성되었다. 주위를 둘러싼 아름다운 자연환경과 선채로 말라 죽은 낙엽송이 어우러져 환상적인 풍경을 이룬다. 가장 큰 매력은 계절마다 분위기가 달라지는 것이다. 봄이 되면 눈 녹은 물이 유입되면서 녹청색을 띠고, 여름은 사계절 중 물 색깔이 가장 아름다운 계절로 밝은 하늘색을 자랑하며, 가을에는 단풍이 들기 시작해 울긋불긋한 나무와 선명한 대비를 이룬다. 겨울에는 얼어붙은 연못 위에 눈이 쌓여 온통 새하얗게 변하는데, 연못 주변으로 조명을 설치해 환상적인 풍경이 펼쳐진다.

겨울 시즌 라이트업

 인증샷 필수, 청의 호수 아이스크림!

주차장에서 청의 호수로 향하는 길에 자리한 '청의 호수 선물 가게'에서는 청의 호수를 연상케 하는 파란색 디저트를 판매한다. 청의 호수 아이스크림과 아이스크림 소다가 인기 메뉴. 푸른 호수를 배경으로 소프트아이스크림을 들고 촬영을 하면 더없이 예쁜 사진을 얻을 수 있다. 파란색을 모티브로 한 인형 키링도 판매한다.

예산 청의 호수 아이스크림 600엔, 청의 호수 아이스크림 소다 1000엔

02 흰수염폭포 白ひげの滝

자연암 사이에서 솟아오르는 지하수

시로가네 온천 마을의 비에이강에 있는 폭포로, 물줄기가 흘러내리는 모습이 흰색 수염을 닮았다고 해서 흰수염폭포라고 부른다. 자연암 사이에서 솟아오른 지하수가 벽면을 따라 30m 낙차로 힘차게 흘러내려 일본 내에서도 보기 드문 풍경을 이룬다. 폭포 아래를 흐르는 비에이강은 청의 호수와 마찬가지로 신비로운 푸른색을 띠어 '블루 리버'라고도 부른다. 흰수염폭포를 더욱 가까이에서 볼 수 있도록 설치한 블루 리버 다리는 사진 촬영에도 최적의 장소다. 추운 겨울에도 얼지 않아 더욱 신비로운 흰수염폭포는 흰 수염처럼 떨어지는 물줄기, 하얀 눈으로 뒤덮인 암벽과 푸른 강의 선명한 색감 대비로 더욱 아름답다. 물줄기가 떨어지는 모습도 압권이라 청의 호수와 더불어 사진 촬영 명소로 꼽힌다. 겨울에는 야간에 조명을 밝혀 몽환적인 분위기의 풍경을 만날 수 있다.

블루 리버 다리

구글맵 흰수염폭포 **문의** 0166 92 4378(비에이초 관광협회) **가는 방법** JR 비에이역에서 도호쿠 버스 탑승, 약 30분 후 시로가네 온천びえい白金温泉에서 하차

청의 연못 & 흰수염폭포
야간 조명 운영 기간

기간 10월 25일~다음 해 4월 중순
시간 10~11월 17:00~21:00
12월 16:30~21:00
1월 17:00~21:00
2월 17:30~21:00
3월 18:00~21:00
4월 18:30~21:00

 숨은 SNS 명소, 자판기 앞 포토 스폿

흰수염폭포 주차장에는 또 하나의 사진 촬영 명소가 있다. 바로 빨간색 자판기 앞이다. 눈이 소복이 쌓이면 자판기의 선명한 컬러가 더욱 돋보여 홋카이도 특유의 겨울 분위기가 잘 담긴다. 무심한 듯 자연스러운 포즈로 사진을 찍어보자.

⓷ 시로가네 온천
白金温泉

천혜의 자연 속에서 즐기는 온천욕

흰수염폭포 주변에 자리한 온천 마을이다. 1950년 이 마을의 촌장 고가미 가쿠이치가 온천을 발견하고는 '땅속에서 솟아나는 백금과도 같은 귀중한 물'이라고 말한 데서 시로가네(백금)라는 이름이 붙었다. 숙박하지 않고 당일치기로 다녀올 수 있는 온천 호텔과 료칸이 여럿 있다. 그중 시로가네 온천 호텔 파크힐스는 흰수염폭포와 가까워 함께 다녀오기 좋다.

📍
구글맵 시로가네 온천 호텔 파크힐스
운영 11:00~21:00
요금 일반 1200엔, 6~12세 770엔, 3~5세 330엔, 타월 대여 330엔
홈페이지 www.biei-hotelparkhills.com/daytrip
가는 방법 흰수염폭포에서 도보 5분

시로가네 온천 호텔 파크힐스

⓸ 탁신관 · 자작나무 숲길 拓真館·白樺回廊

비에이에서 가장 아름다운 풍경을 사진으로 만나다

탁신관은 세계적으로 유명한 일본 풍경 사진가 마에다 신조가 1987년에 문을 연 사진 갤러리다. 작은 규모의 갤러리에 그가 찍은 비에이 풍경 사진을 중심으로 아들과 손자 3대에 걸쳐 촬영한 작품이 전시되어 있다. 사진에는 계절마다 변화하는 비에이의 생생한 아름다움이 담겨 있다. 무료입장인 전시관에는 사진 관련 굿즈를 판매하는 기념품점도 있다. 이곳이 유명한 이유는 갤러리뿐 아니라 갤러리를 둘러싸고 있는 자작나무 숲길 덕분이다. 겨울이면 눈 덮인 자작나무 숲이 환상적인 풍경을 이루어 사진 촬영 명소로 꼽힌다. 또 탁신관 건물 자체도 아름다워 사진 찍기에 좋다. 다만 대중교통으로 가기 어렵기 때문에 렌터카 이용이 필수다. 원데이 버스 투어에 포함되기도 하니, 이곳에 가려면 미리 코스를 확인하고 투어 상품을 선택한다.

📍
구글맵 탁신관 갤러리 **문의** 0166 92 3355
운영 10:00~17:00(11~3월은 16:00까지, 운영 시간 30분 전 입장 마감)
홈페이지 www.takushinkan.shop **가는 방법** JR 비에이역에서 자동차로 15분

⑤ 사계채의 언덕 四季彩の丘

꽃으로 만든 거대한 아트 캔버스

15만 m² 규모의 거대한 꽃밭이 펼쳐진 언덕이다. 넓은 언덕이 알록달록한 꽃으로 화려하게 물들어 환상적인 풍경을 이룬다. 5월에서 10월 사이에 샐비어, 패랭이, 튤립, 양귀비, 작약, 금잔화, 맨드라미, 해바라기 등의 꽃이 차례로 피어 긴 시즌 동안 꽃을 볼 수 있는 점도 매력적이다. 특히 7~9월에 가면 꽃이 가장 선명한 색을 띠어 더욱 풍경이 아름답다. 매년 약 30종류의 꽃을 심는 위치를 바꾸기 때문에 해마다 다른 풍경이 펼쳐지며, 꽃밭 자체를 캔버스 삼아 조성하는 예술 작품이 방문객에게 새로운 즐거움을 선사한다.

경사가 있고 면적이 넓어 구석구석 돌아보려면 시간과 체력이 많이 소요된다. 시간을 절약하고 편리하게 즐기려면 꽃밭 내 교통수단을 활용한다. 겨울에는 눈밭이 스노랜드로 변해 스노 래프팅과 스노 모빌 등 액티비티를 즐길 수 있다. 이곳의 알파카 목장에서는 먹이 주기 체험도 가능하다.

ⓘ
구글맵 사계채의 언덕 **문의** 0166 95 2758
운영 11~4월 09:10~17:00, 5 · 10월 08:40~17:00, 6~9월 08:40~17:30(알파카 목장은 30분 일찍 종료)
요금 7~9월 일반 500엔, 초등 · 중학생 300엔 ※트랙터 버스, 카트, 버기카, 알파카 목장 이용료 별도 / 12월 초~다음 해 4월 초 스노 래프팅 1000엔, 스노 모빌 1500엔(16세 이하 운전 불가, 키 102cm 이하 승차 불가)
홈페이지 www.shikisainooka.jp/kr
가는 방법 JR 비에이역에서 자동차로 12분, 또는 도보 25분

TIP! 언덕과 주변 풍경을 여유롭게 즐길 수 있는 교통수단

• **시키사이 노롯코호 (트랙터 버스)**
노선버스처럼 운행하며 주요 포토 포인트에서 정차해 촬영할 시간을 준다.

• **카트와 버기카**
넓은 언덕을 렌터카처럼 자유롭게 이동할 수 있어 편리하다.

FURANO ZONE 3

후라노
富良野

라벤더 향기 가득한 목가적 도시

후라노는 비에이에 비해 관광지 수는 많지 않지만 인기가 상당하다.
설질이 뛰어나고 교통이 좋은 스키장과 요정의 마을을 연상시키는 닝구르 테라스,
라벤더 꽃밭으로 유명한 팜 토미타는 사계절 내내 관광객의 발길을 끈다.
다행히 후라노의 주요 관광지는 비에이와는 달리 역 인근에 모여 있으며,
대중교통이 잘 갖춰져 있어 뚜벅이 관광객도 편하게 다닐 수 있다.

ⓞ1 팜 토미타
ファーム富田

구글맵 팜 토미타
문의 0167 39 3939
운영 4월 하순~9월 08:30~18:00, 10월~4월 중순 09:00~16:30(일부 매장 및 시설은 운영 시간 다름)
홈페이지 www.farm-tomita.co.jp
가는 방법 JR 라벤더바타케역에서 도보 8분

라벤더 향기 가득한 꽃밭 천국

후라노에 있는 수많은 라벤더밭 중 단 한 곳만 꼽으라면 단연 팜 토미타다. 아름다움과 편리함을 모두 갖춘 후라노의 대표적 관광지로, 지역의 여행 붐을 이끈 농장이다. 평지라 이동이 쉽고 꽃밭뿐 아니라 다양한 시설이 있으며 볼거리가 풍성하다.

드넓게 펼쳐진 라벤더밭의 풍경은 감탄이 절로 나올 정도다. 라벤더뿐 아니라 다양한 색상의 꽃이 줄지어 피어나 그림 같은 장면이 펼쳐진다. 꽃밭을 둘러싼 상점가에는 라벤더로 만든 다양한 상품을 파는 상점과 라벤더와 멜론 관련 디저트를 선보이는 카페가 있다.

무엇보다 농장이 매우 넓기 때문에 다 둘러보려면 나름의 전략이 필요하다. 먼저 홈페이지에 접속해 지도를 내려받고, 전체 구조를 파악하자. 그런 다음 대략적으로 모든 구역을 둘러보고 그중 마음에 드는 구역을 골라 사진을 남기는 게 좋다. 라벤더 개화 시기는 6월 말부터 8월 중순까지지만, 온실에서는 아름답게 꽃이 핀 라벤더와 제라늄 등을 언제라도 볼 수 있다. 6~8월 성수기에는 도보 여행자들의 편의를 위해 JR 라벤더바타케역을 임시 오픈한다.

개화 시기
6월 말~8월 중순 라벤더
6월 루피너스, 해당화 등
7월 라벤더, 양귀비, 끈끈이대나물꽃 등
8월 불로화, 달리아 등
9월 샐비어, 마리골드, 맨드라미 등

FOLLOW UP

라벤더와 달콤한 시간
팜 토미타 제대로 즐기기

홋카이도 여름의 하이라이트는 단연 라벤더꽃 구경이며 이를 제대로 즐길 수 있는 곳이 팜 토미타다. 드넓은 라벤더밭에서 사진을 찍고, 라벤더 향료로 만든 제품도 구입하며, 독특하고 신기한 라벤더 디저트를 맛볼 수도 있다.

① 다양한 풍경의 꽃밭에서 사진 찍기

팜 토미타는 사진 찍기에 최적화된 포토 스폿이 많다. 다양한 곳에서 사진을 찍어보자.

• 팜 토미타 표지판
'FARM TOMITA'라고 쓰인 영문 표지판 뒤로 펼쳐진 라벤더 꽃밭은 놓칠 수 없는 포토존이다. 표지판 주위에는 꽃을 심지 않아서 표지판 뒤쪽에서 촬영하기 좋다. 농장 곳곳의 표지판을 찾아 나만의 사진을 남겨보는 것도 재미있다.

• 라벤더 꽃밭 사잇길
팜 토미타에서는 꽃밭 안으로 들어가는 것이 금지되어 있지만 걱정하지 않아도 된다. 꽃밭 사이로 난 길에서 사진을 찍으면 마치 꽃밭 안에 있는 것처럼 보인다.

• 온실
라벤더 꽃밭 가운데 홀연히 자리한 유리 온실은 그 자체로 아름다운 피사체로 멋진 사진의 배경이 된다. 온실 안에는 창문 앞에 벤치가 하나 놓여 있는데, 벤치에 앉아 창문 너머로 보이는 라벤더 꽃밭을 배경으로 사진을 찍어도 잘 나온다.

TRAVEL TALK

사진 한 장이 후라노를 살리다

팜 토미타의 역사는 1950년대로 거슬러 올라갑니다. 당시 이 농장은 향료용 라벤더 재배로 번성했지만 1972년 무역 자유화 이후 향료 산업의 쇠퇴로 큰 위기를 맞았죠. 그런 농장을 다시 일으킨 건 JR 홋카이도 달력에 실린 한 장의 사진이었습니다. 그 사진으로 유명해진 팜 토미타는 지금까지도 후라노를 대표하는 관광지로 사랑받고 있습니다.

② 카페에서 아이스크림 & 멜론 먹기

팜 토미타에는 크게 두 가지 디저트가 있다. 부드럽고 향긋한 라벤더 향을 가미한 디저트와 후라노 멜론을 사용한 디저트다. 라벤더 소프트아이스크림은 첫 방문객이 가장 많이 선택하지만 라벤더 향이 화장품 냄새로 느껴지기도 해 호불호가 갈린다. 팜 토미타에 있는 카페에서 아이스크림이나 커피 등을 즐기며 느긋한 시간을 보낼 수도 있다.

- 라벤더 크림 퍼프
- 후라노 멜론 아이스크림
- 라벤더 소프트 아이스크림
- 라벤더 허니 푸딩
- 후라노 조각 멜론

③ 라벤더 관련 아이템 쇼핑하기

팜 토미타에서는 라벤더 관련 제품을 판매하기도 하는데, 특별한 향에 이끌려 하나쯤 구매하게 된다.

• 라벤더 플레이트

말린 라벤더를 이용해 벽에 걸 수 있는 작품으로 제작했다. 향기로우면서 시각적으로도 아름다워 선물용으로 인기다.

• 라벤더 포푸리

라벤더 향이 은은하게 나는 천연 포푸리는 그 자체로도 인기지만 부채나 키링, 방향제 등의 제품으로도 만들어 판매한다.

• 라벤더 화장품 · 비누

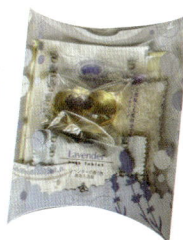

라벤더로 만든 비누와 화장수, 마스크 팩, 배스 파우더 등은 판매 1~5위를 기록하는 스테디셀러다. 인기 제품을 세트로 구성해 판매하기도 한다. 비싸지도 않고 실용적이라 선물용으로 좋다.

• 라벤더 차 · 잼

라벤더는 특유의 은은하고 고급스러운 향 덕분에 다양한 음식에 활용하기도 한다. 라벤더차는 스트레스를 줄이고 몸과 마음을 안정시키며, 라벤더 향을 첨가한 잼이나 사탕은 부담 없이 즐기기에 좋다.

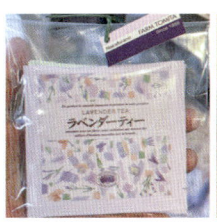 

02 닝구르 테라스
ニングルテラス

요정이 사는 통나무집 마을

'닝구르'는 홋카이도 원주민인 아이누의 민화에 등장하는 요정이다. 여기에서 아이디어를 얻어 조성한 숲속 마을이 닝구르 테라스다. 신 후라노 프린스 호텔 안에 자리하며, 자연을 모티브로 한 다양한 수공예품을 판매한다. 15채의 통나무집 형태 상점들로 이루어져 있으며, 산책로를 따라 가죽 공예품, 은 액세서리, 종이 공예, 목공예품 등 아기자기하고 독창적인 수공예품을 만나볼 수 있다. 겨울밤이면 눈에 반쯤 파묻힌 상점들이 노란 불빛을 밝혀 동화 속 한 장면 같은 환상적인 분위기를 자아낸다. 여름에는 푸른 자연 속에서 삼림욕을 즐기며 산책과 쇼핑을 동시에 할 수 있다. 계절마다 다른 매력을 선사하는 곳으로 실내 촬영은 금지되어 있다.

📍 **구글맵** 닝구르 테라스
문의 0167 22 1111 (신 후라노 프린스 호텔)
운영 7~8월 10:00~19:45,
9~6월 12:00~20:45
※상점마다 조금씩 다름
홈페이지 www.princehotels.co.jp/shinfurano/facility/ningle_terrace
가는 방법 JR 후라노역에서 도보 10분

03 후라노 스키장 富良野スキー場

홋카이도 최고의 파우더 스노

홋카이도 스키장은 모두 훌륭하지만 그중에서도 후라노 스키장은 홋카이도에서 가장 가볍고 보송한 파우더 스노를 즐길 수 있는 곳이다. 시즌마다 약 9m까지 눈이 쌓이기 때문에 파우더 스노 애호가들에게 특히 사랑받는다. 난이도에 따라 두 구역으로 나뉘는데, 경사가 완만한 기타노미네 구역과 경사가 가파른 후라노 구역이다. 28개 코스와 9개의 리프트가 있으며 가장 긴 슬로프는 4km다.
스키장 내 리조트에는 온천 시설도 있어 스키를 즐긴 후 피로를 풀기에 안성맞춤이다. 스노 모빌 등을 탈 수 있는 후라노 스노랜드도 있으며, 조명으로 환상적인 분위기를 만드는 스노 나이트 판타지 등의 행사도 열린다. JR 후라노역과 가까워 대중교통으로 갈 수 있다.

📍 **구글맵** 후라노 스키리조트
문의 0167 22 1111
운영 스키장 11월 말~5월 초 ※여름 시즌 운영 시간은 홈페이지 참고
요금 스키 시즌(11월 말~5월 초) 리프트 1일권 6000~7500엔 (보호자 동반 시 초등학생 이하 무료), 왕복권 3400엔 / 여름 시즌(7월~8월 중순, 10월 중순) 리프트 왕복권 일반 3100엔, 초등학생 1500엔, 미취학 아동 무료
홈페이지 www.princehotels.co.jp/ski/furano/winter
가는 방법 JR 후라노역에서 버스로 18분

04 후라노 와이너리 ふらのワイナリー

후라노 포도로 빚은 와인

1972년 후라노시 포도과수연구소로 시작한 와이너리로 빨간 지붕에 벽돌 건물이 인상적이다. 지금까지도 지역에서 수확한 포도만 사용해 와인을 빚는 전통을 고수하고 있다. 숙성 탱크와 생산 라인, 다양한 와인이 전시되어 있으며 와인 제조 과정과 포도 품종, 지역 역사에 대한 설명이 곁들여진다. 가장 인기 있는 코너는 단연 시음 공간으로 기본 와인 3종을 무료로 맛볼 수 있다. 좀 더 깊이 있는 맛을 즐기고 싶다면 프리미엄 와인을 유료로 시음할 수 있다. 건물 옆 라벤더 정원은 6~7월에 꽃이 만개해 또 다른 감동을 선사한다. 입장과 투어 모두 무료이며 단체 관람 시에는 사전 예약이 필요하다.

구글맵 Furano Winery
문의 0167 22 3242
운영 09:00~17:00
홈페이지 www.furanowine.jp
가는 방법 JR 후라노역에서 택시로 5분

05 후라노 치즈 공방 富良野チーズ工房

구글맵 후라노 치즈공방
문의 0167 23 1156 **운영** 09:00~17:00
홈페이지 www.furano-cheese.jp
가는 방법 JR 후라노역에서 택시로 10분(렌터카 이용 추천)

맛있는 후라노 우유가 더 맛있는 치즈로!

하얀 자작나무 숲에 자리한 후라노 치즈 공방은 신선한 현지 원유로 만든 수제 치즈 체험 공간이다. 1층에서는 유리창 너머로 치즈 제조실과 숙성고를 견학할 수 있다. 매주 2~5회 치즈를 제조하며, 원유가 치즈로 변해가는 과정을 눈앞에서 확인할 수 있다. 2층에는 치즈와 버터, 우유를 이용해 만든 디저트, 과자류 등을 판매하며, 3종 치즈 시식이 가능해 취향에 맞게 고를 수 있다. 그중 일본 최초의 와인 체다 치즈는 크리미하면서 풍미가 깊어 인기가 높다. 피자와 치즈 아이스크림도 맛이 좋기로 유명하며, 이곳 피자를 먹으려고 일부러 찾아오는 사람이 많다.

치즈 아이스크림

관광의 시작과 끝을 든든하게!
비에이 & 후라노 맛집

준페이 じゅんぺい

위치 JR 비에이역 **주메뉴** 에비동
🙂 → 비에이 인기 맛집 원톱
☹ → 예약이 어려움

구글맵 준페이 **문의** 0166 92 1028
운영 11:00~15:00(재료 소진 시 운영 종료)
휴무 월요일 **예산** 에비동 1100엔
홈페이지 youshokutocafejyunpei.com
가는 방법 JR 비에이역에서 도보 8분

TIP!
준페이 예약 시 유의 사항

"원데이 버스 투어 상품에서 '준페이 예약 가능'이라고 해서 예약했는데, 차가운 도시락을 받았어요." 이는 성수기마다 종종 보이는 리뷰다. 많은 관광 상품이 저마다 '예약 가능'과 '예약 보장'을 내세우는데 엄밀히 말해 둘은 다르다. '예약 가능'의 경우 현장에서 줄을 서야 하거나 도시락으로 대체되는 경우가 많다. '예약 보장'일 경우는 예약이 확정된다는 의미다. 그러나 이 경우에도 반드시 업체에 실제 예약이 된 것인지, 바로 입장이 가능한지 꼭 재확인해야 한다.

'비에이 맛집' 하면 단연코 준페이를 빼놓을 수 없다. 원데이 버스 투어 상품에서도 저마다 '준페이 예약 가능'을 내세울 정도로 인기가 높다. 대표 메뉴는 새우튀김을 올린 에비동(새우튀김덮밥)이다. 흔히 보는 메뉴지만 준페이 에비동은 차원이 다르다. 통통한 새우를 바삭하게 튀겨낸 뒤 고소하고 진한 비법 소스를 뿌리는데, 바로 이 소스가 자칫 느끼할 수 있는 새우튀김의 풍미를 한층 살려준다. 홋카이도산 생고기를 사용하는 돈카츠덮밥 역시 에비동과 우열을 가리기 힘들 정도다. 식사 메뉴뿐 아니라 커피, 소프트아이스크림 같은 후식 메뉴도 다양하니 식사 후 시간 여유가 있으면 함께 즐겨보는 것도 좋다.

코무기 식당 香麦食堂

위치 JR 비에이역　**주메뉴** 츠케멘, 야키멘
🙂 → 다양한 메뉴와 간식

고로케

JR 비에이역 인근에 있는 기념품점 겸 식당으로 카레, 우동, 라멘 등 다양한 메뉴가 있다. 대표 메뉴는 소스에 찍어 먹는 라멘인 츠케멘과 카레 우동, 야키멘이다. 고로케 맛집으로도 유명하며 감자 고로케와 카레 옥수수 고로케가 인기. 가게가 넓고 좌석이 넉넉해 혼잡한 시간에 가도 어렵지 않게 식사할 수 있다. 주문은 자판기를 이용하는데 한국어 표기도 있어서 메뉴 고르기가 수월하다. 기념품점 한쪽에서 쿠크다스 아이스크림으로 알려진 크레미아 아이스크림과 홋카이도 감자떡, 고로케, 햄버거 등을 팔아 가볍게 식사를 해결하기에도 좋다.

구글맵 Komugi syokudo　**문의** 0166 92 1028　**운영** 11:00~15:00
예산 츠케멘 930엔, 비에이 카레 110엔　**가는 방법** JR 비에이역에서 도보 4분

비에이 카레　　　츠케멘　　　카레 우동

다이마루 だいまる

위치 JR 비에이역
주메뉴 카레 우동, 돈카츠
🙂 → 다양한 메뉴, 저녁 영업
☹ → 신용카드 사용 불가

준페이 차선책으로 많이 선택하는 식당이다. 대표 메뉴는 카레 우동과 돈카츠, 에비동. 돼지고기, 밀, 쌀, 채소 등 모든 재료를 비에이와 홋카이도산 제철 식재료만 사용해 건강하면서도 맛있는 음식을 제공한다. 에비동은 통통한 새우를 바삭하게 튀겨내 만족스럽고, 돈카츠는 바삭한 튀김옷 안에 육즙이 가득해 입맛을 돋운다. 지역 특성상 우유도 빼놓을 수 없다. 비에이 우유를 곁들여 내는 세트 메뉴도 있고, 우유로 만든 푸딩도 이곳의 인기 메뉴다. 비에이역 인근에서 저녁 영업을 하는 몇 안 되는 식당 중 하나다.

구글맵 다이마루
문의 0166 92 3114
운영 11:00~15:00, 17:00~19:30
휴무 수요일
예산 카레 우동(비에이 우유 포함) 980엔, 돈카츠 980엔
홈페이지 daimaru-biei.wixsite.com/daimaru
가는 방법 JR 비에이역에서 도보 7분

코이카와 鯉川

위치 JR 비에이역
주메뉴 돈카츠, 덮밥
😊→ 넓은 실내와 넉넉한 좌석

1953년부터 70여 년간 영업을 이어온 전통 있는 식당이다. 개업 당시 정원 연못에 잉어가 헤엄치고 있다고 해서 '코이카와'라는 이름이 붙었다. SBS 프로그램 <수학 없는 수학여행>에 등장하며 한국인들에게 더욱 유명해졌다. 단체 손님에 대비해 1, 2층의 넓은 공간을 갖추고 있으며 2층은 다다미방으로 되어 있어 여유롭게 식사하기 좋다. 재료는 비에이와 홋카이도산만 사용하는데, 특히 쌀은 비에이에서 생산한 유메피리카를 사용해 밥맛이 좋다. 덮밥, 카레, 소바, 돈카츠 등 메뉴가 다양하며 그중 마파두부와 돈카츠, 미니 소바로 구성된 중화 덮밥이 인기 있다. 성수기에는 메뉴를 단일화해 세 가지 세트로 판매한다.

구글맵 코이카와 **문의** 0166 92 1069
운영 11:00~14:00, 19:00~21:00(운영 시간 30분 전 주문 마감)
휴무 일요일 점심 **예산** 중화 덮밥 1450엔 **홈페이지** koikawa5151.com
가는 방법 JR 비에이역에서 도보 3분

스즈란 喫茶 すずらん

위치 JR 비에이역 **주메뉴** 가정식, 커피
😊→ 비에이산 재료로 만든 가정식 ❗→ 현금 결제만 가능

1961년에 문을 열어 비에이에서 가장 오래된 역사를 자랑하는 전통 있는 카페 겸 식당이다. 내부는 레트로풍으로 꾸며 오랜 세월의 흔적과 따뜻한 정취가 느껴진다. 특히 초대 주인의 레코드 컬렉션을 1970년대에 제작한 스테레오로 재생해 옛 감성을 불러일으킨다. 인기 메뉴는 비에이산 채소를 주재료로 만든 건강한 가정식 이로도리 런치로 우리나라 백반처럼 7~8가지 반찬과 국이 함께 나온다. 월·수·금요일에는 오전 9시에 문을 열어 음료, 토스트, 샐러드, 달걀 등으로 구성된 아침 메뉴도 제공한다.

구글맵 스즈란
문의 0166 64 6252
운영 11:00~15:00
(월·수·금요일은 09:00부터)
휴무 목요일, 첫째·셋째 주 수요일
예산 이로도리 런치 1300엔,
아침 메뉴 800엔, 블렌드 커피 500엔
홈페이지 suzuran.coffee
가는 방법 JR 비에이역에서 도보 5분

유아독존 唯我独尊

위치 JR 후라노역　**주메뉴** 오므카레
😊 → 직접 만든 수제 소시지　😕 → 현금 결제만 가능

이름만큼이나 개성 넘치는 분위기의 오므카레 전문점으로, JR 후라노역 인근에서는 독보적인 인기를 얻고 있다. 지역 명물인 오므카레 맛집이지만 카레 못지않게 소시지도 유명하다. 이곳에서 직접 만든 수제 소시지는 풍부한 육즙과 탱글탱글한 식감이 일품이다. 카레 소스는 요청하면 리필도 가능하다. 벽면에 명함과 사진 등이 장식처럼 빼곡히 붙어 있어 아늑한 산장 분위기를 연출한다.

구글맵 유아독존　**문의** 0167 23 4784
운영 11:00~15:30, 17:00~21:00(공휴일·주말은 브레이크 타임 없음)
휴무 월요일　**예산** 오믈렛 & 홈메이드 소시지 카레 1980엔
인스타그램 @yuigadoxon　**가는 방법** JR 후라노역에서 도보 4분

토미타 멜론 하우스
とみたメロンハウス

위치 JR 라벤더바타케역
주메뉴 아이스크림, 빵, 멜론
😊 → 멜론 디저트 명가
😕 → 6~9월에만 운영

구글맵 토미타 멜론 하우스
문의 0167 39 3333
운영 09:00~17:00(6~9월만 운영)
휴무 10~5월
홈페이지 www.tomita-m.co.jp
가는 방법 JR 라벤더바타케역에서 도보 9분

홋카이도 최고 멜론은 유바리 지역 멜론이지만 후라노 멜론도 당도가 높은 걸로 유명하다. 후라노 멜론이 출하하는 6~9월에만 운영하며 신선한 멜론뿐 아니라 식사와 디저트까지 다양한 메뉴를 선보인다. 특히 멜론 젤리와 멜론 샌드위치 등 멜론을 이용해 만든 디저트를 추천한다. 팜 토마토와 가까워 함께 돌아보기 좋다.

Another Trip

눈밭을 아장아장 걷는 펭귄들의 산책
아사히야마 동물원 旭山動物園

일본 최북단 아사히카와에 있는 동물원으로, 겨울 시즌에 열리는 '펭귄들의 산책' 이벤트로 특히 유명하다.
눈밭을 아장아장 걷는 펭귄을 울타리 없이 가까이에서 볼 수 있어 인기가 높다.
펭귄의 산책을 보기 위해 일부러 아사히카와를 찾는 관광객이 있을 정도다.

아사히야마 동물원은 자연에 가까운 환경을 조성해 동물의 본래 습성을 살리는 '행동 전시'로 유명하다. 이에 따라 수중과 지상을 넘나드는 다채로운 구조물을 설치해 투명 터널을 자유롭게 헤엄치는 펭귄, 원기둥 수조를 누비는 물범, 17m 높이의 공중 통로를 오가는 오랑우탄 등을 볼 수 있다. 하마관은 수면 아래에서 하마의 움직임을 관찰할 수 있는 구조로 설계했으며 '두루미관', '에조사슴의 숲', '홋카이도산 동물사' 등 지역 생태계를 관찰할 수 있는 전시관도 있다. 일요일과 공휴일에는 북극여우, 부엉새, 침팬지 등 동물에 대한 깊이 있는 해설을 들려주는 원포인트 가이드가 이루어진다. 겨울 시즌에 가장 인기 있는 이벤트인 '펭귄들의 산책'은 매년 12월 하순부터 3월 중순까지 하루 2회(오전 11시, 오후 2시 30분) 진행한다. 매회 15~18마리의 임금펭귄이 약 500m 코스를 30분 정도 산책한다.

구글맵 아사히야마 동물원
운영 1월 2일~ 4월 7일,
11월 11일~12월 29일 10:30~15:30 /
4월 29일~10월 15일 09:30~17:15 /
10월 16일~11월 3일 09:30~16:30
휴일 11월 4~10일, 12월 30일~1월 1일
요금 고등학생 이상 1000엔,
중학생 이하 무료
홈페이지 www.city.asahikawa.
hokkaido.jp/asahiyamazoo
가는 방법 JR 아사히카와역 앞 버스 정류장에서 아사히야마 동물원행 버스 탑승, 약 40분 후 종점에서 하차

TRAVEL TALK

걷는 게 힘들다면 무료 셔틀버스 이용 아사히야마 동물원에는 정문, 서문, 동문 총 3개의 출입구가 있어요. 정문은 JR 아사히카와역에서 버스 이용 시 가장 가까운 위치에 있으며, 동문까지는 완만한 언덕길이 이어집니다. 이 언덕길이 부담스럽다면 정문과 동문을 연결하는 무료 셔틀버스(배차 간격 10분)를 타고 가세요.

절대 놓치지 말아야 할
아사히야마 동물원 4대 전시관

드넓은 아사히야마 동물원에서 절대 놓치지 말아야 할 주요 전시관으로, 동물들이 야생에 가까운 환경에서 자유롭게 움직이는 모습을 다양한 각도에서 관찰할 수 있다.

펭귄관 ペンギン館
임금펭귄, 젠투펭귄, 훔볼트펭귄, 바위뛰기펭귄이 서식하고 있다. 360도로 둘러볼 수 있는 수중 터널에서는 펭귄이 마치 하늘을 날 듯이 헤엄치는 모습을 관찰할 수 있다. 또 옥외 방사장에서는 펭귄이 걸어 다니는 모습을 가까이에서 볼 수 있다.

북극곰관 ほっきょくぐま館
2개의 전시 공간 중 한쪽 전시장에는 거대한 수영장이 설치되어 있어 북극곰이 수영하는 모습을 관찰할 수 있다. 또 다른 전시장에서는 해자(도랑)를 활용한 울타리 없는 방사장을 통해 땅 위를 거니는 북극곰의 모습을 가까이에서 볼 수 있다.

물범관 あざらし館
물범의 생태를 생생하게 재현한 전시 공간이다. 물범의 야생 서식 환경을 재현하기 위해 흰꼬리독수리와 큰재갈매기도 함께 사육한다. 실내에는 물범 특유의 유영 동작을 관찰할 수 있는 원통형 수조와 대형 수조가 있다.

레서판다관 レッサーパンダ舎
약 3.5m 높이의 다리 위를 건너거나 나무에 오르고, 나무 기둥 위에서 잠을 자고, 장난치는 레서판다의 모습을 볼 수 있다. 더 가까이에서 보고 싶다면 관찰 구역으로 가면 된다. 레서판다가 밥을 먹는 귀여운 모습을 가까이에서 볼 수 있다.

동물들이 밥 먹는 시간 '모구모구' 타임

동물원에서 빼놓을 수 없는 즐거움은 체험 프로그램이다. 사육사가 먹이를 주는 모구모구(우물우물) 타임과 동물 해설 프로그램을 진행한다. 다만 동물들의 컨디션과 날씨 등을 살펴 매일 아침 체험 일정이 확정되므로 당일 아침 홈페이지에서 일정을 확인하고 가는 것이 좋다.

오비히로
帯広

미식과 정원의 도시

홋카이도 도카치 평야 한가운데에 위치한 오비히로는
아름다운 자연 풍경과 개성 있는 음식 문화로 잘 알려져 있다.
밥 위에 돼지고기를 올린 부타동의 본고장이며, 롯카테이·류게츠 같은
유명 과자 브랜드의 본점이 자리해 있다.
베이커리와 디저트 가게도 많아 미식의 도시로도 꼽힌다.

오비히로 가는 법

🚆 **기차**
JR 삿포로역에서 오조라 특급열차를 타고
JR 오비히로역에서 하차 (2시간 50분 소요)

🚌 **버스**
JR 삿포로역 앞 4번 버스 정류장에서 오비히로 뉴스타호를 타고 오비히로 에키마에 정류장에서 하차 (3시간 28분 소요)

✈️ **비행기**
청주 공항 ↔ 오비히로 공항
비정기적 월·수·금요일 직항 편 운항
(2시간 30분 소요)

01 홋카이도 가든 가도 北海道ガーデン街道

아름다운 정원이 있는 길

아사히카와와 도카치를 잇는 약 250km의 길을 따라 8개의 정원이 들어선 길을 '가든 가도'라고 부른다. 도카치, 오비히로 지역에는 총 네 곳의 정원이 있어 드라이브하면서 돌아보기 좋다. 방문 최적기는 꽃이 피는 봄과 단풍이 물드는 초가을이다.

운영 4~10월(정원마다 다름)
요금 정원마다 입장료 다름
홈페이지 www.hokkaido-garden.jp

① 마나베 가든 真鍋庭園

구글맵 Manabe Garden
홈페이지 www.manabegarden.jp

일본 최초의 수목 전문 가든으로 유럽 정원, 일본 정원, 풍경 정원으로 나뉘어 있다. 희귀한 침엽수가 빼곡히 들어서 있으며, 세계 여러 지역에서 수집한 수천 종의 나무와 꽃, 식물도 많다. 야생 조류와 다람쥐도 서식한다.

② 시치쿠 가든 紫竹ガーデン

구글맵 시치쿠 가든
홈페이지 shichikugarden.com

'꽃의 할머니'라 불리는 시치쿠 아키요가 조성한 정원으로, 계절마다 2500종 이상의 꽃이 만발한다. 꽃을 사랑하는 삶이 깃들이 있어 힐링 장소라는 평가를 받는다. 정원에서 채취한 허브를 음식과 디저트에 사용하는 카페와 레스토랑도 있다.

③ 롯카노모리 六花の森

구글맵 로카노모리
홈페이지 www.rokkatei.co.jp/facilities

롯카테이 제과 회사에서 운영하는 정원. 과자 포장지의 야생화 그림에서 영감을 받아 조성했으며, 여섯 가지 야생화가 계절별로 꽃을 피운다. 현재 크로아티아의 오래된 전원주택을 옮겨와 갤러리로 운영하는데 이 건물이 이곳의 특별한 풍경을 완성한다.

④ 도카치 천년의 숲 十勝千年の森

구글맵 도카치 센넨노모리
홈페이지 www.tmf.jp

자연을 제어하고 꾸미기보다는 자연과 공존하고 본래의 생태계를 존중한다는 철학으로 조성한 공원. 총 5개의 가든으로 구성된 대규모 공원으로 넓은 구역을 세그웨이(1인용 스쿠터)로 둘러볼 수 있다. 그 외에 승마, 치즈 만들기, 동식물 관찰 프로그램 등이 마련되어 있다.

02 기타노야타이 北の屋台

구글맵 기타노 야타이(북쪽의 포장마차)
문의 0155 23 8194
운영 18:00~24:00
홈페이지 kitanoyatai.com
가는 방법 JR 오비히로역에서 도보 5분

운치 있는 포장마차 골목

JR 오비히로역 앞에 있는 포장마차 골목이다. 이자카야, 바, 프렌치 전문점, 중화요리점, 한국 요리점 등 20개의 다양한 가게가 모여 있다. 특이하게도 한 가게에서 다른 가게 음식을 배달해 함께 먹을 수 있다. 실내는 좁지만 야외 좌석이 있어 운치를 더한다. 다만 대부분 현지인을 대상으로 운영하다 보니 일본어가 통하지 않으면 이용하기 어려운 곳이 있고, 가격대도 다소 높은 편이다.

③ 롯카테이 오비히로 본점 六花亭 帯広本店

사쿠사쿠 파이

마루세이 버터샌드의 고향

홋카이도를 대표하는 명과 브랜드 롯카테이의 본점. 1933년 개점 이후 지금까지 한자리를 지켜오고 있다. 대표 상품인 마루세이 버터샌드를 비롯해 다양한 종류의 과자가 진열된 것은 다른 지점과 비슷하지만, 사쿠사쿠 파이는 여기서만 판매한다. 2층 카페에서는 커피와 디저트, 피자, 계절 메뉴까지 즐길 수 있다.

구글맵 롯카테이 오비히로 본점 **문의** 0120 12 6666
운영 09:00~18:00 **휴무** 수요일
홈페이지 www.rokkatei.co.jp
가는 방법 JR 오비히로역에서 도보 7분

④ 부타동노판초 豚丼のぱんちょう

도카치 대표 음식 부타동의 원조

홋카이도 도카치의 대표적인 지역 음식인 부타동은 1933년에 문을 연 부타동노판초 창업자가 지역산 돼지고기에 당시 인기 있던 장어덮밥의 달콤한 소스를 응용해 탄생시킨 요리다. 이곳에서는 원조의 명성답게 누구나 좋아할 만한 부타동을 선보인다. 돼지고기는 직화로 구워 은은한 불 맛이 배어 있고, 깊고 진한 비법 소스가 한층 입맛을 돋운다.

구글맵 부타동노 판쵸 **문의** 0155 22 1974
운영 11:00~19:00 **휴무** 월요일 **예산** 부타동 1050엔~
가는 방법 JR 오비히로역에서 도보 2분

⑤ 도카치무라 とかちむら

신선한 지역 식재료와 맛집이 모인 쇼핑 타운

오비히로의 대표 명소인 오비히로 경마장 안에 자리한다. 경마 경기가 없는 날에도 운영하며, 홋카이도 개척의 역사를 소개하는 말 기념관 등 전시 시설도 있다. 도카치의 신선한 채소와 우유, 치즈, 오미야게 등을 판매하는 직판장이 있고 오비히로 명물 부타동과 디저트 등 지역 음식을 즐길 수 있는 식당과 카페도 모여 있다.

구글맵 TOKACHIMURA **문의** 0155 34 7307
운영 10:00~17:00 **홈페이지** www.tokachi-mura.com
가는 방법 JR 오비히로역에서 도보 5분

시레토코
知床

홋카이도의 마지막 비경

시레토코반도는 홋카이도에서 유일하게 유네스코 세계자연유산으로 지정된 곳으로, '인간의 손이 쉽게 닿지 않는 마지막 대자연'이라 불린다. 이곳에서는 온천이 흐르는 폭포와 깊은 원시림, 고요한 호수는 물론, 길을 걷다 다양한 야생동물이나 희귀종을 마주칠 수도 있다.

시레토코 가는 법

🚆 기차
JR 삿포로역에서 오호츠크 특급열차를 타고 JR 아바시리역 하차. 센모 본선이나 시레토코 에어포트 라이너 버스로 갈아탄 뒤 JR 시레토코샤리역(샤리 버스 터미널)에서 하차(6~9시간 소요)

🚌 버스
삿포로 버스 터미널에서 야간 버스 이글라이너를 타고 샤리 버스 터미널 혹은 다음 정류장 우토로 온천 버스 터미널에서 하차(7시간 소요)

· 샤리 버스 주식회사
홈페이지 www.sharibus.co.jp
문의 0152 23 5521

01

시레토코 5호
知床五湖

원시 자연을 따라 걷는 길

원시림에 둘러싸여 있는 5개의 호수로, 크기와 형태가 제각각이라 각기 다른 매력을 지닌다. 호수를 따라 나 있는 나무 덱 산책로와 흙길 트레킹 코스를 걸으면 계절마다 다른 풍경을 감상할 수 있다. 특히 곰이 출몰하더라도 안전하게 경치를 감상할 수 있도록 조성한 800m의 고가 산책로(고가 목도)에서는 첫 번째 호수를 가까이에서 바라볼 수 있으며, 시레토코산과 오호츠크해까지 한눈에 담긴다.

구글맵 시레토코고코 문의 0152 24 3323 운영 4월 말~11월 초
홈페이지 www.goko.go.jp 가는 방법 샤리 버스 터미널에서 시레토코선 버스 승차, 시레토코고코 정류장에서 하차

⓶ 시레토코 고개 知床峠

하늘과 바다를 잇는 길목

시레토코 국립공원이 위치한 샤리초 우토로와 라우스초를 잇는 시레토코 횡단 도로 정상부, 해발 738m에 자리한 고개다. 탁 트인 경관 덕분에 드라이브 코스로 인기가 높다. 정상에 오르면 쿠릴 열도까지 이어지는 광활한 바다가 시야에 들어온다. 시레토코 횡단 도로는 11월부터 4월까지는 통행이 금지되는데 개통 직전 단 하루, 눈으로 형성된 거대한 설벽 사이를 걷는 프로그램인 '시레토코 설벽 워크'를 진행한다.

📍
구글맵 Shiretoko Pass Lookout
문의 0153 87 2126 **운영** 4월 말~11월 초
홈페이지 kanko.rausu-town.jp/spots/view/1
가는 방법 샤리 버스 터미널에서 시레토코선 버스 승차, 우토로 온센 버스 터미널에서 라우스선으로 갈아탄 뒤 시레토코토게 정류장에서 하차(1시간 40분 소요)

⓷ 유빙 워크

겨울 바다의 장관

겨울철 유빙으로 뒤덮인 오호츠크해를 가까이에서 볼 수 있는 프로그램이다. 신발과 일체형으로 된 전용 드라이슈트를 착용하고, 바다를 가득 메운 유빙 위를 직접 걸어보거나, 바닷속으로 들어가 얼음 사이에 둥둥 떠보는 색다른 경험을 할 수 있다. 이 프로그램은 우토로 온센 버스 터미널 인근의 신라Shinra(시레토코 자연 가이드 투어)에서 진행한다.

📍
구글맵 Shinra **문의** 0152 22 5522
운영 2월 초~3월 말 **요금** 체험비 7500~8000엔
홈페이지 www.shinra.or.jp
가는 방법 샤리 버스 터미널에서 시레토코선 버스 승차, 우토로 온센 버스 터미널에서 하차(50분 소요)

⓸ 카무이왓카 온천 폭포 カムイワッカ湯の滝

따뜻한 물줄기가 쏟아지는 폭포

온천수가 흐르는 특별한 폭포로, 물줄기를 따라 약 1시간 동안 트레킹할 수 있는 이색 체험지다. 상류로 올라갈수록 수온이 점차 높아져 최종 목적지인 '네 번째 폭포'에서는 약 35~38℃의 따뜻한 물을 만날 수 있다. 물 위를 걸어야 하므로 미끄러지지 않도록 워터슈즈를 준비해 가거나 현장에서 대여해야 한다. 온라인 사전 예약 필수.

📍
구글맵 카무이왓카 온천 폭포 **문의** 0152 22 2125
운영 7~9월 **요금** 고등학생 이상 2200~3000엔, 초등·중학생 550~750엔
홈페이지 www.goshiretoko.com/kamuywakka
가는 방법 샤리 버스 터미널에서 시레토코선 버스 승차, 시레토코 자연 센터에서 셔틀버스로 갈아탄 뒤 카무이왓카유노타키 정류장에서 하차(2시간 소요)

HAKODATE

하코다테
函館

하코다테는 1859년 요코하마, 나가사키와 함께 일본 최초의 국제무역항으로 개항한 도시다. 삿포로에서 기차로 약 4시간 거리로, 시간 여유가 없으면 여행하기 어려운 곳이지만 특유의 로맨틱한 분위기 덕분에 여행 만족도는 높은 편이다. 천천히 지나가는 노면전차, 100년 전 건물을 개조한 카페와 레스토랑, 붉은 벽돌 창고가 줄지어 선 항구 등이 어우러진 풍경은 한 폭의 그림과도 같다. 이러한 매력 덕분에 일본인이 뽑은 매력적인 도시 1위*에 선정되기도 했다.

*브랜드 종합 연구소의 '시구정촌(일본의 모든 행정구역) 매력도 랭킹 2024' 결과

항구도시

성지 순례

별 모양 요새

레트로풍

야경 명소

일본인이 뽑은 매력적인 도시 1위

럭키 삐에로

하코다테

Best Course
핵심 명소만 콕콕!
하코다테 1박 2일 일정

하코다테는 삿포로에서 거리가 꽤 되어서 여행 일정을 최소 1박 2일은 잡아야 한다. 대부분의 관광지가 도보로 이동 가능하지만, 고료카쿠는 도심에서 떨어져 있어 동선을 나눠 계획하는 게 효율적이다. 특히 '홋카이도의 3대 야경' 중 하나로 꼽히는 하코다테 야경 감상은 필수 코스다.

TRAVEL POINT

➡ **이런 사람 팔로우!** 여유 있는 홋카이도 여행을 계획한다면
➡ **여행 적정 일수** 1박 2일
➡ **주요 교통수단** 도보, 노면전차
➡ **사전 예약 필수** 홋카이도 레일 패스
➡ **여행 준비물과 팁** 겨울에는 방수 부츠와 따뜻한 패딩, 여름에는 편한 운동화와 모자나 양산

DAY 1 하코다테항 산책

JR 하코다테역 → (노면전차 9분+도보 3분) → 하치만자카 → (도보 3분) → 모토마치 공원 → (도보 1분) → 옛 하코다테구 공회당 → (도보 1분) → 점심 식사 🍴 키쿠이즈미 P.270 → (도보 11분) → 베이 에어리어 → (도보 1분) → 가네모리 아카렌가 창고 → (도보 1분) → 럭키 삐에로 마리나 스에히로점 → (도보 13분) → 로프웨이 승강장까지 도보 13분 → 하코다테산 전망대에서 야경 감상

DAY 2 가네모리 아카렌가 창고

하코다테 아침 시장 → (노면전차 16분+도보 11분) → 고료카쿠 타워 → (도보 1분) → 고료카쿠 → (노면전차 13분+도보 30분) → 하코다테시 열대식물원, 유노카와 온천 → (버스 30분) → JR 하코다테역 (또는 하코다테 공항)

고료카쿠

하코다테 교통 정보

홋카이도의 다른 도시와 달리 하코다테는 접근할 수 있는 선택지가 여럿 있다. JR 삿포로역에서 특급열차로 갈 수 있고, 제주항공에서 운항하는 직항 항공편을 이용하면 시간 낭비 없이 훨씬 효율적인 여행 동선을 계획할 수 있다.

하코다테 공항으로 입국

비정기적이지만 제주항공이 운항하는 직항 편은 하코다테 여행에 최적의 루트다. 삿포로에서 긴 시간 동안 기차나 버스로 가는 대신 하코다테 공항을 이용하면 도착 즉시 여행을 시작할 수 있다. 삿포로 등 다른 도시도 여행할 경우 '하코다테 공항 도착, 신치토세 공항 출발'처럼 공항을 다르게 설정하면 홋카이도 여행이 더 효율적이다.

TIP!
하코다테 공항 국제선 터미널에는 인포메이션 데스크와 항공사 카운터, 화장실 이외에 어떠한 시설도 없다. 식당, 편의점 등을 이용하려면 바로 옆 국내선 터미널로 이동해야 한다.

하코다테 공항에서 시내로 이동

🚌 공항 셔틀버스

하코다테 공항에서 유노카와 온천, JR 하코다테역, 베이 에어리어 등 주요 관광지까지 연결한다. 비행기 도착과 출발 시간에 맞춰 운행해 그 외의 시간에는 이용이 불가능하다. 따라서 비행기에서 내려 신속히 셔틀버스 정류장으로 이동하는 것이 좋다.
소요 시간 JR 하코다테역까지 20분 **운행** 07:10~20:20(배차 간격 10분~1시간 25분) **요금** 300~700엔(미취학 아동은 반액)
홈페이지 www.hakotaxi.co.jp/shuttlebus/airport-ko.shtml

🚕 택시

공항 앞에는 항상 택시가 대기 중이다. 하코다테 공항이 시내와 가까워 부담 없이 이용할 수 있다. 시간이 충분치 않거나 짐이 많을 때는 택시를 이용하는 게 좋다. 하코다테 공항에서 유노카와 온천까지는 약 4.1km로 요금은 2000~2640엔 정도 나온다.
기본요금 1.4km 이내 소형차 560엔, 중형차 580엔

🚗 렌터카

하코다테 공항이나 JR 하코다테역 주변에 렌터카 영업소가 많다. 하코다테 공항에서 JR 하코다테역까지는 약 18km로 30~40분이면 도착한다. 12~3월에는 노면이 얼어붙어 있거나 눈이 쌓여 운전하기 어려우므로 겨울 길에 익숙하지 않은 경우 운전은 추천하지 않는다.

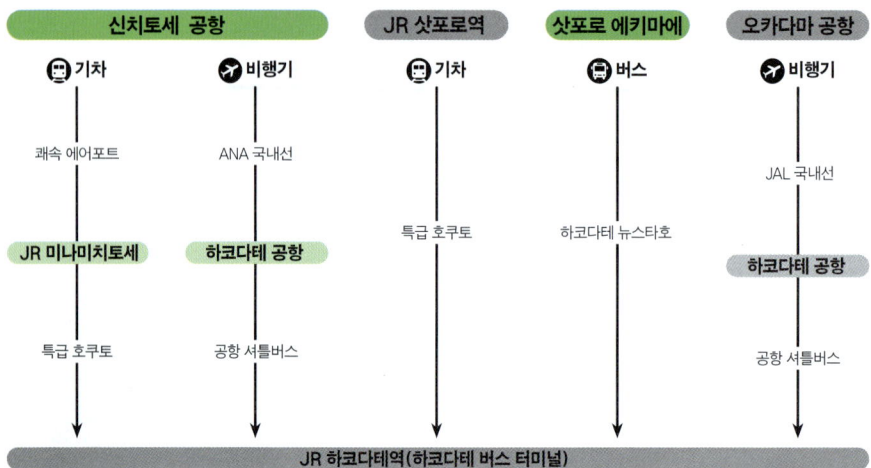

신치토세 공항에서 출발

🚆 기차
JR 신치토세 공항역에서 출발해 JR 미나미치토세역에서 특급 호쿠토 열차로 환승한다. 가장 효율적인 방법이지만 요금이 비싸므로 홋카이도 레일 패스를 이용하는 것이 좋다.
소요 시간 3시간 45분 **운행** 호쿠토 07:23~22:09(배차 간격 1시간)
요금 12세 이상 8910(지토세선)~9750엔(쾌속 에어포트), 6~11세 반액

✈ 비행기
신치토세 공항에서 하코다테로 가는 가장 빠른 방법은 국내선 항공기를 이용하는 것이다. 국제선 터미널에서 국내선 터미널로 이동해 ANA 국내선을 타고 하코다테 공항으로 이동한다.
소요 시간 35분 **운행** 하루 2편 **요금** 1만 4000엔

삿포로에서 출발

🚆 기차
삿포로에서 하코다테로 가는 최선의 교통수단은 특급 호쿠토 열차다. 신칸센 정도의 빠르기는 아니지만 하코다테까지 안락하게 갈 수 있다. 요금이 비싸니 홋카이도 레일 패스를 이용하는 것이 좋다.
소요 시간 3시간 30~50분
운행 06:00~18:46(배차 간격 1~2시간)
요금 9770엔(6~11세는 반액)

📎 TIP!
삿포로에서 하코다테까지 왕복할 경우, 열차 요금이 홋카이도 레일 패스 연속 5일권(2만 2000엔)과 비슷하므로 홋카이도 레일 패스를 이용하는 편이 훨씬 경제적이다.

🚌 버스

삿포로에서 하코다테까지 버스로 6시간 정도 걸리니 웬만하면 버스는 이용하지 않는 게 좋다. 단, 밤 12시에 출발하는 야간 버스는 아침에 도착해, 이동 시간과 숙박비를 줄이고 싶을 때 유용하다. 하코다테 뉴 스타호와 고속 하코다테호 2대를 운행하며, 삿포로역 앞(삿포로 에키마에 4·33번 정류장)에서 탑승한다. ▶ 버스 정류장 위치 정보 P.022

소요 시간 6시간
운행 07:35~24:00(배차 간격 2~3시간, 1일 6편, 하코다테 뉴스타호 기준)
요금 일반 5000~5360엔, 중고생 4130~4960엔, 어린이 2280~2680엔

 **TIP!**
버스 회사마다 정류장이 다르니 홈페이지에서 위치를 확인한다.
버스 요금은 인터넷 예약 시 할인된다.

✈️ 비행기

일본인은 국내선 항공편도 많이 이용해 운항 편수가 많은 편이다. 삿포로 시내에 있는 오카다마 공항丘珠空港(삿포로 비행장이라고도 함)에서 JAL 국내선을 타고 하코다테 공항으로 이동한다.

소요 시간 40분
운행 07:35~19:20(배차 간격 1~2시간)
요금 7700~2만 3320엔

하코다테 시내 교통

하코다테 관광에서 가장 이용하기 쉽고 빠른 교통수단은 노면전차다. 다만 각 관광 명소로 직접 연결되는 것은 시내버스이므로 목적지에 따라 효율적으로 두 교통수단을 이용한다.

노면전차

하코다테 여행 초보자에게 추천하는 교통수단이다. JR 하코다테역을 중심으로 모토마치, 하코다테항, 고료카쿠, 유노카와 온천 등 주요 관광지를 연결해 노면전차 노선만 잘 알아도 관광하는 데 무리가 없다. 현재 2계통, 5계통 두 노선을 운영하는데 모두 주요 관광지를 경유하므로 아무 노선이나 이용해도 된다. 하루 3회 이상 노면전차를 탑승한다면(3회 탑승 시 630~780엔) 1일 승차권(당일 유효)이나 24시간 승차권(발권 시점부터 24시간 유효)을 고려해본다.

운행 06:36~21:06
(하코다테 에키마에 정류장 기준),
배차 간격 6~12분(낮 시간 기준)
요금 210~260엔(거리 비례)

● 노면전차 티켓

종류		요금	구매 방법
노면전차	1일 승차권 (당일 유효)	일반 600엔 어린이 300엔	**종이 티켓** 노면전차 내, 하코다테시 관광 안내소(JR 하코다테역 내), 호텔 카운터, 편의점 등 **모바일 티켓** cstm.dohna.jp
	24시간 승차권 (발권 시점부터 24시간 유효)	일반 900엔 어린이 450엔	
버스	1일 승차권	하절기 1400엔 동절기 1200엔 ※4월 14일~11월 9일 동절기, 11월 10일~4월 13일 하절기 (2025년 기준)	**모바일 티켓** cstm.dohna.jp
	24시간 승차권	2100엔	
노면전차 · 버스 공통 패스	1일 승차권	일반 1400엔 어린이 700엔	**모바일 티켓** cstm.dohna.jp
	2일 승차권	일반 2400엔 어린이 1200엔	

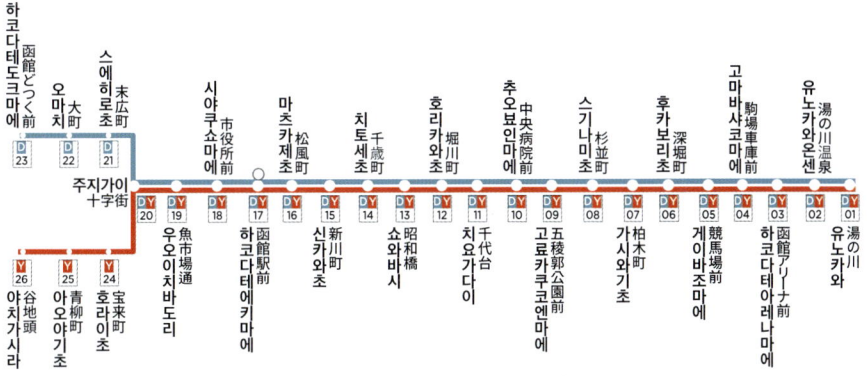

- **노면전차 정류장과 연결되는 주요 명소**
  - **주지가이 정류장** 가네모리 아카렌가 창고, 베이 에어리어, 하코다테 니시하토바, 하코다테산 전망대
  - **스에히로초 정류장** 하치만자카, 모토마치 공원, 옛 하코다테구 공회당, 옛 영국영사관, 모토마치 성당, 하코다테 성 요한 교회, 하코다테 하리스토스 정교회
  - **고료카쿠코엔마에 정류장** 고료카쿠
  - **유노카와온센역 정류장** 유노카와 온천
  - **야치가시라 정류장** 다치마치곶, 야치가시라 온천

 시내버스

각 관광 명소 바로 앞까지 연결되는 버스는 편리한 교통수단이다. 하코다테역 앞 버스 안내소에서 목적지까지의 버스 노선과 출발 시간, 요금 등을 안내해준다. 하코다테역에는 하코다테산 로프웨이(케이블카), 고료카쿠 타워, 트라피스티누 수도원으로 가는 셔틀버스가 있다. 하코다테역과 베이 에어리어 모토마치 사이를 순환하는 '모토마치 & 베이 에어리어 슈유고Motomachi & Bay-Area Shuyu-go' 버스도 유용하다.
운행 07:00~19:00(배차 간격 7~20분) ※노선 및 정류장 마다 다름
요금 230~460엔

렌털 자전거

하코다테의 공공 자전거 하코린은 전동 자전거라 언덕길도 편하게 오를 수 있다. 단, 눈이 안 내리는 기간(4월 중순~11월 초)에만 이용 가능하다. JR 하코다테역이나 하코다테항에 있는 BAY 하코다테에서는 일반 자전거도 대여해준다.
대여 장소 JR 하코다테역 앞 키라리스 하코다테 1층 에조리스
운영 10:00~17:30 **요금** 1일 2420엔, 4시간 1650엔
문의 138 27 4777

01 가네모리 아카렌가 창고 金森赤レンガ倉庫

📍 구글맵 카네모리 아카렌가 창고
문의 138 27 5530
운영 09:30~19:00
홈페이지 hakodate-kanemori.com
가는 방법 노면전차 주지가이 정류장에서 도보 3분

베이 에어리어의 상징이자 최고의 포토 스폿

베이 에어리어 풍경의 중심은 단연 나란히 늘어선 가네모리 아카렌가(붉은 벽돌) 창고다. 항구를 따라 붉은 벽돌 건물들이 하코다테의 상징처럼 자리 잡고 있다. 이 항만 구역은 1887년에 운영하기 시작했으며 큰 화재를 겪은 뒤 재건되었다. 외관은 옛 모습 그대로이며 내부는 쇼핑과 식사를 할 수 있는 복합 문화 공간이다. 밤에는 조명을 밝혀 낮과는 또 다른 풍경이 펼쳐진다.

가네모리 아카렌가 창고 중 최초로 지은 것은 BAY 하코다테다. 1882년 미츠비시가 해산물 저장을 위해 이 창고를 건설한 것이 시작이었다. 이후 이 지역은 해산물 유통 중심지로 성장했고, 5년 뒤인 1887년에 가네모리 창고를 추가로 건설하며 지금의 베이 에어리어가 형성되었다. 창고 사이를 잇는 석조 다리를 '시치자이바시七財橋'라고 부르는데, 당시 미츠비시 창고 건설을 지휘한 이시카와 시치자이의 이름을 딴 것이다. 이 다리에서 옛 수로였던 운하가 보인다.

> FOLLOW UP

먹고 사고 체험하라!
창고 속 하이라이트 자세히 보기

가네모리 아카렌가 창고는 총 4개의 건물로 이루어졌다. 이곳에는 맛집을 비롯해 50여 개의 상점이 들어서 있으며 유리공예, 오르골 등 하코다테 감성이 담긴 다양한 제품을 판매한다.

• BAY 하코다테 BAYはこだて

잡화·패션 숍, 레스토랑, 공방, 웨딩홀이 모인 복합 문화 공간이다. 많은 핸드메이드 제품과 다양한 오르골을 판매하고 체험 프로그램도 운영한다. 이 건물은 운하 일부를 품고 있어 네 건물 중 가장 운치 있으며, 가네모리 베이 크루즈가 이곳에서 출발한다.

• 하코다테 히스토리 플라자 函館ヒストリープラザ

규모는 작지만 공예 중심의 개성 있는 상점들이 입점해 있다. 일본식 쌀과자 전문점 테라코야 혼포寺子屋本舗, 삿포로 맥주 공장에서 직송한 신선한 생맥주와 지역 식재료로 만든 요리를 파는 널찍한 레트로풍 비어 바도 있다.

가네모리 베이 크루즈 金森ベイクルーズ

하코다테 항구를 따라 약 15분간 운항하는 짧은 코스의 유람선이다. 하코다테산과 고료카쿠 타워, 하코다테 조선소 등을 바다에서 감상할 수 있다. 최소 출발 인원 4명. **문의** 080 5597 8677 **운영** 4~10월 10:00~17:00 **요금** 초등학생 이상 2000엔, 초등학생 미만 1000엔

• 가네모리 양물관 金森洋物館

잡화·액세서리·공예품·식품·캐릭터 숍 등 24개의 다양한 상점이 모여 있다. 가장 인기 있는 매장은 치즈 오믈렛으로 유명한 스너플스다. 아이와 함께라면 블록 장난감을 무료로 이용할 수 있는 가네모리 브릭랩에 가봐도 좋다. 핀란드 라플란드주의 공식 인증을 받은 임시 우체국 '하코다테 산타 정기 출장소'에서는 산타클로스의 특별 직인이 찍힌 연하장을 보낼 수 있다.

ⓒ2 베이 에어리어
ベイエリア

📍 **구글맵** 하코다테항 스에히로 녹지
가는 방법 노면전차 주지가이 정류장에서 도보 6분

〈미슐랭 그린 가이드 재팬〉에 수록된 아름다운 바다 산책길

하코다테를 대표하는 명소는 많지만 그중에서 하나를 꼽는다면, 개항의 역사를 품은 하코다테항의 베이 에어리어다. 하코다테항은 무로마치 시대 초기부터 혼슈 지역의 상선이 드나들던 항만이었으며, 1859년에는 요코하마, 나가사키와 함께 일본 최초의 개항장이 되었다. 그 뒤로 혼슈와 홋카이도를 잇는 해상 교통의 핵심 거점이자 물류 중심지로 발전했다. 특히 가네모리 아카렌가 창고가 들어선 베이 에어리어는 항구 풍경이 시원하게 펼쳐져 산책하기 좋은 곳이다. 이 지역을 따라 걷는 '하코다테항 산책'이 〈미슐랭 그린 가이드 재팬〉에서 별 1개를 받았다.

▶ TRAVEL TALK

산책 중 만나는 홋카이도 교역의 역사

하코다테의 베이 에어리어를 걷다 보면 작은 기념비를 만나게 됩니다. '홋카이도 첫걸음의 땅 기념비北海道第一步の地碑'로, 홋카이도 개척 100주년을 기념해 1968년에 세운 것입니다. 홋카이도에 서식하는 히구마(불곰)와 선박의 닻을 모티브로 제작했다고 합니다. 바로 옆에는 과거 하코다테 선착장인 히가시하마 잔교東浜桟橋(옛 부두)가 있는데, 전망형 덱으로 새 단장해 베이 에어리어의 대표 포토 스폿으로 사랑받고 있습니다.

③ 하코다테 니시하토바
函館西波止場

해산물 시장이 들어선 복합 상업 시설

베이 에어리어에 자리한 복합 상업 시설. '해산물 시장 니시하토바점'을 중심으로 스타벅스 등 다양한 매장이 입점해 있다. 특히 해산물 시장은 신선한 해산물은 물론 각종 수산 가공품, 기념품, 유제품 등 2000종이 넘는 다양한 하코다테 특산품을 갖추고 있어서 둘러보기만 해도 흥미롭다.

구글맵 하코다테 니시하토바 **문의** 138 24 8108
운영 09:00~17:00 **홈페이지** www.hakodate-factory.com/west_wharf
가는 방법 노면전차 주지가이 정류장에서 도보 3분

④ 하코다테 아침 시장
函館朝市

아침 식사로 신선한 해산물 요리

JR 하코다테역 서쪽에 자리한 하코다테 아침 시장은 다른 지역의 아침 시장에 비해 규모가 크고 볼거리가 많아 관광 필수 코스로 꼽힌다. 300여 개의 점포가 모여 있으며 계절마다 다양한 해산물과 채소, 과일 등 홋카이도의 신선한 제철 먹거리와 건어물, 과자를 판매한다. 시장 안에 식당도 있어 아침 식사로 싱싱한 해산물 요리를 즐길 수 있다.

구글맵 하코다테 아침 시장 에키니 시장 **문의** 138 22 7981 **운영** 06:00~14:00(5~12월은 05:00부터, 점포마다 다름)
홈페이지 www.hakodate-asaichi.com **가는 방법** JR 하코다테역에서 도보 2분

05 하치만자카 八幡坂

일본에서 가장 로맨틱한 언덕

하코다테는 '언덕의 도시'로도 잘 알려져 있다. 특히 모토마치 지역에는 하코다테산과 수많은 언덕길이 이어져 있는데 여기에 독특한 건축물이 어우러져 이국적 풍경을 이룬다. 그중 가장 유명한 언덕이 하치만자카다. 하코다테항 쪽으로 곧게 뻗은 이 언덕길은 에도 시대 후기에 언덕 끝자락에 있던 하코다테 하치만궁에서 이름이 유래했다.

바다를 향해 시원하게 펼쳐진 언덕길은 모토마치 지역을 대표하는 상징적인 풍경을 이루어 지금까지 수많은 광고와 영화에 등장했다. 언덕 중간쯤에서 고개를 들면 웅장한 하코다테산이 보이고, 뒤를 돌아보면 언덕 아래로 이어진 하코다테만과 그 너머 시가지 전경이 한눈에 들어온다. 약 270m에 이르는 돌길 양옆에는 가로수가 줄지어 있다. 봄과 여름에는 푸르른 녹음이, 가을에는 단풍이 아름다우며, 겨울에는 조명으로 더없이 로맨틱한 풍경을 연출한다.

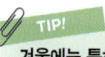

구글맵 하치만자카
가는 방법 노면전차 스에히로초 정류장에서 하치만자카 입구까지 도보 2분

TIP!
겨울에는 특히 조심!

하치만자카는 사계절 중에서 겨울이 가장 아름답지만, 눈 쌓인 언덕길을 오르는 일은 결코 쉽지 않다. 언덕 양옆에 손잡이가 설치된 계단이 있지만 계단 표면이 얼어 있으면 매우 미끄럽기 때문에 낙상 위험이 있다. 따라서 겨울철에는 미끄럼 방지 장비를 충분히 갖춰야 한다.

모토마치 공원
元町公園

역사적 건축물이 모여 있는 곳

하코다테 항구가 한눈에 내려다보이는 계단식 공원이다. 과거 홋카이도 개척 역사의 중심지로, 규모는 크지 않지만 볼거리가 많다. 홋카이도 유형문화재로 지정된 19세기 말부터 20세 초반까지의 건축물들이 있고, 역시 유형문화재로 지정된 옛 하코다테구 공회당 앞에 공원이 자리해 마치 유럽의 성에 딸린 정원과도 같다. 초여름이면 장미꽃 명소로도 유명하다. 공원 내 광장에서는 자선 이벤트나 플리마켓 등 지역 커뮤니티 행사가 열리며, 8월에는 하코다테 국제민속예술제가 열리는 장소이기도 하다.

구글맵 모토마치 공원 **문의** 138 21 3431 **홈페이지** hokkaido-hakodate.com/motomachikoen **가는 방법** 노면전차 스에히로초 정류장에서 도보 4분

꼭 봐야 할 홋카이도 유형문화재

옛 홋카이도청 하코다테 지청 청사
旧北海道庁函館支庁庁舎

1909년에 홋카이도청 하코다테 지청 청사로 지은 서양식 건조물. 현관 앞에 늘어선 섬세하고 우아한 장식의 코린트식 기둥이 특징이다. 현재는 스테이크 필라프로 유명한 아메리칸 다이너 졸리 젤리 피시 Jolly Jellyfish가 입점해 있다. 단, 10월부터 4월까지는 문을 닫는다.

옛 개척사 하코다테 지청 서적고
旧開拓使函館支庁書籍庫

1880년 하코다테 지청의 서적 보관 창고로 지은 이층 구조의 붉은 벽돌 건물이다. 벽돌에 '메이지 7년(1874년) 하코다테 제조'라는 각인이 남아 있다. 방화용 철제문과 작은 창문에 철창살이 설치되어 있으며, 귀퉁이석 사용과 프랑스식 벽돌 쌓기 공법을 적용한 것 등 건축사적으로도 의미가 있다.

⑦ 옛 하코다테구 공회당
旧函館区公会堂

동서양의 기술이 만난 메이지 시대 대표 건축물

파란 외벽과 노란 기둥이 조화를 이루는 이국적인 모습이 눈길을 사로잡는다. 서양식 건축양식과 일본의 목조 기술이 결합된 메이지 시대 대표 건축물로, 1910년 대화재로 소실된 시민회관과 상공회의소의 대체 건물로 지었다. 하코다테의 거상 소마 뎃페이가 거금을 기부했고 고니시 아사지로가 설계를, 무라키 진자부로가 시공을 맡았다. 좌우대칭 외관, 코린트 양식 기둥, 박공 장식과 지붕창 등이 특징이며, 건물 외형은 서양식이지만 내부에는 일본의 목조 건축 기술이 녹아 있다. 상공회의소가 이전한 이후에는 연주회장, 전시회장 등 다양한 용도로 사용했으며 1911년 다이쇼 일왕, 1922년 쇼와 일왕이 머물기도 했다. 1974년 일본 국가 중요문화재로 지정되었다.

📍
구글맵 구 하코다테구 공회당
문의 138 22 1001
운영 4~10월 09:00~18:00
(토~월요일은 19:00까지),
11~3월 09:00~17:00
요금 일반 300엔, 초중고생 150엔
홈페이지 hakodate-kokaido.jp
가는 방법 노면전차 스에히로초 정류장에서 도보 6분

📷 눈여겨볼 포인트

왕실 전용 공간
일왕이 방문했을 때 묵거나 휴식을 취하고 식사를 하던 공간으로, 당시 가구도 복원해 전시하고 있다. 왕실 전용 욕실과 화장실도 함께 둘러볼 수 있다.

샹들리에
목조 장식과 어우러지는 화려한 샹들리에는 식당, 2층 홀, 응접실 등 주요 공간을 한층 더 우아한 분위기로 만든다. 각 공간의 샹들리에 디자인을 비교해보는 재미도 있다.

발코니
아칸서스 장식(고대 그리스 건축양식에서 유래한 식물 모양 장식) 기둥이 인상적인 유럽풍 발코니. 이곳에서 하코다테항과 요코츠산이 한눈에 보이며, 인증샷 포인트로도 인기 있다.

하코다테 하이칼라 의상관
메이지 시대 복식을 체험할 수 있는 곳. 화려한 드레스와 일본 전통 의상 그리고 헤어 액세서리와 소품도 마련되어 있다.
요금 드레스·턱시도 30분 대여 2500엔, 전통 의상 30분 대여 4000엔

옛 영국영사관
旧イギリス領事館

구글맵 하코다테시 구 영국 영사관
운영 09:00~19:00
요금 일반 300엔, 고등학생 이하·65세 이상 150엔
홈페이지 www.fbcoh.net/ko
가는 방법 노면전차 스에히로초 정류장에서 도보 5분

100년 전 영국인의 삶을 만나다

1859년 하코다테 개항과 함께 설치한 영국영사관으로, 1934년까지 실제 외교 업무에 사용했다. 현재 건물은 1907년 대화재로 소실되어 1913년에 재건한 것으로, 벽돌로 지은 단정한 2층 구조와 간결한 외관이 특징이다. 1979년 하코다테시 유형문화재로 지정되었고 1992년 시정 70주년을 기념해 일반에 공개했다. 내부는 '전시실'과 '개항 뮤지엄'으로 이루어져 있다. 전시실에는 영사 집무실과 거실이 재현되어 있으며 고풍스러운 가구와 장식, 생활 소품까지 당시 모습 그대로 생생하게 복원했다. 개항 뮤지엄에는 하코다테의 개항사를 소개하는 기념 홀과 얼굴형 포토존 등 즐길 거리도 있다. 영국식 정원과 흰색의 파빌리온이 이국적 분위기를 더한다.

진정한 영국 시간으로의 초대

티룸 빅토리안 로즈
ティールームヴィクトリアンローズ

옛 영국영사관의 진정한 매력은 고풍스러운 영국식 카페인 티룸 빅토리안 로즈에 있다. 내부는 목재 가구와 앤티크 소품으로 꾸며 마치 100년 전 영국 귀족의 응접실 같다. 전통 영국식 크림 티 세트, 홈메이드 스콘, 다르질링과 베리 프루트 티 등 다양한 음료와 장미 향 가득한 소프트아이스크림, 프렌치 레스토랑 메종 후지야의 가토 프로마주 세트 등이 있다. 창밖으로는 장미 정원이 펼쳐져 아름다운 장미꽃을 감상하며 티타임을 즐길 수 있다.

구글맵 Tea Room Victorian Rose
운영 10:00~16:30

SPECIAL THEME

그림처럼 아름다운 곳
하코다테 모토마치 3대 교회 & 수녀원

하코다테에는 19세기 후반, 개항과 함께 여러 교회와 수도원이 들어섰다. 이때 건립한 건축물들이 문화재로 지금까지 잘 보존되어 모토마치 풍경을 더욱 아름답게 만든다.

01 PLACE 모토마치 성당
カトリック元町教会

교황 베네딕토 15세가 하사한 중앙 제단

홋카이도의 가톨릭 삿포로 교구 소속으로, 요코하마의 야마테 교회, 나가사키의 오우라 천주당과 함께 일본 가톨릭 교회 초창기를 대표하는 성당으로 꼽힌다. 1859년 프랑스 선교사 메르메 드 카숑 신부가 세운 임시 교회 터에 1877년 정식으로 목조 성당을 건립했는데 두 차례 대화재를 거친 뒤 1924년 고딕 양식으로 재건했다. 높이 33m에 달하는 첨탑과 붉은 벽돌이 특징이다.

재건에 이전 건물의 벽돌 일부를 그대로 활용했으며, 고딕 양식의 종루를 중심으로 아름답게 완성했다. 성당 안에는 일본에서도 보기 드문 귀중한 종교 예술 유산이 보존되어 있다. 교황 베네딕토 15세가 하사한 중앙 제단과 보조 제단 그리고 벽면을 장식한 성화다. 이 덕분에 유럽 성당 못지않은 화려함을 자랑한다. 내부는 자유롭게 둘러볼 수 있지만 사진 촬영은 금지다.

구글맵 모토마치 성당　**문의** 138 22 6877
운영 10:00~16:00(일요일은 12:00부터)
홈페이지 motomachi.holy.jp/99_blank011.html
가는 방법 노면전차 스에히로초 정류장에서 도보 9분

02 PLACE 하코다테 성 요한 교회
函館聖ヨハネ教会

십자 형태의 지붕 구조

1874년 영국인 선교사 월터 데닝 신부가 세운 홋카이도 최초의 성공회 교회. 몇 차례 대화재를 겪었고 현재 건물은 1979년에 재건한 것이다. 갈색 지붕과 외벽의 십자가, 그리고 십자 형태의 지붕 구조가 특징이다. 하코다테산 정상에서 내려다보면 십자 형태 지붕이 뚜렷이 확인된다. 또 성공회 교회로는 드물게 돔형 천장이다. 데닝 신부가 아이누 원주민과 일본인 이주민을 대상으로 선교, 교육·의료를 통한 사회봉사 활동을 펼쳐 지역사회와 함께하는 교회의 역할을 했다고 알려져 있다.

구글맵 하코다테 성 요한 교회　**문의** 0138 23 5584　**운영** 내부 입장은 불가
홈페이지 www.nskk-hokkaido.jp/church/hakodate.html　**가는 방법** 노면전차 스에히로초 정류장에서 도보 9분

03 PLACE 하코다테 하리스토스 정교회
函館ハリストス正教会

일본 100대 소리 경관에 선정

1860년에 지은 일본 최초의 러시아 정교회 성당으로, 1983년 일본 국가 중요문화재로 지정되었다. 러시아 영사관 부속 성당이었다가 1861년 러시아에서 파견된 선교사 성 니콜라스가 선교를 시작하면서 일본 최초의 정교회가 되었다. 현재 건물은 화재로 전소된 후 1916년에 다시 지은 것이다. 비잔틴과 러시아 건축양식의 영향을 받은 벽돌 구조이고, 순백의 석고 벽과 녹색 지붕의 대비가 아름다우며, 팔각형 지붕 종탑과 십자가로 장식된 6개의 큐폴라가 특징이다. 내부에는 일본의 대표적인 이콘화가 야마시타 린의 '부활'과 '성탄' 성화가 장식되어 있다. 종소리로도 유명해 1996년 일본 환경성이 선정한 '일본 100대 소리 경관' 중 하나로 꼽혔다.

구글맵 하코다테 하리스토스 정교회
문의 0138 23 7387
운영 10:00~16:00(일요일은 13:00부터)
홈페이지 www.orthodox-hakodate.jp
가는 방법 노면전차 스에히로초 정류장에서 도보 9분

04 PLACE 트라피스티누 수녀원
トラピスチヌ修道院

일본 최초의 여성 관상 수도원(봉쇄 수도원)

1898년에 세운 수녀원으로 현재 건물은 1927년에 재건한 것이다. 벽돌 외벽, 아치형 창문 같은 고딕 양식과 로마네스크 양식이 혼재되었다. 내부는 남성 출입 금지지만 자료실, 기념품점 등과 건물 앞쪽의 정원은 누구나 자유롭게 관람할 수 있다. 특히 이곳에서 만드는 '마다레나'라고 하는 마들렌 케이크와 쿠키는 하코다테 기념품으로 인기가 많다.

구글맵 Our Lady of the Angels Trappistine Abbey
문의 0138 57 2839
운영 09:00~16:00
홈페이지 www.ocso-tenshien.jp
가는 방법 하코다테 에키마에函館駅前 정류장에서 99A번 버스 탑승, 트라피스티누 이리구치 トラピスチヌ入口 정류장에서 하차

⑨ 하코다테산 전망대
函館山展望台

낮과 밤의 표정이 다른 하코다테 최고 명소

하코다테는 세계적으로 야경으로 유명한 도시다. 하코다테산에서 감상하는 야경은 나폴리, 홍콩의 야경과 함께 세계 3대 야경으로 꼽힐 만큼 아름답다. 〈미슐랭 그린 가이드 재팬〉에서 최고 등급인 별 3개를 받았다. 하코다테산에서 내려다보면 왼쪽은 하코다테만, 오른쪽은 츠가루해협 사이에 자리한 잘록한 모래시계 모양의 지형이 보석처럼 반짝인다. 겨울이면 눈으로 하얗게 변한 세상에 조명을 밝혀 더욱 아름답다. 그런데 이곳이 밤에만 아름다운 것은 아니다. 낮에도 한눈에 들어오는 하코다테 풍경은 충분히 감상할 만한 가치가 있다. 이 때문에 하루 2회 전망대에 오를 수 있는 티켓을 별도로 판매한다. 하코다테산까지는 125인승 대형 로프웨이를 타고 3분 만에 도달한다. 렌터카로도 갈 수 있지만 겨울철에는 산길이 통제되어 통행이 불가능하다.

구글맵 하코다테 산 전망대
요금 중학생 이상 왕복 1800엔, 편도 1200엔, 3세~초등학생 왕복 900엔, 편도 600엔
홈페이지 334.co.jp/ko **가는 방법** 노면전차 주지가이 정류장에서 로프웨이 승강장까지 도보 10분

 전망대의 또 다른 즐길 거리

• **레스토랑 & 티 라운지**

전망대 2층과 3층에는 편안하게 풍경을 감상할 수 있는 레스토랑과 카페가 있다. 2층에는 하코다테에서 난 신선한 해산물과 제철 식재료를 사용한 요리를 내는 레스토랑이, 3층에는 커피와 음료를 판매하는 카페가 있다.

• **기념품점에서 만나는 한정 상품**

❶ 하코다테산 전망대 로프웨이 모형
❷ 별 내리는 거리 하코다테 치즈 초코 쿠키
❸ 하코다테산 전망대 마그네틱
❹ 카카오캣 초콜릿
❺ 홋카이도 하코다테 포테이토칩 가리비 버터 맛
❻ 하코다테 아웃도어 야경 팬티

⑩ 고료카쿠 五稜郭

일본 최초 서양식 성곽인 별 모양 요새

별 모양으로 유명한 고료카쿠는 1857년부터 약 7년에 걸쳐 축조한 일본 최초의 서양식 성곽이다. 총면적은 12만 5000m²로 도쿄 돔 3개에 달하는 규모다. 5개의 뾰족한 꼭짓점은 '능보稜堡'라 불리며, 적의 공격을 효율적으로 방어하기 위한 구조로 설계했다. 지금은 공원으로 조성해 자유롭게 돌아볼 수 있고, 봄이면 1500그루의 벚꽃이 만개해 일본을 대표하는 벚꽃 명소로 손꼽힌다. 홋카이도 내 유일한 국가 지정 특별사적지이기도 하다. 고료카쿠의 전경은 인접한 고료카쿠 타워에서 감상할 수 있다. 이 타워는 1964년에 고료카쿠 축성 100주년을 기념해 세웠으며 2006년 지금의 모습으로 재건했다. 총높이는 107m, 전망대 높이 90m이며, 고료카쿠 전경은 물론 하코다테 시내와 하코다테산, 츠가루해협, 맑은 날이면 시모키타반도까지 360도 파노라마로 전망이 펼쳐진다.

구글맵 고료카쿠
문의 0138 51 4785
운영 09:00~18:00
요금 일반 1200엔, 중고생 900엔, 초등학생 600엔
홈페이지 www.goryokaku-tower.co.jp/en
가는 방법 노면전차 고료카쿠코엔마에 정류장에서 도보 13분

• 시스루 플로어
86m 높이에 바다 일부가 투명한 강화유리로 된 구조물에서 아래를 내려다보는 체험 공간이다.
📍 전망대 1층

• 아트리움
나무와 꽃으로 가득한 유리 벽으로 둘러싸인 휴식 공간. 바로 옆에는 기념품점이 있다. 📍 1층

• 고토켄 분점
고토켄(▶ P.266) 분점인 '고토켄 하코다테 카레 익스프레스'가 입점해 있다. 📍 2층

카레 맛 고로케

⑪ 하코다테시 열대식물원
函館市熱帯植物園

온천하는 원숭이만으로 충분!

홋카이도에서는 좀처럼 보기 어려운 아이스크림나무, 빵나무 등 독특한 이름의 나무를 포함해 약 300종 3000그루의 식물이 자라는 열대식물원이다. 온실 중앙에 위치한 전망대에서는 식물을 높은 곳에서 내려다보며 감상할 수 있다. 유노카와 온천의 원천을 이용한 무료 족욕 시설도 있으며, 12월부터 5월의 골든 위크까지는 전용 온천에 몸을 담그는 일본원숭이들의 모습을 볼 수 있다. 원숭이 언덕을 비롯해 족욕탕, 유아용 놀이기구, 배터리 카, 물놀이 광장 등 즐길 거리가 다양하다.

구글맵 하코다테시 열대 식물원
문의 0138 57 7833
운영 09:30~18:00(11~3월은 16:30까지)
휴무 12월 29일~1월 1일
요금 고등학생 이상 300엔, 초등·중학생 100엔
홈페이지 hako-eco.com
가는 방법 하코다테 에키마에函館駅前 정류장에서 96번 버스 탑승, 넷타이 쇼쿠부츠엔 마에(열대식물원 앞)熱帯植物園前 정류장에서 하차

구글맵 유노카와온센
문의 0138 57 8988 (유노카와 온천 료칸 협동조합)
운영 족욕탕 09:00~21:00
홈페이지 hakodate-yunokawa.jp
가는 방법 노면전차 유노카와온센 정류장에서 바로

⑫ 유노카와 온천 湯の川温泉

바다가 보이는 온천

홋카이도 3대 온천 중 하나로 꼽히며 많은 사람들에게 사랑받는 온천이다. 1653년 마츠마에번(하코다테 인근 도시) 번주가 이곳에서 난치병을 치유했다는 이야기가 전해질 만큼 역사가 오래되었다. 온천 거리에는 홋카이도의 제철 식재료로 만든 음식은 물론 온천을 즐길 수 있는 료칸과 호텔이 다수 있으며, 특히 츠가루해협이 한눈에 담기는 노천탕이 인기 있다. 온천 거리에는 무료 족욕탕도 있어 인근 관광지를 둘러보다가 잠시 쉬어 가기에도 좋다.

⑬ 다치마치곶 立待岬

탁 트인 바다를 만나는 절벽 지역

하코다테산 남동쪽, 츠가루해협 쪽으로 돌출된 위치에 있는 곳. 에도 시대에는 외국 선박을 감시하는 요충지였다. 묘비가 즐비한 오르막길을 오르다 보면 바다로 둘러싸인 단애 절벽의 웅대한 광경이 펼쳐진다. 해발 약 30m 절벽 위에서 바라보는 전망은 탁 트인 대자연의 모습 그대로이며, 맑은 날에는 바다 건너 아오모리현이 뚜렷하게 보인다. 여름철에만 문을 여는 하마나스 매점에서는 이곳의 명물 조개구이를 판매한다. 겨울철 도로 통제 시에는 자동차로 가지 못한다.

구글맵 다치마치곶
홈페이지 hakobura.jp/spots/587
가는 방법 노면전차 야치가시라 정류장(종점)에서 도보 15분

⑭ 야치가시라 온천 谷地頭温泉

부담 없이 즐기는 대중 온천

1953년에 문을 열었으며 2013년 현대식으로 대대적인 리뉴얼 후 재오픈한 하코다테의 대표적인 온천 시설이다. 천장이 높고 널찍한 욕장은 개방감이 뛰어나며 늘 현지인으로 붐빈다. 원천수를 그대로 흘려보내는 방식이며, 온천은 염화물천이고 수온은 65.1℃다. 또 온천수에 철분이 많이 함유되어 황톳빛을 띤다. 고온탕, 중온탕, 버블탕 세 가지 욕조 외에 사우나, 그리고 하코다테의 상징인 고료카쿠 형태를 본뜬 별 모양 노천탕도 있다. 1층에는 다다미가 깔린 넓은 휴게실과 자판기가 있어서 온천 후 휴식을 취하기 좋다. 수건과 목욕용품은 유료다.

구글맵 야치가시라온천 **문의** 0138 22 8371
운영 06:00~22:00(접수 마감 21:00)
휴무 둘째 주 화요일
요금 13세 이상 460엔, 7~12세 140엔, 3~6세 70엔, 입욕 세트(캐리어 로커+수건+어메니티) 500엔
가는 방법 노면전차 야치가시라 정류장(종점)에서 도보 5분

지역색 듬뿍 풍기는
하코다테 맛집

고토켄 본점 레스토랑 셋카테이
五島軒本店 レストラン雪河亭

위치 모토마치 **주메뉴** 카레
😊 → 하코다테 대표 노포

1879년에 문을 연 146년 전통의 고급 레스토랑이다. 이곳은 단순히 음식점이 아니라 하코다테 식문화와 역사를 전시하는 살아 있는 박물관이다. 호텔 못지않은 넓은 공간에 아름다운 장식과 고풍스러운 가구가 놓여 있으며 2층에는 왕실에서 접대용으로 사용하던 넓은 홀이 있다. 대기용 의자마저도 우아한 매력을 풍긴다. 한쪽에는 고토켄의 역사를 전시하는 공간과 함께 카레와 디저트, 양념 등을 상품화해 판매하는 매점도 있다. 또한 고토켄 본점 안에는 레스토랑 셋카테이를 중심으로 애프터눈 티를 즐길 수 있는 카페 테라스 등이 자리해 있다.

레스토랑 셋카테이는 고급스러운 분위기에 섬세한 서비스를 갖추었으며, 분위기가 다른 3개의 홀로 이루어져 있다. 메뉴는 크게 코스 요리와 카레, 요리 플레이트 세트로 나눌 수 있다. 특히 고토켄은 카레로 유명한데, 도쿄 호텔에서 배운 조리법을 하코다테식으로 재해석한 것으로 깊은 맛과 향이 특징이다. 테이블에는 땅콩, 후쿠진즈케(일본식 피클), 가람마살라(향신료)가 준비되어 있어 기호에 맞게 음식을 즐길 수 있다.

구글맵 고토켄 본점 레스토랑 셋카테이
문의 138 23 1106
운영 11:30~14:30, 17:00~20:00 **휴무** 화요일
예산 카레(영국식·프랑스식·인도식 중 선택)
1870엔, 메이지 시대 양식 & 카레 세트 3850엔
홈페이지 gotoken1879.jp
가는 방법 노면전차 주지가이 정류장에서 도보 5분

PICK!
전망이 가장 멋진 지점
럭키 삐에로(마리나 스에히로점)
ラッキーピエロ(マリーナ末広店)

인기 관광지 베이 에어리어에 위치한 럭키 삐에로 마리나 스에히로점은 바다 전망을 즐길 수 있어 가장 인기가 높다. 좌석도 총 154석으로 넉넉하며 올드 아메리칸 스타일을 테마로 한 인테리어가 특징이다. 매장 한쪽에는 미국에서 실제 사용한 맥주 광고 간판과 거대한 햄버거 모형이 전시되어 있다. 지점 중 유일하게 맥주를 판다.

럭키 삐에로(하코다테 에키마에점)
ラッキーピエロ(函館駅前店)

위치 하코다테역 **주메뉴** 햄버거
😊 → 독특한 인테리어, 저렴한 가격

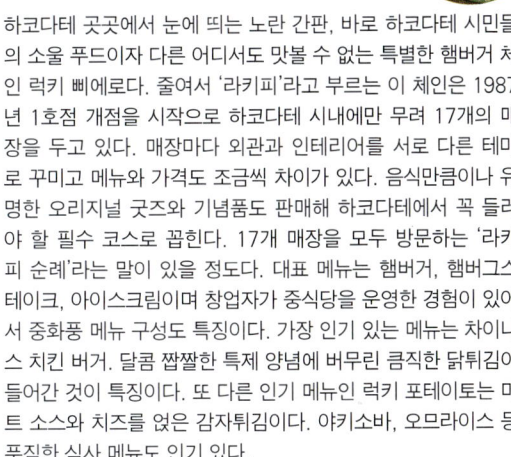

하코다테 곳곳에서 눈에 띄는 노란 간판, 바로 하코다테 시민들의 소울 푸드이자 다른 어디서도 맛볼 수 없는 특별한 햄버거 체인 럭키 삐에로다. 줄여서 '라키피'라고 부르는 이 체인은 1987년 1호점 개점을 시작으로 하코다테 시내에만 무려 17개의 매장을 두고 있다. 매장마다 외관과 인테리어를 서로 다른 테마로 꾸미고 메뉴와 가격도 조금씩 차이가 있다. 음식만큼이나 유명한 오리지널 굿즈와 기념품도 판매해 하코다테에서 꼭 들러야 할 필수 코스로 꼽힌다. 17개 매장을 모두 방문하는 '라키피 순례'라는 말이 있을 정도다. 대표 메뉴는 햄버거, 햄버그스테이크, 아이스크림이며 창업자가 중식당을 운영한 경험이 있어서 중화풍 메뉴 구성도 특징이다. 가장 인기 있는 메뉴는 차이니스 치킨 버거. 달콤 짭짤한 특제 양념에 버무린 큼직한 닭튀김이 들어간 것이 특징이다. 또 다른 인기 메뉴인 럭키 포테이토는 미트 소스와 치즈를 얹은 감자튀김이다. 야키소바, 오므라이스 등 푸짐한 식사 메뉴도 인기 있다.

JR 하코다테역 앞에 있는 하코다테 에키마에점은 접근성이 뛰어나며 늦은 시간까지 운영해 언제든 이용하기 좋다. '마티스의 붉은색을 좋아해'를 테마로 한 이 매장은 화가 앙리 마티스의 강렬한 붉은색을 인테리어 전반에 사용한 것이 특징이다.

구글맵 럭키 삐에로 하코다테 에키마에점 **문의** 138 26 8801
운영 08:00~22:00 **예산** 차이니스 치킨 버거 450엔, 럭키 포테이토 450엔, 햄버그스테이크 950엔 **홈페이지** luckypierrot.jp
가는 방법 JR 하코다테역에서 도보 2분

멘추보 아지사이 (구레나이점)
麵厨房あじさい(紅店)

위치 하코다테항 **주메뉴** 라멘
😊 → 시오라멘의 대표 주자
☹ → 긴 대기 줄

홋카이도 하코다테의 명물 라멘은 시오라멘이다. 그 명성을 이어 가는 이곳은 맑고 투명한 국물과 정갈한 맛으로 많은 이들의 입맛을 사로잡고 있다. 카운터석, 테이블석 모두 넉넉해 가족 단위 방문객에게도 적합하다. 시오라멘은 나루토(어묵), 차슈, 멘마, 반숙 달걀, 파 등 기본 토핑에 하코다테 라멘의 상징 같은 후麩(글루텐 덩어리)를 올려 내는 게 특징이다. 국물은 담백하면서도 깊은 감칠맛이 나 끝까지 먹어도 부담이 없으며, 느끼하거나 기름진 라멘을 선호하지 않는 이들에게도 적합하다. 진한 맛을 원한다면 테이블에 비치된 후추 등을 더한다. 볶음밥, 교자, 홋카이도식 잔기(닭튀김) 같은 사이드 메뉴도 있다.

구글맵 아지사이 구레나이점 **문의** 138 26 1122 **운영** 11:00~22:00
예산 시오라멘 1250엔, 교자(3개) 400엔 **홈페이지** ajisai.tv
가는 방법 노면전차 우오이치바도리 정류장에서 도보 6분

다이몬 요코초 大門横丁

위치 JR 하코다테역 앞 **주메뉴** 각종 일본식 요리
😊 → 오붓한 실내 포장마차 거리 ☹ → 공동 화장실, 대부분 신용카드 사용 불가

JR 하코다테역 앞 번화가에 자리한 실내 포장마차 거리. 스시, 게 요리, 덴푸라, 야키토리, 쿠시카츠, 징기스칸, 라멘 등 다양한 메뉴를 내는 26개의 작은 가게가 모여 있다. 시오라멘을 파는 '류호龍鳳', 오뎅과 철판 요리를 내는 '와이도노오뎅', 활전복 회와 하코다테식 감자 세트를 맛볼 수 있는 '야마타이치', 홋카이도 명물 홋케(임연수어) 튀김을 선보이는 '가시와야' 등이다. 모든 가게에서 음료와 안주 세트를 700엔에 즐길 수 있는 '도보 음료 이벤트 다이몬 바루大門バル'가 비정기적으로 열리니 홈페이지에서 일정을 확인할 것.

구글맵 다이몬요코초
문의 138 24 0033
운영 17:00~24:00(가게마다 다름, 일부 가게는 낮에만 운영)
예산 로바타 다이보炉ばた大某의 오징어 다리 튀김 850엔
홈페이지 www.hakodate-yatai.com
가는 방법 JR 하코다테역에서 도보 5분

하코다테 비어홀 函館ビヤホール

위치 하코다테항 **주메뉴** 생맥주
🙂 → 고풍스러운 실내 분위기 → 홈페이지에서 예약 가능

가네모리 아카렌가 창고의 '하코다테 히스토리 플라자'에 자리한 맥주집으로, 1900년에 선보인 하코다테 최초 비어홀의 정취를 그대로 살려 1988년에 문을 열었다. 고풍스러운 붉은 벽돌 외관과 높은 천장, 두꺼운 히노키 기둥, 영국식 벽돌 쌓기로 조성한 인테리어가 특별한 분위기를 선사한다. 삿포로 공장에서 직송하는 신선한 생맥주는 물론 이곳에서만 맛볼 수 있는 오리지널 수제 맥주도 있다. 안주는 지역 특산물을 활용한 요리가 중심으로 하코다테 명물이자 사실상 일본 최초 소시지로 꼽히는 '칼 레이먼 소시지', 오징어 버터 구이, 버터와 오징어 젓갈을 곁들인 홋카이도식 찐 감자 등의 메뉴가 있다. 따끈한 감자에 녹아내리는 버터와 짭조름한 오징어 젓갈이 어우러진 홋카이도식 찐 감자는 맥주와 환상적인 궁합을 이루며 가격까지 부담이 없다.

구글맵 하코다테 비어홀
문의 138 27 5000
운영 11:30~21:30
예산 칼 레이먼 소시지 1232엔,
홋카이도식 찐 감자 748엔,
하코다테 아카렌가 맥주(소) 902엔
홈페이지 hkumaiyo.com
가는 방법 노면전차 주지가이 정류장에서 도보 5분

스너플스(가네모리 양물관점)
スナッフルス(金森洋物館店)

위치 하코다테항 **주메뉴** 오믈렛
🙂 → 간편하게 먹고 갈 수 있는 스탠딩 바

하코다테의 대표적인 스위츠 브랜드 스너플스. 가네모리 양물관점은 대표 메뉴인 '치즈 오믈렛'을 비롯해 다양한 선물용 제품을 판매하는 매장으로, 스탠딩으로 즐길 수 있는 캐치케이크 바 catchcakes bar 가 마련되어 있다. 치즈, 초콜릿, 말차 중 원하는 종류의 케이크를 주문하면 미니 커피와 함께 제공한다. 케이크에 꽂혀 있는 단단한 종이를 스푼처럼 사용하는 독특한 방식이 재미를 더한다. 매장 내 살롱 공간에서는 다양한 케이크와 음료를 즐길 수 있다.

구글맵 하코다테 양과자 스너플스 카나모리양물관점
문의 138 27 1240
운영 09:30~19:00
예산 치즈 오믈렛 & 미니 커피 세트 250엔
홈페이지 www.snaffles.jp
가는 방법 노면전차 주지가이 정류장에서 도보 5분

키쿠이즈미 茶房菊泉

위치 모토마치　**주메뉴** 일본 전통 디저트
😊 → 하코다테 전통 건축물
☹ → 신용카드 사용 불가

1921년에 지은 옛 술 도매상의 별채를 리노베이션한 전통 카페. 하코다테시 전통 건축물로 지정된 곳인 만큼 둘러보는 것만으로도 가치가 있다. 내부에는 일본식 화로인 이로리가 있고, 다다미방에 앉아 일본식 디저트를 즐길 수 있다. 가장 인기 있는 메뉴는 직접 구워 먹는 경단 세트다. 작은 화로에 경단을 구워 은은한 단맛의 팥앙금, 미타라시 소스, 흑당 등을 곁들여 먹는 것이 색다른 재미를 선사한다. 젠자이와 모나카 세트는 모나카에 떡과 팥죽을 올려 먹는다. 일본인에게는 가상 아이돌 '러브라이브! 선샤인!!'의 성지로 알려진 곳이다.

구글맵 Kikuizumi　**문의** 138 22 0306　**운영** 10:00~17:00
예산 직접 구워 먹는 경단 세트 1380엔, 젠자이와 모나카 세트 1030엔
홈페이지 www.sabokikuizumi.com
가는 방법 노면전차 스에히로초 정류장에서 도보 6분

스타벅스(하코다테베이사이드점)
スターバックス コーヒー(函館ベイサイド店)

위치 하코다테항　**주메뉴** 커피
😊 → 아름다운 목조건물

스타벅스 하코다테베이사이드점은 보고 그냥 지나칠 수 없을 정도로 외관이 아름답다. 주변 경관과 조화를 이루는 2층 목조건물은 그 자체로 하나의 작품처럼 다가오며, 내부는 따뜻한 분위기를 풍긴다. 가네모리 아카렌가 창고군과 바다 풍경을 감상하기에 최적의 위치. 특히 노을이 질 무렵이 아름다우니 해 질 녘 방문을 추천한다.

구글맵 스타벅스 하코다테베이사이드점
문의 138 21 4522
운영 07:00~22:00
예산 카페라테 495엔, 아메리카노 475엔
가는 방법 노면전차 주지가이 정류장에서 도보 5분

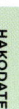

하코다테 모토마치 커피 箱館元町珈琲店

위치 모토마치 **주메뉴** 커피와 케이크
😊 → 취향에 맞춘 커피 ✅ → 주문한 메뉴 외 사진 촬영 불가

하치만자카 중턱에 자리한 로스터리 카페. 나무를 활용한 인테리어와 따뜻한 조명이 어우러진 차분한 분위기다. 이곳의 자랑은 직접 로스팅한 커피. 핸드픽으로 선별한 원두를 수동 로스팅 기계로 볶아낸다. 마일드 블렌드, 하치만자카 블렌드, 비터 블렌드 등의 메뉴가 있고 원두량(g)과 추출량(cc)을 선택할 수 있어 본인 취향에 딱 맞는 커피를 마실 수 있다. 디저트 메뉴 중 홋카이도산 단호박 케이크는 재료 본연의 맛이 살아 있으면서 달지 않아 커피와 잘 어울린다.

구글맵 Hakodate Motomachi Coffee
문의 138 83 1234
운영 10:00~17:00 **휴무** 화요일
예산 하치만자카 블렌드(25g, 150cc) 650엔, 단호박 케이크 550엔
홈페이지 motomachi-coffee.com
가는 방법 노면전차 스에히로초 정류장에서 도보 5분

하코다테 사쿠라야 函館さくら家

위치 모토마치 **주메뉴** 일본 전통 디저트
😊 → 귀여운 플레이팅의 디저트 ✅ → 신용카드 사용 불가

1918년에 지은 목조 가옥을 개·보수한 작고 아늑한 카페다. 레트로풍 인테리어와 주인의 친절한 응대 덕에 한층 따뜻하게 느껴진다. 건물 분위기에 맞게 주요 메뉴는 일본식 디저트와 지역 음식인 젠자이(팥죽), 시라타마 파르페, 빙수 등이다. 일본식 찹쌀 경단인 시라타마는 두부를 넣고 만들어 고소한 맛이 나며, 젠자이와 파르페 위에 올려 쫀득한 식감을 더한다. 커피는 하코다테 명물인 미스즈 커피 원두를 사용한다. 이 집의 특색 있는 메뉴는 쿠지라지루(고래국)다. 염장한 고래 고기와 당근, 무, 죽순 등의 채소를 듬뿍 넣고 끓여 한 끼 식사로도 좋다.

구글맵 하코다테 사쿠라야 **문의** 138 22 9213
운영 09:00~17:00 **휴무** 목요일
예산 두부 시라타마 젠자이 800엔, 쿠마짱의 두부 시라타마 파르페 920엔, 쿠지라지루 850엔
X(트위터) @HKD_sakuraya146
가는 방법 노면전차 스에히로초 정류장에서 도보 6분

INDEX

☑ 가고 싶은 도시(여행지)와 관광 명소를 미리 체크해보세요.

도시(여행지)

- ☐ 노보리베츠 • 2권 P.180
- ☐ 도야호 • 2권 P.200
- ☐ 비에이 • 2권 P.204
- ☐ 삿포로 • 2권 P.012
- ☐ 시레토코 • 2권 P.240
- ☐ 오비히로 • 2권 P.236
- ☐ 오타루 • 2권 P.132
- ☐ 조잔케이 • 2권 P.120
- ☐ 하코다테 • 2권 P.244
- ☐ 후라노 • 2권 P.204

관광 명소

A
- ☐ JR 비에이역 • 2권 P.211
- ☐ JR 삿포로역 • 2권 P.025
- ☐ JR 오타루역 • 2권 P.139
- ☐ JR 타워 전망실 T38 • 2권 P.033

ㄱ
- ☐ 가네모리 아카렌가 창고 • 2권 P.252
- ☐ 격려의 비탈길 • 2권 P.165
- ☐ 고료카쿠 • 2권 P.263
- ☐ 고쿠라쿠 거리 • 2권 P.184
- ☐ 기타이치 글라스 3호관 • 2권 P.158
- ☐ 기타이치 글라스 아울렛 • 2권 P.159
- ☐ 기타이치 베네치아 미술관 • 2권 P.159

ㄴ
- ☐ 나나카마도 광장 • 2권 P.188
- ☐ 나카지마 공원 • 2권 P.049
- ☐ 노보리베츠 곰 목장 • 2권 P.192
- ☐ 노보리베츠 다테지다이 마을 • 2권 P.193
- ☐ 노보리베츠 마린파크 닉스 • 2권 P.193
- ☐ 노보리베츠 지옥계곡 • 2권 P.186
- ☐ 니세코 유나이티드 • 1권 P.042
- ☐ 니조 시장 • 2권 P.083
- ☐ 닛카 위스키 요이치 증류소 • 1권 P.052
- ☐ 니토리 미술관 • 2권 P.144
- ☐ 닝구르 테라스 • 1권 P.029 • 2권 P.228

ㄷ
- ☐ 다나카 주조 본점 • 1권 P.053 • 2권 P.163
- ☐ 다누키코지 상점가 • 2권 P.115
- ☐ 다이마루 삿포로점 • 2권 P.109
- ☐ 다이마루 후지이 센트럴 • 2권 P.118
- ☐ 다치마치곶 • 2권 P.265
- ☐ 대관람차 노리아 • 2권 P.046
- ☐ 데누키코지 • 2권 P.146
- ☐ 도야호 전망대 • 2권 P.203
- ☐ 도야호 호반 조각 공원 • 2권 P.203
- ☐ 도야호 • 2권 P.202
- ☐ 도카치 천년의 숲 • 2권 P.238
- ☐ 도큐 백화점 삿포로점 • 2권 P.111

ㄹ

- ☐ 롯카노모리 · 2권 P.238
- ☐ 루스츠 리조트 · 1권 P.042
- ☐ 린유 아침 시장 · 2권 P.165

ㅁ

- ☐ 마나베 가든 · 2권 P.237
- ☐ 마루야마 공원 · 2권 P.053
- ☐ 마루이 이마이 삿포로 본점 · 2권 P.113
- ☐ 마일드 세븐 언덕 · 1권 P.027 · 2권 P.213
- ☐ 메가 돈키호테 삿포로 다누키코지 본점
  · 1권 P.098 · 2권 P.116
- ☐ 메르헨 교차로 · 2권 P.153
- ☐ 모유 삿포로 · 2권 P.114
- ☐ 모이와산 전망대 · 1권 P.023 · 2권 P.059
- ☐ 모토마치 공원 · 2권 P.257
- ☐ 모토마치 성당 · 2권 P.260
- ☐ 뮌헨 크리스마스 시티 인 삿포로 · 1권 P.045
- ☐ 미기시 고타로 미술관 · 2권 P.036
- ☐ 미츠이 아울렛 파크 삿포로 기타히로시마
  · 2권 P.118

ㅂ

- ☐ 베이 에어리어(하코다테) · 2권 P.254

ㅅ

- ☐ 사계의 탑 · 2권 P.212
- ☐ 사계채의 언덕 · 1권 P.025 · 2권 P.222
- ☐ 사쿠슈코토니강 · 2권 P.040
- ☐ 삿포로 TV 타워 · 1권 P.019 · 2권 P.028
- ☐ 삿포로 개척사 맥주 양조장 · 1권 P.051
- ☐ 삿포로 고쿠사이 스키장 · 1권 P.041
- ☐ 삿포로 농업학교 제2농장 · 2권 P.041
- ☐ 삿포로 눈 축제 · 1권 P.044
- ☐ 삿포로 눈 축제 자료관 · 2권 P.058
- ☐ 삿포로 맥주 박물관
  · 1권 P.020, 051 · 2권 P.042
- ☐ 삿포로 맥주 정원 · 2권 P.043
- ☐ 삿포로 맥주 홋카이도 공장 · 1권 P.051
- ☐ 삿포로 미츠코시 백화점 · 2권 P.113
- ☐ 삿포로 스텔라 플레이스 · 2권 P.108
- ☐ 삿포로 시민 교류 플라자 · 2권 P.032
- ☐ 삿포로 오도리 비어 가든 · 1권 P.047
- ☐ 삿포로 지하상가 오로라 타운 · 폴 타운
  · 2권 P.110
- ☐ 삿포로 콘서트홀 키타라 · 2권 P.050
- ☐ 삿포로 테이네 스키장 · 1권 P.041
- ☐ 삿포로 파르코 · 2권 P.112
- ☐ 삿포로 팩토리 · 2권 P.119
- ☐ 삿포로 히츠지가오카 전망대 · 2권 P.058
- ☐ 삿포로시 마루야마 동물원 · 2권 P.054
- ☐ 삿포로시 시계탑 · 1권 P.019 · 2권 P.027
- ☐ 삿포로시 중앙도매시장 장외 시장 · 2권 P.082
- ☐ 삿포로시 천문대 · 2권 P.050
- ☐ 삿포로역전도로 지하 보행 공간 · 2권 P.026
- ☐ 상야등(오타루) · 2권 P.153
- ☐ 생활협동조합식당부 중앙식당 · 2권 P.041
- ☐ 서양미술관 · 2권 P.145
- ☐ 세븐스타 나무 · 1권 P.028 · 2권 P.215
- ☐ 세이카테이 · 2권 P.037
- ☐ 센겐 공원 · 2권 P.188
- ☐ 소세이강 공원 · 2권 P.047
- ☐ 쇼와신산 · 2권 P.203
- ☐ 슈쿠츠 파노라마 전망대 · 2권 P.166
- ☐ 스스키노 닛카 위스키 전광판
  · 1권 P.020 · 2권 P.045
- ☐ 스테인드글라스 미술관 · 2권 P.144
- ☐ 시레토코 5호 · 2권 P.242
- ☐ 시레토코 고개 · 2권 P.243
- ☐ 시로가네 온천 · 2권 P.221
- ☐ 시로이코이비토 파크 · 1권 P.021 · 2권 P.060

- ☐ 시립 오타루 미술관 · 2권 P.147
- ☐ 시치쿠 가든 · 2권 P.237
- ☐ 신영의 언덕 전망 공원 · 2권 P.212

ㅇ

- ☐ 아리오 삿포로 · 2권 P.119
- ☐ 아사쿠사 다리 · 2권 P.141
- ☐ 아사히야마 기념 공원 · 2권 P.057
- ☐ 아오아오 삿포로 · 2권 P.048
- ☐ 아피아 · 2권 P.109
- ☐ 야치가시라 온천 · 2권 P.265
- ☐ 염라당 · 2권 P.184
- ☐ 옛 개척사 하코다테 지청 서적고 · 2권 P.257
- ☐ 옛 나가야마 다케시로 사저 · 2권 P.037
- ☐ 옛 미츠이 은행 오타루 지점 · 2권 P.145
- ☐ 옛 스오하라 저택 · 1권 P.031
- ☐ 옛 영국영사관 · 2권 P.259
- ☐ 옛 일본우선 오타루점 · 1권 P.031 · 2권 P.161
- ☐ 옛 일본은행 오타루점(금융자료관) · 2권 P.147
- ☐ 옛 테미야선 기찻길 · 2권 P.146
- ☐ 옛 하코다테구 공회당 · 2권 P.258
- ☐ 옛 홋카이도청 하코다테 지청 청사 · 2권 P.257
- ☐ 오노 연못 · 2권 P.041
- ☐ 오도리 공원 · 1권 P.019 · 2권 P.029
- ☐ 오야코 나무 · 2권 P.215
- ☐ 오유누마 · 2권 P.190
- ☐ 오유누마 전망대 · 2권 P.191
- ☐ 오유누마강 천연 족욕탕 · 2권 P.189
- ☐ 오쿠노유 · 2권 P.191
- ☐ 오쿠라야마 점프 경기장 · 2권 P.057
- ☐ 오타루 귀빈관(옛 아오야마 별저) · 2권 P.167
- ☐ 오타루 눈빛 거리 축제 · 1권 P.045
- ☐ 오타루 니신고텐 · 2권 P.167
- ☐ 오타루 맥주 양조장 오타루 창고 No. 1
  · 1권 P.052 · 2권 P.172
- ☐ 오타루 삼각시장 · 2권 P.149
- ☐ 오타루 스시 거리 · 2권 P.148
- ☐ 오타루 시청 · 1권 P.031 · 2권 P.149
- ☐ 오타루 아쿠아리움 · 2권 P.166
- ☐ 오타루 예술촌 · 2권 P.143
- ☐ 오타루 오르골당 2호관 앤티크 뮤지엄
  · 2권 P.155
- ☐ 오타루 오르골당 본관 · 2권 P.154
- ☐ 오타루 오르골당 유공방 · 2권 P.155
- ☐ 오타루 운하 · 1권 P.030 · 2권 P.140
- ☐ 오타루 운하 창고군 · 2권 P.141
- ☐ 오타루시 종합박물관 본관 · 2권 P.162
- ☐ 오타루시 종합박물관 운하관 · 2권 P.148
- ☐ 우스산 · 2권 P.203
- ☐ 우스산 화구원 전망대 · 2권 P.203
- ☐ 유노카와 온천 · 2권 P.264
- ☐ 유빙 워크 · 2권 P.243
- ☐ 유자와 신사 · 2권 P.192
- ☐ 은행나무 가로수 길 · 2권 P.041
- ☐ 이로나이 교차로 · 1권 P.030
- ☐ 이로나이 오도리 · 2권 P.143
- ☐ 이와토 관음당 · 2권 P.125
- ☐ 인포메이션 센터 엘름의 숲 · 2권 P.040
- ☐ 일본정원 · 2권 P.050
- ☐ 잉어 월동지 · 2권 P.047

ㅈ

- ☐ 제루부의 언덕 · 2권 P.217
- ☐ 조잔케이 원천 공원 · 2권 P.124
- ☐ 조잔케이 후타미 공원 · 2권 P.126
- ☐ 주오 다리 · 2권 P.141
- ☐ 증기 시계(오타루) · 2권 P.153
- ☐ 지옥계곡 · 오유누마 산책로 · 2권 P.189

ㅊ
- 청의 호수 · 1권 P.025 · 2권 P.219
- 츠키미 다리 · 2권 P.125
- 치토세츠루 술 박물관 · 1권 P.053 · 2권 P.048

ㅋ
- 카무이왓카 온천 폭포 · 2권 P.243
- 켄과 메리의 나무 · 1권 P.029 · 2권 P.214
- 코코노 스스키노 · 2권 P.117
- 크리스마스트리 나무 · 1권 P.027 · 2권 P.216
- 클라크 동상 · 2권 P.040

ㅌ
- 탁신관 · 자작나무 숲길
  · 1권 P.028 · 2권 P.221
- 테미야 공원 · 2권 P.164
- 텐구산 전망대 · 1권 P.023, 031 · 2권 P.150
- 트라피스티누 수녀원 · 2권 P.261

ㅍ
- 팜 토미타 · 1권 P.025 · 2권 P.225
- 포플러 가로수 길 · 2권 P.041

ㅎ
- 하치만자카 · 2권 P.256
- 하코다테 니시하토바 · 2권 P.255
- 하코다테 성 요한 교회 · 2권 P.260
- 하코다테 아침 시장 · 2권 P.255
- 하코다테 크리스마스 판타지 · 1권 P.045
- 하코다테 하리스토스 정교회 · 2권 P.261
- 하코다테산 전망대 · 1권 P.022 · 2권 P.262
- 하코다테시 열대식물원 · 2권 P.264
- 호쿠세이 언덕 전망 공원 · 2권 P.217
- 호헤이칸 · 2권 P.051
- 홋카이도 가든 가도 · 2권 P.237
- 홋카이도 대학교 · 1권 P.021 · 2권 P.038
- 홋카이도 대학교 식물원 · 2권 P.035
- 홋카이도 대학교 종합 박물관 · 2권 P.040
- 홋카이도 신궁 · 2권 P.055
- 홋카이도립 근대미술관 · 2권 P.035
- 홋카이도지사 공관 · 2권 P.036
- 홋카이도청 옛 본청사 (아카렌가 청사)
  · 1권 P.020 · 2권 P.034
- 후나미자카 · 1권 P.030 · 2권 P.142
- 후라노 스키장 · 1권 P.042 · 2권 P.228
- 후라노 와이너리 · 1권 P.053 · 2권 P.229
- 후라노 치즈 공방 · 2권 P.229
- 후루카와 기념 강당 · 2권 P.040
- 후타미 구름다리 & 갓파부치 · 2권 P.127
- 후타미 조잔의 길 · 2권 P.126
- 흰수염폭포 · 1권 P.025, 028 · 2권 P.220

삿포로 핵심 맛집
- 4대째 토라야 식당 · 2권 P.075
- 가니쇼군 삿포로 본점 · 2권 P.078
- 가니혼케 · 2권 P.078
- 고레가 징기스칸 · 2권 P.077
- 기타카로 삿포로 본점 · 2권 P.100
- 다루마(6 · 4점) · 2권 P.076
- 도쿠미츠 커피 · 2권 P.090
- 돈부리차야 · 2권 P.083
- 동구리(오도리점) · 2권 P.098
- 라멘 신게츠 · 2권 P.072
- 라멘 신겐 · 2권 P.070
- 라멘 지로(삿포로점) · 2권 P.071
- 라멘 하루카 · 2권 P.075
- 로지우라 커리 사무라이(사쿠라점)
  · 2권 P.065
- 마루미 커피(오도리 공원 본점) · 2권 P.090
- 마루세이 커피 · 1권 P.080 · 2권 P.091

- ☐ 마슈 • 2권 P.097
- ☐ 머메이드 커피 로스터스 삿포로 • 2권 P.092
- ☐ 모리히코 • 1권 P.080 • 2권 P.088
- ☐ 미야코시야 커피 • 1권 P.081 • 2권 P.095
- ☐ 밍가스 커피 • 2권 P.092
- ☐ 바리스타트 커피 • 2권 P.089
- ☐ 빗세 스위츠 • 2권 P.099
- ☐ 사에라 • 1권 P.080 • 2권 P.096
- ☐ 삿포로 니이쿠라야 본점 • 2권 P.096
- ☐ 수프카레 가라쿠 • 2권 P.064
- ☐ 수프카레 옐로 • 2권 P.068
- ☐ 수프카레 킹(센트럴점) • 2권 P.068
- ☐ 수프카레 트레저 • 2권 P.065
- ☐ 스미레(스스키노점) • 2권 P.070
- ☐ 스시잔마이(스스키노점) • 2권 P.081
- ☐ 스아게 플러스 • 2권 P.066
- ☐ 시마다야(스스키노점) • 2권 P.077
- ☐ 시하치 • 2권 P.079
- ☐ 아이스크림 바 홋카이도 밀크무라 • 2권 P.106
- ☐ 아지노산페이 • 2권 P.072
- ☐ 야키토리 타케토리 • 2권 P.087
- ☐ 에비 소바 이치겐 • 2권 P.069
- ☐ 오이소 본점(니조 시장) • 2권 P.083
- ☐ 오쿠시바 쇼텐(에키마에 소세이지) • 2권 P.066
- ☐ 올림피아 • 1권 P.081 • 2권 P.095
- ☐ 옷토 킷사 • 1권 P.081 • 2권 P.094
- ☐ 요츠바 화이트 코지 • 2권 P.098
- ☐ 이니셜 삿포로 • 1권 P.077 • 2권 P.106
- ☐ 츠보하치(미나미5조점) • 2권 P.086
- ☐ 카레 식당 코코로 • 2권 P.067
- ☐ 카시토 킷사 시로야 • 2권 P.098
- ☐ 카페 랑방 • 1권 P.080 • 2권 P.089
- ☐ 카페 롯카테이 삿포로 본점 • 2권 P.102
- ☐ 카페 크루아상 • 2권 P.093
- ☐ 커피 & 와인 스탠다드 커피 랩 • 2권 P.091
- ☐ 케야키 • 2권 P.073
- ☐ 코히・케이쇼쿠 히이라기 • 1권 P.081 • 2권 P.094
- ☐ 쿠시도리(미나미2조점) • 2권 P.084
- ☐ 쿠시카츠 다나카 • 2권 P.087
- ☐ 키라이토 • 2권 P.071
- ☐ 키스무 혼테이 • 2권 P.084
- ☐ 테시카가 라멘(요코초점) • 2권 P.074
- ☐ 텐마(스텔라 플레이스점) • 2권 P.068
- ☐ 토다이 커피 • 2권 P.093
- ☐ 파르페, 커피, 술, 사사키 • 1권 P.077 • 2권 P.104
- ☐ 파르페테리아 미르 • 1권 P.077 • 2권 P.105
- ☐ 파르페테리아 팔 • 1권 P.077 • 2권 P.105
- ☐ 패뷸러스 숍 & 테이블 • 2권 P.097
- ☐ 풀 에스프레소 & 워크 • 2권 P.093
- ☐ 피칸티 본점 • 2권 P.067
- ☐ 하치쿄 • 2권 P.086
- ☐ 홋카이도 라멘 오쿠하라류 쿠라 본점 • 2권 P.073
- ☐ 홋카이도산 양・채소 후쿠스케 • 2권 P.076
- ☐ 회전초밥 네무로 하나마루 • 2권 P.081
- ☐ 회전초밥 카츠잇센 • 2권 P.080
- ☐ 회전초밥 토리톤(기타8조 코세이점) • 2권 P.080
- ☐ 회전초밥 파사루 • 2권 P.079
- ☐ 후루사토 삿포로 총본점 • 2권 P.085
- ☐ 히로시마풍 오코노미야키 히나짱 • 2권 P.085